全国教育科学规划国家一般课题"我国高校学生服务体系改革研究(BIA140097)"

WOGUO GAOXIAO XUESHENG FUWU TIXI GAIGE YANJIU

我国高校学生服务体系改革研究

宋尚桂　佟月华　等著

中国海洋大学出版社
·青岛·

图书在版编目(CIP)数据

我国高校学生服务体系改革研究 / 宋尚桂，佟月华
著. —青岛：中国海洋大学出版社，2020.12
ISBN 978-7-5670-2687-2

Ⅰ.①我… Ⅱ.①宋…②佟… Ⅲ.①高等学校—学
生工作—研究 Ⅳ.①G645.5

中国版本图书馆 CIP 数据核字(2020)第 240368 号

出版发行	中国海洋大学出版社			
社　　址	青岛市香港东路 23 号		邮政编码	266071
出 版 人	杨立敏			
网　　址	http://pub.ouc.edu.cn			
电子信箱	1193406329@qq.com			
订购电话	0532—82032573(传真)			
责任编辑	孙宇菲		电　　话	0532—85902349
印　　制	青岛国彩印刷股份有限公司			
版　　次	2020 年 12 月第 1 版			
印　　次	2020 年 12 月第 1 次印刷			
成品尺寸	170 mm×240 mm			
印　　张	22.5			
字　　数	380 千			
印　　数	1—1000			
定　　价	98.00 元			

发现印装质量问题,请致电 0532—58700168,由印刷厂负责调换。

序

高校是为学生开办的,有高校必有学生,中国如此,欧美国家也如此。学生在高校中应有什么样的地位? 不同国家高等教育文化传统不同,社会政治经济体制不同,高校的办学体制和管理体制存在很大差异,这种差异也表现在对待学生的态度和所赋予学生的地位上。

在欧美国家,高校是为学生开办的,所以,学生是高校的中心。高校的办学机构和运作主要是围绕学生设计和维持的,教学要根据学生的需要来组织,教师要更多地接触学生、帮助学生,学生的合理需要应当予以充分的满足,学生要参与高校治理,学校管理要充分尊重学生的人格和自尊,还要为学生提供有利于他们成长发展的各种服务……总之,学生是高等教育关键的利益攸关方,在高校拥有很高的地位,高校应对学生较少限制,较多引导,较多关怀,较多服务。当然,高校是一种集体组织,而且是目的非常明确和坚定的组织,为实现其目的,必有其制度和纪律。有些制度和纪律也是针对学生的,也有其冰冷无情的一面,但这冰冷无情的一面却是为了维护学校的秩序,为了保证更多其他人的权益。

相比较而言,学生在我国高校的地位从理论上讲是不低的,但实际上相对较低。高校首先是为国家开办的,是为国家和社会培养人才。高校将学生招收进来后,按照高校自身的设计对学生进行培养加工,以使学生能够满足国家和社会的需要。当然,教育要考虑学生的个性和特点,但这种考虑的出发点不是为了张扬学生的个性,而是为了通过有针对性的教育使他们成为对国家和社会有用的人才。因此,学生只是学校的受教育者,在一定程度上可以说,高校是主体,教师是主体,学生是客体,尽管学生有意志,但他们必须服从学校的要求,遵守学校的规定。正因为如此,我国高校制定了很多关于学生的规章制度,对学生在校期间的各种活动和行为给予明确的要求,凡违犯要求者就要受到相应的处分。高校有很多行政工作部门,除了少数几个是在管理学生的同时提供一定的服务外,大多数都与学生没有关系,或者没有直接关系。近年来,我国高校开始重视学生服务工作,比如,勤工俭学服务、贷学金服务、心理健康服务,等等,丰富了学生工作内涵,在一定程度上改变了学生工作的状况。但应该看到,高校长期以来形成的学生管理文化根深蒂固,管理仍是学生工作的主导面,学生在高校无时不处于被管理中。

因此,研究高校学生服务不仅是一种学术研究,而且是一种现实工作研究。探究高校学生服务的规律,洞察学生服务与高校和高等教育的内在联系,揭示学生服务与学生成人成才的关系,既具有理论意义又具有现实价值,很有必要。宋尚桂教授在他所主持的全国教育科学规划课题"我国高校学生服务体系改革研究"研究成果的基础上,出版该书很有意义。该书从教育理念、管理模式、制度架构、运行机制、内外部政策环境等要素入手,通过对高校学生服务现状进行定量分析,从教育理念、制度设计、组织结构与功能、运行机制以及系统环境(政策、法律、社会文化因素等)等方面,评估我国高校学生服务工作存在的问题并分析其产生的原因;总结归纳部分国外高校学生服务体系的组织架构与功能、组织运行机制、相关人员组成与资质、组织内外部环境(法律与政策)的特点及经验,并从心理学、教育学、管理学等多学科视角对高校学生服务组织体系及其运行过程进行全方位分析,揭示学生服务工作的本质属性和基本内容,试图厘清学生服务与学术活动、教育活动的区别与联系,科学界定学生服务工作的基本内涵及特征,同时对我国高校长期存在的将学生服务与学生管理、学生教育(思想政治教育)混为一谈等现象进行了理论上的辨析,结合我国高等教育实际提出并阐述符合高等教育发展规律的学生服务教育理念,并从更新教育理念、重构组织架构、完善内外部政策环境等方面,提出了建构高校学生服务体系的设想以及构建路径等。

该书视野开阔、体系完整、内容丰富、研究方法得当。总体看,有三个特点值得重视:一是多学科研究方法运用。高校学生服务涉及教育、心理、管理、社会、法律等多方面,该书运用教育学、心理学和管理学相关原理,对高校学生服务的本质属性和功能等开展探究,有助于从理论上厘清高校学生服务所涉及的各种关系,回答什么是学生服务,为什么要学生服务,应该为学生提供什么样的服务等相关深层次问题。二是紧密结合实际。该书以我国高校学生服务为背景,紧紧围绕我国高校学生工作实际,研究学生工作的相关教育理念、管理模式、制度架构和内外部政策环境等,探讨我国高校学生工作的基本逻辑和主要运行方式,揭示我国高校学生工作存在的主要不足和问题,以及造成这些问题的根源。作者以此为基础,提出了完善我国高校学生服务体系的构想。这些研究不无指导意义。三是国际比较研究到位。他山之石，可以攻玉。其他国家的经验可以为我国所借鉴，当然，近年来关于国外相关情况的研究并不鲜见，很多还是基于实地考察而撰写的文章，应该说很有参考价值。该书在国际比较上，不是简单地表述一般情况，而是针对我国高校学生服务存在的问题，对国外高校学生服务开展深入而细腻的剖析，所得出的经验和启示是能够启人深思的，而且作者自己在关于建构我国高校学生服务体系的设想中，借鉴了相关经验和启示，从而使相关研究结果更具有说服力。

高校学生服务体系改革是一项长期、艰巨的工程。该书主要围绕高校学生服务体系进行了初步的研究，一些问题还有待深入探讨，例如，对我国高校学生服务的性质及其组织原理的分析显得比较薄弱，对学生管理与学生服务之间的联系与区别的研究还不够深入，也不够深刻。但我们不能指望一本书能将所有问题都解决了，希望作者和有兴趣的学界同仁开展更多更深入的高校学生服务研究，为解决我国高校学生服务存在的深层次问题提供重要的理论依据，以全面提高我国高校学生服务工作水平，为建设具有中国特色的现代大学制度做出新的贡献。

是为序。

2020 年 7 月 5 日

目　录

第一章 绪 论

学生事务(student affairs)与学术事务(academic affairs)是构成高等教育工作的两个主要内容。改革开放以来,我国高校学生事务逐渐由"重管理,轻服务"的传统模式向"管理、教育、服务相融合"的新模式转变。贯彻"以学生为本"教育理念,为大学生提供全方位的服务是当前高等学校教育改革的重要目标,也是建立现代大学制度的必然要求。本章主要围绕高校学生服务的含义与构成、学生服务在高等学校教育中的意义以及我国高校学生服务体系改革研究课题的提出依据、研究目的、研究思路和研究意义等方面展开阐述。

第一节 高校学生服务的含义与构成

高校学生服务是高校学生事务的重要组成部分,是高校实现教育目标、促进学生全面发展的重要途径。

一、高校学生服务的含义

高校学生服务不是今天才产生的,它的含义随着时代的发展与社会的进步也在发生改变,因此我们需要厘清高校学生服务的内涵。

(一)高校学生服务的内涵

对"高校学生服务"中"服务"一词的理解是确定其内涵的关键。"服务"在古代是"侍候,服侍"的意思,随着时代的发展,"服务"被不断赋予新意,如今,"服务"已成为整个社会不可或缺的人际关系的基础。在学术研究领域,不同学科从各自不同的研究角度对"服务"的内涵做出了不尽相同的界定。社会学意义上的服务,是指为别人、为集体的利益而工作或为某种事业而工作;经济学意义上的服务,是指以等价交换的形式,为满足企业、公共团体或其他社会公众的需要而提供的劳务活动,它通常与有形的产品联系在一起。概而言之,服务是指为他人做事,并使他人从中受益、获得满足感的一种有偿或无偿的活动。高校学生服务之"服务"内涵与此类似,但又有其独特意义:学生服务不以实物形式而以提供劳动的形式满足他人某种特殊需要或欲望,具有无形性、异质性、易变性、不可分离性和易逝性等特点。据此,我们可将学生服务定义为学校为学生提供帮助和便利,使学生更好地满足其生活、学习等需要并获得满足感的一种有偿或无偿的活动。

相应地,高校学生服务就是指高等学校在教育活动中为学生提供的促进学生认知、情感、人格、身心健康、社会能力、就业、道德养成等方面发展的有组织的服务性活动的总称。学生服务是高校学生事务的重要组成部分,主要包括学术服务、身心健康服务、日常生活服务、法律服务、职业指导服务五个方面。

高校学生服务是高校教育活动的重要组成部分,是学校实现教育目标、促进学生全面发展的重要途径。依据"以学生为本"的理念,学生不仅是高校管理和教育的对象,更是高校服务的对象,因此,学校要在学习、生活、健康和社会参与等各个方面为学生提供全方位、高质量的服务,把"成就学生的成功"作为高校学生服务的终极目标。

(二)相关概念辨析

在我国,学生服务作为高校教育研究的对象时间并不长,学生服务的概念经常与其他一些概念混淆在一起,如学生事务管理、学生工作等。为了明确界定和分析高校学生服务的内涵与特征,我们重点对这些含义相近的概念进行分析与比较。

1. 学生服务与学生事务管理

从历史渊源来看,学生事务的概念来自欧美,是与学术事务相对应的概念,二者在早期没有明确的区分,至20世纪初,随着高校学生事务日益受到重视,相关的学生服务领域的学科不断发展,学生事务便从学术事务中分离出来,在高等学校的工作中学生事务逐渐成为与学术事务相平行的主要的工作领域。在我国,自新中国成立到20世纪80年代初,我国高等教育领域一直沿袭苏联高等学校的管理模式,高等学校被赋予为国家培养专业人才的使命,学校中使用的是"学生管理"和"学生工作"的概念来界定除了教学科研活动之外的与学生生活、发展相关的各类活动。自20世纪80年代开始,随着改革开放的逐渐深入,高校各项工作也开始学习西方发达国家高等学校的管理经验和管理模式,一些高校开始使用"学生事务"的概念。经过40多年的发展,我国高校的管理模式发生了很大的改变,在继承原有管理模式的基础上,广泛吸收学习世界先进的高校管理模式和经验成为这一时期高校改革创新发展的重要途径之一。

今天,已经有越来越多的高校在同时使用学生工作、学生管理和学生事务的概念。但是,对于学生事务概念的内涵的理解却依然没有完全形成统一的认识。造成这一现象的主要原因之一是不同国家对这一概念的界定存在差异。以美、英、日三国为例,在美国,学生事务指高校在教学等直接的学术活动之外开展的旨在促进学生全面发展的各类支持性活动,包括为学生提供的注册、选课、学习辅导活动等。在英国,学生事务是指高校开展的就业指导、心理咨询、经济资助、学习指导等方面的工作。在日本,学生事务管理一般被称为"学生支援"或"学生生活支援",日本高校主要从健康福利、课外活动、就业活动等方面对学生进行援助,为学生提供日常生活与学习有关的各种咨询服务。[①] 学生事务主要依托高校设立的专门机构进行,高校学生服务组织机构经历了一个不断发展演变的过程。一般认为,美国是最早在高校开展有组织的学生服务的国家,进入20世纪70年代之后,随着大学学生事务管理理论的日益丰富,大学学生事务管理内容、体系、机构、人员配备等日益规范,形成了高度专门化的完整体系和多种学生事务组织管理模式和内部管理结构。[②] 经过多年的发展,学生事务工作使命逐渐清晰,理念不断深化,模式走向成熟。虽然学生服务与学生事务管理存在相通之处,但是在处理学生管理与学生服务的关系问题上也存在诸多差异,具体如下。其一,工作侧重方向不同。学生事务管理以目标管理和全面质量管理为理念,侧重于通过管理提升高等教育质量;学生服务则以服务为理念,着眼于学生的多面需求,服务于学生的学习与生活,兼顾管理与教育,最终实现"成就学生成功"的目标。其二,工作内容不同。学生事务管理主要是对学生非学术活动或课外活动及其管理;学生服务体系除了非学术活动以外,也包括学术活动服务。其三,目的与结果不同。学生事务管理以部门为中心,强调对学生进行约束管理,力图解决高校各个部门之间缺少合作的状况,实现降本增效,旨在提高行政管理的水平与效率;学生服务以学生为中心,强调服务学生,从整合学生经济类事务,扩展到生活类事务,最后立足服务"学生学习",实现学生事务和教务、生活类相关业务协同,旨在消除官僚主义,提高服务质量和效率。其四,工作对象不同。学生事务管理往往侧重于在校生的短期管理;学生服务则致力于与学生保持终身的良好互动关系,贯穿考生、在校生和校友三个阶段;不仅如此,学生服务还致力于考生、在校生、校友、家长和社会人员的全方位服务。其五,运行机制不同。学生事务管理由高校各机构分工负责,业务部门分散,程

① 陈健《美、英、日高校学生服务与管理》,《教育》2013年第2期,第23页。
② 蔡国春《美国高校学生事务管理模式与组织结构探析》,《煤炭高等教育》2002年第1期,第33~35页。

序烦琐;学生服务则以学生为中心,通过整合机构、优化运行环节之间的协同来构建高效的运行机制。

2. 学生服务与学生工作

学生工作是我国学校中有关学生管理工作的简单表述。在高等学校,学生工作一般由学生管理专门机构(学生工作处和共青团组织)统一负责,下设具体部门,分工协作。学生工作主要由思想政治教育和学生管理两大部分组成,具体包括新生入学教育、思想政治教育、党团建设、学生日常管理、学风建设、社会实践、心理健康教育及就业指导等。学生工作人员由专职人员和兼职人员组成,前者主要包括分管副校长、学生工作处处长、各科室负责人、学校共青团书记及工作人员、各二级学院分管学生工作的负责人及二级学院学生工作办公室负责人、二级学院共青团组织负责人及班级辅导员、班主任等。长期以来,我国高校学生工作侧重于学生思想政治教育与日常管理,强调管制和教育,突出思想性和政治性,相对忽视对学生身心发展和日常生活的服务性需求。近年来,传统的高校学生工作模式面临许多新问题、新挑战,学生工作如何进一步突出服务职能、探索创新适应时代发展需要的学生事务管理新体系、学生服务新模式已经成为高校学生事务改革创新的核心任务,加强和改善高校学生服务要求高校的管理者、教师和所有从事学生服务工作的员工要主动适应和应对传统学生工作面临的时代挑战,更新教育和管理理念,充分认识学生服务工作的专业性和服务性,不断创新组织模式、丰富服务内容、改进工作形式和工作方法,提升人员的专业化水平。

(三)高校学生服务体系的含义及特点

高校学生服务体系是指高校开展学生服务工作的组织架构、人员组成、运行机制、工作内容与程序、管理规章制度和政策环境的统称。高校学生服务体系的作用是组织、协调和管理学校教育资源,通过一定的组织结构和运行机制实现为学生服务的组织目标。高校学生服务体系还应该包括引导学生自我教育、自我管理和自我服务的综合性平台。

高校学生服务体系是高等学校教育体系的重要组成部分,与高校已有的学生事务管理或者学生工作相比,有其与时俱进的时代特点。

第一,"以学生为本"是构建学生服务体系的指导性工作理念。所有的教育者、管理者和从事学生工作的员工都应树立服务全体学生、促进学生全面发展的工作目标,承认和尊重每个学生的独特天赋,相信学生可以在学术和身心各方面发挥出最大的潜能,相信学校管理工作和服务工作的每个环节和举措都可以影响和促进学生的发展。学校应为全体学生创造一个安全、信任、尊重、支持和关爱的环境。

第二,学生服务是多因素、多环节和多部门协同合作的系统性教育活动,需要各方面工作职能的高度整合。高校学生服务不是一项单一的活动,其职能和工作领域几乎涵盖了学生课堂学习之外的所有方面。因此,学校学生服务体系不再只是单一的管理组织架构,而是将多种教育、管理和服务部门的职能整合为一体的学生服务平台,这个平台具备为学生提供涵盖学生发展、生活服务、身心健康保健、权益保障和就业指导等全方位支持和服务的能力。

第三,学生服务是全校范围内全员、全过程、全方位的服务。全员参与是高校学生服务体系的突出特点,高校所有教职员工都承担为学生发展提供支持与服务的职责,学校的每一项工作、教职员工与学生的每一次交往都应赋予其教育、服务的职能,所谓教书育人绝不仅仅是教师或专职学生工作人员的职责,而是所有参与学校各项工作的人员的共同职责。全过程是指学生服务工作要贯穿从入学到毕业就业的学校教育活动以及学生在校期间成长发展的全过程。全方位是指学生服务要涵盖校内与校外、课内与课外的所有学校工作的各个方面,尤其要充分发挥第二课堂的育人作用,实现课内课外两个课堂的相互融合。

第四,学生服务具有专业化特征。学生服务的专业化主要体现在以下方面。一是学生服务的内容和项目需要越来越多的专业知识和技术作为支撑。例如学生贷款服务、法律服务等都涉及国家相关的政策、法律法规和行业规范等。二是学生服务工作的方式方法、工作流程和工作标准日益专业化。例如为学生提供的心理咨询服务必须按照心理咨询工作的规范流程和工作标准开展具体的服务项目。三是学生服务人员必须具备一定的专业教育背景和专业技能。例如专职的学生管理人员应具备良好的沟通交流能力,有建立和管理团队的技巧、时间管理和组织技能、决策和风险管理技能等。[①] 四是学生服务应该与相关的专业组织、学生事务团体等开展专业协作,充分发挥社会资源为学生提供多方面的专业服务,如与社会职业辅导机构和职业中介机构合作,为学生提供求职就业的培训与服务等。

第五,服务的标准化和法制化。在学校提供的服务方面,特别是涉及学生生命安全的内容,例如学校餐饮服务等,都是依照有关法律执行,使各项服务标准化和法制化;学校餐饮有专门的法律规定,确保了餐饮的卫生、营养、价格、服

---

① David Warner and David Palfreyman, *Higher education management:the key elements*, England:Open Univcrsity Press,1996:172.

务等满足质量标准。再例如学生资助服务,需要依据国家关于大学生资助的政策规定实施。

第六,线下服务与线上服务相结合。高校学生服务最初是通过具体的组织机构、部门、窗口等实体线下进行服务,在信息技术日新月异的今天,借助现代信息网络技术可以为学生提供更加多样化的服务,用信息化手段完善服务流程,实现线上服务和线下服务并举。

二、高校学生服务体系的基本构成

综观世界各国高校的学生服务发展历程可知,高校学生服务体系的基本构成尽管存在着差异,但核心内容基本相同。一般认为,高校学生服务体系的基本构成包括以下几个方面。

(一)高校学生服务体系的组织机构及人员组成

高校学生服务体系依托特定的组织机构与相关人员开展具体工作,这是构成学生服务体系的基本要素。

1. 高校学生服务的组织机构

高校学生服务的组织机构存在多种不同的类型。

系统内的多中心。高校学生服务的组织机构呈现多元化,不同的国家存在差异,即使是同一个国家,不同的地区和不同的高校也存在差别。以美国、英国、日本高校的学生服务组织机构为例。美国高校设立"学生管理中心",主管教学以外的一切学生事务。中心下设招生办公室、学生活动中心、学习中心、咨询中心等部门,同时配备了具有高层次学历的管理人员,实行垂直化管理体制和院校一级管理,根据工作内容设立不同部门。"学生服务中心"在英国高校占有重要的地位,中心主任是全校最高权力机构大学理事会的秘书。工作人员的专业培训系统深入,大学之间以及大学和社会本行业之间的专业交流和经验共享也很频繁,建立与校外各类服务组织的联系、充分利用社会服务资源。日本高校的学生事务管理,组织结构明晰,专职专岗配备。在国家层面,拥有国家级专门学生支援机构——日本学生支援机构,具体负责国家层面的各项学生支援业务;在学校层面,无论国立、公立还是私立学校一般都设置有独立的学生部,配有专职的人员,面向全校学生服务。日本高校的学生管理工作是在日本文部科学省的指导下由各高校自主设置的,主要由"学生部"这一组织机构承担。日本高校的学生部,大多是在本校教授会的主导下开展工作的。① 进入 21 世纪,我国高校学生服务组织结构发生了显著变化,许多高校也出现了学生服务组织多中心结构的特征,如在学生服务(管理)机构(学生处和后勤处)里设立学生学籍管理、日常生活(住宿和餐饮)、心理健康、就业指导、学生贷款等多种服务中心,各个中心的服务职能相对独立,较之传统的学生管理组织更具专业性。

学校层面的多元化机构设置。从国内来看,高校学生服务中心机构设置主要有三类:一是在学校层面设立综合性学生服务事务中心,统筹协调全校各个与学生服务事务相关的职能部门和机构,将学生服务事务集中在一个组织平台中,为学生提供“一站式”服务。这种中心通常由分管校领导牵头,相关职能部门负责人参与组建事务中心领导小组,相关部门的服务职能和人员一起入驻事务中心。二是以学校学工处(部)为主,将其他二级部门的学生服务职能挂靠至学工处,例如将学生宿舍管理、招生与学籍注册、心理咨询服务等挂靠到学工处,由学工处统筹协调各部门的工作,统一为学生提供服务。三是将各类学生服务对应的组织机构全部纳入设定为学工处内设机构,在学工处组织内部进行返工,构建职能齐全的学工处。

2. 高校学生服务的人员构成

高校学生服务的人员构成主要包括专职工作人员、部门业务专家、志愿者或勤工俭学的学生。从美国大学高校学生服务的人员构成来看,美国高校学生服务的基本模式是“721”模式:70%的服务由学生自助完成,20%的服务由服务中心的多面手团队(generalist)帮助完成,10%的特殊和复杂的事务由部门业务专家(specialist)帮助解决。② 近年来,借助网络和通信技术,许多高校学生自助服务达到了 80%,甚至更高。美国高校学生服务一般都有专业的多面手团队,如明尼苏达大学双城分校学生服务中心目前有 29 位专职工作人员,业务内容包括注册服务、经济资助、缴费、个人信息、学习证明、学历项目、校园生活以及其他信息和技术服务。从事学生服务的新员工需要参加 8 周的系统培训,老员工每年也都要参加业务培训,特别在部门业务增加或者流程变革前都要对员工进行适应性培训。当前,国内高校学生服务中心窗口工作人员主要有三类:部门派驻在窗口服务的员工,如同济大学、上海理工大学等;前台由志愿者或勤工

① 陈健《美、英、日高校学生服务与管理》,《教育》2013 年第 2 期,第 23 页。
② Darlene Burnett, Diana Oblinger, *Innovation in Student Services*, *Planning for Models Blending High Touch/High Tech*, Ann Arbor, MI: Society for College and University Planning, 2002: 153-157.

俭学的学生负责受理各项服务事项,后台则由相关部门的专职员工负责组织和协调工作,如曲阜师范大学、深圳大学等;全部由经过培训的志愿者或勤工俭学的学生在一线窗口服务,如南昌大学、南京航空航天大学等。[①]

比较来看,国内高校对学生服务工作的认识水平和重视程度参差不齐,部分高校对学生服务工作重视不够,学生服务人员业务水平和专业素质还难以达到工作要求,严重影响到学生服务工作的质量。造成这种现象的原因除了管理层面重视不足外,也与学生服务组织与管理机制不健全有关。在高校内部,相对于教学人员和科研人员,学生服务工作人员的地位和待遇相对较低,职业晋升的机会较少,服务工作事无巨细,面面俱到,工作繁重琐碎,容易引起各种纠纷和矛盾,这些问题严重影响到具体员工的工作积极性,致使一些服务岗位人员流动性较大,从业人员的业务素质难以保证。

全面提升学生服务人员的综合素养是学生服务体系建设的现实需要。高校应该强化学生服务工作的专业性特征,以提高专业化水平带动学生服务工作效率和质量的提升,最大限度满足学生的服务需要。同时,还应不断完善学生服务人员的管理机制,拓宽职业发展空间,制定激励机制,调动从业人员的工作积极性。

(二)高校学生服务体系的运行机制

高校学生服务体系运行机制是指学生服务组织职能、运行制度及主要流程等。高校学生服务体系的运行机制主要包括学生服务与管理部门配置和职能、责任及权限界定;学校学生服务相关政策和规章制度以及相应的管理与服务工作规范、标准及工作运行流程;学生服务项目服务效果的反馈机制;学生及其他服务对象对服务工作的评价及责任追究制度;相关服务部门间协同与合作机制等。

国内高校学生服务的运行模式主要有两种:第一种是集中服务模式,即将学生服务的各类职能集中,建立统一的学生服务中心(窗口式服务),集中受理各类学生事务。学生服务中心负责统一协调各个行政管理与服务部门之间的工作关系,将分别由不同部门负责的业务整合到服务中心,这种集中服务模式是在管理与服务职能上进行内部整合,以单一部门的形式为学生提供全部服务,从而显著提高服务工作的效率和质量。第二种是将不同部门的学生服务职能科室和人员集中,"一站式"联合受理各类学生服务需求。比如,将教务处的

---

① 吴铭、林海霞《中美高校一站式学生服务中心比较研究》,《思想理论教育》2014 年第 4 期,第 96～100页。

学籍注册、选课、成绩管理,学生处的奖贷学金管理、就业指导服务,后勤处的学生住宿服务等相关科室的工作人员集中在一起,实行"一站式"服务。① 这种模式是将不同服务部门的服务职能科室集中在一处,实现空间上的统一,也可以显著提高服务工作的效率和质量。

(三)高校学生服务体系的工作内容

一般认为,高校学生服务体系的工作内容包括学术服务、身心健康服务、生活服务、经济服务、法律服务和生涯发展与职业指导服务。服务领域涵盖学生学习、生活、身心健康、职业生涯及权益保障等各个方面。

1. 学术服务(academic service)

学术服务涉及学习、课程、科研,据此高校学生学术服务可分为学生学习指导服务与学术指导服务,致力于学生学业成功和学术成长。学习指导服务主要包括入学辅导(新生指南与导向服务)、不同类型课程学习内容与方法指导、选课辅导与学分咨询、学风倡导及作弊违规问题的处理等,学习指导服务的目的是帮助学生更好地掌握学校教学活动的相关规定、流程和要求以及自我学习的基本技能技巧等,从而更好地完成学业。学术指导服务主要包括指导学生参与导师研究课题,参与校内外校级及以上的大学生科研创新创业项目,指导学生参与校内外学术报告等学校学术交流活动。学术指导服务的目的主要是培养学生的学术能力,促进学生学术成长。

2. 身心健康服务(body and psychology health service)

身心健康服务包括身体健康服务与心理健康服务,其中身体健康服务包括入学体检、学生身体素质监测、健身体育设施的提供与维护、健康生活方式的倡导、定期健康体检、面向学生的基本治疗服务与咨询、毕业健康体检等。心理健康服务包括学生入学心理普测与筛查,为有需要的学生提供专业心理咨询治疗与心理危机干预,为部分存在严重心理问题的学生提供心理治疗转诊服务,开设专门课程和讲座等进行心理健康知识普及教育等。

3. 生活服务(life service)

生活服务主要包括为学生在食住行方面提供的服务活动,如学生宿舍物业管理(房屋、家具家电、水电暖气、通信网络设施等)、学生食堂的运行管理、日常生活与学习用品供应、学生社团活动、体育与娱乐活动等的场所、组织与管理

---

① 吴铭、林海霞《中美高校一站式学生服务中心比较研究》,《思想理论教育》2014年第4期,第96~100页。

等。生活服务还应包括学生融入所在学校社区并参与社区的公共事业活动、各类慈善公益活动的组织安排、课外参与的其他社会活动等。这些服务性活动可以帮助学生解决好日常生活面临的各类问题，增加学生参与社会活动的机会，更多地了解社会、了解他人，形成助人为乐和自觉维护公共秩序等行为习惯，增强学生自我教育、自我管理、自我服务的意识和能力。

4. 经济法律服务（economy and legal service）

经济法律服务主要包括经济服务与法律服务，其中经济服务主要指奖励（奖助学金）、经济资助、财务缴费、学生贷款、勤工助学、困难学生补助、伙食补贴、减免学杂费等方面的服务。法律服务的内涵丰富，从形式而言，法律服务包括所有与法律事务相关的咨询、建议、代理、教育；从内容而言，法律服务具体包括普法（消费者法、人权保障、刑法、劳动者保障）宣传，法律课程与教学，提供法律咨询和法律援助，代写文书等服务，有利于维护高校学生权益、增强大学生的法律意识。

5. 职业指导与生涯发展服务（career guide service）

20 世纪上半叶，随着职业指导活动的兴起，高校开始将职业指导作为学生服务的项目。从实施形式来看，主要包括开设职业指导相关课程，开办各类职业指导、资格讲座，提供信息与咨询；从内容来看，主要包括开设大学生职业指导课程，开展职业指导讲座，提供就业信息以及用人单位信息，定期组织校园招聘会，指导学生组建职业发展协会等社团，培养朋辈辅导员，利用职业测评系统给予学生职业素质测评服务，与社会职业指导机构合作提供个性化职业指导咨询服务。

不仅如此，高校学生服务还包括相关职业技能培训、考证服务和素质拓展等内容。这已被一些研究者强调：学生在校期间主要的目的是学习更多的知识，以增强毕业后进入社会的就业竞争力；而学校最大的资源就是教育和技能培训。除了学生原本就读的专业课程外，如何整合学校的教育资源，对专业课程进行二次开发，甚至将优质的培训项目引进学校，为学生提供专业外的各种各样他们所急需的技能培训、考证服务和素质拓展等项目，既丰富学生的课余文化生活，又提高学生的就业竞争力，这也是高校学生服务的一项重要内容。[①]

生涯发展服务是在早期职业指导服务的基础上逐步发展演变而来的新型

① 邓俊华《高校学生一站式服务中心的研究与构建》，《南宁职业技术学院学报》2013 年第 18 卷第 6 期，第 65～67 页。

服务项目,它将传统的职业指导与个体的终生发展结合起来,将单纯的职业匹配与学校教育和学生全面发展结合起来,通过设立专门机构、专门人员以及开展专门活动培养学生的生涯发展能力。在组织架构上,第一,高校通过设置生涯发展指导中心等机构为学生的生涯发展指导服务;第二,生涯发展专业服务人员和各专业学科教师协同开展生涯发展服务工作,整合专业课程教学、课外活动和学生自我教育,围绕学生生涯发展的目标设置具体的服务项目和内容,帮助不同学生解决生涯发展过程中面临的不同的问题;第三,开展多种形式的咨询与生涯教育活动,全员、全面、全方位、全过程促进大学生生涯发展与成熟。生涯发展服务主要是通过生涯咨询与生涯教育提供服务,旨在促进大学生生涯发展与成熟,帮助学生挖掘自身的可持续性发展潜力。

(四)高校学生服务的规章制度和政策环境

制度和政策是构成学生服务体系的重要内容。为提高学生服务工作的规范性、专业性,高校必须制定和完善有关学生服务方面的各项规章制度和管理政策,通过制度建设规范学生服务工作标准、流程和具体的活动要求,营造有利于保障和提高服务工作质量的工作环境,促进各项具体服务工作能够最大限度满足学生需求,促进学生的健康发展。

目前,发达国家高校普遍建立了以法律和校内规章制度为主要内容的学生服务制度体系。以美国为例,1944 年的《军人权利法案》、1958 年的《国防教育法》、1965 年的《高等教育法》、1980 年的"WELLNESS"标准、20 世纪 90 年代的"SLI"计划等都对高校开展的学生服务工作的规范、要求与具体工作标准等做出了规定。这些制度规定涉及学生服务的各个方面,对维护学生权益、规范高校学生服务工作发挥了重要作用。具体来看,第一,联邦政府通过立法大量设置奖助学金和贷学金,让更多的人接受高等教育。如《军人权利法案》为帮助大量进入高校学习的复员军人能够顺利完成学业,规定高校必须为复员军人设置奖学金,这项法律有效地帮助大量复员军人解决了接受高等教育所需的学费和生活费问题,解决了"二战"以后大量复员军人再次回到高校接受高等教育时所面临的普遍问题,推动了高等教育事业的发展。在此之后的《国防教育法》和《高等教育法》进一步规定高校必须设置"国防学习贷金""保证学习贷款"和"佩尔助学金",使在校大学生人数快速增加。第二,1972 年制定的《平权法案》对种族歧视和其他各种歧视做出了界定,明确规定所有的政府机构、高等学校和超过 15 名雇员的私人企业不得以任何方式,在任何涉及招生、招工、技术培训、升迁等方面对弱势群体和少数族裔人群等制定歧视性政策。高校在招生和教职工聘用方面不得有任何种族、性别和年龄歧视的现象,这种法律规定有效保障了少数民族学生、妇女以及各类残障人员的就学和就业机会。有残疾的年轻人在《平权法案》的保护下比一般的年轻人更容易入学。①

我国高校学生服务与管理方面的政策与制度体现在不同的制定政策的主体与层次。从政策的制定主体来看,包括国家、省级、学校三个层次。其一,国家政府层面的包括《中华人民共和国教育法》《中华人民共和国高等教育法》中关于学生管理的规定等。其二,省级政府层面的有学生思想教育、心理健康教育、法律教育和道德教育方面的文件政策;学生奖学金、助学贷款以及困难学生补助等经济资助方面的政策等。其三,学校层面的包括学生管理与服务的制度架构规定、学生学业指导、生活设施管理、健康服务、心理咨询服务、法律援助服务、各类奖贷学金和生活困难学生资助制度以及学生就业指导服务制度与政策等。

从政策内容来看,国家在学生服务的不同领域制定了相应的政策法规。第一,学籍管理方面包括 1978 年制定的《高等学校学生学籍管理的暂行规定》,1983 年制定的《全日制普通高等学校学生学籍管理办法》。第二,学生行为管理方面包括 1989 年国家教育委员会颁发《高等学校学生行为准则(试行)》,规定了 15 条高等学校学生的行为准则,加强了学生的思想政治教育工作;1990 年颁布的《普通高等学校学生管理规定》、1995 年颁布的《研究生学籍管理规定》《学校体育工作条例》《高等学校校园秩序管理若干规定》《普通高等学校学生安全教育及管理暂行规定》《高等学校招生全国统一考试管理处罚暂行规定》《高等学校校园秩序管理若干规定》等。第三,心理健康服务方面包括 2002 年发布的《普通高等学校大学生心理健康教育工作实施纲要(试行)》、2004 年发布的《中共中央国务院关于进一步加强和改进大学生思想政治教育的意见》、2011 年教育部办公厅印发的《普通高等学校学生心理健康教育工作基本建设标准(试行)》、2015 年教育部办公厅印发的《普通高等学校学生心理健康教育课程教学基本要求》、2016 年 22 个部门联合发布的《关于加强心理健康服务的指导意见》等。第四,经济资助与帮扶方面包括 1983 年教育部、财政部联合颁发《普通高等学校本、专科学生人民助学金暂行办法》和《普通高等学校本、专科学生人民奖学金试行办法》,这是我国高校在资助帮扶工作上首次全面系统的政策规定。第五,就业与创业方面,1989 年国家教育委员会公布《高等学校毕业生分配制度

① 余惠琼、游敏惠《美国高校学生事务管理的制度环境分析》,《新德育·思想理论教育(综合版)》2007年第 1 期,第 82～87 页。

改革方案》，将高校毕业生的就业制度由原有的国家统一分配转变为社会选择的就业制度。[①] 2010 年发布的《教育部关于大力推进高等学校创新创业教育和大学生自主创业工作的意见》、2017 年发布的《教育部关于做好 2018 届全国普通高等学校毕业生就业创业工作的通知》、2020 年发布的《教育部关于应对新冠肺炎疫情做好 2020 届全国普通高等学校毕业生就业创业工作的通知》等文件对高校毕业生的就业与创业给予了政策支持。

第二节 高校学生服务的意义

高校学生服务是高等学校教育工作的重要组成部分，是高校实现人才培养目的的重要途径，学生服务工作质量直接影响到教育质量和学生发展质量，同时，学生服务体系是现代大学制度的重要组成部分，学校学生服务工作水平在很大程度上反映了这所高校的治理水平和人才培养水平。因此，建立和完善学生服务体系，全面提升高校学生服务水平，对于促进学生全面、和谐发展，提高高校治理水平和人才培养质量都具有十分重要的意义。

一、促进学生成长成才成功

学生服务是学校教育活动的重要组成部分，是实现教育目的的重要形式与途径。学生服务与学术活动对学生的身心发展具有重要的影响作用。对高等教育而言，教育在实现帮助学生掌握专业知识和技能、提高学生智力水平和职业能力以及提高学生的社会适应水平、道德水平和文化素养等诸多目的的过程中，不仅需要专业的课堂活动和专业训练活动，而且需要围绕学生的学习、生活和成长的各个方面，为学生的学习、生活及成长提供周全的条件和有效的帮助。后者就是学生服务的任务与价值所在。实践层面上，高校开展的学生服务工作在解决学生实际学习、生活困难的同时，也潜在地发挥了育人的作用，体现了社会和学校对学生成长的积极影响，在学生健康成长的过程中，高校学生服务扮演了不可或缺的教育角色。

---

① 张冠鹏《新中国成立以来高校学生管理制度的历史沿革与基本经验》，《黑龙江高教研究》2013 年第 12 期，第 36～39 页。

(一)提升大学生综合素养,为成长导向

1. 提升大学生的个人文化道德修养

立德树人是高等教育的根本任务。高校学生服务在道德上帮助大学生完善自我,以便让他们以良好的精神投入到专业学习与社会实践中。具体来看,高校学生服务能够增强学生的社会责任心和使命担当,形成乐观、积极向上的良好心态,具备良好的职业道德素养等。

2. 提高大学生的个人综合能力

(1)拓展知识结构,培养全面和谐发展的能力。促进人的全面发展是教育的本质,而培养人才的全面性、追求人的全面和谐发展是大学教育的基本功能。高等教育是一个涉及意念、情感、方法、知识、技能的全面综合体,对大学生个体来说,全面和谐发展是必须。对高校来说,真正的学生服务应该是着眼于学生的可持续发展,着眼于学生的"全人教育",是让每一位学生可以健康地有尊严地生活。

具体来看,高校学生服务是在教学中心的基础上,侧重于拓展与完善大学生"专业知识＋通识知识＋实践知识"的知识结构,使大学生具备综合的知识结构,从而奠定个体全面和谐发展的基础。

(2)提高大学生的自主学习与终身学习能力。现代教育思想认为,学生的学习是一种自主的认识和将外在的知识观念转化为其内部的精神财富的过程。自主学习能力是大学生应该具有的基本能力,高校学生服务中的就业指导服务可以帮助大学生找到自己的专业兴趣与职业兴趣,进而提高大学生学习的自主性,养成自主学习能力。

学习化社会要求大学生具备终身学习能力以更好地进入职业生涯,进而促进个体职业生涯的个性发展与全面发展,并最终服务社会进步与发展,因而高校的就业指导服务可以增强大学生终身学习的意识与能力。

(3)培养大学生的研究与创新创业能力。在强调素质教育的当今时代,在高等教育强调教育质量、高校办学突出学术导向的情况下,在高等教育提出"培养具有创新精神和实践能力的高级专门人才"的今天,学生服务有了新的任务和不可替代的历史使命:培养大学生的研究与创新创业能力,高校学生服务中的学术服务与就业指导服务能够有针对性地提升大学生的学术研究能力与创新创业能力。

(4)锻炼与提高大学生的人际交往能力和处事应变能力。高校学生服务致力于帮助大学生学会团结合作,发展其领导能力以及更有效地完成学生领导的

责任;培养他们的组织、沟通能力以促进组织内部的有效交流与沟通;帮助他们学习人际交往的技巧以及解决人际冲突的办法,培养他们的处事应变能力。

(5)培养大学规划自我、服务社会、追求完满的能力。高校学生服务的最终目的是"帮助学生融入社会,成为独立的社会人"。高校学生服务侧重帮助大学生设定合理的个人目标、集体目标并学会评价。尤其高校职业指导服务提供关于劳动就业的全方位服务,包括工作和就业咨询、职业咨询、工作定位转换、实习生项目以及简历制作和面试等方面;提供服务的同时培养大学生自我引导与决策的技巧,进而使大学生服务社会、追求生活的完满。以美国高校为例,社区学院为了帮助学生在毕业后融入社会,他们在分析学生的个体差异的基础上,综合学生的个人意愿,由专门的职业规划师指导学生制定自己的职业规划,并且通过提高专业课程的专业契合度、与企业联合教学、培养学生职业理念等方式,使学生能够客观评价自己和将来所从事的职业,为学生融入社会提供足够的知识储备和心理准备。[①]

(6)增强大学生自我教育、自我管理与自我服务的意识和能力。高校学生服务通过各种学生团体中心,不仅培养了学生的领导力,锻炼了管理能力、沟通能力、协调能力,而且使学生能够在自我服务的同时,有效地参与学校管理和实现自我管理。不仅如此,高校学生服务还通过提供专门的课程帮助学生,这些课程的内容涉及成功策略、学习方法、升学计划、职业发展等。这都有利于促进学生获得学习、生活上的成功。

(二)增强大学生身体素质与心理素质,为成才奠基

高校学生身体健康服务致力于大学生体质监测,改进体育设施和组织各种各样的体育类活动,引导大学生积极参加体育锻炼,进而提高自身身体素质,与心理健康服务形成良性互动。心理健康服务是高校学生服务的重要内容,具体方式包括心理健康筛查、心理健康咨询、心理健康教育课程、心理健康讲座和心理健康月活动等,通过普及心理健康知识,引导大学生关注心理健康,预防心理偏差,及时地进行心理干预,有效及时地促进了大学生心理健康。高校正是通过提供身心健康服务促使学生成为"身心两健"的新时代人才。

(三)拓展大学生社会资源,为成功护航

一般认为,社会资源包括人力资源、物力资源、人际关系等,对于大学生来

---

① 孙启友《美国社区学院学生服务的思考与启示——以秀岚社区学院为例》,《中国成人教育》2014 年第 15 期,第 113~115 页。

说,学校学生服务可以帮助其建立更加广泛的人际关系,并获取社会资源,从而有助于未来的发展与成功。从实际来看,大学生的社会资源,主要来自学校和家庭,社会资源不仅范围狭窄,数量上也不充足。因此,高校学生服务应该通过组织与设计加强学生与社会联系的活动(如校企合作等)帮助大学生扩展个人人际关系和社会资源,使大学生自身在未来社会竞争中站稳脚跟。

高校的根本任务是培养德才兼备的高素质人才。作为育人的重要途径,高校学生服务体系致力于也有利于促进学生的成长、成才并走向成功。高校管理部门在构建与完善学生服务体系的过程中应充分考虑到学生课堂以外生活与发展的需求,大力改善学生的学习和生活条件,运用校园生态环境理论,为学生的文体活动、人际交往以及团队锻炼提供更加舒适、充足的空间。

二、完善学生管理模式,提升人才培养质量

(一)促进高校学生服务由"管理为主"向"服务为主"模式转变,凸显教育的服务价值

我国高校学生事务工作改革的重要目标就是树立为学生提供全方位服务、将教育渗透在管理与服务之中、体现"以学生为中心"的教育理念。同时,通过体制机制改革,不断完善学生服务工作的制度设计和运行机制,改变单纯的管理理念与工作模式,将服务理念和服务意识贯穿于学生生活、学习、发展的各个环节和学校行政、教学、科研、后勤管理等各个工作环节,通过制度、政策、工作措施的不断改进与提高,将服务渗透到高校的"时时、处处、人人"[1],让每个学生在校园的每个地方都能获得周到适宜的指导、帮助和服务,寓教育于服务之中,真正体现学校全员育人的工作理念,凸显教育的服务价值。

(二)促进高校学生服务由被动向主动转变,提高学生学习效率和生活品质

高校学生服务是高校人才培养的重要组成部分,是高校实现人才培养目标的重要途径。加强学生服务工作必须实现学生服务由被动向主动的转变,即由"学生要服务"向"要向学生服务"转变。一般认为,主动服务的本质是顾客服务理念在高校中的具体实践,这是一种新的组织文化,这种文化包括以一切学生的学习体验为中心,以高等教育的过程和结果为中心。[2] 主动服务理念启示高

---

[1] 孙立军《英国高校学生事务工作的基本情况及启示》,《思想政治教育研究》2009 年第 2 期,第 115~118 页。

[2] David Warner and David Palfreyman, *Higher education management: the key elements*, England: Open University Press, 1996:176.

校学生服务进行转向。学校教学、行政、后勤等部门都必须在转变教育理念的基础上,围绕学生需求这个核心,通过调整政策、完善工作流程、改进工作态度、提高专业服务水平等主动适应新时期学生需求的变化,从学术、生活、健康、经济资助、就业等主要领域入手,不断完善服务体系,将被动服务模式转变为主动服务模式,形成体系化的服务机制,满足各类学生在不同领域的服务需求。这种主动服务模式将极大地帮助学生解决其在学业、日常生活、健康、法律、就业等各个方面可能面临的困难和问题,极大地减少学生因无法克服各类困难而对其学业发展和生活品质所产生的消极影响,全面提高学生的学习效率和积极参加各类校园生活的品质。

(三)改善高校学生服务质量,提高办学水平和人才培养质量

随着我国高等教育资源的日益丰富和高考生源的逐年紧缩,高等教育已经从过去的精英教育走向了现在的大众教育。高校招生工作也必将由现行的高校"录取"模式转变为学生"择校"模式,届时一所院校是否能够吸引学生的首要因素就是院校能够给学生提供什么样的服务、院校能否帮助他们实现人生目标。不仅如此,高校学生服务水平的提高可以全面促进学生的学习和发展,为学生成长提供更加良好的环境与条件,提高教育活动的效率和质量,减轻学生的生活负担,帮助学生更好地明确自己的发展方向和路径,实现自身的发展目标。因此,改善高校学生服务将有助于提高学校办学水平,促进人才培养质量的全面提升。

第三节 我国高校学生服务体系改革的研究思路、意义与方法

高校学生服务体系改革是指在科学理念指导下对高校学生服务工作的组织架构、组织职能、运行机制、人员构成及其他外部因素的影响机制进行全面分析和评价,提出符合高等教育发展规律的高校学生服务体系变革的策略和方案。

一、我国高校学生服务体系改革的背景

当前,我国高校学生服务体系面临经济全球化、高等教育大众化、管理模式转变、学生发展多元需要等挑战,改革尤为迫切。

(一)经济全球化

高校学生服务体系改革有其深刻的社会背景,是高校学生事务管理工作由管理向服务转型的具体体现。在经济全球化和价值理念多样化的大背景下,随着高等教育的逐步改革,招生规模的不断扩大,高校后勤服务的社会化,学分制、二级学院分级管理的实施,多元化对学生思想的冲击,学生将教育作为消费理念和维权意识的增强,传统的由教师完全主导的学生管理模式和工作机制,难以适应新形势的发展需要。在高等教育产业化和市场化的转变过程中,学生也有了消费者的主体意识,高校学生工作作为高等教育管理工作的重要组成部分,工作模式和工作机制必须转变观念,以适应现代教育管理的现实需要和发展趋势。[①] 高校必须通过改革创新高校学生工作模式来适应社会发展和满足学生各方面的需求,工作内容由管理者向服务者转变。[②]

(二)高等教育大众化

在我国,随着 1997 年高等教育全面收费制度的实施,受教育者个人开始对高等教育费用进行部分补偿,同时市场机制被逐渐引入高等教育。这在一定程度上改变了学校与学生的关系,即从原来的管理与被管理的关系变为服务提供者与服务消费者(或称顾客)的关系。为此,学生作为"消费者""顾客"的身份意识与相关的权利观念快速觉醒,学校也需要应势确立起服务学生、满足学生合理需求的理念。[③]

中国高等教育大众化涉及众多的变革,许多内容涉及大学生,传统大学的学生工作面临着学生奖学金制度、学生贷款制度、勤工俭学制度、就业指导等方面的挑战。此外,学生心理问题的凸显,使心理咨询工作成为当务之急。[④] 因此,高等教育大众化需要高校与时俱进,适应新时代的挑战,完善学生服务体系,为大学生提供全方位的服务。

(三)高校在管理模式上重管理轻服务

高校教育工作中的管理与服务是相互联系的系统工程,双方配合得好可以达到事半功倍的效果,反之,则事倍功半。

---

① 刘行《高校服务型学生工作模式的构建研究》,湘潭大学硕士学位论文 2010 年,第 3~5 页。

② 邓俊华《高校学生一站式服务中心的研究与构建》,《南宁职业技术学院学报》2013 年第 18 卷第 6 期,第 65~67 页。

③ 刘淑兰《对美国圣莫尼卡社区学院学生服务系统的考察及思考》,《比较教育研究》2007 年第 5 期,第 27~32 页。

④ 马超《20 世纪美国大学学生事务研究》,南京师范大学博士学位论文 2007 年,第 3 页。

教育本身是由教师和学生共同完成的,但在具体实践过程中,往往忽略了双方在教育这一系统工作中的联系性、协同性和互动性,强调教师由上到下的教书育人,将学生单纯看作被教育者和被管理者,将学生看作单向度的人。在较长一段时间内,学生工作主要局限于思想政治指导、纪律规范,忽视了作为具有不同个性和不同需要的学生个体的成才需要,忽视了服务学生[①],进而给学生发展带来了不利影响。高校需要及时转变传统模式,重视学生服务体系的建构与完善。

(四)大学生自身发展的现实需要

在新时代,大学生自身也发生了许多变化,如学生主体意识的增强、学生需要的多样性和价值观念的多元化;由于学生中独生子女比例越来越大,面对迅速变化和日趋纷繁的外部环境,他们在校园适应和个体社会化方面暴露出的弱点比较突出。所有这些使得我国高校学生工作面临许多新的问题和挑战。[②] 因此,高校需要及时完善学生服务体系,以服务意识回应并满足学生的合理需要。现阶段,作为高校学生服务体系基本构成的心理咨询、就业指导和经济资助等项目应该首先得到发展和完善。

综上所述,高校学生服务面临的诸多诉求与挑战揭示:高校学生服务体系改革应该致力于探索出一条"从学生管理到学生服务,从学生服务到学生发展"的路子,把服务于学生成功作为高校开展学校各项工作的基本原则和重点目标。

二、我国高校学生服务体系改革研究的思路

我国高校学生服务体系改革从教育理念、管理模式、制度架构、运行机制、内外部政策环境等要素入手,全面总结分析我国高校学生服务体系现状及存在的问题,研究和借鉴高校学生服务体系构建的国际经验,提出并阐述符合高等教育发展规律的学生服务教育理念,从更新教育理念、重构组织架构、完善内外部政策环境等方面提出高校学生服务体系构建的设想,包括体系的基本结构、功能、运行机制和控制因素等,同时结合我国高校实际提出可操作的高校学生服务体系改革方案。

(一)分析、评估我国高校学生服务现状

我国高校学生服务体系改革主要通过对高校学生服务现状进行抽样调查、

① 覃川《关于教学管理与学生服务一体化的哲学思考》,《中国高等教育》2013年第8期,第48~50页。
② 蔡国春《21世纪我国高校学生工作的观念变革》,《吉林教育科学》2001年第1期,第23~28页。

定量分析,结合国际比较研究的成果,从教育理念、制度设计、组织结构与功能、运行机制以及系统环境(政策、法律、社会文化因素等)方面评估我国高校学生服务工作的基本现状、存在的主要问题及其产生原因。

(二)我国高校学生服务理论构建

从心理学、教育学、管理学等多学科视角对学生服务组织体系及其运行过程进行全方位分析,揭示高校学生服务工作的本质属性和基本内容,厘清学生服务与学术活动、教育活动的区别与联系,科学界定学生服务工作的基本内涵及特征,对中国高校长期存在的将学生服务与学生管理和学生教育(思想政治教育)混同等现象做理论上的辨析;提出我国高校学生服务工作的基本教育理念和教育原则,在此基础上,借鉴发达国家高校学生服务体系建设经验,全面阐述我国高校学生服务的组织架构与功能、组织运行机制、相关人员组成与资质、组织内外部环境(法律与政策)等组织体系构建的核心特质。

(三)提出完善高校学生服务体系的对策和实施方案

基于高校学生服务体系的现状调查分析与系统的学科理论依据梳理,通过分析我国高校学生服务工作存在的突出问题及其产生原因,结合国际经验和我国学生服务工作实际,提出完善我国高校学生服务体系的改革路径、高校学生服务体系改革的主要内容,从学生服务组织架构的基本形式、组织运行机制与模式、组织活动的主要内容、学生服务专业人员的资格认证与准入制度的建立、学生服务评估体系等方面提出具体的改革实施方案。

三、我国高校学生服务体系改革研究的意义

我国高校学生服务体系改革研究课题的提出是基于理论与实践的双重诉求,因此其研究的意义亦主要体现在理论研究推进与实践改进方面。

(一)高校学生服务改革研究的理论意义

高校学生服务改革研究的理论意义基于当前国内外研究现状的分析,其理论推进主要体现在明确高校学生服务工作的基本属性、确定学生服务体系的基本架构、制定学生服务体系运行管理评价标准及评价考核指标以及厘清学生服务与其他教育工作在制度保障和运行管理方面的关系。

1. 国内外研究现状述评

(1)国外相关研究以多学科、系统研究为主。以欧美为代表的发达国家关于高校学生服务体系的研究成果非常丰富,研究者从多学科视角开展了大量深

入的研究,形成了系统的理论,从早期的替代父母制、学生消费者第一理论、学生人事服务理论到学生发展理论等。

欧美等发达国家已经形成了由学习活动服务、心理与健康服务、法律服务、职业指导服务、生活服务等组成的完整的高校学生服务体系,有关学分服务体系的改革已经不再是研究热点,现有研究更多关注学生服务工作对象的满意度、个性化服务的管理特点等问题,研究者更多地对具体的心理服务、健康服务、经济服务以及学习辅导等的组织管理与运行特点和规律进行研究。

代表性的研究文献包括:1975 年,学生事务协会(the Council of Student Personnel Associations)编著的《高等教育中的学生发展服务》(*Student Development Services in Postsecondary Education*),1994 年再版;美国大学学生事务协会前主席(a Former President of the American College of Personnel Association)科米威斯(Susan R. Komives)等人于 1996 年编辑出版了《学生服务——专业人员手册》(*Student Service:A Handbook for the Profession*),第三版。书中详尽论述了美国学生事务的历史、哲学基础、理论来源、管理技术和未来发展趋势,总结和反思了美国大学学生事务的发展与改革,几乎对每个问题都有所涉及。[①]

(2)国内相关研究以"管理学生"为视角。国内有关高校学生服务体系研究的成果并不多见,且此类研究中并未将体系构建作为主要研究对象。已有研究成果如王秀彦、高春娣主编的《高校学生事务管理概论》、漆小萍编《高校学生事务管理》、冯培编《中国高校学生事务管理模式创新》、蔡国春著《中美高校学生事务管理模式比较研究》等多从学生管理角度探讨对学生有效管理的规律,其中有关学生管理体制问题如体系组成、功能以及运行机制等的系统研究比较缺乏。

综上所述,现有研究大多基于"管理学生"的教育理念分析高校学生管理体系存在的问题,而基于"服务学生"的教育理念而开展的研究还不多见。我国高校长期将学生事务单纯理解为学生管理工作,而将学生管理混同于学生思想教育,有关构建符合现代大学制度要求的学生服务体系的研究还不多见,已有的零散研究也缺乏规范的概念体系和科学的研究范式,限制了研究成果对高校学生服务体系改革实践的指导作用。

(3)相关研究内容缺乏系统性与实践针对性。已有研究对美国、欧洲、日本以及我国台湾、香港地区的高校学生服务体系进行了介绍和比较,包括国家层

---

① 马超《20 世纪美国大学学生事务研究》,南京师范大学博士学位论文 2007 年,第 6 页。

面的学生服务管理机构与研究机构的构成,学校层面的学生服务专业人员的发展,高校学生服务的内容、形式、组织架构、管理模式、学生服务机构与人员的认证管理等问题。这些成果多从某个侧面描述高校学生服务特点,但都缺乏对高校学生服务体系的整体结构与功能的分析,更缺乏针对我国高校学生服务工作特点的建设性的改革对策研究。

(4)研究方法以定性研究为主,相对缺乏定量分析。已有研究较少采用定量研究方法,缺少对我国高校学生服务实际状况及学生服务体系运行状况的定量描述与分析。此外,已有研究尚未从教育理念创新入手,针对高校学生服务体系存在的问题从教育理念的角度进行归因分析并就教育理念创新对体系改革的意义进行系统阐述。

2.理论意义

我国高校学生服务体系改革缺乏系统的理论指导和科学的实施方案,因此本书具有较强的理论性。本书通过定量调研、抽象分析、逻辑判断等方法归纳我国高校学生服务体系的结构、功能与运行特点,在借鉴已有理论研究成果的基础上,探索高校学生服务工作的基本规律和特征,提出并阐述具有中国高校特色的学生服务工作基本教育理念和学生服务制度与机制改革的基本原则,为深化高校学生服务体系改革提供理论指导。

(1)进一步明确高校学生服务工作的基本属性、地位及其对人才培养工作的意义。通过对高校学生服务工作本质属性及其与高校人才培养工作的关系的研究,可以进一步明确学生服务工作在高等教育工作中的基本作用,从而明确认识学生服务工作的基本属性,转变长期以来重管理轻服务的倾向;转变学生工作就是对学生进行思想政治教育过程的理念;转变学生工作只是学生管理部门自身的工作的认识等。重新认识"以学生为中心"教育理念的内涵,重新确立"管理就是服务"的教育理念;重新确立学校教育的各个环节、各个部门、各个因素都具有服务与教育属性的理念,真正将教育、管理与服务融于一体,将服务理念和实际服务举措贯穿于学生成长的全过程、贯穿于学校各项活动的全要素之中、贯穿于每个教职员工的各项具体工作中。

(2)进一步确定高校学生服务工作体系的基本组成架构、工作运行机制、工作标准与工作规范。学生服务工作体系是在高校长期教育实践中总结形成的实践成果,在新形势和新的发展阶段,高校必须不断通过组织变革对原有的组织体系进行更新,使其适应新的社会发展需求。通过对学生服务组织体系的研究,借鉴国家先进经验对现有的学生服务体系进行梳理和分析,可以帮助高校从理论层面为完善学生服务组织架构、运行机制、工作标准与规范等提供科学的理论指导。

(3)进一步制定学生服务体系运行管理评价标准及评价考核指标。学生服务工作的制度化、体系化的重要标志是具备涵盖学生服务工作全过程、全要素的工作标准及考核指标。以实践为基础的体系建设理论研究工作可以帮助人们进一步确定各个环节的工作标准和流程规范，避免工作中的随意性，提高各项服务工作的品质；同时，健全的工作标准和规范为建立学生服务工作科学系统的评价体系奠定了基础。只有同时建立工作标准和评价指标体系，才能真正实现学生服务工作的制度化、规范化，才能在全部环节和要素上为学生提供不受人为因素影响的高质量的服务。

(4)进一步厘清学生服务与高校其他教育工作在制度保障与管理运行方面的关系。开展学生服务体系改革研究可以在理论上进一步厘清学生服务工作与高校其他教育工作的关系，特别是与高校其他制度保障与管理运行机制方面的关系。学生服务涉及高校的教学、科研、管理、服务等主要的教育及保障性工作，涉及全校教师、管理人员和后勤服务人员。改革学生服务工作必须与学校的教学改革、科研改革、行政管理改革和后勤服务改革相配套，必须在全校师生员工的共同参与下才能进行。因此，从理论上探讨并确定学生服务工作与高校其他教育、教学、管理工作在制度保障和管理运行机制等方面的关系对于科学制定学生服务体系改革方案、顺利实现改革目标至关重要。

(二)高校学生服务改革研究的实践价值

我国高校学生心理服务体系存在教育理念陈旧、体系结构不完整、功能不完善、运行机制不顺畅和运行效率低等弊端，这种体制性的缺陷是导致我国高校学生服务工作严重滞后于高等教育发展、不适应全面发展人才培养需要的主要原因。因此，要想改变这种现状必须从体系变革的角度全面总结我国高校学生服务工作的经验，以理论研究成果为依据，围绕学生服务体系改革和重构的任务，从体系基本结构、功能、运行机制、内外部环境因素的控制等方面为高校提供可操作的改革对策和实施方案，提高各项改革举措的科学性和实效性。

(1)总结我国高校学生服务工作的发展经验，从国际比较的视角对我国高校学生服务工作存在的问题与不足进行分析，从而在教育理念上进一步明确我国高校学生服务工作改革的基本方向与目标。

(2)从组织变革的角度对我国高校学生服务组织体系的基本架构和运行机制进行分析，从而进一步认识我国学生服务工作存在问题的产生原因。

（3）以国际经验为借鉴，结合建立现代大学制度和高校综合改革的基本目标，以制度建设和组织革新为主要线索，提出我国高校学生服务体系改革的基本任务、主要内容和具体路径。

总之，本书首先从现状调查和国际比较的角度，分析我国高校学生服务体系存在的不足与缺陷，梳理和明确研究的基本目标和主要问题；其次在学习借鉴已有学生服务理论的基础上，提出符合我国高校实际的学生服务基本理念和原则，构建具有中国高校学生服务工作特色、符合现代大学发展规律的学生服务理论；最后提出我国高校学生服务体系改革对策和实施方案。

四、高校学生服务体系改革研究的方法

本书采用的主要方法包括文献研究法、历史研究法、问卷调查法与比较研究法。

（一）文献研究法

文献研究是课题研究的基本方法，对于已有研究文献的梳理与分析能够明确研究的方向与内容，是课题研究的基础与起点。

本书对分布在学生管理、心理辅导、健康服务、就业指导、经济资助政策等诸多研究领域的相关研究成果进行搜集、整理和评述，形成对已有研究成果的全面认识，并从中确立本书的逻辑起点。从世界范围来看，以欧美为代表的发达国家（主要指美国、英国、日本）的研究者从多学科视角对高校学生服务体系开展了大量深入的研究，形成了系统的理论，从早期的替代父母制、学生消费者第一理论、学生人事服务理论到学生发展理论等；反观国内有关高校学生服务体系的研究成果则相对较少，且此类研究并未将体系构建作为主要的研究对象与研究目标。目前，已有的代表性研究成果如王秀彦、高春娣的《高校学生事务管理概论》、漆小萍的《高校学生事务管理》、冯培的《中国高校学生事务管理模式创新》、蔡国春的《中美高校学生事务管理模式比较研究》等，这些研究大多基于"管理学生"的教育理念分析学生管理体系存在的问题，而基于"服务学生"的教育理念开展的研究则相对缺乏。

（二）历史研究法

高校学生服务体系的产生、发展与完善是一个历史的过程，这在不同国家高校学生服务体系发展中有所体现。美国、英国、日本等发达国家的高校学生服务体系大多开始于 19 世纪中后期，因此都经历了一个相对长的历史发展过程，而且每个历史发展阶段具有一定的特殊性，不同国家更是体现了不同的特

点,这些特殊与特点对于我国高校学生服务体系的建构与改革都有极强的借鉴意义,因此历史层面的研究很有必要。

本书主要分析不同历史发展阶段高校学生服务的特点以及影响高校学生服务的各种因素,从中分析相关的制约条件和因果线索,演绎出现代大学学生服务体系的发展趋势。

(三)问卷调查法

问卷调查法是科学研究常用的方法,也称为"书面调查法",是采用书面形式间接搜集研究材料的一种调查手段,是通过向调查者发出简明扼要的调查问卷/表,请其填写对有关问题的意见和建议来间接获得研究材料和信息的一种方法,是与定性方法对应的定量研究方法。

在本书中,通过相关研究文献分析发现,已有高校学生服务体系的研究较少采用定量研究方法,有关研究中缺乏对我国高校学生服务实际状况及学生服务体系运行状况的定量描述与分析,采用定量研究方法可以在一定程度上弥补这一缺陷,为全面描述和分析我国高校学生服务体系建设的现状提供客观依据。具体研究时主要采用问卷法,即通过问卷定量分析我国大学生学生服务满意度水平,分别以不同高校的学生和教师为对象,采集学生和教师对高校学生服务工作各个环节、各个要素的评价数据,通过对问卷数据的统计分析研究我国学生和教师对高校学生服务满意度的基本特点以及学生服务工作存在问题的基本特点和产生原因。

(四)比较研究法

已有研究对美国、欧洲、日本的高校学生服务体系进行了介绍和比较,包括国家层面的学生服务管理机构与研究机构的构成,学校层面的学生服务专业人员的发展,高校学生服务的内容、形式、组织架构、管理模式、学生服务机构与人员的认证管理等问题,但都缺乏对高校学生服务体系整体结构与功能的分析。本书使用比较研究法对不同国家和地区的高校学生服务体系的特点进行分析比较,对具有不同特点的学生服务体系进行归纳分类,找出其中的特殊规律和普遍规律,为我国高校学习服务体系的改革提供借鉴。

第二章　高校学生服务的理论基础与现实依据

　　高校学生事务一般指学生课外活动与非学术性事务的总和,涉及课外、学生活动、住宿生活、感情或个人问题。[①] 由于学生事务涉及身心发展、生活指导、权益保障等多元内容,其理论基础并不是来源于单一学科的理论,而是由教育学、心理学、社会学、法学、管理学等不同学科的基本理论共同构成的。高校学生服务的体系建设与活动组织既要遵循多学科的理论指导,也要根据高等教育的发展,不断适应高校学生事务发展变化的现实需要。

第一节　高校学生服务的理论基础

　　从广义上讲,高校学生服务活动是教育活动的一部分,其服务的对象是学生,这决定了学生服务工作必须遵循学生成长发展的基本规律,必须以教育学和心理学的基本理论为指导;而学生服务组织的建设及活动遵循组织活动的基本规律,必须以管理学的理论为指导;除此之外,学生服务目标的确立、内容的扩展和质量的提升则与社会学、法学、历史学等理论密切相关,同时又受到中国高等教育发展历史及传统的影响。因此,高校学生服务是一项建立在多学科相互融合、相互协同的基础之上的综合性的教育活动。

一、学生服务活动与教育价值实现——教育学理论基础

　　教育是培养人的活动,教育价值的一个重要体现是促进作为个体的人的发展。有目的、有计划、有组织的学校教育中,学生的发展应是教育最根本的价值目标。学生作为独特的个体,自身具备多种发展可能。这些潜在的多种可能转化为现实发展,要通过个体不同性质和水平的生命活动来实现,这些生命活动

---

① 王秀彦、高春娣《高校学生事务管理概论》,高等教育出版社 2009 年版,第 2 页。

包括生理活动、心理活动和社会实践活动。^① 社会实践活动是最高水平,也是最富综合性的生命活动^②,对个体发展具有深刻的影响。从这个意义上讲,高校学生服务活动正是能够积极促进学生个体发展,实现教育价值的高水平、综合性教育活动。

高校学生服务活动是学校教育工作的重要组成部分,这意味着高校学生服务活动必须遵循教育学的普遍规律和高等教育学的特殊规律。中外历史上,教育学理论的不断更新与发展为高校学生服务活动提供了丰富的理论土壤,如马克思关于人的全面发展学说、人本主义教育理论、高等教育学理论、学生评价理论等。

(一)马克思主义关于人的全面发展学说

马克思主义关于人的全面发展学说是马克思、恩格斯在经济学研究中考察社会物质生产与人的发展关系时提出的关于人的发展问题的基本原理,主要是指在劳动过程中实现体力和智力的充分运用和发展,实现两者在充分发展基础上的完整结合。其具体内涵包括四个层次:其一,是指人的劳动能力的全面发展,"能够适应极其不同的劳动需求并且在交替变换的职能中……使自己先天的和后天的各种能力得到自由发展";其二,是指人的才能的全面发展,"每一个人都无可争辩地有权全面发展自己的才能"^③,且任何人都具有这样的职责、使命,或者说是任务,全面发展自己的能力;其三,是指人自身的全面发展,指个体作为完整的人,发展自己的全部特性;其四,是指人的自由发展,这是个体发展的最高境界,在这一层次上,个体的各种能力均得到发展,实现了"独创的和自由的发展"^④。克服人发展的一切片面性,实现人的个性的真正全面和自由的发展,是马克思主义关于人的全面发展学说的灵魂;而教育,是实现人的全面发展的重要途径。

要实现人的全面发展,单纯依靠教学活动是不够的,学生事务工作不仅与教学活动息息相关,而且更广泛地渗透在学生生活、社会交往和各种课外活动中。从教育者的角度看,学生事务工作是促进学生身心全面发展的更重要的教育工作。

学生的全面发展与学校为学生提供的全方位教育、管理和服务活动密切相

① 叶澜《教育概论》,人民教育出版社 1999 年版,第 226 页。
② 叶澜《教育概论》,人民教育出版社 1999 年版,第 228 页。
③ 马克思、恩格斯《马克思恩格斯全集》(第 2 卷),人民出版社 1972 年版,第 614 页。
④ 马克思、恩格斯《马克思恩格斯全集》(第 2 卷),人民出版社 1972 年版,第 516 页。

关。要实现学生全面发展,学校就必须为学生的发展提供全方位、多领域的服务,创设有利于学生发展的良好环境,为学生各方面的发展提供具体的条件和帮助。只有真正树立"以学生为本"的教育理念,才能真正从有利于学生全面发展的目的出发,做好学生事务工作。

学生事务工作的领域远远大于一般意义上的课堂教学,因此,有可能为学生提供更加宽阔的发展平台和机会,为学生真正实现个性化、全方位的自由发展提供更大可能。重视和加强学生事务工作是实现学生全面发展的必由之路,也是高校实现人才培养目的的重要途径。

(二)人本主义教育理论

人本主义教育理论产生于 20 世纪五六十年代,是西方人本主义心理学的相关研究成果,主要代表人物有美国的马斯洛和罗杰斯等。人本主义教育理论批判"技术统治一切"的教育教学理论,提倡重视人类的情感、勇气、自信等心理,倡导以人为本的教育理论。

人本主义教育理论根据人类自身发展的特点,主张"以学生为中心",认为学生是有思想、有感情、有独立人格的个体,是有主观能动性的个体,是不断发展与进步的个体。人本主义教育理论认为,学生是学习的主体,教育者不应是教育活动的主导者,而应该是学生发展的辅助者和指导者。人本主义教育理论倡导自由学习、非指导性学习、自我指导学习等以学习者为中心的学习观和教育观,因为人本主义者相信,每个学生都具备自主学习的能力和解决问题的潜能,教育者的任务不是告诉学生解决问题的答案,而是启发和引导学生自主探索解决问题的方法,培养学生掌握解决问题的能力。此外,人本主义教育理论认为个体的发展是知识、能力与情感发展三者的结合,因而教育应培养能够适应变化的、情感和个性都充分发展的人。

按照人本主义的教育理念,教育的宗旨应定位于关照个体的整体发展,促进自我成长和自我完善,而不是局限于个体学习者的成绩提升等短期目标;要关注学生内在的发展,如情感的充盈、精神的丰富和价值观念的发展,而不仅仅落脚在知识和技能的培养上。这种教育定位直接彰显了为学生服务的重要性,因为学生完整人格的培养离不开知、情、意、行的动态过程。因此,学生事务不应该突出管理特征,不能将学生视为单纯的被管理者,更不能简单地使用严厉的规则和惩罚手段去约束学生的行为。学生事务工作者应充分信任学生,尊重学生,发挥学生自主管理的潜能。学生事务要在尊重学生需求的基础上,为学生成长提供必要的指导和服务。教育者更应该做的工作是创设良好的成长环境,包括提供良好的学习条件、建立融洽的师生关系、完善生活服务设施和拓展丰富的学习资源等,在课堂和课外为学生的自我发展提供尽可能广阔的空间,在知识学习、技能发展的同时培养学生完整的人格和能力。

人本主义教育理论将师生关系重新定位,认为学生是学习的主导者,教师是学生学习的协作者和学习伙伴。这种新型师生关系的确立为高校学生服务工作提供了直接的理论依据。在高校学习的学生绝大多数已是成人,学习和生活的自主性大大增强。在学生事务中,应充分激发学生的主动性。教师和学生事务人员的主要职责应是为学生创设适宜的学习和生活环境,建立平等、尊重、信任的师生关系。教师应充分理解学生的需求,努力成为学生学习的促进者、生活的指导者和协助者,帮助学生将知识学习与各种经验融合在一起,培养学生的独立性和创造性,鼓励学生自由探索,推动学生的自我完善和发展。

(三)高等教育学理论

高等教育学理论是关于高等教育阶段的教育现象、教育规律和教育问题的应用科学。20 世纪 80 年代,我国第一本《高等教育学》专著出版,标志着高等教育学在我国发展成为一门独立的学科,以潘懋元为主要代表人物,明确提出高等教育的特定对象、教育目标、教育教学原则以及课程设置、内容与方法等问题。高等教育学理论主要观点如下。

(1)高等教育是建立在普通教育基础上的专业教育,以培养高级专门人才为目标。[①] 高等教育的性质是专业性的,内容复杂,与经济、文化、政治各部门紧密联系,具有"高"与"专"的显著特点,其培养目标与中小学教育不同。高等教育与学前教育、初等教育、中等教育有层次上的差异;与普通教育有教育类型、专业设置的区别,虽然有些高校会开设一些普通课程或公共课程,但它们是高等专业教育的基础,高等教育的主体仍是专业教育。

(2)高等教育的基本规律是内外部关系规律。教育内部关系规律是指教育在其发展过程中,内部诸因素间存在的本质的关系,也就是德、智、体、美、劳诸因素的关系。教育的外部关系规律是指教育与其他社会系统间的本质关系,可以表述为"教育必须与社会发展相适应:一方面,教育要受一定社会的经济、政治、文化等所制约;另一方面,教育要对一定社会的经济、政治、文化的发展起作用,以推动社会的进步"[②]。教育的内部关系规律制约着促进人的自身发展的功能,外部关系规律制约着教育的社会功能。

---

① 潘懋元《高等教育学专题讲座》,厦门大学教育研究院 2009 年,第 5～6 页。
② 潘懋元《高等教育学》,福建教育出版社 2007 年版,第 37 页。

　　教育内部关系是多维的、复杂的,把握教育内部基本关系开展高等教育,应注意两个最基本的点:其一,要对受教育者进行德、智、体、美、劳等诸方面的教育,因为人的素质包括体力、脑力、知识、道德、理智、情感等多个方面;其二,由于构成人的整体素质的各种因素联系密切,因此,各种素质因素的教育应当兼顾、并重,使个性得以和谐发展。教育的外部关系规律对高等教育的作用表现为:一方面,对高等教育的发展而言,生产力与科技发展水平是最基本的制约因素,社会制度是直接的制约因素,文化传统与外来文化是潜在的制约因素,此外,人口、民族、宗教以及地理、资源、生态环境等因素,也起着直接或间接、全面或局部的制约作用;另一方面,高等学校因其培养高层次专门人才、创新科学技术、创造积极的、超前的新文化为社会发展服务。[①]

　　(3)高校的教学原则、课程设计、教育活动组织、校园文化建设、师生关系培养都要基于一个基本前提,即 18～22 岁的大学生是高等教育的主要对象,该群体有鲜明的身心发展特征:自我意识发展、独立性强;精力充沛、思维敏捷、有批判精神和创新性;思想具有不确定性等。教育原则应充分体现这些特征,给学生留有充分的自主空间,同时也要加强引导。

　　现代社会的教育目标是培养身体健全、身心均衡发展、具有丰富个性、坚强意志、良好品性和正确价值观、世界观的社会公民。教学活动与学生事务活动在高等教育活动中紧密关联、相互融合。它们通过不同方式,共同达成促进学生全面发展的教育目标。学校培养人才必须以各类教育活动为载体、为媒介,将教育目标寓于其中,在活动中引导学生不断发展。在高等学校中,大学生是核心主体,学生事务工作应围绕学生发展这一基本目标,教育活动的各个方面都体现"以学生为本"的教育理念。

　　所谓"以学生为本",是指在学校各项事务中,以学生的发展和利益作为决策制定、方案实施的首要考虑因素,尊重和保护学生个体发展的多元需求,促进学生个体身心和谐发展。教育活动中每个学生的人格、权利都受到平等、充分的尊重。高校建立学生服务体系,应在肯定学生主体地位的基础上,系统组织、实施、管理各类学生事务活动,将其与学校的学术活动密切结合,在满足学生发展需求的同时更好地促进个体成长,使教育价值得以充分实现。在高等教育阶段,学生既是教育的对象,也是服务的对象。每个学生都有个性化的诉求,需要得到学校和教育者的理解、尊重和认可。学生不是工厂的产品,不应该被统一、机械的标准塑造成一样的人。同时,因为高校学生服务活动属于教育活动的范

---

① 潘懋元《高等教育学》,福建教育出版社 2007 年版,第 37～47 页。

畴,学生服务活动也要遵循教育活动的基本规律,离不开教育基本理论的指导,要受教育基本规律的制约和影响。学生事务活动的组织实施要考虑学生知、情、意、行发展的统一性,要使学生发展意愿与学校教育目标取得恰当的平衡或一致,学校应努力为学生的发展创造条件,提供全方位的服务,通过教学、服务和环境的影响等促进学生人格发展,全面提升学生素养,最终实现教育目标。

二、学生身心发展的需要——心理学基础

学生身心发展包括生理上身体的自然成长和心理上的发展,其中心理发展又包括认知发展、情感和个性发展等内容。进入高等教育阶段的大学生,最主要的群体是年龄在18～22岁的男女青年。这一时期的青年人在心理发展上处于重要的节点,在认知、人格和社会化等方面都呈现出独特的发展特征。同时,进入高校的大学生由于社会生活环境、学习方式及人际交往环境的变化,容易产生心理和社会行为的不适应,进而导致心理问题,影响大学生的正常生活和学习。因此,学校应采取多种方式提供全方位服务,帮助大学生更好地适应大学生活,实现自主管理,自我发展。在这个过程中,心理学的理论和技术可以帮助大学生了解自身心理发展特点,帮助教师科学、合理地指导学生调整情绪、缓解压力,解决学生存在的心理问题。

(一)心理社会发展理论

心理社会发展理论以美国心理学家爱利克·埃里克森(Erik. H. Erikson, 1903—1994年)的"人的心理社会发展理论(psychosocial theory of human development)"为基础。按照埃里克森的观点,人生的发展可分为8个阶段,每个阶段都有特定的发展任务。这些任务的顺利完成是人格健康发展的保障,且前一阶段的顺利发展是后一阶段健康发展的前提和基础。大学生正处在心理社会发展理论所界定的第6个阶段,即亲密对孤独(18～30岁)。这一时期相当于青年晚期。此时个体如能在人际交往中建立正常的人与人之间的友好关系,可形成一种亲密感。这种意义上的亲密感是指个体愿意与他人进行深层次的交往,并保持一种长期的友好关系,学会与他人分享而不计较回报。如果害怕被他人占有和不愿与人分享便会陷入孤独中。[①] 按照埃里克森的理论,大学时期的学生正处在由青春期阶段向成年早期(18～25岁)转变的重要时期,倘若在

---

① 陈琦、刘儒德《当代教育心理学》,北京师范大学出版社2007年版,第44页。

青春期阶段没有形成良好的自我同一性[①]，则在此阶段很难发展与他人的亲密关系，容易产生孤独感。

亚瑟·齐克林（Arthur Chickering）发展了埃里克森的理论，并关注大学生的发展，认为角色认同的确立是大学阶段发展的中心环节。亚瑟·齐克林和琳达·赖瑟尔（Linda Reisser）总结了用以描述大学生发展的 7 个向量（表 2-1）。学生沿着这些向量以不同的速度发展，不同向量间相互依存、相辅相成。

表 2-1　齐克林和赖瑟尔发展向量[②]

序号	发展向量	具体内容
1	能力的发展	关注智力、体力和人际交往的能力。另外学生的自信心也是在这些能力的范畴内发展的
2	情绪的控制	学生认识和接近情绪，同时适当地进行表达，并能控制它。它包括一大类情感，例如失望、生气、内疚、同情、乐观和快乐
3	由独立到相互依赖	这一阶段，学生发展感情的独立、自控，解决问题的能力、毅力以及随机应变的能力，并且欣赏和认同相互依赖的重要性
4	发展成熟的人际关系	包括接受和欣赏差异，同时容纳健康而持久的亲密关系
5	确定角色认同	积极的角色认同包含身体和外貌，性别与正确的性取向，社会和文化底蕴，符合自己角色认同和生活方式的自我规划，根据别人价值的反馈而做出对自己的判断，自尊自爱以及个性的稳定和完整
6	目的的发展	学生有清晰的职业目标，找到自己真正的兴趣所在，同时确立牢固的人际关系
7	完整性的发展	学生经历从狭隘到更加人性，个人的价值体系更加完善，尊重他人的信仰，价值观和行为变得更加合理

齐克林和赖瑟尔认为教育环境对帮助学生完成这七个发展向量有重要的作用，关键因素包括固有的观念、教育机构的规模、师生的合作程度、课程的设

---

① 所谓自我同一性，是指个体感受到自己是一个独立、独特、有个性的个体，自我的发展是一个连续体，当前的"我"是从以前"我"发展而来并将会发展成未来的"我"；自我可以将在不同空间中的不同角色统一称为一个完整的自我。

② 宋尚桂《大学心理服务的理论与实践》，中国海洋大学出版社 2011 年版，第 49～50 页。

置、教学实践、各种各样的学生团体以及学生工作计划和服务。[①]

(二)认知结构理论

许多关于大学生的研究都是建立在认知结构理论基础之上,这一理论的代表人物有基恩·皮亚杰(Jean Piaget)、杰罗姆·布鲁纳(Jerome Brunner)和大卫·奥苏伯尔(David Ausubel)等。该理论认为,每个个体在与环境的相互作用过程中不断形成自己独特的认知结构。变化往往作为同化和顺应的结果出现,同化是将新学习的知识纳入已有认知结构,使之不断丰富,发生量变;顺应是调整已有认知结构从而容纳新事物,使认知结构发生质变。当期望不被经验所容时,会发生认知失调或认知冲突,而通过调整控制个体的认知结构可以提高认知结构的特征,如可利用性、稳定性、清晰性及可辨别程度等,从而达到提高学习效果、改进解决问题效率的目的。

皮亚杰的认知发展理论提出,在个体从出生到成熟的发展过程中,认知结构通过与环境的相互作用不断重构,表现为不同质的四个阶段:感知运动阶段(0~2岁)、前运算阶段(2~7岁)、具体运算阶段(7~11岁)、形式运算阶段(11岁至成人)。他还详细论述了同化与顺应的问题。[②]

威廉·佩里(William Perry)以皮亚杰理论为依据,分析学生对知识的认识过程,认为学生对世界的认识经历了从简单、绝对的世界观向知识不确定性、相对价值观和个人承诺的构成与肯定的过渡过程。他将变化视为认知冲突的解决过程,并根据学生在不同时期认知冲突的特征将大学生成长过程分为3个水平、9个观点,其中节点1~5关注个体的认识发展和智力发展,节点6~9关注个体的道德、伦理和自我同一性发展。

水平一:二元论(dualism)阶段

基本假设:①世界上存在两种观念,即正确的和错误的;②不确定性是某种错误。

二元论中的三种观点的区分取决于个体对不确定性的理解。

观点1:所有的信息要么是正确的,要么是错误的。

观点2:所有的信息要么是正确的,要么是错误的;不确定性的存在其实是错误权威造成的过失。

观点3:所有的信息要么是正确的,要么是错误的。在专家还没有找到答案

---

① 〔美〕苏珊·R·考米斯等《学生服务:高校学生事务工作手册》,本书译委会译,中国青年出版社2007年版,第145页。

② 陈琦、刘儒德《当代教育心理学》,北京师范大学出版社2007年版,第31~33页。

的情况下,不确定性是可以接受的,总有一天人们将发现正确的答案。

水平二:相对论(relativism)阶段

基本假设:绝对的正确和错误的范畴或者假设可以转换。知识只在一定情境中才能被视为不确定或者正确的。

相对论中的三种观点的区分取决于:①缺乏做出判断的标准;②使用明确但非绝对标准(non-absolute criteria)做出情境性判断;③对个人自我同一性问题使用非绝对标准。

观点4:知识具有普遍的非确定性。思想具有相同的价值,没有人拥有答案。此时个体在情境中做出判断的非绝对证据或者标准还没有完全形成,个体思想中仍然存在为数不多的正确和错误范畴。

观点5:知识具有情境性。非绝对证据可以用于对好与不好进行情境性判断,而不用于进行绝对正确或者错误进行判断。

观点6:当个体做出承诺时,方能体现出其生活和生命的价值。如果个体应用情境性标准(contextual criteria)思考问题,则说明个体开始进入承诺阶段。

水平三:承诺(commitment)阶段

基本假设:当个体做出承诺并坚守承诺时,以下观点是个体同一性的反映和体现。

观点7:从多元化角度对自我和责任进行积极的肯定,建立自我同一性。

观点8:个人承诺建立在相对论的参照系之上,表现出包容多种个人追求的特点。

观点9:通过建立自我同一性及与个人追求一致的生活方式理解角色的多元性。[①]

科尔伯格(Lawrence Kohlberg)在皮亚杰有关儿童道德发展的研究基础之上,从个体道德发展的角度研究大学生认知发展的特点,并建立了一套道德观形成过程中3个时期6个阶段的模型(表2-2)。[②]

科尔伯格的理论研究表明,大学阶段的各种校园活动,包括社团活动、学生社交网络等都对大学生的道德发展具有显著影响。他的道德发展理论被应用于高校学生事务工作中,成为理解学生发展、指导学生管理工作的理论基础。

[①] 宋尚桂《大学心理服务的理论与实践》,中国海洋大学出版社2011年版,第51页。

[②] 〔美〕苏珊·R·考米斯等《学生服务:高校学生事务工作手册》,本书译委会译,中国青年出版社2007年版,第151页。

表 2-2　科尔伯格的道德思考阶段模型表

前常规期	个人的思考是具体的,以自我为中心的,社会规划和期望都还未被个人理解	阶段 1:他律道德
		阶段 2:自我的、工具性道德
常规期	社会规划和他人的评价影响个人的决定。个人行为的一个重要准则就是做一个好公民	阶段 3:相互规范道德
		阶段 4:社会制度道德
后常规期/原则期	这一时期的推理以自我决定的原则和价值观为基础。个人选择自己的方向,而不是遵循一个规定的道路	阶段 5:人权与社会福利道德
		阶段 6:可普遍化的、可逆的、说明的伦理总则道德

(三)职业心理学理论

随着职业指导活动的产生和发展,以研究个体职业活动心理特点与心理要求为主要对象的职业心理学应运而生,其研究成果主要用于指导个体的职业选择,包括对个体的职业心理特征进行评价以及开展职业培训。大学生因就业压力而产生的强烈的、普遍的职业指导需求促使高校学生服务工作加强对学生就业的科学引导,职业心理学理论的发展为高校的这一服务工作提供了丰富的理论成果。

1. 霍兰德(John L. Holland)的职业人格类型理论

霍兰德的职业人格类型理论是在早期人-职匹配理论基础上发展而来的,主要分析人们的兴趣与工作环境的特征。他认为,职业是个人性格的表现,每种特定性格的人都会追求特定类型的职业。他确定了六种性格类型:实际型、研究型、艺术型、社会型、传统型(事务型)、企业型;相应地,职业也可分为上述六种类型。个体只有在与其人格类型一致或相近的工作环境中,才可能产生高绩效,发挥资源的整体优势。霍兰德还开发了个体职业偏好量表、职业态度和策略量表,以帮助个体了解、加深对自身人格特质与工作环境类型的认识,评估工作环境,确定个体自身与工作环境类型之间的匹配程度,从而做出相应调整和适应,确保职业生涯顺利发展。按照霍兰德的理论,人格类型与职业类型的契合程度越高,职业选择的成功性就越高,职业发展得越好;个体在这样的环境中更容易得到乐趣和满足,自己的才能也更容易得到充分发挥。

在高校学生服务工作中,霍兰德的理论具有很强的实践操作性,了解人格类型可以帮助学生事务工作人员更好地组织学生的课外活动,指导学生确定想要从事的职业类型。

2. 萨柏的职业生涯发展理论

美国职业心理学家唐纳德·萨柏(Donald E. Super)提出职业生涯发展理论,把人的职业生涯发展分为成长、探索、确立、维持和衰退五个阶段。成长阶段(0~14岁)的主要任务是建立起对职业的好奇和兴趣,并有意识地进行能力培养。探索阶段(15~24岁)的主要任务是通过学习,综合认识、考察职业兴趣,开展职业探索,完成择业和初步就业。其中,18~21岁正好处于明确职业倾向、开展专门职业培训与正式进入职业的过渡期。确立阶段(25~44岁)的主要任务是选定合适的工作领域,寻求稳定和发展。这一阶段是大多数人职业生涯中的核心部分。维持阶段(45~64岁)的主要任务是获取新的技能,维护已获得的成就和社会地位,维持家庭与工作的和谐关系。在衰退阶段(65岁以上),个体将逐渐退出职业和结束职业,减少权利和责任。

职业心理学理论研究成果表明,处于高等教育阶段的大学生正处于个体职业生涯发展的关键准备期,在这一阶段,既需要加深对自身职业偏好、职业态度等职业人格特性的认识,又需要选定职业领域并为之做充分的准备。高校开展学生服务活动需要以学生的现实需求为基础,这些理论研究成果无疑可以为学生服务活动的开展提供针对性的理论指导。

高校学生服务活动是学校教育教学活动的重要组成部分。学生服务活动是以学生为中心的、学术和非学术事务的教育行为的总和。学生服务是影响个体身心发展的重要因素,做好学生服务工作是促进个体发展的必要条件。因为"教育是个体在心理发展过程中来自环境方面的最主要的影响,是个体心理发展中占据主导作用的因素"[1]。每个个体都有心理发展的共性与个性需求,所以高校的教育要重视每个学生的个别差异,要促进学生的全面发展,除了关注学生学术成长之外,还应关注学生在情绪、人际交往、道德等多方面的发展需求。个体的身心发展理论在高等教育阶段的运用,强调教育应注重"塑造学生的成人形象","在制订教育计划和提供服务时视学生为平等的伙伴"[2]。

---

① 陈琦、刘儒德《当代教育心理学》,北京师范大学出版社2007年版,第29页。
② 欧阳敏《美国"学生发展"的理论与实践启示》,《北京教育(高教版)》2005年第6期,第55~56页。

三、学生权利与学校、教师之责任义务的匹配——法学基础

现代民主社会发展的一个重要特征是通过法治观念的普及和法律制度的不断完善实现社会的自由和公正。在教育过程中，教师、学生、学校、家长、国家、社会都是利益相关者，各方权责的分配、权利的保障都需要相应的规则来明晰和维护。传统教育观念中父母、教师具有绝对权威、承担教育权利及责任的认识在现代法治社会遭遇挑战。高校学生作为成年人依法享有的各项权利逐渐被重视，学生问题处理也注重遵循正当的合法程序。现代大学教育活动中法学理论正成为高校学生事务的重要理论基础。

从本质上讲，高校学生事务体系建立的法学基础，是指高校治理的法的渊源，是高校依法治校、依法治教应遵循的法律原则。从高校治理的角度看，学校和教育者要按照法治精神，利用法律和规章制度组织、开展学校的各项事务，实现学校事务的法治化，在法律框架下更好地保护受教育者的权益。大学最早起源于行会组织，成立初衷是通过成立有组织的联合体来有效地保护成员的利益。大学发展到现在，已经成为社会组织中的庞大群体，其成员不仅包括教师和学生，还有大量的行政管理人员。因而在广义上讲，现代社会的法律体系不仅要维护受教育者的权益，而且也应维护教育者和学校的权益。

我国社会主义教育法律关系的主体是指中央和地方各级政府、教育行政机构、学校领导、教师、学生，以及其他社会组织、公民和个人，等等。社会主义教育法律关系的客体是指在教育活动中，体现法定教育权利和义务关系的物质财富、精神财富和主体的教育行为。[①] 教育法律用法律的权威明确学生的权利，学校教育活动，包括一切与学生相关的服务活动都必须致力于积极维护学生的学习权、受教育权、身体自主权及人格发展权等各种权利，不得损害学生的权益。

高校学生事务涉及千万学生的切身利益，在高等教育大众化及普及化的阶段，高校办学主体多元化，教育类型多样化，学生来源和诉求差异显著，高校、教师、学生等教育法律关系主体间的利益冲突难以避免且日益增加。法律是高校开展学生服务活动的权威依据，法律在明确学生权益的同时，也规定了学校、教师以及行政管理人员承担的责任和义务。《中华人民共和国教育法》《中华人民共和国教师法》以及《中华人民共和国高等教育法》等一系列法律法规的实施，为高校教育活动的开展提供了基本依据。在这种情形下，正确认识高校中诸法

---

① 李晓燕《教育法学》，高等教育出版社 2001 年版，第 4 页。

律关系主体的法律地位,明晰各主体的权利与义务,通过法律途径解决问题,协调冲突,维护学生、教师和高校的合法权益,是保障高校科学高效运行的必要条件,也是依法治国方针在教育领域的具体体现,对于实现高等教育目标具有十分重要的作用。

我国教育法律法规中涉及高校学生权益的内容有以下几点。

(1)接受教育,参加学校教育教学活动且身心健康受到保护的权益。高校须有与学校开设的学科门类和规模相适应的土地、校舍、图书、设备、基地、体育活动场地等,以保证教学、生活、体育锻炼及学校长远发展的需要,学生有权"参加教育教学计划安排的各种活动,使用教育教学设施、设备、图书资料"[①];"教育、体育、卫生行政部门和学校及其他教育机构应当完善体育、卫生保健设施,保护学生的身心健康"[②]。

(2)获得经费资助的权利。国家、社会对符合入学条件、家庭经济困难的儿童、少年、青年,提供各种形式的资助[③];受教育者享有"按照国家有关规定获得奖学金、贷学金、助学金"的权利。[④]

(3)获得公正评价,以及权益受到损害时的申诉权利。在学业成绩和品行上获得公正评价,完成规定学业后获得相应的学业证书、学位证书;对学校给予的处分不服向有关部门提出申诉;对学校、教师侵犯其人身权、财产权等合法权益,提出申诉或者依法提起诉讼;法律、法规规定的其他权利。

(4)高等教育法第52条规定:"高等学校的教师、管理人员和教学辅助人员及其他专业技术人员,应当以教学和培养人才为中心做好本职工作。"

高等教育法还明确规定,国家应采取有效措施保护高校学生的合法权益,如设立高等学校学生勤工俭学基金和贷学金,对家庭经济困难的学生提供帮助;对学生的社会服务和勤工俭学活动给予鼓励和支持,并进行引导和管理;为毕业生、结业生提供就业指导和服务等。

高校内部的权利、义务关系中,学生享有法律上的诸多权利,如学习知情权、学习选择权、学校治理参与权、人格权(包括隐私权)、申诉权等。这些权利在更高水平上的实现需要高校通过专业的组织体系设计、系统的教育活动贯彻实施,使学生权益的维护和保障从政策层面下行到实践层面。法律对学生权益

---

① 《中华人民共和国教育法》,第四十二条。
② 《中华人民共和国教育法》,第四十四条。
③ 《中华人民共和国教育法》,第三十七条。
④ 《中华人民共和国教育法》,第四十二条。

的保障还体现在高校开展的各类教育活动和课外活动、生活服务、健康服务、就业服务等,这些活动都必须严格遵守国家和地方政府的法律、法规和服务标准,切实保证这些活动不能危害学生的身心健康和安全。

四、高校治理与学生服务的有机结合——管理学基础

高校是特殊的社会组织,从中世纪的行会组织发展成为今天类型多样的高等教育机构,与社会的联系日益密切。高校的职能从最初的人才培养,逐渐扩展到科学研究、社会服务、文化传承;今天高校面临的内外部关系更加复杂、多样,组织机构也日趋庞大、复杂和体系化。与此同时,高校学生事务的目的、任务、内容和形式也随着社会发展和高等教育自身的发展发生了巨大变化,学生事务管理与服务工作的难度和所面临问题的复杂程度不断提高。如何面对这些不断变化的情况,如何保持、提升高校组织的运行效率和管理与服务质量已经成为高等教育管理学研究的重要内容。

当代中国高校管理受行政体制影响显著,权力高度集中,行政管理与学术管理界限不清的问题长期存在,导致学校行政组织机构和人员对学术活动的影响与干预过多,介于学术与行政之间的学生管理与服务则带有鲜明的行政管理色彩。长期以来,学生管理重管理、轻服务的倾向长期存在并已经形成相对固定的管理模式,管理部门和人员忽视学生的主体性和个体需求,学生管理工作人员与学生之间形成"管理—服从"的关系。这种管理模式在计划经济时代,与经济基础相适应,在管理上曾有突出的成效,但在经济社会发展到一定阶段后,特别是进入社会主义市场经济阶段之后,这种管理模式的弊端逐渐显露。人们开始认识到这种学生管理模式偏离了教育发展和教育管理的客观规律,使得"权力集中于高层,多元利益群体权力表达的途径不完善"[1];它依靠等级权利体系来保证整体意志的贯彻执行,不仅忽视了人的因素,对个人精神和主观能动性也是一种压抑。[2]

在现代管理理论中,大学被认为是由多元利益主体构成的组织,大学与政府、社会的关系密不可分,大学内部教师、学生与学校的利益关系也错综复杂。大学的发展决策会对所有利益相关者产生影响,因而利益相关者就"应该参与

---

[1] 谢安邦、阎光才《高校的权力结构与权力结构的调整——对我国高校管理体制改革方向的探索》,《高等教育研究》1998 年第 2 期,第 20~24 页。

[2] 李维安、王世权《大学治理》,机械工业出版社 2013 年版,第 7 页。

那些决策的制定过程"①,实现大学管理的民主化;在大学内部,"树立服务理念,建设服务体系,回归服务本位,是解决中国大学内部管理问题的关键"②。

建设完善现代大学制度是全球化背景下我国高等教育改革发展的诉求,要调整大学内部的组织结构和运行机制,解决高校发展的体制性障碍,创设更有利于高校发展的外部环境。在现代大学制度的研究中,"治理"成为研究高校管理的趋势和焦点。治理理论成为指导高校管理改革的主流理论。

治理理论作为一种管理理论的创新,认为政策对社会公共事务的管理不能仅仅以行政命令的方式进行,政府与社会组织的关系也不能是统治与被统治的关系,而应更多地体现一种合作伙伴关系。③ 因此,将治理理论应用于高等教育领域,必须反思原有的管理理论和管理模式,梳理大学与政府、社会的外部关系,并理顺学校内部的各种关系,重新梳理和定位行政人员、教师、学生之间的关系。

大学治理是在大学利益主体多元化以及所有权与管理权分离的情况下,协调大学各利益相关者的相互关系,降低代理成本,提高办学效益的一系列制度安排。高校管理是高校管理者在特定的环境下对其可调动的组织资源通过计划、组织、指挥、协调和控制等行为活动进行优化配置,以达到有效实现学校目标的动态创造性活动。④

高校治理理论的主要观点有:①高校治理的目标是实现大学各相关责、权、利的平衡。⑤ 高校的各利益相关者都应参与学校重大事务的决策。治理主体多元的,各方都有权且有适当的途径和方式参与学校决策。②高校治理过程强调各利益方的互动与合作。教师、学生、行政管理人员、校外人士、政府等多元主体在高校治理中是平等的主体,遵循的基本价值是民主协商、平等共享,由此形成的管理决策应体现不同主体的利益观。③高校的内部治理结构关键在于规则和程序的设计。⑥ ④高校治理与管理的实施方式不同,管理的基本方式是控制,而治理的基本方式是服务。组织内部成员间是平等合作和协商的关系,治

① 〔美〕科恩《论民主》,聂崇信等译,商务印书馆 1988 年版,第 15 页。
② 刘尧《大学内部行政管理要由官本位向学本位转变》,《广东工业大学学报》2006 年第 3 期,第 25~27 页。
③ 李福华《大学治理的理论基础与组织架构》,教育科学出版社 2008 年,第 2 页。
④ 李福华《大学治理的理论基础与组织架构》,教育科学出版社 2008 年,第 5 页。
⑤ 李福华《大学治理的理论基础与组织架构》,教育科学出版社 2008 年,第 2 页。
⑥ 黄达人等《大学的治理》,商务印书馆 2013 年版,第 9 页。

理结构就是一个服务机构,其全部工作就是服务。[①]

随着我国高等教育的快速发展,传统的管理理念和管理模式日益暴露出弊端,影响着高等教育的深化改革和发展;而经济全球化、高等教育国际化等世界经济、社会环境的巨大变化,对全球各个领域带来巨大挑战,世界各国高等教育机构也重视审视和反思高等教育的管理理念和方式。在高等教育领域实行治理,已逐渐成为世界各国高等教育管理改革的基本共识和实践取向。高校教师和学生作为两大利益主体,参与高校治理的必要性已毋庸置疑。高校从管理到治理的转变,意味着学生主体性将受到更多尊重,学生作为高校治理主体之一参与学校各项治理活动的权利和机会将显著增加。在学生事务中,强调以学生需求为中心,将学生事务工作的指导理念由管教为主转变为以服务为主,通过改革学生事务组织的架构和运行机制保障学生的权益;打造服务型的高校行政组织机构,服务于以人才培养为核心的学生事务服务体系,将成为高校治理现代化的重要标志之一。

五、学生个体社会化的需要——社会学基础

个体社会化是个体在其生活的社会环境中与周围客体发生相互作用的过程中不断学习掌握社会知识、技能、价值观和社会行为规范,形成一定的行为方式与个性特征并具备适应和参与社会活动能力的过程。在个体社会化过程中,教育发挥了十分重要的作用。教育通过向个体传授知识、技能和社会规范实现个体心智和精神的发展,从而使个体逐渐成为符合社会所需的成员并在个体实现自身全面发展的同时对社会的发展做出贡献。

社会学研究表明,个体参与群体活动对个体发展具有重要价值,个体的思想和行为都会受到集体活动的影响,并在集体活动中得到纠正和发展,"把个体的所属集体转变为心目中的参照集体后,成员就会在认同感和满意度的支配下积极把集体的目标内化为自身的追求,并在参与集体活动的过程中主动修正自己"[②]。在个体尚未真正融入集体之前,提高个体参与所属集体活动的积极性,能够增强个体对集体的满意度和认同感,促使个体将所属集体转变为心目中的参照集体,并把集体的目标内化为自身的需求。此时,参照集体的群体优势就可以得到充分发挥,促进个体朝着集体的目标积极发展。就高等教育而言,当大学生认同了自己所属的高校集体,并将学校的培养目标内化为自身的发展方

①　程杞国《从管理到治理:观念、逻辑、方法》,《南京社会科学》2001年第9期,第47~50页。
②　尹晓敏《利益相关者参与逻辑下的大学治理研究》,浙江大学出版社2010年版,第153页。

向时,就意味着学生已初步实现了个体的社会化。因为高等教育系统本身就是社会的一个子系统,反映着社会的主要特征。社会的主要目标和指定跟教育的目的之间是紧密相连的。①

大学阶段是个体社会化的关键期和促进期,人生观、价值观和世界观主要在这一时期形成。从整个社会看,个体在中等教育之后大学教育之前实现分流:一部分个体在接受完中等教育后,直接进入劳动力市场,在社会活动中继续完成个体的社会化;另一部分个体则继续接受高等教育,在高校这个不完全的小社会中继续个体的社会化进程。高等教育规模的急剧扩大,使越来越多的青少年将在学校中度过他们的整个成长期,显然,学校教育是实现个体社会化的重要影响因素,而高等学校则在促进个体社会化的过程中发挥着更加重要的作用。

高等教育的核心任务是培养社会所需要的人才。理想的高校毕业生应具有社会关怀和高度的社会责任担当意识,同时还需要有自主、创新的精神。青年时期的大学生思维活跃,兴趣广泛,具有批判精神,但也有一个明显特征就是相对不稳定,"他们对自己、他人、社会及自己与他人和社会的关系的认识常常处于迷惘、怀疑及至否定的状态"②,而学校"更新速度极其缓慢的教育、教学内容,不注重学生学习主动性、积极性和创造性的教育、教学方法,注重简单的训斥管事而忽视学生自我教育的管理方式,都在不同程度上抵制了学生的创新意识"③。由此可见,必须正确、有力地引导学生投入高校的学习、生活、管理的方方面面,才能尽快培养出学生对学校的认同感、归属感,大学群体才能顺利成为学生个体的参照群体,高等教育的培养目标也才能内化为学生自我发展的方向。

学生逐渐发展成为社会所需要的人才的过程正是个体逐步社会化的过程。高等教育阶段是这个过程中的重要时期,也是学生需要正确引导和广泛支撑的时期。高校学生事务工作应该为实现学生社会化、促进学生健康发展提供全方位的条件和服务。如果高校仍持续以往自上而下的管理模式,忽视学生多元化的个性需求,自然不可能在更深层次上有效提升学生参与集体事务的主动性和教育有效性。学生对所属集体的认同感不高,所属集体就无法转变为参照群体。群体的教育优势不能得到充分发挥,高校的教育成效必打折扣,学生个体

① 联合国教科文组织国际教育发展委员会《学会生存——教育世界的今天和明天》,教育科学出版社1996年版,第89页。

② 马和民、高旭平《教育社会学研究》,上海教育出版社1998年版,第288页。

③ 马和民、高旭平《教育社会学研究》,上海教育出版社1998年版,第290页。

的社会化过程就会受到消极影响。

因此,从社会学的视角分析,高校设立系统的、以学生发展为导向的学生服务体系,是学生实现个体社会化的切实需要。一个健全的学生服务体系能够使学生充分感受到被尊重、被关注,并保证学生有便捷的途径参与到学校教学、生活、管理的方方面面。高等学校的责任就是要培养社会所需的合格公民,而社会"必须给全体成员以平等和宽厚的条件、求得知识的机会","教育成员发展个人的首创精神和适应能力"①。建立高校学生服务体系,可以为学生搭建融入集体的各种平台,帮助学生适应大学生活,发展与同伴的友谊;了解如何解决个体与团体的冲突;提升学生对学校的认同感和满意度。要充分发挥学校群体的教育优势,培养学生养成良好的社会品质,使学生成为具有民主意识、责任意识、法治意识和创新精神的高素质公民。

六、高校学生服务自身的发展诉求——历史学基础

从学生事务工作自身的发展历程看,随着时代和社会环境的变迁,高校学生事务体系在不断变革的探索、改革中走向科学和完善。建立科学、人本、法治、高效的运作体系,将教育、服务、管理职能集于一体,将是高校学生事务工作发展的必然趋势和时代诉求。

长期以来,我国高校学生事务工作强调管理至上,且带有鲜明的思政教育色彩,学生事务管理经历了"学生政治思想工作、学生教育和学生管理、学生思想政治教育和德育、学生工作和学生事务管理四个阶段"②。从中华人民共和国成立初期一直到改革开放初期,我国高校学生工作的主要任务是对学生进行思想政治教育,开展有关的政治工作。政治性成为学生工作的突出特性,其最主要的功能是管理学生的思想,端正学生的政治立场。20 世纪 80 年代之后,随着改革开放的深入,高校开始普遍设置专门负责学生工作的行政部门,主管招生、考核、奖励处分、毕业分配等事务,集教育与管理于一身。受国家行政管理理念和高校管理模式的影响,学生事务仍是以管为主,强调对学生的规范和约束。20 世纪 90 年代,高等教育领域的深刻变革对高校学生事务带来巨大挑战。高等教育大众化、高校收费制度改革、学生自主择业、民办高等教育兴起、高校教学改革等一系列变化使高校学生事务面临大量新挑战、新任务。与此同时,西方学生事务管理理论的传播也对我国高校学生管理理念产生了一些影响,学生

---

① 〔美〕杜威《民主主义与教育》,王承绪译,人民教育出版社 1990 年版,第 105 页。
② 王秀彦、高春娣《高校学生事务管理概论》,高等教育出版社 2009 年版,前言第 1 页。

事务的服务导向、辅助特征显著增强,学生工作机构在原有的"教育"与"管理"职能基础上,开始突出"服务"职能。

高等教育正在由大众化阶段大步迈向普及化阶段,社会对高校培养创新人才的需求不断提高,依法治国方略在社会各领域全面推进,现代大学制度建设的步伐日益加快,"以学生为本"的教育理念日益深入人心,这势必对高校学生事务工作产生更大、更深远的影响。高校学生事务体系的系统化、专业化、科学化已经成为高校改革的一项重要任务。建设和完善高校学生服务体系,通过构建科学的服务系统,丰富专业服务内容,改进服务方式,为学生全面发展提供咨询、指导和服务,正是当前高校学生事务工作自身发展的时代诉求。

第二节　高校学生服务体系的现实依据

1999 年我国开始推进高等教育大众化,全国高等教育总规模急剧增长,高等教育在学总规模由 1998 年的 623.09 万人增加到 2018 年的 3833 万人,扩大了约 6.15 倍,净增 3209.91 万人。在这一轮扩张发展时期,一大批高校通过升格、合并、扩建新校等方式迅速扩大规模,增加学科专业,由此带来了一系列资源管理和质量控制等方面的新问题。相应地,学生事务也引发出一系列新问题、新挑战。这一时期也正是我国改革开放进入实质性攻坚的时期,中国社会在政治、经济、文化、思想、意识形态和生活方式等方面都发生了巨大的变化。这些变化不仅对大学生的思想和行为产生重要影响,也进一步对高校学生事务工作产生新的挑战。因此,建立高校学生服务体系,整合学校有限资源,提升学生工作效率,有效促进学生发展已经成为高校学生事务工作的迫切需要。

一、中国高等教育大发展带来学生事务工作的新变化

按照马丁·特罗的高等教育大众化理论,以适龄人口接受高等教育的比率标识高等教育发展的阶段,高等教育毛入学率在 15% 以下时,高等教育处于精英化教育阶段;高等教育毛入学率为 15%～50%,处于高等教育大众化阶段;高等教育毛入学率大于 50% 时,标志着一国或地区的高等教育进入普及化阶段。

1999 年,我国启动高等教育大众化进程,扩大高校招生数量,高等教育规模急遽扩张(表 2-3)。

表 2-3 1998—2018 年普通高等教育规模和高等教育毛入学率一览表

年份	普通高校数（所）	普通高等教育在校生数（本、专科）（万人）	高等教育毛入学率（%）
1998	1022	340.87	9.8
1999	1071	413.43	10.5
2000	1041	556.09	11.2*
2001	1225	719.07	12.9*
2002	1396	903.36	15*
2003	1552	1108.56	17
2004	1731	1333.50	19
2005	1792	1561.78	21
2006	1867	1738.84	22
2007	1908	1884.90	23
2008	2263	2021.02	23.3
2009	2305	2144.66	24.2
2010	2358	2231.79	26.5
2011	2409	2308.51	26.9
2012	2442	2391.32	30
2013	2491	2468.07	34.5
2014	2529	2547.70	37.5
2015	2560	2625.30	40
2016	2596	2695.84	42.7
2017	2631	2753.59	45.7
2018	2663	2831.03	48.1

注：2000—2002 年高等教育毛入学率数据来源为郑春生.改革开放 30 年高等教育规模扩张及其政策分析［EB/OL］. 百度文库，https://wenku. baidu. com/view/c0lcc67bc850ad02de8041ea.html.

其他数据来自中国人民共和国教育部官方网站公布的各年度《全国教育事业发展统计公报》，http://www.moe.edu.cn。

由表 2-3 可以看出,自 1999 年至 2018 年,20 年的时间里,我国高等教育毛入学率从 1998 年的 9.8％升到 48.1％,已经进入大众化阶段后期,即将进入高等教育普及化阶段,普通高等教育在校生数由 1998 年的 340.87 万人增至 2018 年的 2831.03 万人,在校生规模扩大了 7.3 倍,净增 2490.16 万人。2018 年普通高等学校校均规模 10605 人,其中,本科学校校均规模为 14896 人,高职(专科)学校校均规模为 6837 人。不难想象,上万的在校生规模,仅是每年的招生、报到、毕业、食宿安排、日常管理等必不可少的事务就已经给高校的学生工作带来巨大挑战。学校规模的扩大、行政组织机构的扩充、院系的增加,又使大量的精力耗费在部门之间的相互协调上。与学生相关的事务分在教务处、学生处、招生处、后勤处以及各二级学院等多个机构,甚至有许多高校还设有不止一个校区,学生分散各处,都造成学生工作的实际困难。这种现状的存在,已经严重影响到高校学生工作的成效,既耗费高校本就不足的资源,又无法开展大量更有效的学生工作、培育更好的育人环境。所以高校需要设立更科学的体系,将校内相关资源有效整合,重新合理配置,应对规模扩张后学生工作的被动局面。

学生从高中阶段进入高校,面临着学习生活方式的巨大转变。在中学阶段,学生学习生活环境主要在学校与家庭之间,教师和家长成为学生学习、生活等问题强有力的调节者和平衡者。但在高校里,学生的学习生活环境、受教育方式与中学阶段迥然不同,各类教育活动大量增加,学生需要自主调节和自我管理,一旦失衡,就容易引起学生的适应问题。而高等教育规模的扩张、教育技术的日新月异更带来高校生活方式的巨变,并且这种变化仍在持续中,许多未知的因素、现象、问题还在不断产生,高校的学生不仅要适应从中学到大学教育方式、生活方式的变化,更叠加了对教育扩张、教育技术变革以及教育理念更新的适应问题。精英教育模式下因师生关系密切、融洽可能缓解、避免的学生问题在高等教育大众化阶段却日益突显。因为高等教育规模的急剧扩张不可避免地导致了师生关系的疏离,使学生的学习、生活、心理、人际交往以及情感、就业等各方面的问题无法像以往一样得到专业教师及时的疏导和解决。这些问题因为学生数量的庞大及相互间的影响而显著加剧,使高校学生事务不仅在数量上呈现几何式增长,在性质上也变得更加多元和复杂。

高等教育扩张直接带来学生生源由同质到异质的变化。大学生在家庭背景、智力水平、学习习惯、生活能力、兴趣爱好以及成就动机、发展期望等方面显示出越来越大的差异,形成对高校学习生活的多元需求,而在精英教育时期,高校学生在智力水平和学术追求上具有高度的一致性。

当前,高校学生的多元需求表现在诸多方面。在学习方面,由于来源结构差异显著,学生知识水平呈现高低不同的多个层次。学生进入高校学习的目的和追求也呈现多元化的特征:有的学生追求学术上的发展;有的学生追求专业技能的提高;有的学生以就业为目标;还有的学生注重人际交往、组织能力的提升。在生活方面,来自不同省域、不同民族、不同国家甚至有不同宗教信仰的学生汇聚在高校校园内,饮食习惯不同、传统习俗相异,由此形成的各种诉求对高校的学生事务工作产生巨大挑战。

学生离开家庭后相对独立的生活与校园的集体生活交织在一起,由此产生的生活适应问题、人际交往问题,伴随着学生的学习问题、经济问题,综合在一起,又极易导致学生情绪焦虑、精神紧张等心理问题,使高校学生产生大量的心理咨询的需求。

除此以外,高校学生由于与社会接触频繁而紧密,同时自我保护的意识欠缺,自身合法权益常常受到损害,也期待学校能给予适当的法律援助和支持,维护学生在校内外的各种权益。

总之,面对高校学生的大量需求,仅靠原有相对独立的学生工作体系和单向的管控模式已不能满足高校学生事务发展的需要。当学校规模扩充至上万人,要教育、引导好庞大的青年学生群体,必须建立系统的、科学的、专业的学生服务体系,遵循学生的身心发展规律,尊重学生的自主意识和独立人格,细致规划服务项目和内容,为学生的正向发展提供适时、恰当、有效的引导和服务。当前,高校已经成为人流最密集的场所之一,而且身处高校的年轻人都充满活力,有强烈的好奇心,爱寻求新奇、刺激,但又易于冲动,既能给校园带来朝气与活力,又隐含着不安分的倾向,需要有专业的人员进行专门的指导,帮助他们及时、理性、正确地应对高校学习、生活中随时可能出现的问题,化解心理危机,最终实现个体的身心和谐发展。

二、高校治理现代化对学生事务工作的新要求

2013 年,我国就提出"全面深化改革的总目标是完善和发展中国特色社会主义制度,推进国家治理体系和治理能力现代化"[①];2019 年 10 月 31 日,党的十九届四中全会通过了《中共中央关于坚持和完善中国特色社会主义制度、推进

---

① 《中国共产党第十八届中央委员会第三次全体会议公报》,人民出版社 2013 年版,第 11 页。

国家治理体系和治理能力现代化若干重大问题的决定》①,进一步明确了坚持和完善中国特色社会主义制度,推进国家治理体系和治理能力现代化的重大意义和总体要求。这是对政治、经济、社会和文化等各领域提出的总要求。教育系统作为全面深化改革的重要领域,完善治理体系,提升治理能力也是改革的重要任务。随着高等教育领域的综合改革深入开展,高校治理理念发展深刻变化,法治思维、民主意识、"生"本思想、服务观念开始成为推进高校治理现代化的新的思想动力。

以法治思维推进高校治理现代化正成为普遍共识。提升法治化水平是高校治理现代化的一个重要特征,既有利于高校、政府、社会关系新格局的建立,也是维护学生、教师和高校各方权益的重要保障。当前,高校都坚持依法完善大学制度体系,进一步理顺和规范高校内部治理结构,依法明确和合理界定各机构的职责权限,推进学校决策的法治化、科学化和民主化;改革完善学校运行机制,保证科学决策的制定、执行和监督,全面提升学校的治理水平。基于这样的法治思维,建立高校学生服务体系,能充分关注学生权利,为保护学生合法权益设立相应的服务机制和便捷途径,让学生本应享有的受教育权、性别平等权、奖惩权、申诉权、经济资助权等各项权益都有可能而且一定能在高校学生服务体系的制度设计下和机构设置中得以实现。

"以学生为本"的理念受到广泛重视。在高等教育领域的综合改革中,"以学生为本"的理念被广泛提及,受到前所未有的重视,强调改革应尊重学生的人格尊严,保证学生的基本权益,使学生在教育资源使用、教师和专业人员指导、学业评价、活动参与、权益维护等各方面受到公平、公正的对待。要以学生为中心,建立旨在服务于学生身心和谐发展为导向的学生管理制度,从而为学生创设自主、自由、公正、和谐的校园育人环境。"以学生为本"理念的进一步实施,将推动高校以提升人才培养质量为目标,在教育教学、日常管理和生活服务等方面实行全方位的改进,而建立高校学生服务体系恰好可以整合上述改革的基本任务,作为高校治理改革的重要一环。

三、高校服务理念的转变和提升

20 世纪 90 年代,中国开始实行社会主义市场经济。在教育领域,西方的教育经济学理论,尤其是人力资本理论在中国的研究和传播,开始产生显著影响。

---

① 本书编写组《〈中共中央关于坚持和完善中国特色社会主义制度、推进国家治理体系和治理能力现代化若干重大问题的决定〉辅导读本》,人民出版社 2019 年版,第 11 页。

中国开始实行高等教育收费制度改革,允许民间资本注入高等教育领域。"高等教育市场"这一概念逐渐被认同。教育经济学理论在国内的研究和发展促使高校管理者从新的视角重新反思学校、教师和学生在高等教育中的角色定位。人们开始接受高等教育是一种服务活动,是为学生发展提供教育服务的;学生则由单纯的受教育者转变为教育服务的消费者。学生事务则不再仅仅是一种教育和管理,而是更多带有服务职能的复合型的事务。

尽管高校在学生管理上依然有许多方面滞后于学生发展的现实需求,但基于教育经济学的视角,一些高校管理者已经开始意识到:缴纳了学费的高校学生是高等教育服务的消费者,他们有权利享有优质的高等教育服务;而高校则是高等教育服务的提供者,他们有义务为学生提供全方位、全过程的优质服务。从市场运行的法则看,高校更应履行的是服务职能,而不是生硬的管理职能。从教育的角度看,服务本身就是一种教育、一种管理。高质量的服务不仅可以为学生提供良好的学习环境和条件,解决学习活动中面临的实际困难,而且对学生身心发展也是不可或缺的教育影响。良好的服务环境、工作人员的服务意识与服务行为、友好的人际关系、充满尊重与信任的师生互动等都是具有重要教育价值的要素,这些与课堂教学、科研活动以及行政管理等共同构成了高校的教育过程。许多高校已经意识到这一问题,并努力做出改革。这意味着高校在服务理念上已有转变和提升,也为高校学生服务体系的建立奠定了一定的思想基础。随着高校服务理念的提升和服务意识的增强,建立服务导向的学生事务体系不是空想,必能切实促进学生的学习与发展。

综上所述,建立高校学生服务体系既有教育学、心理学、管理学、法学、社会学以及历史学等诸方面坚实的理论基础,又有高校学生事务发展的现实依据。这一体系的建设是高校治理现代化的应有之义和重要内容。在坚持党的领导的基础上,建立科学、法治、高效的学生服务体系,不仅有利于推动高校学生管理制度的改革,更有助于创设公正、民主、和谐、自由的育人环境,促进高校培养现代高素质公民和创新人才目标的顺利实现。

第三章 高校学生服务体系的发展演变

学生服务与学生人事、学生发展是构成学生事务的三大要素。一般认为，美国大学最早将学生事务作为大学管理的重要组成部分。在经历了一个多世纪的发展之后，国外高校的学生事务管理模式已经形成了自己独特的管理模式和理论。虽然当前的国外高校学生服务在组织架构、管理模式和具体的工作内容方面并没有形成完全统一的模式，但是英、美两国的高校学生服务组织在机构设置、人员配备、运行机制等方面已经形成了稳定的结构和模式。本章将对高校学生服务体系的发展过程和典型的组织体系特点进行分析，并总结出具有代表性的高校学生服务体系模式。

第一节 高校学生服务体系的发展过程

高校学生服务体系的发展是随着世界高等教育的发展而不断演变的，也受到各国不同政治、经济、文化的影响。这些外部因素不仅对高等教育的发展产生了重要影响，同时也推动了学生服务理念的变革和服务内容的拓展。

一、宗教式学生管理体系

高校的学生管理与中世纪学院产生之初的学院生活方式有关，学院是为教堂培养年轻人的地方。中世纪的欧洲是基督教会统治的时代。英国早期大学是通过宗教捐款建立的，其明确的目的是把英国上流人士的子弟培养成法律、医学和神职方面的专业人才。中世纪的大学具有很多寄宿学校的特征，教师被称为学生的德育导师，对学生具有明确的道德教育、纪律监督与管理的责任。这种纪律监督具有强烈的宗教和道德寓意，也是英国学生为什么支持这种监督被称为牧师关怀(pastoral care)的缘故。[①] 英国历史最悠久、最古老的一批大

---

① 李永山《英国高校学生事务专业化发展及其启示》，《高教探索》2008 年第 5 期，第 66～70 页。

学,主要是由基督教会始建于 12 世纪到 13 世纪,这些大学成立之后,学生事务的原始形态也相应地产生。早期的英国高校学生事务主要是为学生提供住宿服务、实物和道德精神的指引。宗教式的学生管理体系特别体现在 17 世纪的英国拉丁学校和寄宿学院中,宗教意识统治着学生生活,学生的行为严格遵照基督教教规的控制,实行严酷的体罚和惩罚,按照教义进行管理学生的日常生活、道德教育。

美国高校学生事务的历史可以追溯到 1636 年第一所殖民地学院——哈佛学院的诞生。① 在传统管理模式下,对学生日常行为约束和纪律管理成为学校教育的主要内容。学生生活的每一个可能的方面都受到严格的规定和限制,这些规定所涉及的内容包括做事速度、参加班级活动、祷告、着装、休闲、娱乐、射击、饮酒、赌博、打架、宣誓等。② 中世纪建立的学生服务制度与中世纪大学的"精英、独立、小规模、简单性、宗教基础"相适应。

二、专职学生服务人员的出现

早期,美国的高等学校对"学生事务"和"学术事务"是不加区分的,现今所说的学生事务及其管理从无到有经历了 200 多年的漫长历程,其历史渊源是"替代父母制"。③ 随着文艺复兴思潮在英国的传播,宗教势力被削弱。到了 16世纪末,本科生开始住在学院里与教师一起生活,形成了至今的学院制。随着学院的相对自治,学院教师成为学生的生活、学习的导师,学生的管理也由分散管理逐渐发展成有专门管理机构的集中管理。20 世纪 60 年代末期,随着英国高等教育从精英化向大众化的发展,在校生规模的扩大,学生来源呈现多样性。特别是成年学生的增加,使个人导师制度面临新的挑战,进而促使英国高校大学生服务机构的出现以及专业化管理人才的产生,英国高校学生服务队伍建设专业化发展实现历史性突破。随着英国高校学生事务的稳固发展,以理工学院建立学生服务部门为标志,英国高校学生事务进入了专业化的发展阶段。特别是 1993 年教育部门颁布了《学生宪章》,学生被赋予顾客的角色,并具有享受学校提供服务的权利。④《学生宪章》的颁布使综合化、专业化的学生服务在传统大学和现代大学都得到不同程度的加强。

---

① 蔡国春《中美高校学生事务管理模式比较研究》,中国海洋大学出版社 2007 年版,第 17 页。
② 李莉《高校辅导员专业化发展研究》,东南大学出版社 2011 年版,第 111 页。
③ 蔡国春《中美高校学生事务管理模式比较研究》,中国海洋大学出版社 2007 年版,第 17 页。
④ 李永山、李大国《英国高校学生支持服务的历史演进及其特点》,《比较教育研究》2008 年第 9 期。

三、合作教育者

1968 年，美国大学人事协会（ACPA）推出了"明日高等教育工程"（The Tomorrow's Higher Education，简称 THE），将高校学生事务服务正式认定为一个大学中的专门领域，并将学生发展理论作为高校学生事务服务发展的理论基础，确立了高校学生服务体系的地位。美国高等教育开始重视与大学生群体息息相关的高校学生事务服务，关注学生的个人发展，将学生发展理论应用于实践中，使学生事务管理越来越注重学生的发展与个性培养，在学校事务上赋予学生更多的自主权和参与权。这使得学生事务管理人员向学生教育合作者转变，高校学生事务管理走向民主化。美国大学人事协会坚信，"学生发展应该是而且必将一直是高等教育的主要目的之一"①。在学生发展理论的指导下，学术事务和学生事务为了进一步促进学生学习和学生的个人发展开始成为教育合作伙伴，走向协作与融合。学生事务管理也在原有的服务体系基础上进一步发展，其中，学生事务管理人员以合作教育者的身份辅助教学，引导教育，促进学生学习与发展。

在英国，20 世纪 90 年代以来，是英国高等教育有史以来发展最快、办学规模增长最快、学生群体需要和特征最复杂的时期，也是英国高校学生事务理念范畴发展最广、最深刻的一个时期。学生事务的领域迅速扩大到了招生宣传、学生就业指导、学生资助服务、学校办学质量保障和提高、支持学生学习、降低学生流失率等各个方面，与校内各方的工作联系也日益紧密，建立和强化校内各方的合作伙伴关系也越来越重要。随着学生事务内容的不断丰富，学生事务也日渐成为学生学业发展及个人成长的重要保障。学生事务不仅日益重视学生的意见反馈，各项工作的顺利开展也越来越需要学生的广泛参与。在学生事务的各种委员会中，通过学生代表参与加强与学生的合作。同时，学生会在学生参与学校管理中也起到了相对独立而又十分重要的作用。

英国高等教育的经费并不充裕，面对教学和科研经费赤字，英国政府着意强化高等教育的市场意识，在高等教育领域逐步引进市场机制。各院校间在资金和生源方面竞争日趋激烈，对学生事务管理和服务的要求也相应提高，学生事务日益体现出立足全球竞争、任务更加艰巨、参与范围更广等显著特征。为提高自身的管理和服务水平，英国高校学生事务工作人员普遍意识到与家长及社会其他机构配合的重要作用。跨国性、全国性、地区性的各类学生事务协会

---

① 蔡国春《中美高校学生事务管理模式比较研究》，中国海洋大学出版社 2007 年版，第 27 页。

和中介机构应运而生,也进一步强化了学生事务与校外各方的合作。全方位的合作关系的建立,使学生事务管理和服务的各个主体不再孤立,成为联系密切的合作教育者。

第二节　典型学生服务体系分析

英、美两国高校学生事务管理在各个学校都处于十分重要的地位,虽然不同的学校有其不同的历史背景、文化渊源、教学风格和管理理念,学生事务管理的模式也因此有所不同,但从英、美两国高等教育的历史脉络来看,其学生事务管理体系有其共同性和普遍性。

一、英国高校学生服务体系

英国高等教育以其历史悠久、质量优异而享誉世界。在英国的高等教育中,高校学生事务是其不可缺少的组成部分,高校学生事务的管理工作在长期的发展中逐步完善其办学理念、管理体系以及专业化程度,这在一定程度上为英国培养世界性人才提供了重要保障。由于英国各高校在发展历程、教育理念等方面存在差异,高校学生事务作为英国高等教育的重要组成部分,没有形成完全统一的模式,但其典型的学生服务体系仍存在许多共性,其发展经验值得我们借鉴。

(一)英国高校学生服务的组织架构

在英国,学生事务管理是一个宽泛的概念,所有与学生相关的工作都被纳入学生事务的范畴。英国高校学生事务的工作架构主要由三部分构成:学生事务工作主体集中在学校;学院以个人导师制为必要补充;全国行业协会提供信息与资源的支持。三个部分相互配合形成了英国大学学生服务的组织架构体系。

1. 学校层面

一般而言,英国高校的机构设置分为各级各类委员会和行政机构两类,前者侧重决策,后者侧重执行,英国高校学生服务组织的架构也不例外。学术评议会和校务委员会一般设有与学生事务有关的委员会,各个委员会负责制定学校的发展战略,就学生事务提出建设性意见,并代表校务委员会和学术评议会监督政策与战略的实施。同时,英国高校在学校层面设立专门的学生事务机构,作为重要的行政部门之一。学生事务机构下设若干职能办公室,由专职教师长期为学生提供各方面的无偿咨询和免费法律援助,直接面对全校学生开展工作,尽最大可能为学生维护各项合法权益。该机构负责管理除教学以外的全部学生事务,涵盖了学生规章制度的制定、招生管理、学生档案管理、考试管理、学生福利管理和学生职业规划等学生事务。①

以里丁大学为例,学生事务部是学校下设的 5 个专门行政部门(教育服务部、设施管理部、财务部、信息部、学生事务部)之一。里丁大学学生事务部共有 14 个部门:住宿处、就业指导处、心理及咨询服务处、考试办公室、学部办公室、国际事务办公室、学生信息集成系统发展与支撑处、学生事务部办公室、招生及学校联络处(中小学)、学业注册办公室、学生财务支持办公室、残疾人事务办公室、扩大高等教育参与面办公室、音乐处。其内部各部门分工明确、职责清晰、管理规范。② 虽然各个高校的机构设置及名称不尽相同,但英国高校学生事务工作的机构设置仍存在共性,大多数英国高校学生事务管理组织架构如图 3-1 所示。

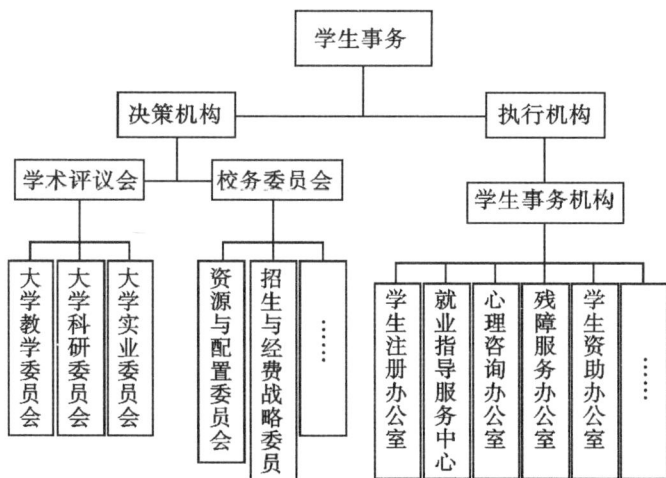

图 3-1 英、美高校学生事务管理组织架构

2. 学院层面

英国大多数高校由院长和系主任负责学院一级的学生事务,院长全面负责

---

① 冯刚、赵峰《走进英国高校学生事务管理》,中国人民大学出版社 2008 年版,第 25~26 页。

② 孙立军《英国高校学生事务工作的基本情况及启示》,《思想政治教育研究》2009 年第 1 期,第 115~118+125 页。

本学院的学生事务,并由一位分管行政和办公室的副院长具体负责。由于英国高校的学生事务工作主体在学校层面,所以在学院层面一般没有专职从事学生事务管理的工作人员,而是以个人导师制为必要补充,作为学生事务管理和服务的主要内容和形式。每位学生入学后都由一名专业教师作为其个人导师,导师的主要责任是:为学生的专业学习提供帮助,为与学业相关的其他事项如生涯规划提供帮助,作为学生与学校之间沟通桥梁。导师基本只负责学业范围的事情,对于其他方面的问题,导师只有咨询与建议的责任。① 在院系也指定专人兼职负责学生事务的具体方面,如职业发展、心理咨询、残疾学生等,并与学校学生事务机构保持联系。

3. 全国行业协会

在英国,各行业协会已经成为权威性的社会中介机构,在行业发展、沟通政府与行业、帮助政府了解行业情况、为行业代言和服务等方面发挥着不可替代的重要作用。英国行业协会为学生事务管理提供了宏观领域的帮助,比如,提供信息和整合资源,为高校学生事务工作提供社会支持等。以英国高校招生委员会为例,这个与教育部没有任何行政、经济关系的民间机构,负责管理整个英国高校的本科生招生工作。他们为所有国内外申请入学的学生和所有高校提供服务,靠学生的申请费和大学的录取费为收入,不从政府拿一分钱,却能将整个英国高等教育招生的事情管理得井井有条。②

(二)英国高校学生就业服务体系

英国高校学生就业指导服务的发展是一个渐进演变的过程。早期的就业指导服务侧重于信息的提供和用人单位的组织联络,谋求构建稳定广泛的毕业生需求单位网络;20世纪六七十年代以后,就业指导服务被赋予了新的内涵,在原有服务的基础上更加强调一对一的职业咨询以及个性化就业指导,个人职业顾问发展迅速;进入90年代,职业生涯规划管理课程走上大学讲坛,就业与大学生的职业成长开始连接在一起;知识经济时代的来临使得高校就业指导服务的内容和手段进一步延伸和拓展,就业指导服务更加强调个人学习能力尤其是职业学习能力与职业选择能力的培养。③ 其发展至今,已经形成了一套完备的、

---

① 王占仁《英国高校学生事务"一站式服务"的理念与实践》,《思想教育研究》2010年第6期,第79～82页。

② 郑景娥《英国高校学生事务管理中社会工作理念与模式的嵌入》,《山东省农业管理干部学院学报》2011年第5期,第182～183页。

③ 周红、夏义堃《英国高校就业指导服务的发展启示》,《江苏高教》2006年第5期,第122～124页。

融就业指导与职业管理为一体的理论与工作体系。

英国高校都非常重视大学生的就业指导工作,均设有专门的就业指导机构,配备专职人员,其根本宗旨是提高毕业生的就业能力,扩大职业发展视野和就业前景,以帮助学生努力实现其人生目标。英国高校普遍重视及早地在学生中开设毕业生职业管理课程、在校实习和就业指导等一系列就业教育活动,使毕业生在校期间就能对就业和未来的事业发展具有较为理智而清醒的认识,从而为将来的就业和职业发展奠定基础。就业指导中心还发挥专业就业情况预警作用,定期召开学校会议,公布学院各专业毕业生就业情况,便于学院对专业发展规模和方向的把握以及学生导师对就业趋势的了解,指导学生提高就业能力。英国的就业指导服务强调对学生个人的学习能力,尤其是职业学习能力与职业选择能力的个性化培养,其服务对象已经不仅仅局限于在校毕业生,毕业两年以内的毕业生、居住在同一地区的其他高校毕业生也可以享受同样的指导咨询和服务。为了提高毕业生的就业面和就业质量,英国高校就业指导机构的主要职能除了为毕业生提供就业服务外,还承担着在校生的职业生涯教育和创业教育工作。

英国教育和技能部作为官方机构负责毕业生就业指导服务的宏观管理,主要通过法规政策的制定、工作质量的检查以及经费划拨等方式对各高校以及其他社会就业指导结构的工作进行宏观管理和调控。行业协会的广泛参与对英国高校毕业生就业指导服务发挥了不容忽视的重要作用,其中最具代表性的是英国大学毕业生就业指导协会。该协会是统筹管理英国高校的专业化行业性组织,致力于就业信息、就业指导与教育整体质量和水平的改进提高。该协会的工作除收集、整理和交换各种就业指导服务工作思想和有关信息外,主要职能还包括协调高校与政府间的关系。

英国高校毕业生就业服务广泛吸纳社会就业指导服务机构的参与,尤其是非营利性的民间机构的参与。这些机构调查研究社会对人才和劳动力的需求,进行行业性的人才需求状况调研、就业走势分析、毕业生需求预测,通过用人单位收集毕业生就业市场信息以及职业介绍,为高校就业指导服务提供便利。此外,大学生就业问题也受到社会的密切关注。毕业生的就业情况是学生选择院校时的重要参考,各类新闻媒体也把大学的排名和学校间的竞争聚焦在毕业生就业面和就业质量统计排名上。大学毕业生的就业质量和就业率不仅将影响高校的招生工作,其结果也反过来促使各高校更加重视毕业生就业指导服务。这使得所有高校必须提高教学与服务质量以吸引生源,同时还要关注和提高毕业生的就业率,从而形成了一种良性循环。

英国高校就业指导中心、政府管理部门、行业协会、非营利组织等多方协同,形成了以政府调控为主导,高校就业指导中心为纽带,行业组织有效辅助,用人单位积极配合的运行高效的就业服务体系(图3-2)。

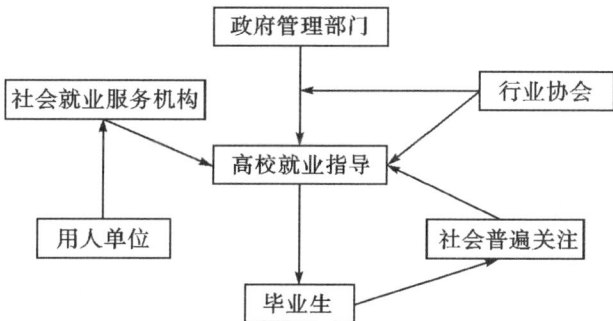

图3-2　英国高校就业服务体系

(三)英国高校学生心理咨询服务

英国高校心理咨询服务始于20世纪40年代后期,与"二战"后的各种社会危机在高校的体现有着密切关系。20世纪六七十年代,学生心理咨询在英国高校得到蓬勃发展,大多高校都配备有心理咨询人员。基尔大学(the University of Keele)作为战后英国第一所新大学,1962年为学生首设由职业指导到个性治疗的全方位咨询服务。[①] 1976年英国咨询协会的成立标志着英国高校心理咨询进入专业化发展阶段。20世纪90年代,学习指导成为心理健康咨询服务的内容之一。随着英国高等教育的发展,大学生数量激增,学生心理问题也变得更为复杂,对心理咨询服务的规范性提出了更高要求。

英国高校心理咨询服务中心工作人员以全职为主,兼职人员、临时心理咨询师相辅,主要有心理咨询师、学习顾问、朋辈辅导顾问、心理健康顾问、国际学生事务顾问等岗位。雷丁大学是英国传统高校,是英国第一所设置心理健康咨询师和进行学习指导咨询的大学,其心理咨询中心在英国享有很高的声誉,其心理咨询服务在英国高校中具有一定的代表性。[②]

雷丁大学从1970年开始开展心理咨询工作。随着心理咨询的内容和形式不断发展,雷丁大学心理咨询中心形成了良好的运作机制,不仅使其不断适应

---

① Newsome A, Thorne B, *Students Counselling in Practice*, London：London University Press, 1973.

② 冯刚、赵峰《走进英国高校学生事务管理》,中国人民大学出版社2008年版,第105页。

在校学生需要的变化,也使其成了英国高校学生心理咨询运行机制的代表。雷丁大学的心理咨询中心隶属于学生服务中心,主要以帮助在校大学生更有效地学习为目的,管理框架如图 3-3 所示。

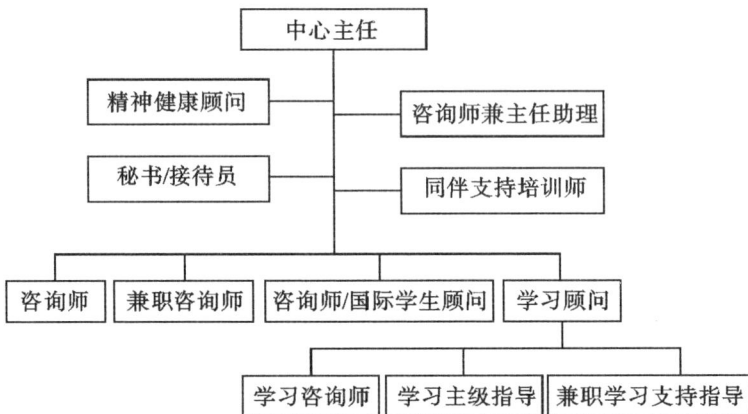

图 3-3　雷丁大学心理咨询中心管理框架

心理咨询中心除了为来访者提供服务外,还有权根据学生的心理情况对学校教学管理等事务提出建议。例如,对于有心理疾病的学生,若其产生缓考的想法,在和咨询师沟通以后,咨询师有权向专业课老师建议对该学生进行缓考安排;学校的处分程序要求相关学生首先到心理咨询中心接受咨询,相关部门向咨询中心提供学生的相关信息,咨询中心根据学生的心理情况提出处分程度、是否从轻处罚的建议;如果学生自主提出休学,则要与咨询师、学院负责人进行探讨,休学的学生要和咨询中心签订协议,听取咨询师的意见,积极主动地接受治疗。如果学生想要复学,除了需要校外的咨询师出具证明外,还需要心理咨询中心进行评定,然后学校才能告诉他是否已经符合复学条件。

(四)英国高校学生资助体系

在整个资助体系中,学生贷款是最重要的形式。经过改革,英国形成了由教育与技能部和财政部共同决策、大学生贷款公司审查借贷申请和发放贷款、学生借贷学费贷款和生活费贷款、大学获得应收学费、毕业生收入超过还款门槛后在纳税的同时偿还贷款,税务部门收取还贷,并继续为学生贷款公司提供贷款资金的完整系统(图 3-4)。①

---

① 张民选《英国大学生资助政策的演进与启示》,《比较教育研究》2007 年第 5 期,第 1~6 页。

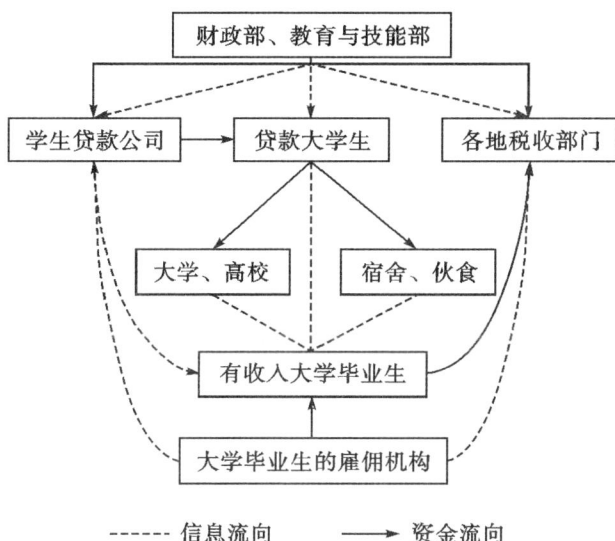

图 3-4　英国高校学生助学贷款管理系统

申请贷款是学生获得其他助学金的前提,为确保学生在入学后迅速得到贷款,学生一般在开始申请学校的同时就申请贷款,申请贷款的基本程序如图 3-5 所示。

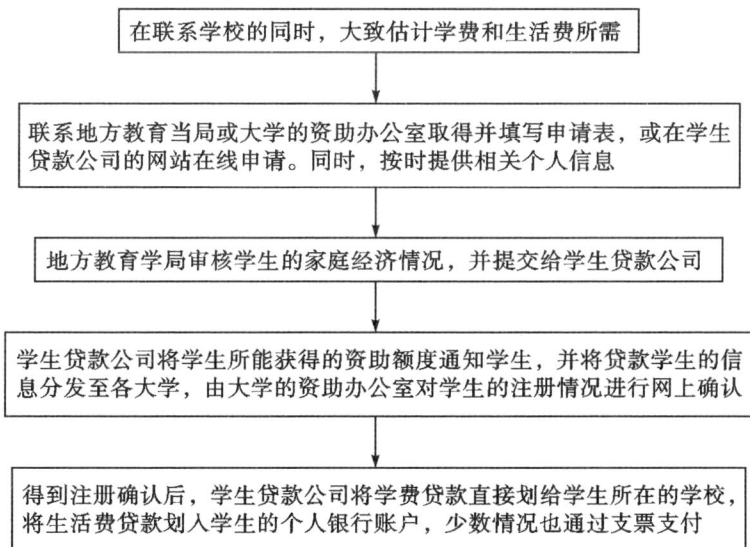

图 3-5　英国高校学生申请贷款基本程序

英国高校助学金制度是受益面覆盖最大的、无偿提供的学生资助项目,分为两类:一类是学校资助项目,该项目主要由英国政府提供,地方教育当局具体负责,各高校组织实施,但申请条件比较严格;另一类是学校资助项目,包括奖学金和助学金两类。奖、助学金相关的工作在高校主要由学生事务机构下的学生资助办公室负责。在所有资助项目中,资助额度最大的是助学金。

同时,英国政府也倡导大学、高等院校和各研究机构、高科技企业、社会慈善团体为大学生提供奖励优秀学生、吸引相关专业学生和资助贫困学生的各种奖学金、助学金和勤工助学机会。

(五)英国高校学生学习指导

英国高等教育的理念是以学生为中心的,教师服务于学生的学习生活。长期以来,由于受传统培养学术精英型人才教育思想的影响,英国高等教育致力于传授知识和培养智力,学校教育的"社会相关性"重视不够。鉴于此,英国"皇家文学、制造和商业促进会"于 1980 年颁布了《能力教育宣言》(*Education for Capability Manifesto*),首次提出了能力教育。20 世纪 90 年代以来,英国高等学校已普遍认同"高等教育能力教育"的思想,并展开了积极的改革探索。到 90 年代中期,几乎所有的大学都进行了学习能力教育改革。

英国高校学习指导的机构设置主要有以下两类。

第一类,大学将学习指导作为心理咨询业务的一个重要分支,学习指导机构设在心理咨询中心,比较典型的是雷丁大学。学习指导的重点在于找出学生学习困难的心理原因,用心理辅导的方式,设计一系列引导方法。学习指导主要采取以下三种方式:①一对一式的单独辅导;②学习技巧工作坊;③制定学习指导手册。

第二类,学校单独设立学习促进中心,对学生的学习能力和教师的教学方法进行统一的管理和服务。如牛津大学除了将诵读困难、应考准备等与心理问题密切相关的业务放到心理咨询中心之外,还于 2000 年将学校的学生学习指导和教学指导人员合并,集中成立了学习促进中心,中心目前有 18 名员工,集中了学生学习辅导、教学科研方法研究等专家,为学校制定教学、学习相关政策以及向学生提供学习指导和咨询服务。[1]

除设置学习指导相关的机构外,英国高校传统的本科生导师制、教学助理制度等人才培养制度也充分地为学生提供了学习指导。此外,在"全员育人"的思想影响下,英国大学学生事务部门还与教师合作,在学生的专业学习过程中强调培养学生的各种学习能力,注重理论与实践的结合,开展专题项目研究。

---

[1]　冯刚、赵峰《走进英国高校学生事务管理》,中国人民大学出版社 2008 年版,第 167 页。

二、美国高校学生服务体系

(一)美国高校学生服务的组织架构

美国社会和文化多元性的特点决定了美国高等教育的多样性,因此不同高校的学生事务组织和服务体系也有着不同的结构形态和运作方式。但从这些千差万别的组织架构中依然可以找出其普遍性和共同特点。

美国高校一般在校级层面单独设一位副校长负责管理学生事务,在副校长之下设三位学生事务助理协助副校长管理学生事务。美国高校学生事务一般分为三个部分——招生入学服务、学生支持服务和学生生活服务,由三位学生助理分管。招生入学服务包括招生、注册、学籍管理、奖学金,助学金、入学辅助计划等事务的管理及服务,学生支持服务包括心理咨询、健康服务、职业指导、法律服务、残障学生及国际学生服务等,学生生活服务包括学生活动、社团活动等服务和餐饮、住宿、文体等辅助性机构的管理。此外,美国大学通常还设有一些学生自组织、自管理的结构,如学生督察委员会、学生会等(图3-6)。

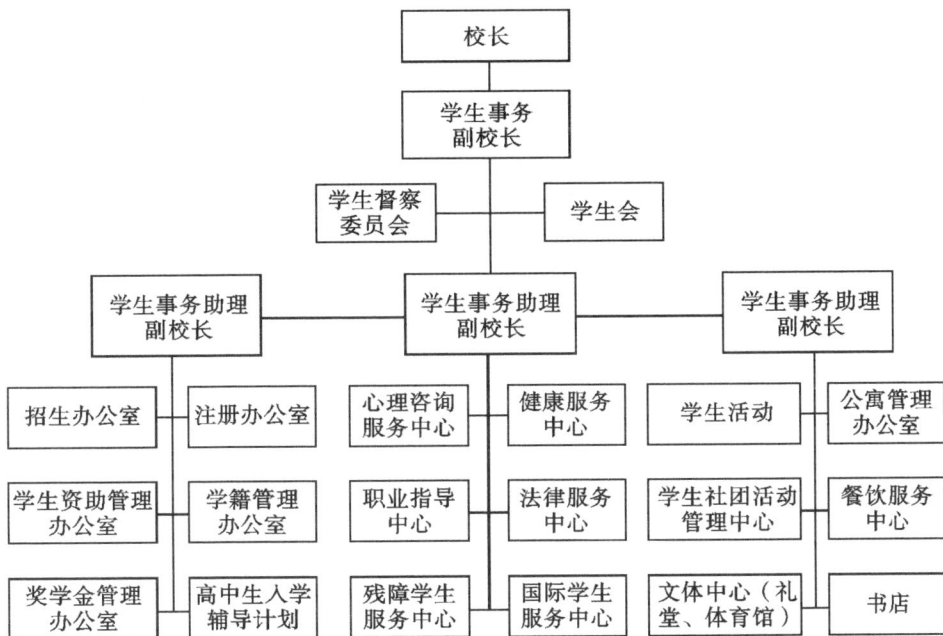

图3-6　典型的美国高校学生服务组织架构模型①

---

① 佟月华、宋尚桂《美国大学学生服务组织特点及其启示》,《山东高等教育》2016年第6期,第20～25+2页。

除了这些共同拥有的组织机构外,不同的大学还可能设有其他不同的机构,比如宗教机构、少数民族机构等,这都体现着不同大学不同的文化特色和人文风情。

(二)美国高校学生学术指导

高校学生学术指导作为一项独立的专业工作诞生于19世纪中后期美国高校高等教育改革与发展之中。此后,为保证高等教育质量,满足社会对教育的多样化的需求和学生发展的需要,高校学生学术指导不断发展完善,逐渐形成如今有序、完备的运行机制和组织体系,拥有其鲜明的特色。

一般美国高校学术指导通过专门的学术指导队伍来实施,这些学术指导队伍的人员一般分为三个类型。其一是学科教师。教师具有专业完备的学科知识,对于已选定主修专业的学生具有重要的指导作用,为其提供专业学科的内容、方法、技巧和发展方向的指导。其二是专职指导人员。专职指导人员的主要工作是引导未选定主修专业的学生寻找个性化的学习、发展方向,充当选修课顾问、职业规划咨询师等角色。第三类是高年级学生。高年级学生作为已体验过大学生活和接受过学术指导的前辈,其经历过的成功或失败的体验式经验为低年级学生提供了间接的有效信息和知识,这对他们有着重要的意义(图3-7)。

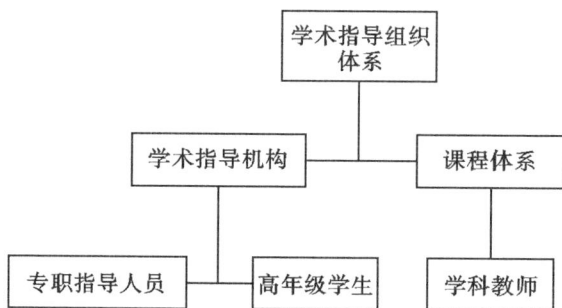

图3-7 美国高校学术指导组织体系结构图

美国高校学术指导不仅仅指导学生选课,而且还为学生提供多样化的发展机会,促进学生个性发展,帮助其实现学习目标。因此学术指导必须关注学生本身,为学生提供指导与帮助。美国高校一般通过两种学术指导模式来实现:诊疗型模式和发展型模式。诊疗型模式是指指导者与学生之间犹如医生和病人,指导者高于学生并且以权威者的姿态指出学生的问题并给出相应的建议,学生必须听从。在这一模式中,问题和建议更具有针对性,效果有时更为显著,但将指导者和学生置于对立面,不利于形成亲密关系,易有逆反心理,不利于指导工作的进行。发展型模式则是以学生为中心,关注学生个人和其各个方面的发展,帮助学生达成其目标。其通过为学生提供信息,引导学生寻找其发展方面来促进学生进步与发展。在这个模式中,引导者易与学生形成开放型的亲密关系,注重引导,关注每个学生自身的潜力,帮助学生制订学习计划和达成目标。

美国高校学术指导通常通过七种途径实施并发挥作用。一是教师型,通过专业教师为学生提供专业知识和教授范围内的指导,促进学生发展;二是补充型,通过专业教师一对多地提供一般性指导,笼统地提供指引和讲解,缺乏针对性;三是分工型,学生学术指导机构和专业学术指导机构(或专业教师)分别指导没有确定方向、未选定专业的学生和其他学生;四是双轨型,专业教师和学术指导中心双管齐下,专业教师指导专业和学习上的问题,学术指导中心负责指导学生其他的问题,旨在促进学生适应学校;五是全员型,注重学生事务管理人员与专业教师的衔接与配合;六是分散型,各个学术部门各司其职,分别承担相应的学术指导任务;七是独立型,学生事务管理人员独自承担所有职责和任务。其中分工型和教师型在高校中应用最广。在实践中可看出专业教师和学生事务人员的合作更有利于学生学习与发展。

(三)美国高校学生资助体系

人才是国家发展的基础,教育是培养人才的重要途径。为了保证国家人才的培养,推动国家发展,美国十分重视教育。通过设置科学的财政援助体系帮助学生解决经济上的困难,提高受教育率,促进教育公平。

自1643年安妮·瑞德克理夫女士向哈佛学院以私人名义捐赠第一笔奖学金起,美国高校学生资助服务体系的雏形开始出现。美国高校初期的学生资助实际上是指学生经济援助,大多以私人捐赠的形式对学生进行资助和奖励,带有浓厚的宗教色彩。20世纪50年代后期,学生资助服务逐渐发展,以奖学金或基金委员会的形式出现,已成为美国高校中必不可少的机构之一。获得资助、管理资金和资助学生是它的主要职能。

20世纪60年代是美国高校学生资助服务高速发展的关键时期。在时任总统约翰逊提出要大力发展社会经济的背景下,平等的受教育机会(以高等教育为主)被社会大众视为推动社会经济发展的强大动力。为了使更多的学生能够接受到高等教育,约翰逊签署了美国历史上第一部真正的《高等教育法》。《高等教育法》明确指出"为了强化我们的学院和大学的教育条件,并对接受高等教育的贫困学生提供经济资助"①。这部法案不仅肯定了原有学校学生资助方式和内容,而且创建了新的学生资助模式,例如"教育机会助学金"和"担保学生贷款"等。此后,《高等教育法》几经修订,对高校学生资助服务具有指导作用。

1996年后,不仅是克林顿政府时期提出对低收入家庭的保税扣除方案和"希望奖学金"的资助方式,增加政府财政补贴,鼓励公民进行终身教育,扩大高等教育的受教育面;布什政府也在大力培养社会所需人才,加强教育资助。美国高校学生资助服务体系也因此不断发展完善,走向法制化。

美国的学生资助服务与其他服务较为不同。其他学生事务管理服务的主导权在学校,而美国高校资助服务的主导权在政府。美国的资助服务体系分为三个层次:联邦、各州政府和各个高校。针对高中后期阶段的教育资助,美国教育部设置了一个联邦学生资助办公室,与学校进行合作,专门负责高等教育阶段的学生资助与相应的家庭贷款,为有需要的家庭提供专业的资助服务咨询,指导这些家庭做好合理的教育成本投入规划;州一级政府设立学生资助委员会,大多由社会公众、中学代表、大学代表、社区学院和高中后教育机构构成,负责监督奖学金、资助金计划,管理政府贷款、贷款担保和勤工助学金(图3-8)。

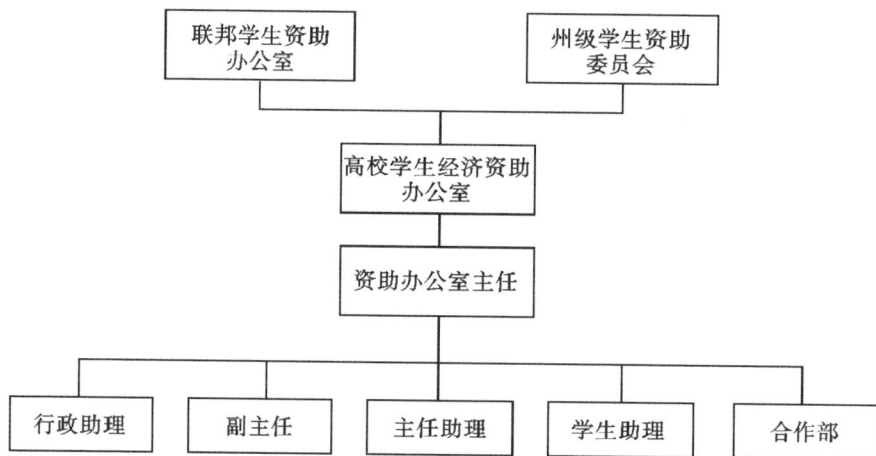

图3-8 美国高校学生资助服务体系结构图

为了帮助更多的学生接受高等教育,帮助已进入学校的学生(尤其是较低

---

① 教育部思想政治工作司《走进美国高校学生事务管理》,中国人民大学出版社2011年版,第123页。

收入家庭的学生）做好教育投资与成本管理，美国高校基本上都设立了学生经济资助办公室。不同的学校，学生经济资助办公室分属不同的机构。例如耶鲁大学和加州大学，耶鲁大学的学生事务和学术事务是融合在一起的，因此学生资助服务统归于教务长管理；加州大学的学生资助服务属于学生事务中的招生入学服务，其工作信息交递给副校长直接管理。

学生经济资助办公室的主要服务，一是为困难学生提供资助，保证不同层次的学生都有平等的机会受到良好的教育；二是奖励优秀学生和有特长的学生奖学金，起到鼓励和扶持优秀人才的作用；三是为需要帮助的学生提供勤工俭学的岗位，使这些学生可以在不打乱学业安排的情况下，为自己挣取学费。

美国的高中毕业生是根据自身实际情况自主择校，通过学校考核后方可进入学校就读的。不同高校的学费不同，差别较大，因此相关资助部门（比如州一级学生资助委员会等）根据学生的家庭和资产资料计算其"高等教育成本"和"家庭贡献预期"，并得出该学生的"高等教育资助需求"，这不仅包括普通的学杂费，还包括学生的资助申请。在州级学生资助委员会统计完所有就读于该州并申请资助学生的需求后，将结果汇总反馈给相应的高校，这就形成了州与高校学生资助服务之间的合作。高校的资助服务方案也是吸引学生申报的一大关键。因此高校收到州级学生资助委员会的反馈后，会给申请资助的学生制定相应的资助方案或标准。高校学生经济资助办公室会根据学生提供的家庭资产资料和该学生的资助需求量并结合学生的经济状况综合考虑，为学生提供个性化的混合资助方案，即每个学生可能会从联邦或州政府获得的各种奖助学金，学生可申请的多种助学贷款，学校提供的多种勤工助学项目的自由组合。学生自由选择学校及该校中符合自己的资助方式后，即可入学就读。入学后，高校学生经济资助办公室需要为每个申请资助学生建立资助档案。

在高校学生经济资助办公室中，主任负责所有学生的资助工作，直接对副校长负责；副主任一是要对每年的资助政策进行分析，利用政策为学生争取更多的资助和资金，二是要做好资助数据的收集和分析；助理需做好所有协助工作及资助方案的工作；合作部主要与其他部门做好联合与沟通工作。这些有序又极具特色的人性化资助服务为学生提供了相对较多的受教育机会，促进了教育公平。这也是美国的高等教育资助服务相对先进的原因。

（四）美国高校学生心理咨询服务体系

美国高校将学生的心理和身体健康作为学生事务管理中的一个重要方向，因此心理咨询服务是学生事务管理中一个必不可少的组成部分，于是早在 20

世纪初,心理咨询就作为学生事务管理的一个重要组成部分首次进入美国高校。高校的心理咨询服务关注学生个体的全面发展及其发展需要,着重于利用心理评价、咨询、诊断和干预等手段对学生进行一个心理咨询和健康服务,旨在为学生创造一个有益于身心健康的学习和发展环境。

美国高校心理咨询的一个基本特点是既广又专。学校一般都设有自己的心理咨询中心和学生辅导办公室,高校的心理咨询中心的服务人员与学生人数没有规定的比例,大多维持在1∶(300~1000),其中也有非心理咨询中心的专门服务人员。[①] 因此,在高校中,为学生提供心理咨询服务的人有四类:专职心理辅导员、心理专家、临床心理学家及精神病医生等专业人员和药物依赖咨询人员。专职心理辅导员是高校心理咨询服务机构的中坚力量,由硕士以上学位人员担任,主要为学生提供专业性服务。其职责是为学生提供咨询服务、生涯发展辅导及各种心理诊断及评估,针对学生身心健康提供相对应的建议与治疗。心理专家是指高校相关学科下的专业教师——经验丰富的心理专家。这些专家在授课的同时,与学生相处较多,能为学生提供更好的更恰当的心理咨询服务,可针对学生平时暴露出的一些心理问题进行及时干预。临床心理学家及精神病医生等专业人员一般受到心理咨询服务机构邀请参与学生心理情况的诊断和治疗,一般处理一些棘手的情况。药物依赖咨询人员则是针对高校中吸毒、嗜酒的学生,对其进行咨询和诊疗,如图 3-9 所示。

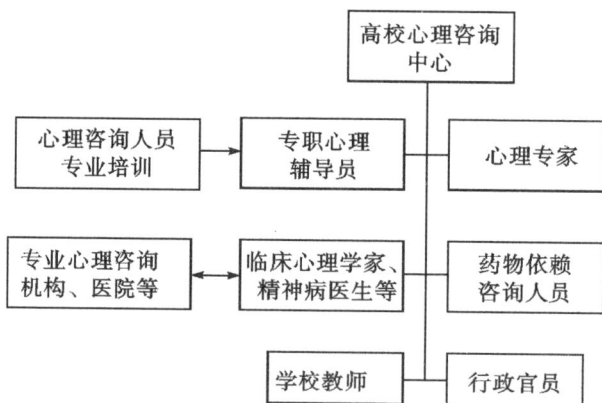

图 3-9　美国高校心理咨询机构结构图

美国高校认为心理健康对于学生的发展有着极其重要的作用,因此高校学

---

①　教育部思想政治工作司《走进美国高校学生事务管理》,中国人民大学出版社 2011 年版,第 150 页。

生事务管理为学生提供完备的心理教育和咨询服务,以提高学生的心理素质,开发心理潜能,矫治心理障碍,健全学生人格。每个学期初,学生都需要接受心理测量和心理辅导。根据学生的不同需要,为学生提供三个不同层次的心理辅导:第一层次是发展指导。面对全体学生提供基础的心理学知识,帮助他们认识自我,挖掘自己的潜能,树立人生目标,促进他们的个性化发展。第二层次是问题预防。帮助在生活中有些烦恼(如压力过大、学习不顺、人际关系不协调)的学生排解压力、解除干扰,使他们进一步适应环境,提高学习效率。第三层次是障碍干预。针对有心理障碍,患有心理疾病的学生进行系统的治疗和干预,帮助其缓解心理症状和克服障碍,使其恢复心理健康,拥有正常的生活。

　　高校心理咨询服务的进行不仅仅通过测验与评估、咨询与诊断,也不局限于事务机构中,还在课堂、家庭和社会中开展。在学校中为学生提供人格发展、职业生涯发展的辅导、人际交往的环境、学业培养的条件,在家庭里提供家庭咨询的途径,为父母提供相应的心理教育知识,在社会上形成咨询机构之间的联合。通过高校、家庭、社会三位一体的合作,将心理教育融入生活,进一步促进学生心理健康,提高学生的学习和生活质量。

(五)美国高校学生就业服务体系

　　大学生就业无论在哪个国家都是十分重要的问题,就连高等教育最为发达的美国也不例外。美国同时也是一个高市场化的资本主义国家,在一定程度上,美国对人才资源的配置也带有市场调控的色彩。因此,面对大学生就业问题,美国高校与国家、社会通力合作,帮助大学生顺利就业。

　　美国高校均设有为大学生就业及职业生涯规划的机构,一般被称为就业发展中心。就业发展中心与以上三个机构一样,都是大学学生事务的常设机构,由掌管学生事务的副校长直接领导。美国高校学生就业服务分为两个部分,一是就业发展中心,二是校友会。就业发展中心有自己的运行体系,一般分为三个部分:学校层面、学院层面和系及专业层面,不同的部分各有分工。学校以宏观的角度运行整个就业发展中心,设有就业图书阅览室、职业生涯辅导、就业服务和事务专门办公室四个部分。学院的主要工作是为有需要的学生提供就业心理咨询服务。系及专业对学生的专业学习负责,为学生就业打下坚实的专业基础(图 3-10)。

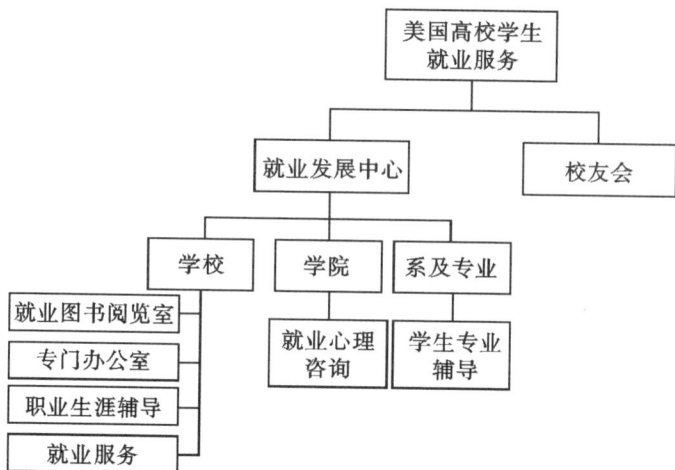

图 3-10　美国高校学生就业服务体系结构图

校友会是美国高校就业服务体系中特殊的一个部分,它是由大学校友或校友所在大学按自愿原则联合发起成立的非营利性社会组织。它代表所有校友的利益,其目的是为校友提供社会交往的机会,为校友提供职业向导与服务。①因此,校友会不仅仅为学生提供了就业的信息,还传递给了学生历届校友的职业经验与知识,更是高校学生与外界交流的枢纽。

美国高校学生就业服务主要分为两部分:一是关于新生的职业规划,二是关于毕业生的就业指导。新生入学后,就业发展中心会对学生进行全程的职业生涯辅导。首先,学校层面会对学生进行详细的测评,根据学生特点及能力拟定"职业发展规划书"。这样的测评每年一次,注重学生能力的变化和人性化的职业规划。其次,学校层面、学院层面、系及专业层面联合指导学生进行自我评价,旨在使学生认识自己,重视职业生涯的管理,引导学生正确处理职业生涯的危机。最后,通过问卷的形式对学生心理状况进行简单了解,帮助学生形成良好的个性品质,对其进行个性化的职业分析。

针对毕业生,美国高校联合学院、社会、企业进行针对性的就业服务:一是通过课程对毕业生进行职业指导;二是通过加强毕业生与社会上的工作人员进行交流和工作经验的沟通,对毕业生的就业进行明确的指导;三是通过学校就业发展中心的就业服务部门为毕业生提供指导与咨询服务;四是通过企业的联

---

① 孙美静、林杰《美国大学校友会的职能、类型和结构》,《现代大学教育》2008 年第 3 期,第 64～69＋112 页。

合,指导毕业生参加实习与见习活动,增强能力;五是通过校友会为学生提供大量岗位需求信息,为毕业生就职提供重要途径。

第三节 英、美高校学生服务体系代表性模式

一、美国学生服务体系组织结构模式历史回顾

玛格丽特·杰·巴瑞(Margaret J Barr)通过考察美国多所大学,从学校整体工作的角度出发,根据学生事务工作报告关系方面的差异,将学生事务管理的组织运行模式分为四种类型。[①]

(一)直接报告模式

直接报告模式是指高校的学生事务工作由学生管理部门的负责人直接向校长报告,校长直接下达指示处理学生事务的意见。这种模式的优点在于校长可以对学生事务的管理及运作有清晰及全面的认识,使校长的决策可以直接落实到具体部门和人员;也保障了管理过程中信息传递通畅,减少中转时间,效率较高;同时加强了中间层管理人员与校长间的沟通。但由于校长工作事务繁多,这种模式也可能会带来两方面的弊端:一是因为校长工作时间安排紧张等原因而导致工作贻误;二是因事务繁杂,校长没有足够的时间与精力兼顾所有的学生事务工作,难以实现科学的宏观管理。

(二)间接报告模式

间接报告模式是指学生事务管理工作通过分管学生事务的副校长汇报给学校校长,这也是高校比较常见的一种工作模式。间接报告模式的创新之处在于出现了一名学生事务副校长,副校长不仅是上下级之间信息交流的枢纽,而且与教务长之间也保持着联系,可促进学生事务与学术事务之间关系的形成与发展。这种模式在一定程度上针对校长的时间精力是有限的而设置,弥补了直接报告模式的不足。间接报告模式具有直接报告模式的优势,更加利于学生事务各部门的联系,促进问题的及时解决。但是其最大的缺陷在于间接报告模式更多地依赖于学校办学指导思想以及学生事务副校长与学生事务部门和教务

---

① Margaret J Barr, *The Hand Book of Student Affairs Administration*, San Francisco: The Jossey-Bass, 1993: 100-103.

长关系的融洽与信任。间接报告模式中蕴含了学生发展理论,在许多学校学生事务管理中均有体现。

(三)双重报告模式

双重报告模式是指为克服直接报告模式与间接报告模式的弊端,同时设立分管学生事务的副校长和一名直接管理学生事务日常工作的副校长助理。前者主要负责学生服务工作的重要决策和重大问题的处理,后者则主要行使具体的学生管理职权,以减轻学生事务副校长的工作任务。在这种模式下,学生事务副校长的部分管理职权被转给校长助理,有助于减轻校长和副校长的工作负担。同时节约了不必要的时间,促进决策决定。双层报告模式的一大特点就是对管理相关人员的要求高,一是要求增加沟通,避免错误决策与误解;二是要求宽容,对双方可能犯的错误给予高度宽容与耐心。否则管理层级的增加不仅没有意义,而且不利于决策效率的提高。

(四)分散组织模式

分散组织模式是指将部分学生服务职能分别划分到学校多个部门。比如,将就业指导、学术指导等学生事务功能交给学校教学机构负责;将心理咨询机构划分为心理系的一部分;将学生入学服务、留学生服务交给教务处负责等。学校不设专门的学生服务职能部门,也不配备专职职员。分散组织模式的优点在于使学生服务融入学生学校生活,使学校人员精简,减少管理成本,节约资源,有助于为学生提供有效的更高质量的学生服务。其缺点则是使学生事务管理部门分散,某些事务部门之间出现职能界限交叉,使学校协调处理问题的能力受限,更加不利于学生事务部门之间的沟通与协调。

二、英、美高校学生事务管理代表性模式

根据美国和英国高校学生事务的组织结构和运行方式,英、美高校学生事务管理主要分为以下四种模式:横向团队工作模式、行会协同模式、第三方托管模式和政府宏观管理模式。

(一)横向团队工作模式

横向团队工作模式是由扁平化组织结构模式演变而来的,即领导直接领导学生事务管理各部门的结构,权力充分下放给学生事务各部门,学生事务各部门之间以多样化的团队工作为主。其中副校长只是起到协调各部门之间相互联系、相互合作的作用,以充分保证学生事务管理工作的多元化和深度协作,促进学生事务工作的有效进行。

横向团队工作模式不但降低了学生事务管理的协调成本,还突出了一线学生事务管理人员工作的重要性,使其拥有归属感,提高工作积极性,有利于组织内部和谐与健康运作。另外,横向团队工作模式使组织工作效率提高,增强了组织的灵活性,更加注重组织内团队的自我管理。也正因为如此,横向团队工作模式同样有着其自身的限制和缺陷。第一,这个模式对工作人员的素质要求较高。因为这个模式不仅仅是扁平化组织更是团队合作模式,因此,工作人员的高素质才有利于组织的运作。第二,下属管理人员工作量增大。当下属管理人员工作量较大且复杂时,管理幅度会变小,使横向团队工作模式运行困难。第三,上下级之间、团队之间、人员之间的沟通尤为重要。好的信息沟通与传递才会使组织得到更好的运行。

横向团队工作模式在高校学生事务中应用普遍。不论是在英国高校,还是在美国高校的学生事务管理工作中都可以见到横向团队工作模式的影子。心理咨询服务成为学校事务管理体系中成熟、规范的必要组成部分,因此可以以高校学生心理咨询服务组织机构为例来看横向团队工作模式在高校学生事务中的应用。

英国高校学生心理咨询服务是高校事务中的一个分支,由心理咨询师、学习顾问、朋辈辅导顾问、心理健康顾问、国际学生事务顾问组成。以雷丁大学学生心理咨询服务为代表的英国高校学生心理咨询运行机制是在中心主任的带领下,专注学生心理咨询服务与学生心理健康及教育。无独有偶,美国高校心理咨询服务与英国一样,也是高校中必不可少的学生事务工作中的一部分。美国高校心理咨询服务同其他学生事务相关部门一样各自独立,由心理咨询部门主任带领专职心理辅导员、心理专家、临床心理学及精神病医生等专业人员和药物依赖咨询人员这四类工作人员组成心理咨询服务的工作团队,为学生提供相应的服务。不论是英国还是美国,其高校心理咨询服务的组织运行及体系都有着典型的横向工作模式的特色。

从宏观来看学生事务管理的组织体系,英国与美国的学生事务机构都是独立的组织,受学校学生事务委员会或副校长的直接管理并面向学校学生,属于极简的二层管理层次,具有横向工作模式中的扁平化的特点。另外,独立的学生事务机构下,又分属不同的平行的事务部门,以心理咨询服务、学术指导等机构为代表。在学生事务机构的领导下,各个小的事务部门机构分别组成不同的团队,互相交流与协调,共同促进学生事务发展。团队工作体现了横向团队工作模式中的团体性与合作性。

由此可见,横向团队工作模式在英、美两国中应用广泛,同样也是许多高校学生事务工作运行机制的典范。其科学性与工作效率正是当今学生事务工作所需要的。

(二)行业—高校协同模式

协同理论亦称"协同学"或"协和学",它源于希腊文 synergetics,意指关于"合作的科学",是 20 世纪 70 年代以来在多学科研究基础上逐渐形成和发展起来的一门新兴学科,是系统科学的重要分支理论。[①] 概括来讲,协同管理就是将企业各种资源(人、财、物、客户、信息、流程)协调起来,使之为共同目标和任务发挥 $1+1>2$ 的价值(协同理论的倍增原理),消除在协作过程中产生的各种壁垒和障碍,从而形成对外强有力的经营能力和核心竞争力。[②]

协同理论已被广泛应用于科学、社会、经济等领域,并取得了广泛的成果,而在英、美高校学生事务的实践及发展过程中,协同好内部各子系统以及外部相关因素来弥补自身的不足的理念已渗透在其管理和服务中的多个方面,并逐渐发展成为其服务体系中具有代表性的行业协同模式。笔者认为行业协同模式即协调行业内各种资源,消除在协作过程中产生的各种壁垒和障碍,共同为目标和任务发挥价值的模式。其中以就业指导工作中的行业协同最为典型。

大学生就业工作是一项系统工程,英、美高校就业指导中心在发展过程中,虽然逐步加入了与学生职业生涯发展相关的能力培养的工作,但其主要职能仍是为毕业生提供就业服务。大学生就业服务工作涉及行业内诸多要素,完全依靠高校就业指导服务中心和政府的监管调控是不够的。它不仅需要学校内部各部门间的密切配合,更需要学校间的交流和社会各个行业的大力支持。以英国的就业服务体系为例——在英国高校就业指导中心、政府管理部门、行业协会、非营利组织等多方的协同下,形成了以政府调控为主导,高校就业指导中心为纽带,行业组织有效辅助,用人单位积极配合的运行高效的就业服务体系。

在一定意义上,高效共享的就业信息是高校就业指导服务工作的基础。在英国和美国,高校就业指导中心主要通过直接接受用人单位发来的供职信息,从网上和新闻媒体的招聘广告上收集就业信息,依托校友为学校提供就业信息,发动并利用各院系教师的学术影响拓展就业领域和有效信息,借助社会就业指导服务机构获得就业信息等方式,使学校尽可能地调动行业内的各种资

---

① 黎兴强《协同性旅游规划——构筑职·住·游协同发展的旅游综合体》,人民出版社 2016 年版,第 156～157 页。

② 王泉《"互联网+"时代下的协同 OA 管理》,清华大学出版社 2016 年版,第 60 页。

源,从不同层次充分占有就业信息,丰富就业信息资源。

除了就业信息的交流共享外,高校就业指导中心还通过聘请校外专家参与就业指导课程的讲授、开展专题讲座等形式来提高就业指导课程的质量和效果,以及举办模拟招聘活动、联系企业安排在校生和毕业生的实践和实习等方式,使用人单位将指导与员工的选聘相结合,实践性较强,且充分保证了毕业生与劳动力市场需求的有效衔接,也促进了行业内的协同作用。

同时,在就业指导的行业协同模式下,行业协会也发挥了不可替代的作用。英、美也都存在相关就业协会作为专业化行会性的组织,为大学间就业信息、指导等的数据和工作资料的汇总与共享提供平台。比如,美国有许多非营利性就业中介组织,在学生和用人单位、高校与用人单位之间从事与就业相关的业务。其中以成立于 1956 年的全美高校和雇主协会(National Association of Colleges and Employer,NACE)最为著名,它是美国人力资源信息的最主要提供者。NACE 目前吸纳了 1800 多家高校和 1900 多家用人单位作为会员,每年为 100 多万名大学毕业生提供就业服务。[①] 而在英国,政府通过立法授予行业协会以管理权力,并要求所有行业企业都成为其会员以强化行业管理的力度,使得英国的行业协会在很大程度上具有行业管理的职能,政府则根据相关的管理方法对行业协会加以控制。[②] 行业协会的广泛参与对英国高校毕业生就业指导服务也发挥了不容忽视的重要作用,其中最具代表性的是英国大学毕业生就业指导协会(AGCAS)。该协会是统筹管理英国高校的专业化行业性组织,致力于就业信息、就业指导与教育整体质量和水平的改进提高。该组织不仅作为共享和交流的平台,且在英国范围内提供就业指导方面的培训、考取专业资格证书的培训等。

在英、美高校学生事务管理和服务过程中,政府也通过从高校师生及行业协会等社会组织了解毕业生就业情况,在法规政策的制定、工作质量的检查以及经费划拨等方面对各高校以及其他社会就业指导结构的工作也进行重要的宏观管理和调控,同时发挥了重要的协调作用。

高校、社会、政府三者共同促进了就业指导工作行业协同模式的形成,在这种模式下,英、美高校的就业指导工作可以充分占有行业内的与就业指导相关的资源,同时与用人单位、就业市场有效衔接,行业内可及时地相互交流与分享。行业协同模式提高了信息传播的效率和准确性,且充分调动了行业内的相

---

① 吴惠《顺理举易:高校学生事务管理理论与实务》,中央编译出版社 2012 年版,第 189 页。
② 洪涛《行业协会运作与发展》,中国物资出版社 2005 年版,第 203 页。

关资源并服务于毕业生的择业、就业,有利于毕业生的就业。

相比之下,我国高校职业发展与就业指导在行业协同方面关注较少,仍存在许多问题。例如,我国高校的职业发展与就业指导工作缺少权威的、统一的资源共享和信息交流的平台,资源利用不充分,就业市场信息与高校交流不及时;社会组织和企业参与高校的就业指导工作的广度和深度不够,参与度较低;高校在开展就业指导工作时专业化、个性化不足等。从国外的经验来看,建立和完善促进就业的服务体系和长效机制,形成符合我国国情的就业指导模式是非常必要的。

(三)第三方托管模式

托管制度源自国际联盟时期的委任统治制度,联合国在继承其合理成分的基础上,发展成为托管制度。在联合国文件上"托管"的英语为"trusteeship",其词根是"trust",意思是"受托方的职责是由联合国指定的国家对区域的行政管理"。由此可见,"托管"一词的本意是一种管理责任转移,即由受托方承担"责任、职责"。[①] 这里,第三方托管模式是指由政府(或企业)出资,将运营管理全部或部分外包给第三方机构。

托管制发展至今早已不局限于联合国处理国家或区域间的问题,在政治、经济、社会事务等诸多领域中都会发生,例如,托管制作为英国传统的国家文化行政制度,在管制改革的过程中已演变为国家公共文化的治理模式。20世纪90年代以后,在英国的国家文化行政体制的管制改革进程中,国家公共文化服务机构的托管制也发生了一系列变革,其标志是英国成立了文化部以后,国家公共文化服务机构的托管制纳入了文化部的管制范围内,表现为由文化部作为国家公共文化服务的委托人,将国家文化财产和公共文化服务项目委托给指定的非营利性信托机构,并由后者依据托管协议代为保管和经营。[②] 这种由国家将一部分运营管理工作委托给第三方的模式,已经不同于传统意义上所讲的托管制,而是笔者所提出的第三方托管模式。

第三方托管模式在实践过程中虽然存在诸多问题,但其具有减化委托方的工作、第三方的专业化优势也可以有效提高工作的质量和效率、组织运营管理方式灵活等显著优势。其应用于政府部门,一方面保留了政府宏观管理模式下,实施政府的监管和调控、整合资源、优化资源配置等优势;另一方面也避免了政府宏观管理模式下占用过多公共资源、易出现体制僵化问题等优势。因而

---

① 陈效民《走向优质均衡的本土创新》,上海教育出版社2014年版,第74页。
② 陈鸣《西方文化管理概论(第2版)》,清华大学出版社2014年版,第268页。

在其实践过程中应用十分广泛。在高校学生事务管理中也能找到第三方托管模式的踪影,其中以英国高校学生贷款最为典型。

经过改革,英国形成了一个由教育与技能部和财政部共同决策,大学生贷款公司审查借贷申请和发放贷款,学生借贷学费贷款和生活费贷款,大学获得应收学费,毕业生收入超过还款门槛后在纳税的同时偿还贷款,税务部门收取还贷,并继续为学生贷款公司提供贷款资金的完整系统。[①] 在英国的学生贷款体系的运作过程中,学生贷款公司起主导作用。

学生贷款公司为英国教育和就业部所属的专业性非盈利免税机构,成立于1989年,实行董事会制,代表政府管理用于帮助大学生解决生活费用的贷款以及进行贷款资格审查和贷款回收工作。[②] 其最主要的工作任务是联系和通知,以确保与借款者之间的信息畅通。为此,每年公司平均要拨出230万个电话,寄出30万封信,处理几十万张申请表;每周要回答几千个问询。公司建立了高效的计算机网络系统,以联系260万名借款者、700所大学和学院以及180个合作机构。[③] 在英国学生贷款公司的管理下,英国高校学生贷款工作得以高效有序地开展,充分体现出第三方托管模式的优势。

相比之下,在我国第三方托管模式在学生事务管理工作中极少应用,一方面反映出我国学生事务管理相对比较封闭,社会的参与度较低,形式比较单一,灵活性较低;另一方面,也反映出我国学生事务管理方面全国性、行业性第三方权威机构的缺失。国外的成功经验给了我们诸多启示,探索符合我国国情、与时俱进的学生事务管理和服务模式是十分必要的。

(四)政府宏观管理模式

政府宏观管理模式是指政府在社会公共服务中占主体地位,是高校管理责任的主要承担者,在高校学生事务中起到宏观调控作用。政府宏观管理模式多用于经济和政治领域,强调政府在政治和经济中的主导作用。由此可见,政府宏观管理模式的最大特点在于政府在学生事务管理中的作用和政府与学校之间的关系上。对于美国而言,教育作为一种公共产品可以产生巨大的经济和社会效益,对高等教育进行投资教育不仅有利于国民素质提高,还是促进经济发展的有力手段。因此,虽然美国宪法并没有赋予联邦政府在教育上的特定责任,高等教育的发展由各州政府承担,但是联邦政府仍然积极主动地支持高等

---

① 张民选《英国大学生资助政策的演进与启示》,《比较教育研究》2007 年第 5 期。
② 熊波《机会均等视角下的高等教育成本分担机制研究》,华中师范大学出版社 2010 年版,第 154 页。
③ 冯刚、赵峰《走进英国高校学生事务管理》,中国人民大学出版社 2008 年版,第 126 页。

教育,并且极力通过政策法规、财政支出手段参与高等教育的管理。这也决定了政府作为最大受益方应当成为大学生资助经费的主要来源。①

政府宏观管理模式的优点一方面在于政府指导高校学生事务的发展方向,强化了政府对高校及教育的责任,有利于稳定高校教育的发展,而不是让随波逐流的市场和利欲熏心的市场来主导文化与教育;另一方面政府宏观管理可以更好地整合教育资源,并在此基础上进行有效的宏观调控,实现资源的优化配置,促进高校学生资助服务体系的进一步发展,有效地提高大学生资助的发展水平。缺点在于政府宏观管理模式下的高校学术和学生事务发展易产生僵化,并且在政府的控制下,高校的学术及学生事务管理自主程度低,组织运行及办事效率低。

美国高校对这种模式的应用更多地表现在美国高校学生资助服务体系上。如美国的资助服务体系依次分为联邦、各州政府和高校这三个层次。在联邦政府层面,针对高中教育后期需要资助的学生,美国教育部设置了联邦学生资助办公室。联邦学生资助办公室主要通过制订和管理联邦教育计划与项目对高校学生事务起到指导作用,并直接向大学生提供财务援助,这不仅有利于保证所有学生都能够平等享受联邦教育基金资助,更是对所有适龄青少年接受高等教育权利的保障。在州级层面,政府设立学生资助委员会。学生资助委员会大多由社会各界人士构成,代表大多数人民的利益。学生资助委员会通过了解需要资助学生的个人及家庭情况为学生计算"高等教育资助需求",学生在高等教育资助需求之内申请奖助学金。美国高校的财政经费大多来自政府,公立大学的财政经费及奖助学金主要由各州政府集中拨款,在私立大学虽然州政府及地方政府资助力度较弱,但除私立大学自身之外,联邦政府对其负有主要的财政责任。联邦、州级政府与学校之间形成联合与不同的层级,经过联邦的政策法规引导、财政支持和利益导向为学生提供多方面的资助形式,由此形成政府资助主导下的社会及学校资助为辅助,家庭资助的多位一体的资助体系。

在美国高校政府宏观管理模式里,虽然政府处于主导地位,但是美国高校与社会各界的关系依然紧密,学校的自主权依然很大。以美国高校学生资助服务体系为例,美国政府更多的是利用财政对高校进行援助。从 2015 年美国大学生资助的来源结构分析,来自联邦政府的包括无偿和有偿在内的资助项目在学生资助总体中占了 65% 的比重,其中包括联邦助学金、联邦贷款、工读及教育

---

① 柏小静《美国大学资助体系的支出责任层级结构研究》,南京师范大学出版社 2016 年版,第 37 页。

税收收益项目,联邦政府成为名副其实的财政投资人,这种不仅通过政策手段调节而且以资助主体的身份来调控高等教育的行为,足以保证美国高等教育学生资助事业在公平、高效中平稳运行,并最终确保了社会公共利益的实现。^① 除政府外,高校与企业、社会联合帮助有需要的学生,这也是美国政府资助主导下的混合资助模式的多元化特色。

① 柏小静《美国大学资助体系的支出责任层级结构研究》,南京师范大学出版社 2016 年版,第 49 页。

第四章 我国高校学生服务体系的发展现状

我国关于高校学生服务体系的研究大多从学生管理角度探讨高校学生事务管理的规律,而基于"服务学生"教育理念的相关研究较少。目前我国有关高校学生服务体系的研究尚处于发展阶段,已有成果并不十分丰富。本章将系统阐述我国高校学生服务体系的发展历程与现状,并通过调查研究分析我国高校学生服务体系满意度的基本特点,从而较全面地揭示我国高校学生服务体系的现状与特点。

第一节 我国高校学生服务体系的发展历程

大学生是高校教育与管理的主体,也是高校学生服务工作的主体。目前,我国关于高校学生服务体系的研究大多以高校学生事务管理为主。高校学生事务管理是高校为大学生提供的课堂外非学术性的教育服务,是规范、指导和服务大学生,促进大学生成长成才的组织活动。大学生事务管理的研究包括宏观研究和微观研究两个层面,其中,宏观研究是对大学生事务管理理念和管理方式等方面的研究,微观研究涉及大学生事务管理的具体内容,包括大学生奖励、行为规范管理、资助、就业指导、日常思想教育、大学生心理咨询、校园文化活动、社会实践和大学生宿舍管理等几个方面。[①]

我国高等学校学生管理制度的建设经历了一个曲折的发展过程,新中国成立初期至 20 世纪 70 年代是高校管理制度的初创时期;经历了"文革"的十年空白时期之后,20 世纪 80 年代高校学生管理制度进入恢复和建设时期;20 世纪 90 年代以后进入法制化和全面建设时期,强调管理与教育相结合,重视激励机制的作用;21 世纪以后逐渐建构起我国高校学生服务体系,强调"以学生为本",全方位服务学生。总的来说,高校学生事务管理经历了一个由"管理"向"服务"

---

① 蔡国春《中美高校学生事务管理模式比较研究》,中国海洋大学出版社 2007 年版,第 90 页。

发展的过程,受社会和时代发展以及高等教育发展的影响历经四个阶段,每个阶段展现出各自鲜明的特征。

一、初创时期:新中国成立至 20 世纪 70 年代

新中国成立至 20 世纪 70 年代,是我国高等学校学生管理制度的初创时期,各项学生管理制度初步建立起来,其中学生的学籍管理是最重要的方面。"文革"十年,教育荒废,我国高校学生管理制度遭到严重破坏。1977 恢复高考制度,高校学生管理制度急需全面恢复、建立和加强。教育部于 1978 年 12 月 13 日颁布了《高等学校学生学籍管理的暂行规定》(以下简称《暂行规定》)。《暂行规定》对学籍管理的各个环节进行了系统梳理和规范,是我国第一份系统规范高校学生管理的重要文件。

二、恢复和建设时期:20 世纪 80 年代

20 世纪 80 年代,高等学校的教育旨在使受教育者符合社会的要求。大学的办学目的是按照党的教育方针为社会主义事业培养人才,而贯彻执行党的教育方针的保证在于对学生实行科学的教育和严格的管理。学校应建立健全管理机构,配备管理人员,健全行之有效的规章制度,要求严格、规定明确、措施得力、管理尽心、一丝不苟才能做到有条不紊。[①]

国家教委第十次全体委员扩大会议着重指出,各高等学校都要集中力量整顿学校秩序,严格校纪校规,加强校园治安,加强学生管理。有研究者主张高校的学生管理应采取半军事化管理,全面贯彻党的教育方针,根据"四化"建设中某些岗位的要求,以军事化管理为参照模式,持续、逐渐地接近目标。[②]

1985 年发布的《中共中央关于教育体制改革的决定》中指出,"教育必须为社会主义建设服务,社会主义建设必须依靠教育,面向现代化、面向世界、面向未来,为 90 年代以至 21 世纪初叶我国经济和社会的发展,大规模地准备新的能够坚持社会主义方向的各级各类合格人才"。有研究者认为达到这样的培养目标,除了要大力提高教学质量和加强思想教育外,还必须改革学生管理工作,克服当前学生管理中的弊端,激发和调动学生的积极性和创造性。[③] 学生管理

---

① 吴绍麟《略谈对大学生的管理》,《高等教育》1984 年第 10 期,第 14 页。
② 叶小明《半军事化管理是高校学生管理的一种有效方式》,《学校党建与思想教育》1989 年第 8 期,第 48 页。
③ 杨德广《高等学校学生管理制度必须改革》,《高等工程教育研究》1986 年第 3 期,第 31 页。

工作要实现三个转变:一是变关注学生为管好学生,采取符合学生身心发展特点的科学管理;二是将学生由管理对象转变为管理动力,相信学生,共同管理;三是管理的效能在于调动学生的积极性,激发学校活力。此外,学生管理工作还需要遵循六个原则:服务性原则、目的性原则、教育性原则、规范性原则、个性原则和民主原则。管理应是民主管理,要走群众路线,管理制度的制定要听取广大学生的意见。

三、法制化和全面建设时期:20 世纪 90 年代

20 世纪 90 年代初,是我国高校学生管理制度初步法制化和全面建设时期,强调管理与教育相结合,重视激励机制的作用。其主要标志是:第一,1990 年 1 月 20 日原国家教育委员会颁布了《普通高等学校学生管理规定》(国家教育委员会令第 7 号,以下简称《规定》)。此《规定》是具有一定法律效力的行政规章,也是近年来司法审查高校学生与学校纠纷的重要依据。第二,在这一时期,国家出台了一系列有关高校学生管理的配套文件。如原国家教育委员会于 1989 年 11 月 17 日颁发的《高等学校学生行为准则(试行)》、1990 年 9 月 18 日颁发的《高等学校学生安全教育及管理暂行规定》、1993 年 12 月 29 日颁发的《普通高等教育学历证书管理暂行规定》及其实施细则和 1995 年颁发的《研究生学籍管理规定》。这些规章制度的颁行,在系统规范高等学校教育教学管理行为,建立和维护高等学校良好的教学和生活秩序,保障学生的身心健康,促进学生德、智、体等方面全面发展,起到了重要的作用。

1990 年 1 月 20 日原国家教育委员会颁布的《普通高等学校学生管理规定》中指出,"高等学校的主要任务是为社会主义建设培养合格人才。要不断提高教育、教学质量,从严治校,优化办学环境,保证培养目标的实现。健全管理制度应同加强思想教育相结合,对学生以正面引导为主,警惕并抵制国外敌对势力的思想政治渗透和国内资产阶级自由化思潮的侵袭,做好教育和管理工作"。

在国家制定的各项管理规定与制度以及前人研究基础上,许多研究者探讨了高校学生管理和教育中的动力机制或激励机制。在这个时期,高校大学生管理的基本理念是管理和教育相结合,强调管理育人意识。

有研究者从控制论的角度出发,认为高校的学生管理不应该只是限制学生"不能做什么",而是引导、启发学生确立"应该做什么"的信念,在实际行动中就会自动形成一种"不能做什么"的制约。① 研究者认为要对大学生实行有效管

---

① 李海林《高校学生管理和思想教育工作中的动力探源》,《江苏高教》1994 年第 4 期,第 29 页。

理,需要激发学生的内在动力,调动学生自觉接受管理的积极性,对自己的思想和行为能够进行积极的监督和控制。① 还有研究者认为已有的高校学生管理制度缺乏竞争激励机制,在具体实施过程中缺乏对学生行为的约束力和控制力。从社会主义市场经济对高校学生管理的影响角度,将竞争激励机制引入高校学生管理工作,以激发调动学生学习的自觉性、主动性和积极性。

因此,该领域的研究者提出在高校学生管理工作中应完善激励机制,例如奖学金的使用,逐步从静态激励向动态激励转化,调整奖励结构,消除非公平因素,改革现行奖励办法及有关规定等,从而鼓励和促进学生奋发向上,激发其学习主动性和积极性,培养学生的竞争意识和进取精神。②

四、建设"以学生为本,全方位服务学生"的我国高校学生服务体系:21 世纪初以来

(一)高校学生事务管理工作发展的背景分析

1. 社会经济环境的变化

21 世纪我国社会处于经济转型期,社会主义市场经济逐步建立和完善,政治、经济和思想文化都出现了新的变化和特点。在社会主义市场经济条件下,人们的就业和分配方式、社会组织形式和生活方式均呈现多样化的特点,人们的思想意识也随之出现多样化和复杂化的特点。在当今社会经济和思想文化发生重大变化和多样化的时代,高校的学生事务管理工作需要以人为本,秉承服务理念。③

2. 高等教育的发展与变革

高校学生服务体系是高等教育内外环境发生巨大变化的必然要求。21 世纪伊始,高等教育面临新的发展机遇与挑战,迎来了大发展时期。高等教育的国际化增强,高等教育由精英教育向大众化教育发展,我国高等教育经历着从外延到内涵的深刻转变,整个社会的教育思想、教育观念也正在发生积极的调整和转变。高等教育的外环境越来越开放,社会对大学生国际化视野、国际竞

---

① 谭显孝《试论高校学生管理的有效机制》,《西南师范大学学报(哲学社会科学版)》1991 年第 3 期,第 40 页;凌智勇、李卫宁《论高校学生管理的有效机制》,《江苏高教》1999 年第 3 期,第 97 页。
② 李春灿《完善高校学生管理工作激励机制之探讨》,《郑州航空工业管理学院学报》1999 年第 1 期,第 56 页。
③ 陈军平《构建高校学生事务工作全方位服务体系的模型——以香港中文大学为例》,《中国成人教育》2007 年第 16 期,第 38 页。

争力和国际交往能力的要求也越来越高。高等教育自身的国际化也不断加快，学生、教师和课程均呈现出国际化趋势，促进了科技与文化的融合，也对办学理念、培养模式、教学方式与教学内容提出了新的要求。高等教育的大众化要求学生管理工作做出积极转变，高等教育出现了生源质量多元化、学生结构多样化等诸多学生管理的问题，也带来了管理跟不上、服务保障不到位、改革滞后等新问题。近年来，高等教育已经开始放慢招生扩张速度，强调质量建设和内涵发展。高等教育的这些变革都要求学生管理工作转变管理理念与工作方式，从单纯强调教育、管理向服务学生转变，构建适应高等教育发展的学生服务体系。

3. 大学生管理工作思想的转变

当前，大学生思想政治工作需要转变思想与更新理念，从"管理本位"向"学生本位"和"为学生发展服务"的理念转变，尊重学生权利，为学生提供内容多样和形式丰富的人性化服务。

高等教育的迅猛发展使得学生管理工作的内容和领域都得到拓展和丰富。学生管理面临的新问题不断增加，后勤社会化的实施、就业制度的改革、教育收费制度与学分制的施行等都促使教育模式由义务专题向权利主题转变，大学生由单纯的受教育者变成了教育的权利主体，传统的师生关系以及学生与学校的关系都随之发生改变，大学生的教育消费意识开始产生。学生管理需要树立"以学生为本"的工作理念，努力提高人才培养质量，为学生成长成才服务。[①]

4. 学生自身特点的变化

新时期学生管理工作要实现持续发展，服务学生是一个有效的突破口。学生的个性和需求是多样化的，这对高校学生管理工作提出了更高的要求，服务学生也应该是个性化和多样化的。

有研究者总结了新时期大学生几个方面的特点：大学生的主体意识增强，教育消费者的观念逐渐形成，对学校的教育教学、管理和服务都提出了新的要求；大学生关注的焦点向经济相关话题转移，感受到的政治影响已经不再像以往的年代那样明显；社会中价值观念和思想意识的多元化，大学生信仰的缺乏；大学生更为务实，竞争意识和危机意识增强。[②] 此外，大学生的个性品质也具有时代特点。当前的大学生主体出生于 20 世纪 90 年代末和 21 世纪以后，他们成长于信息化与网络化飞速发展的时代，具有新时代的特点：思维活跃、接受新

---

① 王继元《高校学生工作服务体系构建研究》，《中国成人教育》2014 年第 17 期，第 26 页。
② 陈军平《构建高校学生事务工作全方位服务体系的模型——以香港中文大学为例》，《中国成人教育》2007 年第 16 期，第 38 页。

事物能力强;追求个性、叛逆性强;依赖性强,自理能力差;以自我为中心,缺乏沟通等。这些特征都对高校学生管理工作提出了新的要求。

高校学生管理工作如果还是以传统的思想政治教育和刚性管理为主,则很难适应社会、教育和学生的发展。高等教育的这种变革,要求学生管理工作者在工作理念、工作方式和工作内容上进行创新,从单纯地培养接班人转向以促进学生全面发展为使命,从单纯强调教育、管理向以"服务"为核心转变,努力构建高效学生服务体系。

(二)《普通高等学校学生管理规定》(2005 年)的变化解析

2005 年 9 月 1 日起实施新的《普通高等学校学生管理规定》(以下简称《规定》),以继承、创新和规范为特征,以发展、育人和依法为目的,阐述和体现了当前高校学生管理的理念、模式和要求,是一部适合新形势需要和符合高等学校学生管理实际的、比较完备的高校学生管理规章,是高等学校学生管理的政策依据,是当前和今后一个时期内大学生管理的基本原则。[①] 该规定与沿用 15 年的旧规定相比,主要有五大变化:依法治校,明确学生的权利和义务,扩大高校自主权,处理作弊的惩罚更重和高校学生在校期间可结婚等。以前的高校学生管理规定没有提到依据什么法律制定,而新规定第一条就提出是依据《中华人民共和国教育法》《中华人民共和国高等教育法》及其他有关法律法规制定的,有利于高校健康有序的管理,更有利于高校的发展和学生的成长,充分体现了依法治校的观念。该规定体现"育人为本",维护学生合法权益,首次增加了学生的权利和义务的有关内容。规定取消了国家对学校考试、补考、成绩评定方式以及留降级、重修、退学等诸多方面的规定,归入"遵守学校管理制度"要求中。教育部门转变管理职能,依法扩大高校办学自主权,有利于调动高校办学和管理能动性,更好地体现学校特色。从内容上看,该规定针对当前突出问题,特别是考试作弊严重的问题,强化了管理规定,譬如对违法、违规、违纪学生的处分,就有 10 多条相关规定,其中纪律处分种类分为:警告、严重警告、记过、留校察看和开除学籍。与以往相比取消了勒令退学,因为它与开除学籍的实际结果差别不大。该规定在管理方面强化了关于开除学籍的规定,在以往开除学籍的六种情况的基础上,增加了考试作弊或剽窃,抄袭他人研究成果等可开除学籍的规定。原来规定"违反考试纪律情节严重的,也可开除学籍",这次也进一步明确为"由他人代替考试、替他人参加考试、组织作弊、使用通讯设备作弊及

---

① 张浩明《高校大学生事务管理改革与发展》,《中国高等教育》2005 年第 21 期,第 25 页。

其他作弊行为严重的,给予开除学籍处分"。

传统的大学生事务管理是以"问题管理"为重心的工作模式,淡化了教育的作用,忽视大学生的主体性,这些刚性管理已经不适应社会和时代的发展要求,大学生的管理理念应该从"社会本位"走向"人本本位"。该规定揭示了大学生管理的基本理念:坚持"以学生为本",促进学生全面发展。具体来说,管理以德育为先,管理以育人为目的,管理要服务于学生。并且,大学生管理要维护学生合法权益、依法实施管理,既要保护学生的合法权益,也要明确学生违纪处理标准,将二者相统一。此外,大学生管理倡导管理的法制化,减少大学生管理中行政处置的范围。

(三)高校学生服务体系的构建

基于以上分析,在高校学生事务管理工作中需要构建"以人为本""服务为核心""把握时代发展趋势"和"满足学生需求"的全方位的高校学生服务体系。高校学生服务工作的基本理念是服务学生,"以学生为本",促进学生全面发展与成长成才。这一理念的转变是时代发展、社会进步、市场经济进一步完善以及向国外先进管理理念学习的成果。全方位的高校大学生服务体系需要从大学生的校园生活服务、学业/学术服务、心理健康服务、职业发展与就业指导服务、法律服务等方面建构。王继元提出了学生工作服务体系中的五大体系和三大平台,五大体系指入学指导服务体系、日常生活服务体系、学业发展服务体系、素质拓展服务体系和就业服务体系;三大平台包括"一站式"服务支撑平台、人才培养支撑平台和信息化校园支撑平台。[1] 虽然研究者们对于高校学生服务体系所包含内容的表述和界定不同,但是基本都包括学业发展服务、身心健康服务、生活服务、职业发展与就业指导服务和法律服务等几个方面。[2]

第二节　我国高校学生服务体系的发展现状

高校学生服务体系是高等教育国际化、大众化等新形势变化的必然要求。从 20 世纪 80 年代开始,大学生事务管理成为我国高等教育研究者的重要研究

---

① 王继元《高校学生工作服务体系构建研究》,《中国成人教育》2014 年第 17 期,第 26 页。

② 周燕《大学生事务管理近 30 年研究进展述评》,《理工高教研究》2009 年第 6 期,第 39 页;陈军平《构建高校学生事务工作全方位服务体系的模型——以香港中文大学为例》,《中国成人教育》2007 年第 16 期,第 38 页。

课题,是高校学生专业学习以外所有事务的计划、组织和领导的总称。进入 21 世纪,高校的学生事务管理工作进入了一个崭新阶段,管理理念发生了很大变化,从"教育、管理学生"转变为"服务学生",以学生为主体,为促进学生的全面发展服务,尊重学生权利,为学生提供内容多样、形式丰富的人性化服务。高校学生事务管理已呈现出由单一教育向教育管理和服务相结合的趋势发展,内涵日益丰富。[①]

在机构改置方面,我国高校建立了专门的学生工作机构,成立校级学生工作委员会,通常由分管学生工作的党委副书记或副校长担任主任或组长,以党委学生工作部或学生处工作职能为主,相应职能部门协同参与,包括教务处、招生就业处、财务处、后勤处(集团)、总务处、保卫部(处)、科研处、国际合作交流处、研究生院(处)、团委等。除成绩、课务与学籍管理由教务处相对独立承担外,其他管理工作一般由多部门共同合作完成。在学院(系)这一层面则成立对应的学生工作办公室,由分党委(党总支)负责领导,学生工作干部组织实施。

高校学生服务体系深入贯彻"以人为本"理念,全面服务学生成长成才,具有理念科学化、队伍专业化、管理法制化、服务人性化等鲜明特征。[②] 高校学生服务体系的内容大致包括学业/学术发展服务、学生生活服务、心理健康服务、就业服务、法律服务等几个方面。本节将对我国高校学生服务体系的发展特点及当前体系存在的问题进行梳理,从而为这一体系的发展方向和发展思路提供一定参考。

一、高校学生服务体系的发展特点

高校学生服务体系包含校园生活服务、就业服务、心理健康服务、身体健康服务、创新创业服务、社团与实践活动服务、学业发展服务、法律服务等多个方面,下面重点对校园生活服务、就业服务、心理健康服务、身体健康服务和创新创业服务这五个方面的发展现状进行简要梳理。

(一)校园生活服务

高校的校园生活服务指的是高校为大学生生活的公寓、食堂以及其他校园生活区域提供公寓服务、餐饮服务、商业服务、通信服务、物业管理与园林绿化等后勤服务工作。随着后勤社会化改革的深入,校园生活服务成为学生大学生活非常重要的组成部分。校园生活服务体系的建设开始受到社会各界和教育

---

① 张励行《新时期大学生事务管理的探索与思考》,《江苏高教》2014 年第 4 期,第 133 页。
② 王继元《高校学生工作服务体系构建研究》,《中国成人教育》2014 年第 17 期,第 26 页。

者的关注。当前我国高校的校园生活服务具有以下特点。

1. 大学生公寓文化建设与时俱进,发挥文化育人的积极作用

公寓服务是校园生活服务的重要内容,公寓文化也是校园文化的重要组成部分,随着时代的发展和高等教育的不断革新,公寓文化也发生了一些新的变化。有研究者提出大学公寓文化的几个特点:①稳定性与渐变性:大学生的思维和行为模式相似,生活与学习环境趋同,使得公寓文化具有相对稳定性,同时公寓文化也会受外部环境影响,呈现出时代特点,表现出渐变性。②认同性与超越性:大学生是公寓文化建设的主体,只有学生对公寓文化建设的价值认可并积极参与,大学生公寓文化的建设才能得到丰富和发展,同时,大学生对公寓文化建设的价值认同是实现大学生公寓文化建设超越发展的基础。③同化性与异质性:公寓是多人合住,要求大学生在日常事务中达成共识,规范自己的言行,形成同质化,但个体的差异性和独特性、多样性和自主性也是促进公寓文化发展的重要动力来源。④包容性与排他性:大学公寓成员可能来自不同地域,有着不同的风俗习惯和信仰,体验着各种文化的差异性,兼收并蓄,同时也排斥着不适宜公寓文化建设的某些外来文化。[①]

公寓是大学生学习和生活的重要场所,公寓文化对大学生人格塑造、思维与行为方式的形成都具有重要作用。有研究者调查发现,随着经济发展和高等教育的改革,我国大学生的宿舍文化建设在物质文化、精神文化、制度文化和行为文化等方面都取得了显著成就,主要表现在以下几个方面:①大学生宿舍基础设施齐全、宿舍环境逐渐改善;②大学生宿舍精神文化整体氛围和谐融洽;③大学生宿舍的制度比较完善,遵守情况良好;④大学生宿舍行为文明健康。[②]

2. 大学生的餐饮服务质量不断提高,更贴近学生的需求

学生食堂是高校后勤服务中最重要的组成部分之一。学生每天都有饮食消费,对食堂服务、质量和环境非常关注。20 世纪 90 年代以后高校后勤社会化改革,一些社会餐饮企业进军高校餐饮服务市场,同时校内的个体餐饮也应运而生,高校周边也是餐饮林立,这些都使得食堂的餐饮服务处于激烈的竞争中。学校后勤部门必须要了解学生的需求,了解学生对饮食服务的满意度,不断加强管理,提高服务质量,才能满足大学生的需求。当前,我国高校食堂的基本特

---

① 丁笑生《大学生公寓文化建设研究》,南京师范大学博士学位论文 2014 年,第 19 页。
② 周英《现代化背景下大学生宿舍文化现状研究》,西南大学硕士学位论文 2014 年,第 23 页。

征包括以下几个方面：①服务对象相对稳定，主要是远离家庭的青年学生；②就餐对象来自五湖四海，饮食习惯和喜好口味差异大；③就餐时间相对集中，主要集中在早、中、晚三餐的固定时间内；④顾客的消费水平总体不高，以保证身体健康和成长必需的基本营养需求为主；⑤具有群体消费的性质，彼此之间有很大的影响作用。[①]

目前，高校生活服务体系建设中还存在一些不足之处，具体表现在以下几个方面：①大学生公寓文化建设中存在若干问题。首先，基础设施建设的人性化和现代化有待进一步提高。某些大学生宿舍的配套设施不够完善，部分大学生宿舍的资源分配不均，高校扩招后，高校宿舍普遍出现紧张情况，有些学校新建宿舍设施先进，而旧宿舍则设施陈旧、老化，从而造成学生心理不平衡。此外，虽然大多数高校的基础设施基本齐全，但与学生追求高质量的生活与多元化的需求之间存在一定差距。其次，大学生宿舍制度存在不合理的地方。当前的宿舍管理制度基本是以"管"为主，但是服务意识差。例如，统一时间熄灯断电，统一时间关门，统一安排宿舍等。②学生食堂的服务缺乏个性化，不能满足学生之间的不同需求。大学生来自不同的地区，家庭经济条件不同，有着不同的饮食习惯和消费观念，大多数高校食堂在菜品种类和质量上都还有待进一步提高。③后勤管理的利益驱动与高校育人的目标相矛盾。高校后勤社会化使得校园的公寓管理受利益驱使，只能提供必要的公寓物业，很难发挥育人功能。因此需要从以上几方面进一步完善高校的生活服务体系。

（二）就业服务

随着我国高等教育由精英教育向大众化教育转型以及社会经济的发展，高校毕业生的就业形势日趋严峻，迫切需要完善当前高校大学生的就业服务体系。虽然我国关于大学生就业服务体系的建设已经取得了一些成果，许多高校也建立了就业服务指导队伍，但目前我国高校大学生就业服务体系并没有形成科学、系统和成熟的服务指导体系。

大学生就业服务体系是指由政府宏观调控，以高校为依托，以社会（企业和中介）为补充和监督，针对大学生就业而形成的一个分工不同却又相互制约的就业服务体系，其基本构成要素包括政府、高校、社会（企业和中介）和大学生。大学生就业服务体系是一个集管理、服务、教育、研究于一体的开放性系统，包括健全的服务机构、高素质的就业指导人员、科学实用的课程体系、专业化的大

---

① 高庆《基于大学生消费行为的学生食堂服务满意度研究》，西南交通大学博士学位论文 2012 年，第 66 页。

学生就业市场和发达的就业调查网络五个部分。[①] 高校在大学生就业服务体系中发挥关键作用,是落实政府就业政策的桥梁。高校大学生就业服务体系的基本功能包括就业信息服务、职业素质培养、就业技能培训、就业事务咨询和创业教育等。

经过十几年的努力,我国高校大学生就业服务体系建设取得了一定成就,积累了丰富的经验,主要表现在以下两个方面。

1. 从政府到高校都越来越重视大学生就业服务体系建设

随着高等教育大众化进程不断加快,毕业生人数逐年递增,大学生就业问题成为全社会关注的焦点。政府的高度重视是大学生就业服务体系不断完善的基础和保证,政府陆续出台了一系列政策,为大学生就业服务提供了保障。

2002年教育部制定了《教育部关于进一步加强普通高等学校毕业生就业指导服务机构及队伍建设的几点意见》,对进一步加强高校毕业生就业服务工作特别是加强相关机构和队伍建设提出意见,要求高校建立并健全毕业生就业指导服务体系机构。2003年又颁发了《教育部关于进一步深化教育改革,促进高校毕业生就业工作的若干意见》,要求高校要建立毕业生就业指导服务机构,并在场地、经费、人员等方面给予充分保证。2006年教育部等多个部门联合下发了《关于切实做好普通高等学校毕业生就业工作的通知》,强调应满腔热情做好就业指导和服务,重点帮扶就业困难的贫困学生。2007年在中央召开的高校毕业生就业工作部际联席会议上,教育部、人事部和劳动保障部联合下发了《关于积极做好高校毕业生就业工作的通知》,明确要求做好高校毕业生就业工作,要求各高校广开就业渠道,加强就业服务和提高就业工作质量。2007年8月30日,十届全国人大常委会第二十九次会议表决通过了《中华人民共和国就业促进法》,该法于2008年1月1日起实施。除此之外,国家对大学生制定实施了很多特殊政策,例如西部就业优惠政策、自主创业政策、免费师范生就业的相关政策以及针对户口问题先后出台的四个政策,这些都体现出政府对大学生就业问题的重视程度。

当前,高校都充分认识到了大学生就业服务体系的重要性,绝大多数高校已经把大学生就业服务体系建设作为高校就业工作的一个重要环节。大学生就业服务体系是帮助大学生树立正确的就业观念,掌握求职择业的基本方法和技巧,了解就业形势和就业政策以及正确认识自我和实施职业生涯规划的一个

---

① 王珉《高校大学生就业服务体系建设研究》,武汉理工大学硕士学位论文2012年,第11页。

重要途径。很多高校开始实行"一把手"工程,校领导把越来越多的精力放到大学生就业服务体系建设工作上。高校开始设立主抓就业工作的指导与服务机构,并制定相应的规章制度保障各院系和各部门积极配合,这一切为进一步规范和完善大学生就业服务体系奠定了思想上的基础,提供了政策上和物质上的保证。

2. 高校就业服务项目不断丰富,逐渐实现了全程化的就业指导模式

各高校根据学生的情况不断完善就业服务项目。与之前仅针对毕业生的有限就业指导服务相比,当前各高校的就业指导服务工作从学生入校时就开始了。通过为学生开设职业生涯规划课程和就业指导课程,举办系列讲座和接受相关培训,丰富就业指导的形式,增加就业指导内容,可见,我国高校就业服务工作逐步走向了全面化和全程化。大学生就业服务体系的过程性和内容的广泛性表明就业指导工作必须全面、持续开展,贯穿整个大学阶段人才培养的全过程,从大学生入学开始就开展职业生涯规划的教育和指导,让学生了解自己的兴趣和特长,培养专业兴趣,形成适合自己特点的职业目标。

高校全程化的就业指导模式使得就业服务工作不仅对毕业生初次就业有帮助,而且关注学生以后的职业发展,提高学生的职业选择和职业决策能力,是提高学生整体素质和培养综合能力的重要手段。目前,多数高校开始对大学生分年级、分阶段进行多种形式的四年全程就业教育和职业生涯规划指导。根据相应的职业指导理论和大学生的发展特点,对大学生进行分年级、分阶段的教育与指导,以个性与职业心理测试指导、职业生涯规划指导、创业指导、择业指导和升学指导等为指导体系,结合大学生的普遍发展特点与个体差异,采取团体教育与个别辅导相结合的方式,提高学生的综合就业素质,帮助其实现职业目标。

高校为大学生提供的就业指导和服务更为丰富多彩,就业服务内容也由以往的就业形势分析、就业政策讲解、就业方法与技巧的传授等浅层次指导向纵深方向发展。高校的大学生就业服务指导逐渐结合学生专业进行教育,加深学生对专业知识、专业发展前景的了解,让学生了解自己应具备的各种素质,为将来的就业做好准备。高校的大学生就业服务体系开始包括职业生涯规划指导与创业指导,职业生涯规划帮助学生确定适合自己的未来发展目标,进而增强大学生在就业中的核心竞争力,为大学生未来的职业成功打下良好基础。

尽管高校就业服务指导体系的建设已取得了较大进步,但还存在很多需要解决的问题。第一,大学生就业服务机构的职能划分不清,还未形成合力。由

于当前各级政府相关机构设置不合理,导致大学生就业服务机构之间的关系难以理顺,难以在大学生就业服务体系的建设中充分发挥其作用,因此大学生就业服务体系的整体功能难以发挥出来。第二,大学生就业服务体系尚不完善。大学生就业服务体系起步晚,体系结构相对不完善。我国目前还没有建立起一个统一的就业服务市场,人才市场被区域和部分分割,人才需求和人才供应的信息不通畅。第三,大学生就业服务人员的专业化水平低,服务能力和素质与社会的要求不相符合。当前的就业指导模式无法满足当代大学生的需求,就业指导课和就业讲座大多采取大班授课,课时较少,效果也不尽如人意。大学生更希望获取针对性强、个性化的就业指导。从事就业指导工作的人员大都没有经过专业培训,不具备专业知识,难以对学生进行科学有效指导。第四,毕业前期就业指导活动开展深度存在不足。当前阶段,大部分高校只是针对校内毕业生就业开展短期阶段性的就业指导服务。在实际授课过程中,侧重讲解当前的市场就业形势、国家最新颁布的就业政策、就业工作流程、求职技巧等。长期沿用传统就业指导与服务模式,围绕"应试"信息服务,只是对毕业生的求职进行二次理论教学,并没有真正为毕业生职业生涯进行系统性的指导与规划。

(三)心理健康服务

大学生的心理健康状况一直受到社会各界的关注。随着经济和社会发展,大学生面对越来越多的就业压力、人际交往问题、学业压力、入学适应问题等,许多大学生因而出现了各种心理问题,从而导致休学、自杀等,因此高校心理健康教育工作也面临前所未有的压力,需要进一步完善该领域的服务工作体系,及时发现大学生的心理健康问题,寻求解决问题的有效对策。

大学生心理健康服务体系是指在高等院校设立专门的心理健康教育机构与人员,针对大学生的心理发展特点及出现的问题提供心理咨询与辅导工作,以及以大学生为中心开展个体心理辅导、团体心理辅导、心理讲座、心理健康教育课程、心理危机干预等多种工作而形成的体系。近些年来,我国大学生心理健康服务工作已取得较大进展,具体表现在以下几个方面。

1. 基于服务理念的心理健康教育服务工作体系逐渐建立

我国的心理健康教育工作不断借鉴美国等西方国家的服务理念,开始走"服务路线",越来越多的学者开始探讨高校心理健康教育工作体系的构建。①

---

① 许丽伟《基于服务理念的大学生心理健康教育工作体系构建》,《黑龙江教育》2013年第3期,第85页。

基于"以学生为中心"的服务理念,心理健康教育工作应从学生不同的心理需求和心理问题出发,进行有针对性的业务性服务工作和保障性服务工作。心理健康教育的业务服务工作是指为有心理问题的学生提供心理咨询服务,为全体学生提供一般的心理健康知识,并为学生提供心理潜能开发与训练的服务,从而有效满足不同类型学生的心理需求。保障性服务工作是为学生设立专门的心理健康中心等服务机构,更好地保障业务性服务工作的开展,进行相应的宣传教育工作。

心理健康服务工作已从对个别有心理问题学生的心理咨询与干预工作转变为服务全体学生,促进其心理的健康发展。新时代的心理健康服务工作对象是全体学生,通过为其提供丰富多样的心理服务,从而提高其心理健康意识,增强其心理素质,促进其全面、健康发展,为社会输送身心健康的高素质人才。

2. 大学生心理健康服务机构更为完善

高校的心理健康教育工作依托于学校的心理健康服务机构,该机构一般设有专职的心理辅导人员以及多名具有心理学专业背景和从业资格的心理教师。此外,负责学生工作的辅导员以及学生心理社团和班级心理委员都是心理健康服务系统的有效组成部分。该系统一般采取由上到下的管理方式以及由下及上的反馈方式,学生可以通过班级心理委员和心理社团向心理健康教育的专职教师反馈问题及意见。

3. 心理健康教育与心理咨询形式日趋多样化

随着信息技术的发展,网络及远程教育的普及,高校学生心理健康教育工作形式也日趋多样化,心理咨询与辅导不仅包括面谈的心理咨询,也包括远程的心理咨询。其中,面谈的心理咨询是一种传统的形式,即心理咨询人员或心理健康教育老师通过面谈的形式解决一个或多个学生的心理问题,远程的心理咨询则是由专业心理咨询或服务人员通过网络、电话等形式对学生进行的非面对面咨询与服务。远程心理咨询是信息化时代的产物,利用电话、电视、电子邮件、网页论坛、网络聊天工具(微信、QQ)等手段来进行心理服务,其优点是可匿名,具有即时性和便利性等特点,因此这种心理咨询形式日益发展壮大,深受学生们欢迎。

为了防止学生对心理健康与咨询的"回避"心理,学校采取广播、网络、校刊等多种宣传方式,普及心理卫生和心理咨询知识,从而让学生更多地了解心理咨询,在遇到心理问题时能主动向学校心理服务机构求助。有研究者指出,高校学生心理健康服务工作可以开辟多种途径:一是创办大学生心理健康教育专刊,宣传、普及心理健康科学知识;二是开通心理咨询热线,解答学生的心理问题或者困惑;三是建立学校心理健康网站,设置多个栏目利用网络为学生提供学习知识、朋辈沟通交流的平台,进一步丰富大学生心理健康服务的工作途径,提升心理健康教育的成效。[①]

当前我国高校心理健康教育工作虽然已经有了很大进展,但心理健康服务体系的完善还需要一段时间。目前主要存在以下几方面问题:①大学生心理健康服务队伍中的人员素质参差不齐。心理健康与咨询工作者缺少专职人员,大部分为兼职性质,部分兼职教师缺乏心理学专业知识,经验不足,且缺乏定期的业务培训。②大学生心理咨询服务不能满足学生的需求。高校能提供心理咨询服务的人员较少,供需脱节,学生的需求得不到及时满足。③心理健康教育宣传工作方法有待改进。心理健康教育工作者缺乏服务理念,活动形式较为传统、单一,已不能适应当今网络时代的需求。因此,需要构建我国高校学生心理健康服务体系,建立专业的心理健康服务机构,建设高素质的大学生心理健康服务队伍,开展形式多样的心理健康活动,构建多层次的大学生心理健康服务体系,从而有助于提高大学生的心理健康水平及综合素质,促进大学生的全面健康发展。

(四)身体健康服务

学生的身体健康服务指的是高校组织开展的体育课程教学以及课外休闲体育活动,提供以增强学生的身体素质为目的的服务。当前我国高校在身体健康服务方面主要表现出以下特点。

1. 高校的体育教学服务满意度较高,基本满足学生对身体健康发展的需求

高校体育教学主要是提高学生体质,进而促使学生养成良好的锻炼身体的习惯。有研究者调查发现,大学生对体育教学的满意度较高。[②] 随着我国经济发展和人民生活水平的提高,绝大多数高校的体育场地设施有所改善,教学内容较为新颖,师资队伍水平有较大提高,教学效果学生基本满意。

2. 课外的休闲体育项目有一定发展,提高了学生参与体育项目的积极性

高校的休闲体育服务是指大学生在闲暇时间自愿参与的、积极的、有意义的体育活动,大学生可以自主选择自己喜爱的身体练习和运动项目,从而达到

---

① 陈喆、杨曦《高等院校大学生心理健康服务体系的构建》,《西南民族大学学报(人文社科版)》2012年第s2期,第223页。

② 宗继军《大学生对高校体育工作满意度的调查研究》,《体育世界》2015年第2期,第80页。

愉悦身心、修身养性的目的。我国很多高校在一定程度上开发了适合学生的休闲体育项目和活动场地、设施，一般是根据各高校的实际情况以及大学生对休闲体育的具体要求而制定最适合大学生的休闲体育服务。有研究者考察了高校大学生休闲体育活动的状况，发现大学生参与的休闲体育活动种类很多，包括各种球类、跑步、游泳和健身操等；70%的大学生选择与同学、朋友一起参加体育锻炼；32.3%的大学生通过学校体育教育活动获得休闲体育知识；52.5%的大学生选择学校的免费活动场所，50%的学生选择校园边角空地进行锻炼；大学生参与体育活动的主要目的是为了增强体质、调整情绪、娱乐消遣等。[①]

当前我国高校的体育服务还存在一些不足之处：①高校对休闲体育活动的重视程度不够，以学校名义组织的活动并不多，没有一个具体的组织机构，缺少组织方案，因此，学生的休闲体育活动缺乏组织性。②高校现有的体育场地、设施不能满足当代大学生高质量的休闲体育需要。完备的体育场地和设施是保障大学生参与休闲体育活动的物质基础，关系到学生参加活动的积极性和主动性。③高校的休闲体育管理制度不健全，开设的休闲体育课程还不能满足学生的需求，也缺乏相应的体育专门人才来保证学生进行科学的体育锻炼，从而影响了学生参与体育活动的积极性。

(五)创新创业服务

自2002年4月教育部在清华大学等9所高校启动创业教育试点之后，创新创业教育已被很多高校陆续纳入学校教育的组成部分。在"大众创业、万众创新"的激励下，高校创新创业教育正如火如荼地开展着。高校的创新创业服务指的是高校为大学生提供创新创业方面的课程，举办相应活动，并给予教育与指导，从而提高学生的创新创业能力。开展大学生创新创业教育能够促进高校人才培养理念的革新，符合高等教育改革的内在要求，将推动我国经济社会的发展。

我国高校学生创新创业服务已取得了较大进步，具体表现在以下几方面。

1. 高校创新创业教育与服务受到社会各界的关注，促进了高校人才培养模式的革新

当前，整个社会和各级政府都在大力提倡创新创业教育。2014年李克强总理提出"大众创业、万众创新"，旨在激发民族的创新精神，也对大学生创新创业

---

① 张杨《山东省高校大学生休闲体育服务体系的研究》，山东师范大学硕士学位论文2014年，第12～14页。

教育起到了极大的推动作用。2015 年 5 月,国务院颁发的《关于深化高等学校创新创业教育改革的实施意见》(国办发〔2015〕36 号)要求"到 2020 年建立健全课堂教学、自主学习、结合实践、指导帮扶、文化引领融为一体的高校创新创业教育体系,人才培养质量显著提升,学生的创新精神、创业意识和创新创业能力明显增强,投身创业实践的学生显著增加",并从教学方法、考核方式、资源配置、学分学制等环节做了指导性要求,对于当前的大学生创新创业教育给予了政策支持。高校作为创新创业人才培养的重要基地,需要紧跟时代要求,革新人才培养模式,深化高校创新创业教育改革,探索和实践有效的创新创业教育途径,从而更好地提高大学生的创新创业能力。

2. 高校调整了学科课程体系,开设创新创业教育通识课程

2012 年教育部要求各高校把创业教育教学纳入学校改革发展规划,面向全体学生开设"创业基础"课程。创新创业相关课程的开设旨在提高全体学生的综合素质和创新能力。很多高校已将创新创业教育纳入学校人才培养计划,注重课程体系的设计,并针对大学生毕业就业中可能会遇到的问题开设就业、创业指导课程。在课程设计时有些高校能根据大学生所处年级来设计课程,从而使创新创业教育更符合学生自身的需求。

3. 高校创新创业教育与服务模式多样化

在传统教育服务基础上,高校在"互联网+"背景下逐渐建设高校创新创业教育的新模式。[①] "互联网+"模式下高等教育的多个方面都发生了很多变化,在高校创新创业教育的发展过程中,引入"互联网+"模式,通过互联网平台能够更好地在"大众创业、万众创新"中为大学生进行创新创业提供有效的指导与良好的服务,使学生能够在信息化时代背景下提升其创业能力。例如,结合慕课、微课等在线学习模式,为大学生的实践教育给予指导;开展创客教育,让学生不再受到学习时间以及地点限制,在创客空间中与同道之人共同学习、沟通交流思想、分享知识以及创新想法等。此外,高校越来越重视学生参与各级各类创新创业项目,鼓励、支持学生申报各级各类创新创业项目,从而锻炼学生的创新素质与创业能力。

4. 高校加强了与政府、企业的合作,强化实践育人

当前已初步建立了政校企合作模式,与政府、企业合作,建立实践教学基

---

① 陈爱雪《"互联网+"背景下大学生创新创业教育的新模式探究》,《黑龙江高教研究》2017 年第 4 期,第 142 页。

地,加强了创新创业教育的实践教学环节,为学生创设优质的实践环境,依靠政府、企业与高校开展深入合作,从而共同攻克社会发展和企业发展的难题,同时让学生真正能将所学理论应用于实践中,从做中学,启发学生的创新精神和创业意识。高校在校地互动、资源共享、优势互补、合作共赢的原则下,积极利用当地政府的创新资源和国家创新创业的政策扶持,搭建校地、校企合作平台,实现合作办学、合作育人、合作就业和合作发展。目前各级政府为创新创业投入大量资金和政策支持,高校应充分利用当前的创新创业环境,采取大学创业园等多种形式引导政府创新资源向高校倾斜。目前企业迫于自身创新与发展的压力也需要与高校合作,因此高校要充分开展产学研合作办学,以市场需求为出发点搭建产学研合作平台,让学生参与科技研发项目,推动创新成果的产出。

从我国各高校创新创业教育与服务的情况来看,在创业教育体系、创业意识培养、创业思维训练以及创业效果方面都取得了较大进展,但高校的创新创业工作仍然存在着一些问题:①高校创新创业教育的方式还比较传统,未能激发学生对课程的兴趣,并且高校创新创业教育教学很多流于形式,并未深刻理解创新创业教育的内涵;②政校企三者之间的联系不够紧密,合作深度不够,各方面支持力度有限;③高校对学生创新创业的支持力度还不够,缺乏完善的激励机制和政策保障;④缺乏系统、科学的创业服务平台。因此需要将创新创业教育作为一项系统、长期的工程来建设,促进我国高校创新创业服务迈上新台阶。

二、我国高校学生服务体系建设存在的问题

尽管我国高校学生服务体系建设已经取得了一定成效,但是在学生服务组织架构、职能设置和服务人员工作素养等方面尚存在一些问题,需要引起研究者、高校管理者以及社会各界的关注。

(一)高校学生服务的管理理念陈旧,缺乏服务意识

受传统教育观念与教育模式的影响,我国高校大学生事务管理理念仍以替代父母式的管理模式为主,总体上仍未摆脱说教为主的模式,强调如何管理学生,强调学校的规章制度及管理,强调国家意识、集体意识和思想政治意识,而服务学生意识淡薄,管理水平层次低,学生的自我管理和创新能力相对落后,影响学生个性品质的塑造和全面发展。[①]

---

① 饶进、简思敏、唐玉海《新形势下我国高校大学生事务管理工作探析》,《福建教育学院学报》2012 年第 1 期,第 14 页。

(二)高校学生服务的组织机构职能没有很好体现学生的主体性

我国高校学生服务(管理)体系一般都设有多个组织机构,如学生处、后勤处等,这些组织机构的职能包含了学术服务、学生事务服务、后勤生活服务、健康与医疗服务、法律及权益服务以及就业指导服务等,此外,团委、学生会、学生社团组织等也在一定程度上承担了为学生提供服务的职能。长期以来,这些组织机构的职能设置并没有真正体现学生的主体性,这主要体现在以下几个方面。

第一,没有真正从服务学生的角度设置组织机构和界定组织职能。一方面,目前的各类学生服务机构在职能上往往缺乏严格的界定,职能重叠或交叉的现象非常普遍;另一方面,面对学生服务中的具体需求和服务事项往往出现互相推诿扯皮的现象。在众多的学生服务活动中,学生参与程度较低,在少数允许学生参与的服务项目中,学生的发言权和建议权都非常有限,一是学生参与人数少,二是学生发表意见的途径单一,学生的意见和建议缺乏影响力。因此,在学校制定学生各项管理与服务政策和制度设计的过程中,学生的意见难以获得接纳和尊重。

第二,组织机构职能重管理、轻服务的倾向明显。学校的学生管理部门出台的各项政策和规定主要以管理学生为目的,这些部门的职责和使命不是以服务学生为出发点,而是将学生视为被管理者,站在管理者的角度行使其组织职能,多数情况下学生和学校职能部门处于对立状态,"以学生为本"的教育理念还没有真正在组织设置和职能界定上得到体现。

(三)大学生管理队伍建设不够健全,人员素质不高

目前,我国高校学生事务管理队伍建设存在很多问题,不仅数量上远远不够,而且稳定性差,专业性落后。其一,从事学生管理工作的教师数量太少,我国目前学生事务管理工作者与学生的比例是 1：200(实际上并未达到这个比例),美国学生事务管理者与学生的比例是 1：64,二者相差悬殊[①],专业管理队伍数量少是制约高校学生服务质量的重要因素。其二,缺乏专业化的队伍。我国从事高校学生事务管理的工作者以往大多是留校的本科生,虽然近几年高学历的大学生事务管理者的比例不断在提高,基本上为研究生学历,但辅导员队伍大部分是专业不对口的,因此,人员素质参差不齐,专业化程度低。在管理实践中,辅导员工作繁忙,力不从心,无暇顾及自身学历、技能的提高。其三,管理队伍不稳定。学生事务管理工作者有的并不是发自内心地热爱学生工作,而是

---

① 王文科《中美高校学生工作比较及启示》,《中国青年研究》2005 年第 10 期,第 85 页。

不得不做的权宜之计。其中,部分年轻的学生事务管理者只是将从事学生工作作为事业升级的跳板,而部分有理论素养和实践经验的学生事务管理专家和学者只是专注于学术研究,较少把理论应用于实践,导致部分优秀的教育资源流向其他类似于理论研究、学科建设等领域。其四,政策保障力度不够。很多高校对大学生事务管理者的重视不够,没有真正为他们创造良好的政策环境、工作环境和生活环境。

随着经济和社会的发展、高校招生规模扩大以及教育收费制度和就业市场化等方面的变革,高校学生的教育与管理方面的问题越来越多。当今的大学生成长历程单一,普遍缺乏抗挫折能力和独立生活的能力,因此学生管理与服务的难度也日益增大,急需大批高素质的学生事务管理工作者参与到专业队伍中来。

(四)大学生管理制度不完善,缺乏制度的创新

虽然我国中央和地方政府制定了如《普通高等学校管理规定》和《普通高等学校学生行为准则》等一系列大学生管理制度,各高校也普遍建立了学习制度、值班制度、例会制度等,但基本都是针对学生本身和管理者的一些空泛的制度,执行效果不理想,未能从根本上解决学生的问题。[①] 我国高校大学生事务管理过程中仍然存在无法规可循的现象,有的法规已不符合时代发展,有的法规不严密,存在漏洞,因此各高校需要通过法治建立学校的各项规章制度。当今大学生素质参差不齐,个性独特张扬,传统的政治说教很难让学生从心理上接受教师的意见,自上而下的管理模式也难适应新时期学生的管理实践,需要探索一种全方位、多层次、多部门合作的专业管理模式,建立一个自下而上和自上而下相结合、以学生为中心、尊重师生的管理理念。因此,在制定管理制度时应主要考虑大学生和学生事务管理者两个方面的因素,不断完善和创新高校学生管理制度。

第三节　我国高校学生服务满意度的基本特点

一、研究背景

我国高等教育正在从大众化向普及化阶段转变,全面提高办学质量,提升

---

① 云炜恒《我国大学生事务管理存在的问题及解决途径》,《内蒙古师范大学学报(教育科学版)》2007年3期,第70页。

高校内涵发展水平,"办人民满意的教育"是党和国家对高等教育事业提出的总体要求。在此背景下,"以学生为中心,服务于学生"是高校学生服务工作的基本宗旨。作为高等教育服务的主要对象和最直接的受益者,大学生也是评价高等教育服务质量的主体,高校学生服务能否让学生满意是高校生存和发展的决定性因素之一,因此,大学生满意度成为评价高等教育质量及高校竞争力的重要指标。[①] 教师在为学生提供学生服务的同时又与学生共同感受他们得到的服务,能较为直接、全面地了解学生对学校各类服务的满意状况,是评价高校学生服务质量的重要视角。已有关于高校学生服务满意度的研究大多仅从大学生自评角度获取数据,很少从教师这个视角加以考察。因此,从大学生和高校教师两个不同视角对高校学生服务满意度进行实证调查不仅可以丰富该领域的研究,也将为高校学生服务质量的提升以及高校竞争力的增强提供理论依据。

大学生的满意度研究大多基于顾客满意度理论,该理论主要用于对产品和服务质量的评价。基于此,高校学生服务满意度指大学生或高校教师对高校学生服务所带来的积极的心理体验和主观感受的程度,即大学生或教师对高校学生服务的心理预期与实际感知之间的差异。[②] 高校学生服务内涵丰富,包括高等院校在教学活动的同时为学生提供的促进其认知、人格、情感、身心健康、社会能力、就业、道德养成等方面发展的有组织的服务性活动。如前所述,高校学生服务体系主要包括校园生活服务、身体健康服务、心理健康服务、学业发展服务、法律服务、就业指导与服务、社团与实践活动服务以及创新创业指导与服务等方面。[③] 已有研究较多针对高校学生服务的某一方面展开大学生满意度研究,而全方位考察高校学生服务满意度的研究将提供更为系统、全面的数据资料。

从 20 世纪 60 年代开始,美国、英国等发达国家已开展了大规模系统的大学生满意度研究,将大学生满意度纳入高校评估体系,作为评价高校教育质量的重要指标。在美国大学中进行大学生满意度调查非常普遍,帮助大学实现了"以学生为中心"的转型,更好地履行大学的组织使命,增强了大学的竞争力。在大学生满意度测评指标的设计方面,研究者使用最为广泛的是美国诺埃尔·列维兹(Noel Levitz)公司开发的大学生满意度量表(The Student Satisfaction Inventory,SSI),包括学术咨询、教学效果、校园生活和以学生为中心等 12 个

---

① 李振祥、文静《高职院校学生满意度及吸引力提升的实证研究》,《教育研究》2012 年第 8 期,第 71 页;张倩、岳昌君《高等教育质量评价与学生满意度》,《中国高教研究》2009 年第 11 期,第 40 页。

② 杨立军、张小青《我国大学生满意度研究现状》,《大学(研究版)》2016 年第 10 期,第 44 页。

③ 韩玉志《大学生满意度调查应重视的问题——基于美国大学生满意度调查的思考》,《教育发展研究》2008 年第 11 期,第 84 页。

一级指标,从多个维度测查大学生对高校学生服务的满意程度,充分体现了"以学生为中心"的服务理念。英国的大学生满意度量表包括课程与教学、学术支持、组织与管理等 6 个指标及总体满意度。国内研究者关于大学生满意度的研究主要在借鉴英、美等国家的满意度量表,我国教育部高等学校评价体系以及实际调查基础上通过自编问卷考察我国大学生的满意度状况,调查内容不尽相同,涉及从课程与教学、咨询与服务和学校文化环境等多个方面。[①]

　　我国大学生满意度研究开始于 20 世纪 90 年代,伴随着高校的大规模扩招,学生的主体地位凸显,相关学者展开了对我国大学生满意度的研究。目前我国大学生满意度研究已经进入了大规模实证研究阶段,但相比于西方,我国的研究尚处于起步阶段,表现出以下特点:①已有研究仅从大学生自评的角度考察大学生满意度,很少从教师角度提供大学生满意度的他评数据资料,而满意度的自评和他评之间的差距对高校学生服务和管理工作也有重要指导意义。②已有研究大多就某一个或某一类高校的大学生满意度展开研究,缺少对不同地区、不同类型高校大学生满意度的比较研究。③已有研究大多考察高校学生服务某一方面(例如,就业服务、创业教育)的学生满意度[②],尚缺少对高校学生服务全方位的满意度研究。

　　本书在参照现有调查工具的基础上,根据我国大学学生服务工作的实际特点,建构大学生满意度的评价指标体系,拟从校园生活服务、社团活动与实践活动、创新创业指导与服务、学业发展与辅导、身体健康服务、心理健康服务、就业指导与服务、法律服务、以学生为中心 9 个维度编制高校学生服务满意度调查问卷。从大学生自评和教师他评这两个角度探讨高校学生服务满意度的现状与影响因素,并比较两个视角之间的差异,从而为提升高校学生服务质量、推动高校学生服务的改革进程等提供理论基础、策略指导以及数据资料的支持。

二、研究方法

(一)研究对象

　　本书采取整群取样法从山东师范大学、济南大学、齐鲁工业大学、首都师范

---

① 李振祥、文静《高职院校学生满意度及吸引力提升的实证研究》,《教育研究》2012 年第 8 期,第 71 页;杨晓明、姜灵芝《高等学校大学生满意度测评及实证分析——以中国某高校为例》,《北京科技大学学报(社会科学版)》2010 年第 2 期,第 156 页。

② 康燕、康晓棠、方晓田《大学生对创业教育的满意度及期望调查研究》,《西南师范大学学报(自然科学版)》2016 年第 12 期,第 161 页。

大学、陕西师范大学、南京财经大学、河北师范大学、华北水利水电大学、宁波职业技术学院等全国各地十余所高校选取 2628 名大学生和 544 名教师作为调查对象。

2628 名大学生中,大一 1118 人,大二 1074 人,大三 293 人,大四 112 人,31 名大学生未填写年级信息;男生 887 人,女生 1729 人,12 人未报告性别信息;学科专业为文科 1182 人,理科 879 人,工科 415 人,艺术类 100 人,52 人未填写学科专业信息;大学生的年龄为 16.58~25.50 岁,平均 20.39 岁。

544 名高校教师中 203 人为学生管理人员,274 人为高校普通教师,67 人未报告身份;18~25 岁的教师 35 名,26~35 岁的 225 人,36~45 岁的 182 人,46~55 岁的 76 人,26 人未报告年龄信息;男教师 235 人,女教师 291 人,18 人未报告性别信息;学历为本科 82 人,硕士研究生 272 人,博士研究生 169 人,21 人未报告学历信息;工作时间 0~3 年的 135 人,4~6 年的 122 人,7~9 年的 62 人,10~19 年的 134 人,20 年以上的 64 人,27 人未报告工作时间信息。

(二)调查问卷的编制与信效度检验

1. 问卷简介

本书参考美国《大学生服务满意度调查问卷》[1]和国内大学生满意度评价体系,结合对大学生、教师的访谈资料,编制了《高校学生服务满意度调查问卷》,该问卷分大学生版和高校教师版两个版本。

大学生版和高校教师版问卷均包括 60 个题目,具体考察包括校园生活服务、社团活动与实践活动、创新创业指导与服务、学业发展与辅导、身体健康服务、心理健康服务、就业指导与服务、法律服务、以学生为中心 9 个维度的满意度,题目例如"学校组织学生参加科研/科技创新项目以提升学生的创新能力"和"学校给学生提供就业方面的指导、评估与培训"。每个题目从"1—非常不满意"到"5—非常满意",均为 5 点计分。

2.《大学生服务满意度调查问卷》的信效度分析

由于大学生版和教师版的《大学生服务满意度调查问卷》维度和题目基本一致,因此本书仅对大学生版的调查问卷进行了结构效度的分析。

(1)项目分析。将大学生按照总分高低排列,前 27% 和后 27% 分别为高分组和低分组,对问卷每个项目得分的平均数进行差异检验,结果表明所有项目的区分度均达到显著性水平。

---

[1] 韩玉志《现代大学管理:以美国大学学生满意度调查为例》,浙江大学出版社 2008 年版,第 213 页。

（2）探索性因素分析。对 60 个项目进行探索性因素分析,结果表明,KMO＝0.979,Bartlett 球形检验统计量为 32117.418,df＝741,p＜0.001,表明数据适合做探索性因素分析。采用主成分法和正交旋转法进行因素分析,特征值大于 1 的因子有 5 个,累积方差解释率为 59.95％,从碎石图和平行分析来看,抽取 7 个因子最为合适,7 个因子共解释总变异的 64.31％。在因素分析过程中根据以下标准:①删除共同度小于 0.4 的项目;②删除在两个以上因子上有相似负荷的项目;③删除因子负荷低于 0.2 的项目,共删除不合适的项目 21 个,最终问卷剩余 39 个项目,所有项目的共同度为 0.53～0.78。从表 4-1 中可以看出,该问卷包括 7 个因子:学业发展、创新与创业、就业与法律、社团与实践服务、校园生活、身体健康和心理健康服务。

表 4-1　高校学生服务满意度问卷探索性因素分析的因子负荷

学业发展		创新创业		就业与法律		社团与实践		校园生活		身体健康		心理健康	
项目	负荷	项目	负荷	项目	负荷	项目	负荷	项目	负荷	项目	负荷	项目	负荷
T37	0.73	T3	0.73	T24	0.62	T27	0.65	T9	0.69	T12	0.66	T5	0.68
T36	0.70	T2	0.67	T15	0.60	T26	0.62	T16	0.66	T18	0.43	T28	0.57
T39	0.68	T7	0.64	T21	0.59	T31	0.53	T25	0.50	T4	0.24	T34	0.42
T38	0.67	T6	0.64	T23	0.57			T8	0.46			T13	0.36
T33	0.58	T10	0.45	T20	0.48			T1	0.40			T19	0.32
T32	0.57	T11	0.43	T14	0.44			T22	0.34				
T30	0.47			T29	0.40			T17	0.35				
				T35	0.32								

（3）验证性因素分析。采用 Mplus 7.4 对 39 个项目的问卷进行验证性因素分析,从模型的各项拟合指数来看,CFI＞0.90,TLI＞0.90,RMSEA＜0.08,说明数据与模型拟合良好。由表 4-3 可知,验证性因素分析包括 7 个因子,各因子的因子负荷为 0.50～0.84,进一步验证了问卷具有较好的结构效度(表4-2)。

表 4-2　高校学生服务满意度问卷验证性因素分析拟合指数

χ^2	df	$\chi^2/\mathrm{d}f$	p	CFI	TLI	SRMR	RMSEA
3632	679	5.35	<0.001	0.910	0.902	0.0385	0.058

注：p 值写为<0.001 或 0.001 也可表示显著。

表 4-3　高校学生服务满意度问卷验证性因素分析的因子负荷

学业发展		创新创业		就业与法律		社团与实践		校园生活		身体健康		心理健康	
项目	负荷	项目	负荷	项目	负荷	项目	负荷	项目	负荷	项目	负荷	项目	负荷
T37	0.79	T3	0.66	T24	0.84	T27	0.65	T9	0.69	T12	0.56	T5	0.77
T36	0.74	T2	0.66	T15	0.76	T26	0.66	T16	0.64	T18	0.70	T28	0.76
T39	0.80	T7	0.76	T21	0.71	T31	0.68	T25	0.70	T4	0.84	T34	0.76
T38	0.79	T6	0.72	T23	0.77			T8	0.79			T13	0.68
T33	0.78	T10	0.50	T20	0.51			T1	0.53			T19	0.75
T32	0.71	T11	0.67	T14	0.69			T22	0.66				
T30	0.72			T29	0.76			T17	0.74				
				T35	0.70								

（4）问卷的信度分析。大学生版调查问卷各维度内部一致性信度 α 系数从 0.68 到 0.92,问卷总的 α 系数为 0.98;教师版调查问卷各维度内部一致性信度 α 系数从 0.64 到 0.94,问卷总的 α 系数为 0.98。

3. 施测与数据分析

采用集体施测方式,大学生和教师的施测时间为 10 分钟左右。采用 SPSS 22.0 进行数据整理与统计分析。

三、研究结果

（一）高校学生服务满意度的总体状况——学生与教师之比较

大学生与高校教师对高校学生服务满意度的平均数和标准差见表 4-4。大学生对高校学生服务各方面满意度的得分为 3.62～3.94,教师对高校学生服务各方面的满意度得分为 3.74～4.15,可见我国大学生和教师对高校学生服务的满意度较高。进一步考察大学生与教师对高校学生服务满意度的差异,经 t 检验发现,教师对高校学生服务各方面及总体的满意度均高于大学生。

表 4-4 大学生与高校教师在高校学生服务满意度上的平均数和标准差

	大学生 ($n=2628$)		高校教师 ($n=544$)		t
	M	SD	M	SD	
校园生活服务	3.73	0.67	3.91	0.60	$-5.62**$
社团与实践活动	3.94	0.75	4.15	0.67	$-5.98**$
创新创业指导与服务	3.73	0.72	3.92	0.67	$-5.61**$
学业发展与辅导	3.69	0.70	3.86	0.62	$-5.24**$
身体健康服务	3.70	0.84	3.89	0.66	$-5.16**$
心理健康服务	3.71	0.76	3.83	0.67	$-3.73**$
就业指导与服务	3.77	0.71	3.92	0.65	$-4.59**$
法律服务	3.62	0.80	3.74	0.67	$-3.27**$
以学生为中心	3.66	0.76	3.89	0.69	$-6.69**$
高校学生服务总分	3.73	0.66	3.90	0.58	$-5.70**$

注:* $p<0.05$;** $p<0.01$,下同。

为考察大学生对高校学生各方面服务的满意度之间的差异,通过重复测量的方差分析发现,大学生对高校学生服务各个方面的满意度存在显著差异 $[F(8,21016)=160.22, p<0.01]$,进一步分析发现,各方面的学生服务满意度由高到低依次是社团与实践活动、就业指导与服务、校园生活服务与创新创业指导与服务、心理健康服务、身体健康服务、学业发展与辅导、以学生为中心、法律服务。

为考察教师对高校学生各方面服务满意度之间的差异,通过重复测量方差分析发现,教师对高校学生服务各方面的满意度存在显著差异 $[F(8,4344)=61.21, p<0.01]$,进一步分析发现,各方面服务满意度由高到低依次是社团与实践活动、创新创业指导与服务及就业指导与服务、校园生活服务及以学生为中心、身体健康服务、学业发展与辅导、心理健康服务、法律服务。

(二)高校学生服务满意度的影响因素分析——基于大学生的评价

1. 高校学生服务满意度在所学专业上的差异

为考察高校学生服务满意度是否存在专业差异,以校园生活服务、社团与实践活动服务等9个方面得分以及高校学生服务满意度总分为因变量,进行专业的单因素方差分析,结果发现,身体健康服务和心理健康服务得分上存在显著的专业差异。具体来看,文科生的身体健康服务和心理健康服务的满意度均高于理科生,其他专业之间两两不存在显著差异。不同专业的大学生在高校学生服务的其他几个方面的满意度之间不存在显著差异(表4-5)。

表4-5 高校学生服务满意度在专业上的平均数与标准差

	文科 (n=1182)		理科 (n=879)		工科 (n=415)		艺术类 (n=100)		F
	M	SD	M	SD	M	SD	M	SD	
校园生活服务	3.75	0.67	3.71	0.67	3.78	0.69	3.67	0.61	1.55
社团与实践活动	3.94	0.75	3.95	0.72	3.99	0.78	3.80	0.75	1.88
创新创业指导与服务	3.74	0.72	3.73	0.70	3.74	0.77	3.66	0.69	0.45
学业发展与辅导	3.69	0.72	3.66	0.68	3.73	0.72	3.67	0.63	0.88
身体健康服务	3.75	0.82	3.63	0.86	3.70	0.83	3.77	0.76	3.66*
心理健康服务	3.73	0.75	3.64	0.78	3.75	0.76	3.73	0.61	3.02*
就业指导与服务	3.78	0.72	3.73	0.71	3.82	0.69	3.72	0.64	1.99
法律服务	3.64	0.81	3.58	0.81	3.66	0.79	3.60	0.68	1.36
以学生为中心	3.68	0.78	3.63	0.75	3.72	0.76	3.58	0.66	1.80
高校学生服务总分	3.74	0.66	3.70	0.65	3.77	0.68	3.69	0.59	1.53

2. 高校学生服务满意度在高校地区分布上的差异

为考察大学生在高校学生服务满意度上是否存在高校地区分布差异,分别以高校学生服务9个方面和总分的满意度为因变量,进行地区的单因素方差分析,结果发现,在高校学生服务的9个方面及总分上,大学生的满意度均存在高校地区差异。具体来说,来自东部高校的大学生在高校学生服务的九个方面及总分上的满意度均高于中部和西部高校(表4-6)。

表 4-6　高校学生满意度在高校地区分布上的平均数与标准差

	东部高校 ($n=1548$)		中部高校 ($n=387$)		西部高校 ($n=676$)		F
	M	SD	M	SD	M	SD	
校园生活服务	3.83	0.69	3.56	0.72	3.61	0.55	42.04**
社团与实践活动	4.04	0.72	3.77	0.86	3.82	0.70	34.34**
创新创业指导与服务	3.84	0.73	3.60	0.76	3.57	0.63	40.65**
学业发展与辅导	3.83	0.71	3.52	0.73	3.46	0.60	83.43**
身体健康服务	3.81	0.85	3.39	0.88	3.64	0.73	42.29**
心理健康服务	3.81	0.78	3.55	0.78	3.56	0.65	35.43**
就业指导与服务	3.88	0.72	3.65	0.75	3.58	0.63	48.78**
法律服务	3.76	0.81	3.46	0.86	3.38	0.68	64.77**
以学生为中心	3.80	0.77	3.54	0.78	3.41	0.67	70.17**
高校学生服务总分	3.85	0.68	3.56	0.69	3.56	0.54	61.10**

3. 高校学生服务满意度在高校类别上的差异

为考察大学生对高校学生服务满意度上是否存在高校类别的差异,分别以高校学生服务 9 个方面和总分的满意度为因变量,进行单因素方差分析,结果发现,在高校学生服务满意度的 9 个方面及总分上,均存在显著高校类别的差异。进一步分析发现,在校园生活服务、社团与实践活动、创新创业指导与服务、学业发展与辅导、身体健康服务、心理健康服务、就业指导与服务、法律服务、以学生为中心和高校学生服务总分上,满意度最高的为省属高校,其次是民办与职业高校,最后是省部共建和"211"/"985"高校(表 4-7)。

表 4-7　高校学生服务满意度在高校类别上的平均数和标准差

	"211"/"985"高校($n=377$)		省部共建高校 ($n=1039$)		省属高校 ($n=644$)		民办与职业高校($n=551$)		F
	M	SD	M	SD	M	SD	M	SD	
校园生活服务	3.66	0.55	3.64	0.70	3.93	0.65	3.75	0.67	28.64**
社团与实践活动	3.84	0.71	3.88	0.77	4.10	0.70	3.95	0.76	13.51**
创新创业指导与服务	3.58	0.66	3.69	0.73	3.86	0.76	3.77	0.68	13.54**
学业发展与辅导	3.50	0.61	3.63	0.72	3.92	0.68	3.65	0.71	36.21**

（续表）

	"211"/"985"高校(*n*＝377)		省部共建高校(*n*＝1039)		省属高校(*n*＝644)		民办与职业高校(*n*＝551)		*F*
	M	SD	*M*	SD	*M*	SD	*M*	SD	
身体健康服务	3.70	0.71	3.54	0.88	3.93	0.75	3.74	0.86	30.03**
心理健康服务	3.60	0.62	3.60	0.82	3.90	0.72	3.78	0.73	25.04**
就业指导与服务	3.62	0.64	3.70	0.75	3.95	0.66	3.79	0.71	24.69**
法律服务	3.44	0.68	3.56	0.84	3.86	0.74	3.58	0.82	29.53**
以学生为中心	3.46	0.69	3.59	0.78	3.88	0.73	3.68	0.75	30.89**
高校学生服务总分	3.60	0.55	3.65	0.69	3.93	0.64	3.74	0.66	30.08**

4. 高校学生服务满意度在年级上的差异

为考察高校学生服务满意度是否存在年级差异，以校园生活服务、社团与实践活动服务等9个方面得分以及高校学生服务满意度总分为因变量，进行年级的单因素方差分析，结果发现，在社团与实践活动、创新创业指导与服务、身体健康服务、心理健康服务四个方面的满意度存在显著的年级差异。具体来说，大二学生对社团与实践活动服务的满意度高于大四学生，其他年级两两之间不存在显著差异；大二学生对创新创业指导与服务的满意度高于大一学生，其他年级两两之间不存在显著差异；大一学生对身体健康服务和心理健康服务的满意度均高于大二学生，其他年级两两之间不存在显著差异(表4-8)。

表4-8 高校学生服务满意度在年级上的平均数与标准差

	大一(*n*＝1118)		大二(*n*＝1074)		大三(*n*＝293)		大四(*n*＝112)		*F*
	M	SD	*M*	SD	*M*	SD	*M*	SD	
校园生活服务	3.73	0.65	3.74	0.69	3.78	0.62	3.67	0.77	0.84
社团与实践活动	3.93	0.77	3.99	0.71	3.93	0.73	3.75	0.87	3.73*
创新创业指导与服务	3.70	0.71	3.79	0.70	3.72	0.73	3.60	0.83	3.78*
学业发展与辅导	3.68	0.68	3.70	0.72	3.69	0.71	3.67	0.79	0.23
身体健康服务	3.74	0.79	3.64	0.89	3.75	0.78	3.70	0.88	2.95*
心理健康服务	3.79	0.68	3.63	0.83	3.69	0.74	3.65	0.79	8.52**
就业指导与服务	3.76	0.69	3.78	0.74	3.78	0.68	3.69	0.77	0.57

（续表）

	大一 ($n=1118$)		大二 ($n=1074$)		大三 ($n=293$)		大四 ($n=112$)		F
	M	SD	M	SD	M	SD	M	SD	
法律服务	3.62	0.78	3.62	0.84	3.65	0.73	3.62	0.79	0.15
以学生为中心	3.68	0.72	3.65	0.80	3.65	0.75	3.67	0.85	0.44
高校学生服务总分	3.74	0.63	3.73	0.68	3.74	0.63	3.67	0.75	0.38

5. 高校学生服务满意度在性别上的差异

为考察高校学生服务满意度上是否存在性别差异,以校园生活服务、社团与实践活动、创新创业指导与服务等 9 个方面以及高校学生服务总分为因变量,进行性别差异的 t 检验,结果发现,在社团与实践活动、创新创业指导与服务、法律服务得分上存在性别差异。具体来说,女大学生在社团与实践活动($t=-2.14$, $p<0.05$;男 $M=3.90$ SD=0.78,女 $M=3.96$ SD=0.73);创新创业指导与服务($t=-2.54$, $p<0.05$;男 $M=3.68$ SD=0.77,女 $M=3.76$ SD=0.70)满意度得分高于男生;女大学生在法律服务($t=2.11$, $p<0.05$;男 $M=3.67$ SD=0.80,女 $M=3.60$ SD=0.81)得分上低于男生(表 4-9)。

表 4-9　高校学生服务满意度在性别上的平均数和标准差

	男 ($n=887$)		女 ($n=1729$)		$t(\mathrm{d}f=2614)$
	M	SD	M	SD	
校园生活服务	3.73	0.71	3.74	0.65	-0.28
社团与实践活动	3.90	0.78	3.96	0.73	-2.14^*
创新创业指导与服务	3.68	0.77	3.76	0.70	-2.54^*
学业发展与辅导	3.71	0.72	3.67	0.70	1.06
身体健康服务	3.68	0.87	3.71	0.82	-0.71
心理健康服务	3.69	0.79	3.71	0.75	-0.71
就业指导与服务	3.76	0.73	3.77	0.70	-0.28
法律服务	3.67	0.80	3.60	0.81	2.11^*
以学生为中心	3.65	0.81	3.66	0.74	-0.30
高校学生服务总分	3.72	0.69	3.73	0.65	-0.46

6. 高校学生服务满意度在生源地上的差异

为考察高校学生服务满意度上是否存在生源地差异，以校园生活服务、社团与实践活动、创新创业指导与服务等9个方面为因变量，进行性别差异的 t 检验，结果发现，来自城市的大学生在学业发展与辅导（$t=2.08,p<0.05$；城市 $M=3.72$ SD$=0.71$，农村 $M=3.66$ SD$=0.70$）；身体健康服务（$t=2.24,p<0.05$；城市 $M=3.75$ SD$=0.83$，农村 $M=3.67$ SD$=0.84$）和法律服务（$t=2.11,p<0.05$；城市 $M=3.66$ SD$=0.80$，农村 $M=3.59$ SD$=0.81$）方面的满意度均高于来自农村的大学生。在高校学生服务的其他方面满意度不存在生源地差异（表4-10）。

表 4-10 高校学生服务满意度在生源地上的平均数和标准差

	城市 （$n=1053$）		农村 （$n=1556$）		t（d$f=2614$）
	M	SD	M	SD	
校园生活服务	3.76	0.68	3.72	0.67	1.52
社团与实践活动	3.97	0.74	3.93	0.75	1.40
创新创业指导与服务	3.75	0.71	3.72	0.73	0.75
学业发展与辅导	3.72	0.71	3.66	0.70	2.08*
身体健康服务	3.75	0.83	3.67	0.84	2.24*
心理健康服务	3.72	0.77	3.70	0.76	0.74
就业指导与服务	3.77	0.72	3.76	0.71	0.29
法律服务	3.66	0.80	3.59	0.81	2.11*
以学生为中心	3.69	0.78	3.64	0.75	1.47
高校学生服务总分	3.75	0.66	3.71	0.66	1.60

7. 高校学生服务满意度在是否为独生子女上的差异

为考察高校学生服务满意度上是否存在是否为独生子女的差异，以校园生活服务、社团与实践活动、创新创业指导与服务等9个方面为因变量，进行性别差异的 t 检验，结果发现，独生子女大学生在高校学生服务的九个方面以及高校学生服务总分上的满意度均高于非独生子女大学生（表4-11）。

表 4-11　高校学生服务满意度在是否独生上的平均数和标准差

	独生 ($n=1132$)		非独生 ($n=1474$)		t
	M	SD	M	SD	
校园生活服务	3.81	0.68	3.68	0.66	5.01**
社团与实践活动	4.00	0.74	3.90	0.75	3.61**
创新创业指导与服务	3.80	0.72	3.68	0.72	4.47**
学业发展与辅导	3.78	0.71	3.61	0.70	6.33**
身体健康服务	3.80	0.82	3.62	0.84	5.50**
心理健康服务	3.78	0.77	3.65	0.75	4.19**
就业指导与服务	3.83	0.72	3.72	0.70	3.65**
法律服务	3.73	0.79	3.54	0.81	6.08**
以学生为中心	3.76	0.76	3.59	0.76	5.51**
高校学生服务总分	3.81	0.67	3.66	0.65	5.58**

(三)高校学生服务满意度的影响因素分析——基于高校教师的他评报告

1. 教师对高校学生服务满意度在高校地区上的差异

为考察教师对高校学生服务满意度在不同高校地区上是否存在差异,分别以高校学生服务 9 个方面和总分的满意度为因变量,进行地区的单因素方差分析,结果发现,在教师对高校学生服务满意度的 9 个方面及总分上,均存在地区差异。具体来说,来自中部高校的教师在高校学生服务满意度的 9 个方面及总分上最高,其次是东部高校,最后是西部高校(表 4-12)。

表 4-12　教师对高校学生满意度在高校地区上的平均数与标准差

	东部高校 ($n=226$)		中部高校 ($n=158$)		西部高校 ($n=125$)		F
	M	SD	M	SD	M	SD	
校园生活服务	3.82	0.58	4.17	0.59	3.68	0.50	29.50**
社团与实践活动	4.10	0.64	4.36	0.65	3.94	0.66	15.68**
创新创业指导与服务	3.86	0.66	4.19	0.65	3.62	0.60	28.25**
学业发展与辅导	3.85	0.57	4.14	0.58	3.46	0.53	51.37**

（续表）

	东部高校 (n=226)		中部高校 (n=158)		西部高校 (n=125)		F
	M	SD	M	SD	M	SD	
身体健康服务	3.83	0.69	4.10	0.64	3.74	0.57	12.99**
心理健康服务	3.81	0.65	4.07	0.67	3.51	0.55	26.74**
就业指导与服务	3.90	0.60	4.20	0.60	3.56	0.61	39.60**
法律服务	3.67	0.62	4.04	0.68	3.42	0.58	34.85**
以学生为中心	3.84	0.61	4.25	0.64	3.50	0.62	51.45**
高校学生服务总分	3.85	0.54	4.17	0.57	3.60	0.48	39.87**

2. 教师对高校学生服务满意度在高校类别上的差异

为考察教师在高校学生服务满意度上是否存在高校类别差异，分别以高校学生服务9个方面和总体的满意度为因变量，进行单因素方差分析，结果发现，教师对高校学生服务满意度的9个方面及总体上均存在显著高校类别的差异。进一步分析发现，在校园生活服务、社团与实践活动、创新创业指导与服务、心理健康服务、以学生为中心等方面和高校学生服务总分上，教师的满意度最高的为民办与职业高校以及省部共建高校，其次是省属高校，最后是"211"/"985"高校。在学业发展与辅导、就业指导与服务、法律服务方面，民办与职业高校、省部共建高校、省属高校的教师满意度均高于"211"/"985"高校。在身体健康服务方面，教师满意度最高的为民办与职业高校，其次是省部共建高校和省属高校，最后是"211"/"985"高校（表4-13）。

表 4-13 教师对高校学生服务满意度在高校类别上的平均数和标准差

	"211"/"985"高校(n=91)		省部共建高校 (n=159)		省属高校 (n=172)		民办与职业高校(n=62)		F
	M	SD	M	SD	M	SD	M	SD	
校园生活服务	3.56	0.41	4.03	0.65	3.89	0.60	4.16	0.48	17.69**
社团与实践活动	3.89	0.66	4.22	0.68	4.13	0.68	4.36	0.54	7.35**
创新创业指导与服务	3.51	0.56	4.06	0.73	3.90	0.65	4.16	0.49	17.80**
学业发展与辅导	3.37	0.45	3.99	0.66	3.87	0.58	4.06	0.54	27.04**
身体健康服务	3.68	0.53	3.91	0.73	3.88	0.69	4.18	0.55	7.29**

（续表）

	"211"/"985"高校（$n=91$）		省部共建高校（$n=159$）		省属高校（$n=172$）		民办与职业高校（$n=62$）		F
	M	SD	M	SD	M	SD	M	SD	
心理健康服务	3.41	0.51	3.91	0.75	3.85	0.64	4.11	0.51	17.55**
就业指导与服务	3.43	0.56	4.05	0.68	3.97	0.61	4.18	0.51	25.36**
法律服务	3.36	0.52	3.88	0.73	3.74	0.65	3.90	0.59	14.10**
以学生为中心	3.33	0.53	4.08	0.69	3.90	0.65	4.18	0.52	33.22**
高校学生服务总分	3.50	0.42	4.02	0.64	3.90	0.55	4.14	0.46	22.08**

3. 教师对高校学生服务满意度在工作岗位上的差异

为考察教师对高校学生服务满意度是否存在工作岗位的差异，以校园生活服务等 9 个方面和总分为因变量，进行单因素方差分析，结果发现，在学业发展与辅导方面，高校普通教师满意度高于学生管理人员（$t=-2.26$，$p<0.05$；$M=3.77$，$SD=0.63$；$M=3.90$，$SD=0.60$）。在高校学生服务其他方面和总分上，高校普通教师与学生管理人员满意度之间不存在显著差异（表 4-14）。

表 4-14　不同工作岗位教师对高校学生满意度的平均数与标准差

	学生管理人员（$n=203$）		高校普通教师（$n=274$）		t
	M	SD	M	SD	
校园生活服务	3.90	0.64	3.90	0.57	0.05
社团与实践活动	4.08	0.74	4.18	0.63	−1.60
创新创业指导与服务	3.88	0.70	3.95	0.64	−1.08
学业发展与辅导	3.77	0.63	3.90	0.60	−2.26*
身体健康服务	3.85	0.72	3.92	0.60	−1.15
心理健康服务	3.82	0.70	3.80	0.63	0.23
就业指导与服务	3.90	0.69	3.92	0.62	−0.22
法律服务	3.67	0.72	3.73	0.63	−0.95
以学生为中心	3.83	0.74	3.91	0.65	−1.17
高校学生服务总分	3.86	0.62	3.91	0.54	−1.03

4. 教师对高校学生服务满意度在年龄阶段上的差异

为考察高校教师对学生服务满意度是否存在年龄阶段的差异,以高校学生服务各维度和总分为因变量,进行单因素方差分析,结果发现,不同年龄阶段的高校教师对学生服务的各维度和总服务的满意度之间存在显著差异。具体来说,在校园生活服务方面,26～35岁的高校教师满意度高于18～25岁的教师;在社团与实践活动、学业发展与辅导、身体健康服务、以学生为中心和高校学生服务总分上,25岁以上的三个年龄段的高校教师满意度高于18～25岁的教师;在心理健康服务方面,26～35岁的高校教师满意度高于其他三个年龄段的教师;在就业指导与服务方面,26～35岁与36～45岁的高校教师满意度高于18～25岁的(表4-15)。

表4-15 教师对高校学生服务满意度在年龄阶段上的平均数和标准差

	18～25岁 (n＝35)		26～35岁 (n＝225)		36～45岁 (n＝182)		46～55岁 (n＝76)		F
	M	SD	M	SD	M	SD	M	SD	
校园生活服务	3.67	0.75	3.99	0.60	3.88	0.59	3.85	0.54	3.50*
社团与实践活动	3.82	0.80	4.19	0.68	4.17	0.64	4.11	0.64	3.23*
创新创业指导与服务	3.66	0.82	3.98	0.65	3.90	0.69	3.89	0.62	2.47
学业发展与辅导	3.47	0.72	3.92	0.63	3.86	0.60	3.83	0.60	5.30**
身体健康服务	3.64	0.71	3.95	0.67	3.91	0.63	3.82	0.69	2.62*
心理健康服务	3.60	0.73	3.93	0.66	3.80	0.64	3.69	0.68	4.34**
就业指导与服务	3.62	0.72	3.99	0.65	3.92	0.64	3.83	0.68	3.76*
法律服务	3.45	0.77	3.77	0.69	3.76	0.67	3.70	0.62	2.45＋
以学生为中心	3.55	0.77	3.94	0.73	3.93	0.64	3.85	0.60	3.62*
高校学生服务总分	3.61	0.68	3.96	0.59	3.90	0.55	3.84	0.57	4.09**

5. 教师对高校学生服务满意度在学历水平上的差异

为考察不同学历水平高校教师对学生服务满意度的差异,以高校学生服务各维度和总分为因变量,进行单因素方差分析,结果发现,在创新创业指导与服务上,本科、硕士和博士研究生学历的高校教师满意度均高于专科学历的教师;在心理健康服务方面,硕士研究生学历的教师满意度最高,其次是本科和博士研究生学历的教师,最后是专科学历教师;在就业指导与服务方面,硕士学历的教师满意度高于本科和博士学历教师,专科学历教师满意度最低。

表4-16　不同学历水平的高校教师对学生服务满意度的平均数和标准差

	专科 (n=3)		本科 (n=82)		硕士研究生 (n=272)		博士研究生 (n=169)		F
	M	SD	M	SD	M	SD	M	SD	
校园生活服务	3.48	0.38	3.90	0.61	3.96	0.62	3.85	0.56	1.66
社团与实践活动	3.67	0.33	4.12	0.69	4.17	0.69	4.13	0.64	0.65
创新创业指导与服务	3.00	0.25	3.83	0.66	3.97	0.67	3.89	0.67	2.86 *
学业发展与辅导	3.35	0.28	3.78	0.65	3.89	0.63	3.84	0.62	1.43
身体健康服务	3.11	0.38	3.83	0.72	3.95	0.66	3.86	0.63	2.41
心理健康服务	3.28	0.10	3.75	0.71	3.93	0.68	3.70	0.61	5.66 * *
就业指导与服务	3.29	0.25	3.84	0.68	3.99	0.66	3.84	0.63	3.32 *
法律服务	3.60	0.20	3.62	0.75	3.79	0.71	3.71	0.58	1.51
以学生为中心	3.39	0.25	3.86	0.64	3.94	0.72	3.86	0.67	1.07
高校学生服务总分	3.35	0.16	3.84	0.60	3.95	0.60	3.85	0.55	2.36

6. 教师对高校学生服务满意度在性别、工作年限上的差异

为考察教师对高校学生服务满意度是否存在性别差异,以高校学生服务各维度和总的满意度为因变量,进行性别的 t 检验,结果发现(表4-17),高校教师对学生服务各维度和总的满意度不存在显著性别差异。男女教师对高校学生服务的满意度之间没有差异(满意度总分: $t=0.74$, $p>0.05$;男: $M=3.92$, SD$=0.63$;女: $M=3.88$, SD$=0.54$)。

表4-17　不同性别的高校教师在高校学生服务满意度上的平均数和标准差

	男 (n=235)		女 (n=291)		t
	M	SD	M	SD	
校园生活服务	3.92	0.65	3.90	0.56	0.38
社团与实践活动	4.17	0.71	4.14	0.65	0.52
创新创业指导与服务	3.92	0.73	3.92	0.63	−0.07

（续表）

	男 (*n*=235)		女 (*n*=291)		*t*
	M	SD	*M*	SD	
学业发展与辅导	3.88	0.65	3.84	0.60	0.69
身体健康服务	3.90	0.70	3.89	0.63	0.21
心理健康服务	3.85	0.72	3.81	0.63	0.80
就业指导与服务	3.96	0.69	3.89	0.63	1.27
法律服务	3.77	0.74	3.71	0.62	1.07
以学生为中心	3.93	0.72	3.87	0.66	0.96
高校学生服务总分	3.92	0.63	3.88	0.54	0.74

根据高校教师参加工作的时间，将教师工作时间分为0～3年，4～6年，7～9年，10～19年，20年以上，以考察参加工作时间的不同对高校学生服务满意度的差异，进行方差分析发现，高校教师参加工作时间的不同在高校学生服务满意度上不存在差异[满意度总分：$F(1,475)=1.07$，$p>0.5$；$M\pm SD$依次为3.90±0.62、3.94±0.61、3.81±0.51、3.94±0.56、3.87±0.55]（表4-18）。

表 4-18　不同工作时间的高校教师对学生服务满意度的平均数和标准差

	0～3年 (*n*=135)		4～6年 (*n*=122)		7～9年 (*n*=62)		10～19年 (*n*=134)		20年以上 (*n*=64)		*F*
	M	SD	*M*	SD	*M*	SD	*M*	SD	*M*	SD	
校园生活服务	3.92	0.64	3.95	0.67	3.85	0.53	3.93	0.58	3.84	0.53	0.51
社团与实践活动	4.16	0.70	4.13	0.70	4.05	0.70	4.21	0.64	4.10	0.60	0.72
创新创业指导与服务	3.92	0.74	3.96	0.65	3.81	0.63	3.95	0.67	3.89	0.62	0.64
学业发展与辅导	3.84	0.66	3.89	0.63	3.72	0.61	3.89	0.63	3.88	0.55	0.98
身体健康服务	3.94	0.68	3.90	0.67	3.86	0.57	3.92	0.64	3.82	0.71	0.43
心理健康服务	3.86	0.67	3.90	0.67	3.66	0.62	3.86	0.64	3.73	0.69	1.84
就业指导与服务	3.70	0.68	3.97	0.68	3.82	0.64	3.97	0.62	3.87	0.66	0.80
法律服务	3.69	0.72	3.79	0.70	3.65	0.58	3.76	0.67	3.76	0.64	0.62
以学生为中心	3.89	0.73	3.92	0.77	3.85	0.61	3.94	0.67	3.88	0.57	0.24
高校学生服务总分	3.90	0.62	3.94	0.61	3.81	0.51	3.94	0.56	3.87	0.55	0.68

四、讨论

(一)高校学生服务满意度的总体状况——学生与教师之比较

本书发现大学生与教师对高校学生服务的满意度均较高,大学生满意度平均得分为 3.62～3.94,教师平均得分为 3.74～4.15。在满意度得分中,"1"表示非常不满意,"5"表示非常满意。可见,我国大学生和高校教师对高校学生服务的满意度水平较高,这与已有研究结果一致,即我国大学生满意度整体上处于中等偏上的水平①,大学生对高等教育的总体满意度较高。②

本书发现,高校学生服务各个方面的满意度之间存在差异,这与已有研究结果一致。③ 大学生和教师对高校学生服务满意度最高的均是社团与实践活动,前三位还包括就业指导与服务、校园生活服务、创新创业指导与服务,而满意度最低的都是法律服务。由于研究考察的高校服务内容不尽一致,因此不同研究调查的结果中大学生满意度高的学生服务项目有差别。④ 例如,有研究发现,大学生在学习资源、资助与收费、校园氛围和个人能力发展方面得分较高,而在课程教学、休闲资源、综合管理和咨询指导、后勤服务上得分较低。⑤《全国高等教育满意度调查报告》中大学生最满意的十个方面,贫困生资助、教师职业精神、同学关系等位列前茅。⑥

在学生与教师对学生服务满意度的差异方面,本书发现教师对高校学生服务各方面的满意度均高于大学生。该结果说明教师作为高校学生服务的主要实施者,不仅亲自为部分学生提供了服务活动,而且比学生更深入和更全面地了解学生服务工作,对学校服务满意度会更高,而大学生是高校学生服务的对象,二者的立场不同,从而导致对高校学生服务满意度的差异。这也需要教师在今后的高校学生服务工作中真正做到"以学生为本",能站在学生角度看问

---

① 张倩、岳昌君《高等教育质量评价与学生满意度》,《中国高教研究》2009 年第 11 期,第 40 页。

② 李振祥、文静《高职院校学生满意度及吸引力提升的实证研究》,《教育研究》2012 年第 8 期,第 71 页;汪雅霜《高职院校大学生满意度研究》,《中国高教研究》2012 年第 7 期,第 85 页。

③ 杨晓明、姜灵芝《高等学校大学生满意度测评及实证分析——以中国某高校为例》,《北京科技大学学报(社会科学版)》2010 年第 2 期,第 156 页。

④ 李振祥、杨立军、张小青《我国大学生满意度研究现状》,《大学(研究版)》2016 年第 10 期,第 44 页;文静《高职院校学生满意度及吸引力提升的实证研究》,《教育研究》2012 年第 8 期,第 71 页。

⑤ 杨晓明、姜灵芝《高等学校大学生满意度测评及实证分析——以中国某高校为例》,《北京科技大学学报(社会科学版)》2010 年第 2 期,第 156 页。

⑥ 田慧生、张男星、黄海军、王纾、王春春《全国高等教育满意度调查报告》,《中国教育报》2017 年 5 月17 日(004)。

题,从而促进高校学生服务质量的提升,推动高校学生服务的改革进程。

(二)大学生对高校学生服务满意度的影响因素分析

本书发现,大学生对高校学生服务的满意度受到其年级、性别、生源地、是否为独生子女以及所学专业、高校所在地区和高校类别的影响。已有研究也分析了大学生满意度的某些影响因素①,例如,年级、性别、专业、生源地和学校类别等,跟本书结果既有一致之处,也存在某些不同,原因主要在于出现差异的高校学生服务的具体方面不同。

专业、高校所在地区、高校类别是影响大学生满意度的重要组织或环境变量。从专业差异来看,文科、理科、工科和艺术类专业在高校学生服务的大多数方面的满意度之间均不存在差异,只在身体健康服务和心理健康服务上,文科生的满意度均高于理科生。这说明理科生对身心健康服务的要求更高,也表明他们需要学校提供更多的身心健康方面的指导与服务。从高校所在地区差异来看,来自东部高校的大学生在高校学生服务满意度的九个方面及总分上均高于中部和西部高校。东部地区社会和经济发展水平较高,高校学生服务质量也更高,因此,大学生的满意度更高。从高校类别之间的差异来看,省属高校大学生的高校学生服务满意度最高,其次是民办与职业高校,最后是省部共建高校和"211"/"985"高校。本书中并未发现省部共建高校和"211"/"985"高校有更高的大学生满意度,而一般的省属高校有最高的满意度,民办与职业高校的满意度也比较高。这可能是由于小学层次和水平较高的省部共建高校和"211"/"985"高校中大学生对学校的期望和要求更高,而学校现有的服务水平满足不了其需求。

年级、性别、生源地和是否为独生子女等个体特征因素对大学生满意度也产生重要影响。从年级差异来看,大二学生对社团与实践活动服务的满意度高于大四学生,大二学生对创新创业指导与服务的满意度高于大一学生,而对身体健康服务和心理健康服务的满意度均低于大一学生。大二是大学生活的一个重要转折点,已适应和熟悉大学生活,是参加各种社团活动、实践活动以及创新创业项目的主力军,也得到学校老师更多的指导与服务,因此大二学生对创新创业指导与服务、社团与实践活动的满意度较高;同时,大二学生更加关注学校所提供的身心健康服务,要求更高,因而满意度低。从性别差异来看,女大学

---

① 李振祥、文静《高职院校学生满意度及吸引力提升的实证研究》,《教育研究》2012 年第 8 期,第 71 页;杨晓明、姜灵芝《高等学校大学生满意度测评及实证分析——以中国某高校为例》,《北京科技大学学报(社会科学版)》2010 年第 2 期,第 156 页。

生在社团与实践活动、创新创业指导与服务上的满意度高于男生，这与已有研究相一致[①]，但在法律服务上满意度低于男生。从该结果可以看出，男女大学生对学校提供服务的要求不同，男生对社团与实践活动、创新创业指导与服务方面的要求更高，而女生更多关注学校对自身的保护，对法律服务的要求更高，但男女大学生对高校学生服务的大多数方面的满意度并不存在差异。从生源地差异来看，来自城市的大学生在学业发展与辅导、身体健康服务和法律服务方面的满意度均高于来自农村的大学生。这可能是由于大学生所处的生活环境导致的，农村学生的家庭经济条件和文化环境都不如城市学生，因此，来自农村的大学生对学业发展与辅导、身体健康服务和法律服务有更高的需求，对学校这些方面的期望也更高。从是否为独生子女的差异来看，独生子女大学生在高校学生服务的九个方面以及高校学生服务总分上的满意度均高于非独生子女大学生，说明非独生子女对高校学生服务的要求和期望更高。

（三）教师对高校学生服务满意度的影响因素分析

已有研究较少从教师角度探讨高校学生服务满意度，而本书则从高校教师的视角提供了一些事实资料。从组织和环境影响因素来看，高校所在地区的差异显著，来自中部高校的教师在高校学生服务满意度的九个方面及总分上最高，其次是东部高校，最后是西部高校。这与《全国高等教育满意度调查报告》中的结果一致。[②] 高校类别的差异也较为显著，教师对高校学生服务的满意度最高的是民办与职业高校，最低的是"211"/"985"高校。该结果说明"211"/"985"高校的教师对本校学生服务有更高的要求和期望。从高校教师的个人特征来看，在工作岗位方面，高校普通教师只在学业发展与辅导方面的满意度高于学生管理人员，而在高校学生服务其他方面和总分上，两者之间不存在显著差异。学业发展与辅导主要是通过高校普通教师来开展的，因此其满意度会更高。在年龄差异方面，与其他年龄段相比，18～25 岁的高校教师对高校学生服务的满意度较低。刚入职的年轻教师对高校学生服务工作有更高的期望和要求，因此，满意度最低。在学历水平差异上，在创新创业指导与服务、心理健康服务以及就业指导与服务方面，硕士研究生学历的教师满意度高于本科和博士研究生学历的教师，但在高校学生服务的其他方面不存在差异。当然，本书也发现教师对高校学生服务满意度不存在性别差异和参加工作时间长短的差异。

---

① 李振祥、文静《高职院校学生满意度及吸引力提升的实证研究》，《教育研究》2012 年第 8 期，第 71 页。
② 田慧生、张男星、黄海军、王纾、王春春《全国高等教育满意度调查报告》，《中国教育报》2017 年 5 月 17 日（004）。

按照顾客满意度理论,高校学生服务满意度反映的是大学生或高校教师对高校学生服务的主观感受,也体现了其心理预期与实际感知之间的差异,满意度水平越低说明大学生或教师对高校学生服务的要求和期望越高。本书发现大学生和教师的满意度在组织和环境因素以及多个个体特征变量上存在显著差异,可以为提升高校学生服务质量或满意度提供理论依据。

五、对策与建议

(1)学校应加强对学生社团、课外实践活动、就业指导、校园文体生活和创新创业帮扶等方面的服务工作,重点改善身心健康服务、学业辅导和法律服务,提高这几类服务工作的专业化、规范化水平,特别是要提高从业人员的专业素质和专业能力,同时应注重改进学生意见反馈机制的建立和完善,及时回应学生的意见和建议。

(2)改变高校教师的服务观念,真正树立"以学生为中心,服务于学生"的高校学生服务工作理念,通过制度建议规范教师工作标准,增加师生互动的途径,对学生服务和学生发展性辅导工作的具体标准和工作规范做出明确的制度性要求,发挥专业教师对学生学业和身心发展的引领作用。

(3)加强中西部地区高校的建设,提高不同层次高校的学生服务水平,关注不同专业学生的独特需求。中西部地区高校由于受社会经济发展水平制约,大学生对高校学生服务的满意度较低,在加强高校环境和资源建设的同时,也需要有重点地加强服务设施和服务能力建设,不断提高学生服务水平。

(4)与普通高校和民办高校相比,"211"/"985"高校拥有更多的国家经费投入、更好的校园环境和硬件设施,但是还需要提高其学生服务的满意度水平,从而增强高校的竞争力。文科、理科、工科和艺术类专业的大学生受各自专业的影响,对高校学生服务的要求不尽相同,因此,需要高校提供最适合的学生专业要求的服务。

(5)针对大学生的个体特征开展有针对性的服务工作,做到个性化服务与整体服务相结合。大学生因其年级、性别、生源地、是否为独生子女等的不同对高校学生服务的满意度有差异,因此高校学生服务也需要调整思路,做到整体服务与个别服务相结合,针对不同个体特点的大学生开展个性化服务。

第五章　美国高校学生服务体系

　　美国高校学生服务是可圈可点的。"对于一个美国人来说,大学岁月的重要性是怎么估计也不会过分的。它们是使他文明开化的唯一途径。"①美国世界一流大学在数量、质量上均居世界前列。成就美国大学成为世界一流的原因殊多,其中,建立在美国高校完备的学生服务体系和有效的运行机制基础上的美国高校学生服务工作是不可忽视的重要因素。经过数十年的发展,美国高校学生服务体系形成了与众不同的特点:"如果说英国传统大学以文化为中心,视学术为学生自我发展的手段,培养贵族,德国大学的生命在于学术,把发展学术自身看作目的,培养学者,那么,现代美国大学则把重点转向服务,把学术看作从事服务的工具,培养为国家服务的美国公民。"②美国高校学生服务的理论与经验一直都是世界各国高校学习借鉴的榜样。目前学界对美国高校学生服务方面的研究成果日见增多,但以学生事务和学生管理的角度加以考察的居多,而从学生服务的视角加以专门分析者还不多见。通过对美国高校学生服务体系发展历程及现行高校学生服务体系特点和内容的分析,可以为我国高校学生服务体系构建和完善提供有益借鉴和启示。

第一节　美国高校学生服务体系的发展历程

　　现实在历史中孕育,体系在发展中完善。美国高校学生服务体系有其独特的发展历程。综合相关研究成果,概而言之,美国高校学生事务先后经历了"替代父母制""学生人事""学生服务""学生发展"等阶段,成为美国高等教育治理体系的有机组成部分。

---

① 〔美〕艾伦·布鲁姆《走向封闭的美国精神》,缪青等译,中国社会科学出版社 1994 年版,第 357 页。
② 王英杰《美国高等教育的发展与改革》,人民教育出版社 1993 年版,第 14 页。

一、孕育期(殖民时期至 19 世纪中叶):"替代父母制"阶段

"替代父母制"的英文是 in loco parentis。"替代父母制,即校方替代学生的父母行使职责,主要由教师、校长、董事三方共同对学生在校的学习、生活及成长加以管教和约束,并通过肉体、精神以及经济的手段惩罚违纪的学生。"[①]在"替代父母制"阶段,规则、规范盛行,教师处于权威地位,学生的自主意识和独立性受到严重压制,教学与管理并未分化,效率十分低下。具体从历史的角度视之,美国高等教育培养出大量杰出人才,与其重视学生服务关系密切。发展至今,美国高校已形成了体系较为完备的学生服务体系,当然,这种体系不是一蹴而就的。在这一时期,美国学生服务主要通过对学生事务管理来实现。如果从创建于 1636 年的哈佛学院算起,美国高等教育的历史进程已超过 300 年。从这个意义上说,美国高校学生服务体系构建与演变的历史也超过 300 年了。殖民地时期的美国高校脱胎于英国高校,其学生管理事务也打上了英国高校学生事务管理的烙印,大学由教师、校长、董事代行家长的职责,负责管教、约束学生。如果学生发生违纪行为,则要对其加以惩罚。如同家长对孩子的照顾是全方位的,这一时期,学生事务与学术事务浑然一体,并未专门分化独立出来。作为教师,只要与学生有关的工作,都要承担,不仅要在生活上指导学生,而且肩负着授课任务,还包括对学生进行日常管理。教师不仅任务重,而且对其要求全面,主要原因实出于当时高等院校的经济拮据。很难想象,17 世纪的哈佛竟然只有一位教师,同时这位教师也担任哈佛校长。作为美洲第一所高等学府,哈佛学院创校的主要目的在于培养清教牧师,学生事务管理自然带有浓厚的宗教气息,教师在宗教条规下对学生加以管理。值得注意的是,在唯智主义思潮的影响下,这一时期的美国高等教育唯智力开发是举,在实际上难以脱离时代的局限性与片面性。在殖民时代的美国,宗教是高等教育的灵魂,纪律是实现高等教育目的的手段。"这并不是说在学校规章制度与学生的行为表现之间的关系是容易处理的,或是不经历一番斗争就得以维持的。那时候的年轻人同现在的年轻人一样,总试图向容忍的极限挑战。从整个殖民时期,一直持续到南北战争以后,由于各种压制性校规所引起的学生动乱时有发生。"[②]大学宛如修道院的翻版,学生要听从、服从、顺从,个性得不到表达,也无法言及自由。可想

---

① 高璐敏《美国高校学生事务管理模式及其启示》,《世界教育信息》2015 年第 13 期,第 19 页。
② 吕达、周满生《当代外国教育改革著名文献(美国卷·第一册)》,人民教育出版社 2004 年版,第 175 页。

而知,师生关系形同水火。这就不难理解,学生不出事成为学生事务管理的首选,这又往往会导致教学效能低下。这一阶段,学校的主要任务是把学生培养成有智慧、讲道德、会公共生活的人。

二、确立期(19世纪中叶至第二次世界大战前):"学生人事"阶段

"学生人事"指"学生人事工作",其对应的英文是 student personnel work。德国大学的影响加速了美国高校学生事务专职化的进程,美国国会1862年《莫里尔法案》的颁行与应用心理学的诞生使美国高校人事工作骤然勃兴。在1810年创立于德国的柏林洪堡大学"教学和科研合一"办学理念的影响下,世界步入了以学术竞胜的大学发展时期。一方面,作为学习德国高等教育的美国,学术之风劲吹,教师的工作重心逐渐聚焦于教学和科研,教学和科研之外的一应事务则分身乏术了;另一方面,对于长期处于管控状态下的学生来说,他们不再安分,时常惹是生非,成为学校难以管理的"刺头"。与此同时,前一阶段的唯智主义思潮也受到冲击,课堂无法满足学生的多种需求,于是课外活动获得学生普遍的青睐。哈佛大学率先顺势而为,于1870年设立美国首个专职负责学生事务的主任,于1890年专设负责学生事务的院长,为学生提供咨询服务,在美国开启了在高校中专门设立学生事务管理机构的先河,此后其他高校纷纷效仿。"自1918年以后,美国高等学校的学生咨询服务工作开始获得了全国性的承认和一种专门行业的地位,已经成了美国高等教育制度中的一个带有鲜明特色的部分。"①这一时期,突破了前一阶段仅仅从智力上发展学生的片面性,学生作为一个整体的观点日渐深入人心。这在1937年由美国教育委员会(American Council on Education)公布的《学生人事工作宣言》(*The Student Personnel Point of View*)得到确认。《学生人事工作宣言》以"完整的人"的造就为学生事务管理的主要目的,学生事务与学术事务开始分离。1949年该教育委员会又发表了同名文章《学生人事工作宣言》,足见其对学生人事工作的重视程度。这一时期,尽管美国高校学生事务得以确立,高校也忙于关注学生事务,但学生学术事务并不尽如人意。

三、发展期(第二次世界大战至20世纪60年代):"学生服务"阶段

"学生服务"对应的英文名为 student services。第二次世界大战使美国高校生源剧增,退伍军人大量涌入高校更是给学生事务管理提出了巨大挑战。于

---

① 陈学飞《美国高等教育发展史》,四川大学出版社1989年版,第109页。

是,美国国会于 1944 年通过《退伍军人调整法案》,使美国高等教育以及美国高等院校学生服务管理发生了巨变。尤其是在 20 世纪 50 年代后期至 20 世纪 70 年代这一时段,退伍军人如潮水般涌入高等教育机构,导致美国高等院校学生规模急遽膨胀,这标志着美国高等院校走向社会的中心。这种变化促使美国高等院校学生服务工作在理念上发生颠覆性转变。在美国,"高等学校学生数的增加给高校学生事务管理带来了巨大挑战,尤其是对于那些家庭第一代大学生以及少数族裔大学生,学生事务管理者应该更加关注他们,在专业选择、课程计划、未来职业定向、时间安排以及学业成功等方面,为他们提供特别的帮助和服务。学生事务管理者的职责之一就是要为学生提供一个既强调责任又能充分享受自由的成长环境"[①]。与之前的学生相比,这些学生中的大部分属于大龄学生,多有家庭,多面临实际生活问题,而且自主性强,对约束比较反感,他们进入高校的目的非常明确,即通过就业而谋生。这与之前以学术为业有很大的不同。上述高等教育现实,在观念上使美国高校学生事务获得强化,对学生的工作也需要考虑得更为周全。"这种从注重学术的价值到注重学生消费者的转变是美国高等教育史上两次最重大的方向上的转变之一。"[②]时至 20 世纪 60 年代,经济萎靡、文凭贬值、生源减少等问题使美国高校不得不对学生的地位进行重视审视,于是逐渐形成学生至上的观念,对学生的服务也变得更为全面,学生服务的内容变得更为丰富,遍涉学生的生活、心理、职业等方面。这一阶段,出现了"学生消费者第一"(student consumerism)观念。"所谓'学生消费者第一',是以把学生与学校的关系作为买者与卖者为前提的,是一种注重和保障学生对学校权益(如获得知识权、对学校与专业的选择权、提出诉讼权、安全保障权等)的'市场管理哲学'。"[③]因此,"学生服务"(student service)逐渐凸显。

四、成熟期(20 世纪 60 年至 20 世纪 90 年代):"学生发展"阶段

"学生发展"对应的英文为 student development。20 世纪 60 年代以后,美国高校学生事务逐步走向成熟,不仅体现在理论研究上,而且体现在实践探索上。"20 世纪 60 年代和 70 年代学生抗议运动引起的社会混乱不但让学生拒绝接受大学扮演的代替父母之角色,而且还使他们对大学的很多传统价值观持排

---

① 〔美〕格温·丹吉《学生事务管理在国家建设中的作用》,杨晓波译,《国家教育行政学院学报》2005 年第 10 期,第 47 页。
② 陈学飞《应确立为大学生未来发展服务的价值目标》,《中国高等教育》2001 年第 22 期,第 24 页。
③ 陈学飞《美国高等教育发展史》,四川大学出版社 1989 年版,第 78 页。

斥态度,因为这些价值观也被认为是压迫人的当权派之议事日程中的一部分。"①这一时期,关于学生事务的研究成果日渐增多,其中不乏具有重要实践影响的研究成果。如《明日高等教育中的学生发展:回归学术》(*Student Development in Tomorrow's Higher Education:A Return to Academy*),使学生事务管理在思想认识上由关注学生服务转向关注学生发展。"1988 年,学生服务和发展项目标准促进会(Council for the Advancement of Standards for Student Services,CAS)制定了学生事务管理专业化的 13 项标准,目的是向学生事务管理人员提供相关的道德标准,使其在日常的专业实践中规范自己的行为。20 世纪 90 年代初,学生事务管理已然形成完整的组织机构和运行机制,并成为一门独立学科。"②20 世纪 90 年代之后,美国高校学生事务已显示出鲜明的职业化、专业化特点。1994 年,《学生学习的必要性:学生事务的启示》(*Student Learning Imperative:Implication for Student Affairs*,SLI)发布。2004 年由美国学生事务管理学会(National Association of Student Personnel Administrators) 和美国大学人事管理学会 (American College Personnel Association)共同发布的文件——《学习再思:全校聚焦大学生体验》(*Learning Reconsidered:A Campus-wide Focus on the Student Experience*),指出学生作为个体的独特性,学生学习发展在认知、思考、实践等方面的统一性,学生事务的全员参与性以及环境的支持性等观点,成为这一时期美国高校学生事务管理的新的理论支撑,体现出强烈的"以学生学习为本"和"以教学为中心"的理念。《学习再思:全校聚焦大学生体验》还认为新型研究型学习正在出现,需要在学习结果上具有一致认可度,需要有评价标准对教学和课外活动进行评价,以及改变教学方式。

　　在变动不居的时代,高等教育的灵魂在于坚持教育的功能,坚持教育的理想以及追求人性之美。美国高等院校学生服务的主旨在于通过学生的综合素质的发展,以促进学生的全面发展。全人发展与学术目标是美国高等教育的追求,也是美国高等院校的追求。作为持久而独特的概念,"全人发展以及学生事务工作的角色即支持学术的学术目标。对这些原则的执着在未来的行业发展中依然被寄予发挥主导作用的厚望。但是正如高等教育在加速改变,使得学生事务工作在 19 世纪末期快速发展一样,21 世纪带来的变化也影响学生事务工

---

① 〔美〕杜德斯塔特《舵手的视界:在变革时代领导美国大学》,郑旭东译,教育科学出版社 2010 年版,第
　221~222 页。
② 高璐敏《美国高校学生事务管理模式及其启示》,《世界教育信息》2015 年第 13 期,第 20 页。

作的未来发展进程,不论是在美国,还是在全世界。"①1937 年发表的著名报告《对学生特征的看法》中提出:"教育机构的指导思想是教育机构有责任考虑学生作为一个完整的人——他的智力能力和成就、他的感情组成、他的身体状况、他的社会关系、他的职业态度和技能、他的道德和宗教价值观念、他的经济能力、他的美学欣赏。简而言之,应当强调学生作为一个人去发展而不仅仅是对他进行智力训练。"②这一思想为美国高校学生服务体系的下一步改革与发展定下了主基调,并在很大程度上为美国大学学生事务管理部门确立以服务学生为宗旨,把学生事务与学校育人有机结合的基本工作理念奠定了基础:"美国大学学生事务管理部门认为学生不仅是接受知识的受体,而且更是一个有个性差异、有不同选择与需求的个体。学生交费上学,是在消费教育的资源,'产出时'必须是一个既有知识,又有技能,会沟通、能工作、有责任、懂奉献的'全人'。这一理念深入人心,所以学生事务工作不仅很受重视,而且成立了多个专门负责学生事务的部门,有宽裕的经费,专业化的队伍和先进完善的硬件设施,使以学生为中心、培养全人的理念贯穿学生读书的全过程,能够落地生根生长。"③

第二节　美国高校学生服务体系的基本内容

概要地讲,美国高校学生服务的主要目标在于通过高等教育教与学的整合,借助学术指导,把学生培养成为具有批判思维,具有教养,能正确审视自身,善于服务社会的人。美国在学生事务管理方面居于领导地位的专业组织NASPA(National Association of Student Personnel Administrators),将学生事务管理的主要目标概括归纳为十个方面:第一,协助学生学业学习;第二,在学生与学校间发挥调节功能;第三,促进学生全面发展;第四,创造多元文化环境;第五,帮助学生解决困难;第六,培养学生的各种能力;第七,培养学生自治与自律;第八,提供公平、安全的校园环境;第九,促进学生社会性发展;第十,培养学生的公民能力。④ 美国高校学生服务的实施主体主要包括大学教师、专职人员

---

① 〔美〕苏姗•R•考米斯等《学生服务:高校学生事务工作手册》,本书译委会译,中国青年出版社 2007 年版,第 66 页。

② 王卫放《美国高校的学生工作》,《中国青年研究》2004 年第 5 期,第 151 页。

③ 胡金朝《美国大学服务育人的主要做法及启示》,《思想政治教育研究》2016 年第 2 期,第 138 页。

④ 宋广军《美国高校学生事务管理的经验及启示》,《学校党建与思想教育》2018 年第 5 期,第 93～94 页。

和同辈学生。美国大学教师重在提供学习内容、学习方法、学习评价等方面的指导服务。大学教师不仅肩负教学和科研任务，同时也承担学生指导工作。学校、学院通常不会给教师在学生指导工作上以奖励，加之教师分身乏术，在时间上与学生密切交流并无保障。专职指导者是美国大学学术指导的主体。专职人员由校方从校外聘请，专司学生学术指导工作，以弥补教师学术指导者的不足。专业学术指导者具有咨询经验，但往往不太了解学校实际情况，需要一定时间培训。同辈学生经过相关专业培训后，也可向学生提供学术指导服务。同辈学生指导者能感同身受地理解学生面临的问题，成效更为显著，但对学术问题的把握尚欠火候，需要通过培训来弥补其不足。

一、美国高校学生服务体系的基本构成

（一）美国高校学生服务的主要模式

高校学生事务管理（服务）模式可以根据学生服务的实施主体和服务范围大致分为内部、外部和混合三种模式：内部模式即大学自身为学生提供各种服务，每个大学基本上都会组成由自己的学生进行的服务机构和运作机制，美国高校几乎都采用这种模式；外部模式是由政府或某种非政府组织承担某个地区所有高校的学生服务事务，高校尽可能将涉及学生服务方面的事务交由这些跨学校，甚至跨地区的学生服务机构承担。这种源自欧洲的学生事务管理服务模式目前仍然在法国、德国等国家实行（英国实行的是内部模式）；混合模式则是介于上述两种模式之间的一种折中形式，即与学校教育活动关联密切的学生事务由学校承担，如招生、学籍管理等，而涉及生活保障方面的学生事务则由校外的专门学生服务机构承担，如住宿、餐饮服务等。一些亚洲国家的大学采用这种混合模式，如日本等。①

（二）美国高校学生服务组织架构

美国高校内部学生服务组织架构并无统一模式，各大学在机构设置、人员配备、权力分配、管理形式等方面存在许多差异。但是，这些差异并不妨碍我们从众多高校的学生管理组织架构中归纳出一些共同的特点。

1. 美国高校学生服务组织的基本架构

所有美国的高校都设有学生事务专门管理机构，如学生事务办公室，类似于我国高校里的学生处。管理人员在构成上通常是由一名学生事务副校长全

---

① 方巍、耿依娜《学生事务管理组织模式比较研究》，《教育发展研究》2008年第10期，第74页。

面负责学生事务,其下分管若干名学生事务副校长助理,这几位校长助理分别分管三大部门并兼任这三个部门的负责人:招生与注册处、咨询服务处以及学生后勤服务处。实际上,美国高校学生事务管理的内部组织结构形态各异,图3-1所描述的不是某一具体高校的学生服务组织架构,而是综合英、美国高校学生服务组织架构的主要构成要素描述的示意图。这种概括虽然具有一定的代表性,但是不能涵盖所有高校的情况,各校通常还设立一些具有自身管理特点的机构,如少数民族学生事务管理、学生宗教事务管理、学生家庭关系与社会关系协调管理机构、学生社团管理、艺术活动管理等。但是学生心理服务部分的组织架构是基本相同的,一般均由心理咨询、健康咨询和服务、职业指导和残障学生服务等组织构成,见图3-1中的虚线部分。美国高校学生事务工作可以大致分为四大类:入学服务、学生支持服务、学生生活服务和辅助性服务。入学服务包括招生、注册、学费、学籍档案、奖学金、助学金、助学贷款等事务的服务和管理。入学服务隶属一个专门机构并由一位助理校长负责。学生支持服务包括心理咨询、健康咨询与服务、职业指导、法律咨询、残障学生服务和国际学生与少数民族学生服务等。学生支持服务工作隶属一个专门机构并由一位助理校长负责。学生生活服务包括学生活动、学生社团、文体设施管理(礼堂、体育场馆等)。辅助性服务包括学生公寓、餐饮中心、书店、印刷所等机构的管理和服务。学生生活服务和辅助性服务通常共同隶属一个机构并由一位助理校长负责。

2. 美国高校学生事务管理经费管理模式

按照美国高校内部管理的准则,学生服务性服务,如住宿、健康服务、饮食服务和书店等的经费不能从学费收入中列支,而只能从这些辅助性服务机构内部的基金中列支。相应地,辅助性机构内部的经费结余或额外收入也只能用于服务范围内部的项目支出,而不能用于其他活动。这些辅助性服务机构的负责人必须直接向学生事务处负责人(如处长或校长助理)报告工作,由于学生事务中的其他活动可能存在可以使用学费等其他形式的财政收入经费的情况,这时,学生事务负责人就必须同时管理来源不同的两种经费,在管理形式和实际工作中必须量入为出,保持经费收支平衡。①

二、美国高校学生服务体系的基本特点

美国高校学生服务体系改革的基本特点可以概括为四点,即以学为重、服

---

① 蔡国春《美国高校学生事务管理模式与组织结构探析》,《煤炭高等教育》2002年第1期,第34页。

务为上、依法而行、数据驱动。

（一）以学为重

高等教育的中心任务在于促进学生学习。美国高校学生服务体系经过不断发展，至今已形成了以学生为重心的发展理念。在昔日的历史上，美国高校学生事务的侧重点并不十分明确，随着对高等教育本质认识的不断明晰，对学生事务的定位渐趋科学合理。美国高校对学生的服务深谙学生事务之根本，在内容上十分丰富，在运作上相当规范，在管理上又非常科学。美国高校学生学习服务既可以面向学生个体，也可以面向学生团体，无不追求服务的教育性目的。通过帮助学生应对学习中遇到的各种问题，使他们尽快融入自身所处的环境并学有所成。"因为是给学生提供服务，以学生为中心、学生成功至上、学生事务无小事等理念就体现得淋漓尽致。比如针对新入校的第一代大学生（指家庭中第一个读大学的学生）或移民学生，约翰逊·霍普金斯大学为他们提供一对一的课业辅导。"[①]再如麻省大学波士顿分校（University of Massachusetts Boston）学生事务的工作理念就为："以学生为中心（Student-centered）。"[②]

随着学习理论与咨询心理学为高校所接受，美国高校学生事务重心也发生了转向，即由重视学生发展转向重视学生学习。这种由学生发展向学生学习的转向，更为贴近高校学生，更为贴近高等教育的本质。事实上，尽管重心发生转向，美国高校力图将学生发展和学生学习合而为一，这要求学生事务工作者应当成为促进学生发展和学生学习的教育者。高等教育的重心在学生学习上，而不在别处。这要求高校的学生事务工作应把更多的时间、精力、财力等资源投入到对学生具有教育意义的学习活动上去。在学生学习为重理念的指导下，围绕学生学习展开学习事务活动成为工作重点，学校教育教学过程中必须高度重视学术活动与学生事务之间的融合。如在美国高校普遍设有为学生提供学术指导的顾问教师，已经从单纯为学生完成学术任务提供服务转向同时为学生学术成长与学生身心全面发展提供咨询和指导服务。再如，不论是从理论研究层面，还是从实践探索层面，重视学生学习成果评估（student learning outcomes assessment）已成为美国高等教育评估发展的新趋势。

（二）服务为上

服务于学习是大学的重要责任，在实用主义文化盛行的美国更是如此。沿

① 胡金朝《美国大学服务育人的主要做法及启示》，《思想政治教育研究》2016年第2期，第139期。
② 李欣、张国锦《美国高校"以学生为中心"的国际学生事务工作特色及对我国高校国际化的启示——以麻省大学波士顿分校为例》，《教育现代化》2018年第18期，第144页。

着历史的轨迹看,世界高等教育中心的转移与世界科学活动的中心转移存在着高度的相关性。当一国成为世界科学活动的中心时,该国往往成为世界高等教育中心。近现代科学活动中心,先是发轫于意大利,再至英国,又至法国,然后到德国,最后在美国扎下根来,世界高等教育中心也随之移至美国,至今仍岿然不动。这种转移的实质可以看作"人"的中心的转移。换言之,人的发展在这种转移中越来越全面,体现在高等教育领域就是除高等教育的教学职能、科研职能外,在美国又出现了新的职能,即社会服务职能,而社会服务又离不开人的全面发展。这实源于社会的需求是多种多样,十分广泛的。

美国高校普遍视学生为发展中的人以及独特的人,在教育过程中是责权利相统一的行为主体。美国高校学生事务在全面性、优质化的教育服务上下足了功夫,以满足学生的发展需要和学习需要。美国高校学生服务组织体系奉行服务为上的原则,产生了良好效果。美国高校普遍认为,学生事务工作实质上是育人服务。在美国,服务意识深入人心。事实上,仅仅通过美国高校来进行的学生事务工作并不能完全满足学生学习与学生发展的需求,美国高校学生社团也在美国学生事务服务中发挥了非常重要的作用。事实上,学生普遍更为乐于接受同辈的服务。为了使学生社团不流于形式,美国高校校方多通过校长授权学团工作负责人,并为他们提供经费、场地、安保、咨询等方面的支持。通过上述活动,尽可能拓展了美国高校课堂教学,亦可使学生尽快融入社会。

(三)依法而行

美国虽然只有 300 多年的历史,却形成了依法而行的制度文化,这在高校学生事务管理中体现得十分显明,也成为美国高校学生服务体系改革的基本原则之一。与美国高等教育法制化进程相适应,美国高校学生事务的相关制度日渐完善,逐步构建起具有美国特色的制度文化。依法而行的理念已深入到美国高校学生管理的方方面面。美国高校会按照联邦政府相关法律法规、州政府的相关法律法规,结合本校发展的实际情况,对学生事务进行建章立制,循此规范学生行为,提高学生服务上的管理成效。

通过制度建设,美国高校学生事务管理有了切实的制度保障。美国高校学生事务管理形成了由教育基本法、学生工作专门法、学生事务管理规章制度为基本框架的法规制度体系。为了使高校学生事务管理相关法规落到实处,强制性成为其主要特色,在程序上、步骤上、要求上均做出详细的规定,不仅便于执行,又有时限上的规定。为了防止权利的滥用,美国高校普遍建立学生申诉制度,且执行十分严格。通过这项举措,高校事务管理者与高校学生双方受到相互约束。换言之,管理者依法管理学生事务时,也会受到相关法规约束和学生的监督,通过在学生事务管理机构设立法律咨询机构,来为学生提供相关服务,使学生的权益得到保障。事实上,美国高校师生无不具有强烈的法制意识,这也为学生事务管理取得更大成效提供了法治保障。美国大学也会定期或不定期召开高校学生事务工作会议,通过研讨、交流、对话等形式,推动学生事务工作的开展。

随着美国高校学生事务实践的不断推进,美国高校现已形成相当完备的规章制度。在宏观层面包括《美国高等学校学生事务管理人员行为规范》《美国高等学校学生事务管理人员伦理标准》《学生服务手册》《学生事务应用手册》等。在微观层面上,美国各高等院校也制订了有适合自身院校特色的比较完整的学生服务管理体系。

(四)数据驱动

当今社会已进入了基于大数据的信息文明时代。大数据影响到人类社会生活的方方面面,教育领域也受到大数据运用的深刻影响。随着信息技术的深入发展,大数据在全球范围内获得广泛运用。美国政府于 2012 年启动大数据研发计划,标志着在美国大数据的运用上升到国家战略的高度。2012 年 12 月,美国教育部发布《通过教育数据挖掘和学习分析促进教与学》(*Enhancing Teaching and Learning through Educational Data Mining and Learning Analytics*),标志着美国高等教育进入了通过商业智能技术以促进学生发展的阶段。作为美国高等教育管理的重要组成部分,学生服务管理也基于大数据运用进行了大量的实践。以下是三则成功的典型案例。

(1)通过构建典型的组织结构来解决学生高流失率问题。2013 年,印第安纳大学东南分校(Indiana University Southeast)为解决学生高流失率问题,采取了由校领导自上而下来推动的组织结构,即在负责学生事务和注册管理的副校长的领导下,利用学生数据进行管理和做出决策。学校协调各部门成立了"促进学生成功行动小组"(Student Success Action Team),在信息技术部门和院校研究部门通过全面、实质性的数据分析了解学生辍学的原因后,学生事务部门和教学事务部门依据数据分析结果有针对性地帮助这些学生继续留在学校。在数据分析的基础之上,学校还实施了"第一学年学生适应和保留项目"(The First Year Retention and Student Transition),对一年级学生中学业表现不佳者提供有针对性的学习支持服务,通过实施早期干预来提高学生保留率。该项目将学校的战略目标、部门合作以及对学生周期性的实时评估分析相结合,建立了一个早期识别和跟踪高危学生的系统,由学生事务部门和教学事务部门直接帮助学生,有效降低了学生的流失率,由 2012—2013 学年的 10.5％降至 2015—2016 学年的 8.96％,同时为学校增加了 150 万美元的收入。这一成功来自于高级领导层运用典型组织结构推动实现学生事务预测分析管理的作用。

(2)建立良好的跨部门合作机制协同育人。奥尔巴尼大学(The University of Albany)开展的预测分析实践是当今美国高校学生事务预测分析管理的缩影。2016 年秋季,该校通过结合数据分析、部门协同和工作流程技术实施"学生成功的合作项目"(Student Success Collaborative),借此预测学生能否顺利毕业。项目由担负院校研究职责的教务长办公室直接领导,团队成员由多个部门组成,成员之间密切合作,与可能不成功的学生直接接触,共同确定其需要。作为合作团队成员,学生事务部下设的学生学习和评估办公室在每个秋季学期开展为期六周的调查活动,收集学生的行为数据,以作为预测分析的重要参考。调查对象包括大一新生和转学生,调查内容主要包括学生在校最初六周的经历,特别是学习的反思、健康情况、参与校园活动的情况以及是否有辍学的想法等。在分析数据时,为进一步确定学生辍学的原因,教务长办公室与学生事务部门共同确定需要重点跟踪的数据指标,例如学生的美国学术能力评估测验(SAT)成绩、高中时的平均绩点(GPA)等。根据预测结果,学生事务部门与教学事务部门共同对需要关注的学生进行有针对性的个性化帮扶。建立良好的跨部门合作协同机制是该校"学生成功的合作项目"成功的关键要素。

(3)实施早期预警项目以提高学生学业成绩。印第安纳艾维社区技术学院(Ivy Tech)是全美认可度最高的社区学院,2013 年,该校组建了数据研究团队来研究如何通过数据对学生进行有效的监测并预测学生的成功。团队成员从数十个系统中收集数据,进行数据挖掘,在学期结束前两周确定成绩可能会判定为 D 至 F 级的学生名单,预测精确度达 89％,甚至能够识别学生某一门课程不达标的特定原因。2016 年秋季学期,该校启动了学生早期预警项目,根据数据预测分析结果,由数据研究团队成员主动联系需要援助的学生,共对 16247 名被认为可能不成功的学生进行了 23543 次干预。之后,团队成员继续通过数据来跟踪和记录同学生对话中出现的关键信息,进一步扩展和改进干预过程,对其中风险程度高的 5092 名学生通过电话进行干预,对其他学生则通过电子邮件和书信联系来跟踪,并为学生提供额外的援助需要,从而帮助他们继续完成学业。最终,该校 2016 年秋季学期学业成绩评为 D 至 F 级的学生数下降了近 3.3%。该案例通过实施有效的早期预警项目,密集、持续性地进行干预,在大规模提升学生学业成绩方面取得了显著效果。①

第三节　美国高校学生服务的主要内容

美国高校学生服务的内容随着时间的演进而不断发展变化,其主要内容包括入学指导、学业指导、心理服务及就业与生涯指导等。

一、入学指导

为了使新生尽快适应大学生活,在美国高等院校普遍进行有针对性的入学指导。入学指导一般指新生入学指导。"入学指导的意思是'入校新生安置',包括注册、接待、校园介绍、入学教育等一系列内容,是帮助学生从中等教育过渡到中等后教育的政策和步骤。所有的入学政策都旨在为学生提供某种有益的学习经验。校方决定入学的政策和资格,确定学校教育哲学的基本理念,并由招生部门具体执行。"②新生入学指导不仅是一种学术指导的内容,也是一种学术指导的形式。新生入学指导面向刚跨入大学校门的大一新生,提供涉及校史、学校传统、校园生活、学习生活、课程要求、社区活动等方面的指导,帮助学生形成学习兴趣,以使大一新生尽快融入大学生活,旨在为其后续的高等教育奠定良好基础。"比如在新生入学时为了让新生全面了解学校、更快融入和适应大学生活,加州州立理工大学波莫纳分校要为大一新生和转校生分别提供三天两夜和一天半的培训,内容包括学校基本情况介绍、学校与学生相关的资源介绍、教给学生如何管理时间、如何选课等。而且,许多学生活动的设计,是允许并且邀请学生家长一起参与的,加上他们服务社区的理念与实践,整个美国高校在运行中学校、学生、家长、社会是融为一体的,育人成了共同责任,服务社区奉献社会成了共同的价值追求。"③

二、学业指导

学业指导包括课程指导、学习方法指导、学习资源利用指导等。"学校要给

①　江艳、储祖旺《基于数据驱动的美国高校学生事务预测分析管理》,《高等教育研究》2017 年第 12 期,第 92~93 页。
②　马超《美国大学学生事务研究》,知识产权出版社 2009 年版,第 145~146 页。
③　胡金朝《美国大学服务育人的主要做法及启示》,《思想政治教育研究》2016 年第 2 期,第 139 页。

予学生学习上选择的自由,提供给学生在所擅长的学科上施展才华的机会,使学生的学习从被动转化为自主的行为,将学生从对教师的依赖和从属关系中解放出来,学生变成学习的主体。"①课程在学习过程中居于重要地位,美国高等教育形成了重视课程指导的传统。在普遍实行选修制和学分制的美国高等院校中,课程门类繁多,往往令学生眼花缭乱,以至于学生选到适合自己的课程实非易事。加上学生选课又有自己较强的倾向性,往往选择自己喜欢的课程,易获得学分的课也常在学生的考虑之列。但是囿于自身的阅历和经验,学生对自身发展的前瞻性往往不足,常常只顾眼前的选课而不利于他们后继的发展。为缓解上述弊端,指导学生合理选择适合自身的课程成为美国高校的普遍选择。

学法指导是以帮助学生学习掌握学习方法为目的的指导。学法指导已成为美国高校学生学业指导的重要内容之一。美国大部分高校都设有学习指导中心,中心配备大量专职人员为学生提供学法指导,受到学生的普遍欢迎。在大学中,学生时常只有在上课时才能与授课教师见到面,课下基本见不到教师,学生与教师面对面的交流、咨询常常得不到保障,往往令学生苦不堪言。学术指导人员的跟进则从很大程度上弥补了上述不足,只要学生有学术愿意,他们都可以找到学术指导人员,在学习中存在的困惑、学习方法上遇到的难题等方面,获得相关帮助与指导。

资源利用指导是以帮助学生更好利用各种教育资源为目的的指导。第二次世界大战后,美国高等教育开始真正地普及,最初靠《军人权利法案》提供的奖学金(主要面向男士),然后靠 1958 年的《国防教育法》、1965 年的《高等教育法案》和 1972 年的《高等教育法案修订案》提供的贷款和奖学金,来实现高等教育的普及。因此,至 1980 年,在大约 3000 所高等教育机构中学习的各类学生总数达到 12097000。② 美国高校十分重视指导学生有效利用各种教育资源,注重培养学生充分利用学校各种资源的意识与能力。现代大学虽然汇聚了丰富的教育资源,但是如果学生对这些资源不了解,不会充分使用,不能根据自身学习发展需要充分利用,那么这些资源就会被闲置,就无法发挥出教育的功效,不仅造成资源浪费,而且会延误学生的健康成长。事实上,并不是每一位学生都能对学校的资源了如指掌,善加利用。为做到物尽其用,美国高校专门设置学术指导教师,为学生在学校资源合理充分运用上提供指导。学术指导人员主要

---

① 〔美〕理查德·诺顿·史密斯《哈佛世纪》,程方平、程玉红等译,贵州出版集团 2006 年版,第 3 页。

② 〔美〕克雷明《美国教育史(三):城市化时期的历程(1876—1980)》,朱旭东等译,北京师范大学出版社 2002 年版,第 610 页。

向学生提供学习资源和生活资源。学术指导人员会在学生选择专业之后，适时跟进，为学生提供相应学习资源。这些资源包括学校的规章制度、图书馆藏书的利用、课程安排、时间安排等。对学生提供的生活资源指导包括学生与他人人际关系指导、学生身心健康指导、学生理财指导等。研究表明，当学生的学术问题由其生活方面的问题导致时，对学习生活指导就不仅仅关乎学生的生活了，还关乎学生的学术发展。

三、心理服务

美国大学心理服务工作的形式和内容按照心理服务的内容与程序大致可以分为心理评估与诊断、心理咨询、心理治疗、危机援助以及残障学生心理服务等。

心理评估与诊断是美国大学心理咨询机构或心理治疗机构最常见的服务项目。通常对前来求询的学生在进行面谈之后，会采用一些标准化的心理评估工具进行初步的评价，以确定求询者可能存在的心理问题的性质和种类。评估和诊断的方式一般分为个别形式和团体形式两种，评估或诊断的内容包括认识、情绪、人格、能力、社会技能等心理品质及其存在问题的分类和程度。心理评估与心理诊断是心理服务的第一步，咨询师或学校心理学家需要对来访的学生做一全面了解，评估与诊断的方式包括面谈、问卷和心理量表测量。评估的内容包括个人的经历、学生出现的心理问题的症状、性质和范围，心理诊断则是确定学生出现的心理问题的类型和严重程度，对于严重的心理疾病患者，则需要更专业的精神疾病医师采用专门的精神疾病诊断工具和方法进行诊断，确定患者是否需要接受心理治疗。评估与诊断是制定干预或治疗计划的基础。

在多数大学，心理评估与心理诊断是免费的服务，凡正式注册的学生在每个学期都可以获得一定次数的免费心理评估和心理诊断，但对于已经确诊并进入咨询或治疗阶段的心理障碍或心理疾病所进行的评估与诊断工作则可能向学生收取费用。

心理咨询是学生心理服务最主要的形式。心理咨询的范围和内容都非常宽泛，通过心理咨询可以了解求询者存在的心理问题的属性和严重程度，咨询也是解决问题的主要形式，通过语言指导，帮助学生转变认识、改变行为方式，正确处理各种冲突和矛盾等。咨询还可以通过间接方式帮助特殊个体解决心理问题，如通过指导教师和家长的教育行为帮助学生解决学习问题或行为问题。咨询包括个别咨询（individual counseling）与团体咨询（group counseling）两种基本形式。其内容包括压力管理、丧失亲人、意外伤害、抑郁与焦虑问题、药物滥用、进食障碍、人际关系问题、性别识别问题、家庭冲突、孤独等。

心理治疗(psychotherapy)的内容包括各类严重心理障碍和心理疾病,如各种认识障碍、情感障碍、意志障碍和行为障碍,各种神经症、人格障碍、精神病、身心障碍和身心疾病等。一般心理治疗需要较长的周期,除了在开始阶段可能提供免费诊断外,在治疗过程中一般都要收取一定的费用。

危机援助(crisis assistance)是对学生面临的重要危机事件提供的心理辅导和心理援助,通过危机援助帮助学生应对危机,避免极端行为的危害。这些危机事件包括极度焦虑与恐惧、极度悲伤、亲人死亡、自伤念头、伤害他人念头、重大创伤事件(如性暴力)、侵入思维以及自杀等。通过危机援助,帮助学生设计自我学习和发展的计划,避免学生出现严重的心理问题。

在心理服务方面,美国大学还提供残障学生心理服务。美国许多大学都招收残障学生并为这些学生提供专门的心理咨询服务,帮助他们解决由于身体残疾带来的学习、情绪、人格、人际交往和社会适应等方面的困难和困惑,以促进残障学生人格的发展,帮助他们顺利完成学业。

四、就业与生涯指导

作为典型分权制国家的美国的高等院校拥有高度的管理自主权,而高等院校所拥有的自主权使其具有高度的自我发展、自我约束意识,这样才能在日益激烈的竞争中立于不败之地。美国高等院校之间的竞争是综合实力的竞争,既包括科研能力竞争,也包括学术水平竞争,还包括就业方面的竞争。就业方面的竞争,主要包括就业面的竞争和就业质量的竞争。由于就业状况直接关乎学校声誉和学校招生情况,决定着学校的生死存亡,所以美国高等院校普遍重视就业指导。对于美国高等院校而言,其就业指导的对象不仅包括全体在校生,还包括已经毕业的校友。可以说,在就业指导方面,用校内校外全覆盖来形容不为过。从20世纪70年代起,绝大多数美国高校已开始强调对毕业生进行就业技能的传授,之后就业指导成为学生大学在读期间教育内容的有机组成部分。就业指导与学生的职业生涯规划紧密相连,一般从新生一入学就开始了,并贯穿于学生在校的全过程。就业指导向学生提供优质服务与可资利用的相关资源,以促进他们在职业规划、职业决策、求职技巧等职业能力的发展。具体内容包括学生对自身职业生涯的评价,对职业信息的获取,对职业环境的真实体验,还有养成良好的职业心态等方面。美国高校在就业指导方面积累了相当丰富的经验,形成了完备的就业工作指导模式。主要体现在如下方面:第一,形成了完善的就业工作机构。一般都设有毕业生指导中心,由分管学生事务的副校长直接领导。第二,设置丰富的就业指导课程。第三,就业指导教师的专业化程度高。第四,专业化课程设置科学程度高。[①] 为学生提供卓越的就业指导服务已经成为美国高校办学水平和人才培养质量的重要标志。

第四节　美国高校学生服务体系的启示

综合言之,美国高校学生服务体系至少可为我国高校学生服务体系构建提供如下可资借鉴的启示:生本理念在实践中处处彰显,管理上的专业化和职业化倾向不断加强,机制运行顺畅而卓有成效,以及坚持走法制化之路。

一、生本理念在实践中处处彰显

可以说,美国高校学生事务"以学生为本"的理念无处不在,主要原因在于"在美国,学生犹如高校的'衣食父母',没有足够的生源,连教师的工资都成问题。因此,美国高校学生工作管理人员真正视学生如'上帝',将学生的成长放在第一位,对学生有求必应,有忙必帮,尽力为学生排忧解难,一切为了学生的风气非常盛行"[②]。从《莫雷尔法案》(Morrill Land-Grant Act)到威斯康星观念(Wisconsin Idea),美国高等教育使高等教育的服务功能不断强化并彰显出来,随之服务社会的理念也融入了美国高等教育改革与发展的整个进程。服务社会必须培育出社会所需要的人才,社会所需要的人才丰富多样。这自然要求美国高校学生服务在内容上具有丰富性,生本理念无处不在。美国高校学生事务的理论和实践都奉行一切为学生服务、为了学生的一切服务的理念,重视学生发展的全面性,通过各种举措充分实现学生发展,满足学生个性化的需要。在生本理念指导下,学生被视为发展的主体、学习的主体、生活的主体。在实践中,让学生直接参与到与自身权益息息相关的学生事务中来,激发他们参与的主动性、积极性、针对性,使他们获得切实的主体发展。美国高校学生事务充分贯彻服务性和教育性相结合的思想,使他们学会科学认知,形成社会能力,善于与人交往等能力。美国高校还注重管育结合,通过具体可感的校本文化春风化

---

① 张泽天《美国高校大学生就业指导工作模式及对我们的启示》,《渤海大学学报(哲学社会科学版)》2018年第1期,第134~136页。
② 黄志坚《美国高校学生工作的特点及启示》,《当代青年研究》2007年第3期,第59~60页。

雨式地培育学生的文化价值观。这些具体的校本文化通过包括代表学校的文化符号,如校训、校史、著名校友等行为文化加以实践表达。

美国高校学校服务生本理念的确立与学生地位的变化关系密切。美国高等教育学者阿瑟列文(Arthur Levine)等人把高等学校学生地位的变化归结为七种影响因素:"第一,1971 年宪法第六条修正案降低了选举年龄,使 98% 的大学生获得了合法的选举权;加之学生院外集团的出现,使得政府与大学在形成教育决策时不能再忽视作为有重要利害关系的学生群体。第二,随着'二战'以来高等教育发展与稳定时期的结束,对学院和大学来说,财政和生源的困难已经导致有利于买方(学生)的教育市场。在高等教育增长时期,市场则有利于卖方(学校)。第三,联邦政府增加对学生而不是学校的财政资助的政策,加强了教育设施使用者的地位而不是教育供应者。第四,与 60 年代的学生运动有关,70 年代的学生能够更多地接近院校的领导阶层,并且有更多的机会参与学校管理,结果学生通常对学校事务更为了解。第五,超龄、已婚和已就业的'非传统'学生的增多,意味着更多的学生有在学校之外进行竞争的种种需求。这些学生在他们有限而宝贵的时间和金钱投入中,选择性更强。第六,70 年代以来的大学生比以前更以自我为中心。第七,公立中学教育更为松弛,伴随而来的是学生成绩的普遍下降,结果带来高校中有更多的知识较少而要求更多的学生。"[①]

二、管理上专业化和职业化倾向不断加强

"从世界大学发展史来看,美国较早地开展了学生事务管理的实践与研究,其专业化、职业化程度得到了其他国家的一致认可。"[②]美国高校学生服务体系的专业化有着鲜明的理论支撑。如"学生发展理论"(student development theroy)、"学生学习理论"(student learning imperative)。美国高校学生事务在管理上体现出专业化和职业化的发展走向。第一,学生事务从业者的专业化要求和水平不断提高。从事学生事务的工作人员普遍获得管理学生的专业学位,如很多从业者获得了从事学生事务的相应博士学位或硕士学位。丰富的实践经验也逐渐成为从事高校学生事务的要求。第二,美国作为专业协会林立的国家,亦有专事学生事务的各类协会。这些协会既有全国性的,也有地方性的。全国性的学生事务管理专业协会超过 20 个以上,地方性的更是数量众多。这

---

① 黄福涛《外国高等教育史》,上海教育出版社 2003 年版,第 344 页。
② 陈翠荣、储祖旺、鲁智丹《美国高校引领学生事务管理者职业发展的路径分析》,《中国高教研究》2016 年第 11 期,第 70 页。

些协会都有会刊发行,通过研讨使学生事务的专业化不断向前推进。这些协会亦制订与发布职业标准和职业道德规范,并对相关标准和规范加以不断完善,使学生事务管理的专业化和职业化水平得以不断提升。

三、机制运行顺畅而卓有成效

美国高校自治性强,行政权力处于相对弱势的地位,在学生事务管理上行政色彩并不显著。美国高校学生事务扁平化的组织机构,是其机制运行顺畅高效的切实保障。美国大多数高校在学校层面设置学生事务管理的机构,学院和学系则没有与之对应的机构,校方通过其下属的学生事务服务机构直接向学生和学生组织提供服务,减少了不必要的环节,增强了管理的顺畅性。众所周知,美国高校包括公立大学和私立大学,具体了解美国高校学生服务组织架构与运行机制可由此切入。一般说来,美国绝大多数公立大学都设有专职学生事务的副校长,其地位与学术副校长、财务副校长并驾齐驱。公立大学还设有独立的学生事务管理组织机构,由专门的负责人来领导。私立大学的学生工作则由院长或主任负责。在学校层面设有学生事务处,下设若干分支机构,分工细致。在院系层面,学生事务由院长、系主任负责,每位学生对应一位导师,导师对学生进行全方位指导。上述设计有利于机制运行顺畅高效,充分发挥高校服务学生的职能。

四、坚持走法制化之路

在美国,法律主义的历史传统,民主政体对法治化的重视教育的自发性传统以及学生法律地位的日益提高,是美国高等院校学生事务管理法制化形成的主要动因。美国政府主要通过立法和财政拨款治理高等教育,属于间接宏观调控,而非直接行政命令式干预。美国法制历史悠久,法制系统完善,法制化思想在社会生活中随处可见,亦在学生服务领域发挥着重要作用。"在西方各国人民中只有美国人使立宪制度成为一种宗教,使司法制度成为一种宗教规程,并使两者处于虔敬的气氛之中。他们使宪法成为最高法律,并使法院负起发挥联邦制作用的责任。结果最高法院成了美国制度中神圣不可侵犯的组织机构——对于美国人来说就等于英国人的皇室、德国人的陆军、西班牙人的教会。"[①]"依法治校、制度管理是美国高校学生教育和管理的指导思想。高校的校纪校规涉及学生事务的各个方面,校方允许什么,禁止什么,如何处理违规者等

---

① 〔美〕康马杰《美国精神》,杨静予等译,光明日报出版社1988年版,第531页。

都有明文规定。"[1]从学生工作政策的制定到学生违纪事情的处理,都有律师在提供全程法律服务。在美国,每一所高等院校都有比较详细完备的校纪校规,通过这些校纪校规来保障学校和学生双方的权利和义务。在学生事务的管理中,特别讲求程序正义。在处理学生违纪事件时,需要按照程序进行处理,如果不合乎程序,任何判决结果都会被视为无效。如果学生事务关涉法律,学校将会向学生提供法律咨询服务,但绝不插手具体程序。

---

① 黄志坚《美国高校学生工作的特点及启示》,《当代青年研究》2007 年第 3 期,第 60 页。

第六章 英国高校学生服务体系

英国高等教育历史悠久,特色鲜明,是西方教育史上的璀璨明珠。英国高校学生服务的发展与英国社会的时代背景息息相关,从中世纪大学的学院制、导师制到现代大学制度化、人性化的学生事务模式,都为世界各国高校所效仿。本章以 20 世纪 80 年代作为英国高等教育学生事务管理与服务的分水岭,考察英国高校学生服务的历史发展过程及特点,分析归纳英国高校学生服务内容及其模式,以期为我国高校学生管理与服务工作提供借鉴。

第一节 英国高校学生服务发展历程

英国高校学生服务的发展历程与英国社会发展,特别是英国高等教育发展演变息息相关。我们结合英国高等教育发展历程,将 20 世纪 80 年代前英国高校学生服务发展划分为古典大学的学生事务萌芽时期、世俗化大学的学生事务发展时期和现代大学扩充的学生事务专业化时期三个时期,并分别阐述其发展特征。

一、中世纪到 16 世纪,英国高校学生事务萌芽时期

中世纪欧洲大学的诞生开创了现代大学的生命之源。中世纪大学实现了知识生活的制度化,创建了大学的组织形式。现代大学的组织运行、学术权力、教学活动基本形态、师生关系的形式与特征等无不深深烙上了中世纪大学的印记。

(一)英国大学产生的时代背景

中世纪的欧洲是基督教会统治的时代。自 5 世纪中叶,基督教传入不列颠诸岛,对西欧各国的教育发展产生了重要的影响。随着基督教成为封建统治阶级的社会意识形态和巩固封建统治的宗教工具,基督教的教育在中世纪早期取得了大一统的地位,中世纪早期的教育就是西方基督教会世界的重要组成部

分,教育的发展历史与不同时期基督教各种教派的演化发展密切相关,初期的欧洲大学就是在宗教的演化发展中逐渐"孕育"形成的。

19世纪30年代以前的英国高等教育史主要是牛津大学和剑桥大学发展史。正如伯顿·克拉克所言:"英国高等教育的历史,是一部大学集中的历史,因为仅仅牛津和剑桥两所大学就垄断了英格兰的高等教育达6个世纪:从12世纪和13世纪早期直到19世纪中叶伦敦大学和达勒姆大学的创办。"①

12世纪初期,在牛津陆续建起了小修道院、女修道院等一批以传播神学知识为目的的宗教机构。一些学者开始在牛津租用民房进行讲学,各地的学生汇集而来,采用直接支付教师费用的方式听课,此时的师生关系还比较松散,学生听课活动也比较随意。到12世纪中叶,在法国巴黎大学的影响下,牛津大学开始创建。1129年,牛津建立了奥古斯汀教派的圣弗里德斯怀德修道院和奥斯尼修道院,由天主教教士在修道院中讲学,同时更多的英国学者来到牛津,牛津迅速发展成为英国经院哲学研究和教学的中心,这成为牛津大学的雏形并参照巴黎大学的模式逐步创建了牛津大学的组织机构。

同欧洲中世纪大学一样,英国早期大学同样具有鲜明的行会性质。英国大学的产生过程类似于英国商人公会和手工业行会的兴起过程,可以说是学者、学生自发组织的结果。当时的学者多为宗教界人士,因为这一时期的宗教机构实际掌控了国家的教育权力。宣扬神学并围绕宗教教义开展研究与教学活动是这一时期教育的主要任务,宗教及其相关的知识是这一时期教育的主要内容。由传授知识的牧师等学者和被传授知识的学生逐渐组成了一个独特的行业组织,这种具有行会性质的组织形式可以更好地维护师生的权益,同时可以自行处理其内部的纠纷和矛盾。这样的自发组成的行会组织不断扩大规模并逐渐获得了皇室的认可,如由大批学生和从巴黎回国的学者组成的牛津大学于12世纪末获得英国皇室正式承认,1218年剑桥大学得到英王亨利三世的认可。至此,英格兰的两所大学成为合法的、具有一定自治权和司法权的独立机构。

从16世纪开始,传统的教师型大学分化出不同类型的高等教育机构,牛津大学成为学院型大学的代表,学院与大学间的关系相对独立,大学由多个师生共同生活的学院组成。大学教学主要是在学院一级,大学开设的课程学院教师都能讲授和辅导,教师对学生采取个别或集体指导。到16世纪中叶,大多数英国、巴黎的学院已经发展成为向本科学生、研究生提供教学的自给自足的教学

---

① 〔美〕伯顿·克拉克《探究的场所——现代大学的科研和研究生教育》,王承绪译,浙江教育出版社2001年版,第63～64页。

单位。①

(二)萌芽时期英国大学学生管理特点

中世纪大学的学生多来自市民或农民家庭,大学毕业生往往就职于各级国家机构和教会组织,求学是低下阶层子弟跻身上流社会的途径。因此中世纪大学具有鲜明的职业性倾向,教学内容中的逻辑学、辩论术等课程就是为了培养学生掌握未来职业所需的基本知识和能力。中世纪大学注重对学生的管理,将学生管理活动作为实现人才培养目标的重要因素,除了在教育活动中对学生综合素质提出了高要求外,还制定了非常严格的学生管理制度和措施,包括实行严酷的体罚和惩罚。同时,这一时期的学生管理还带有鲜明的宗教特征,学校按照宗教教义制定学生行为规则,规范约束学生的日常学习和生活,并注重对学生进行道德教育。德国学者鲍尔生认为"中世纪大学是按照教会的独特生活方式去活动,特别重视教会的世界性质和国际性质……无例外地是在基督教会的土壤上蒙受天主教会的庇荫而成长起来的。教会的教义成为他们教学的基本原则……"②

英国大学的学院制在这个时期初见端倪。学院的最初形成是师生聚集在一起共同生活学习的地方,学院经费都是来自创办人及各方的捐赠。14世纪初,牛津城的师生寄宿房舍数量已经达到100多间,教师和学生在一个屋檐下共同追求学问成为牛津大学早期师生学习生活的写照。由于学生居住场所较为分散,造成了对寄宿学生管理的困难,部分学生与驻地市民的冲突事件频发,影响了正常的教学活动。为解决这些问题,一些教会上层人士开始捐资购置房产为贫困学生提供住宿和生活津贴,有的学院教师自己筹建、租用了较大房屋作为本学院学生的宿舍,每一处学生宿舍都由大学委派一位教师负责对学生进行管理。至16世纪末,这种师生共同居住、学习的形式逐渐演进为一种相对固定的模式并延续至今,形成著名的学院制模式。在今天的牛津大学,各个学院办学区域相对独立,学院拥有较大的办学自主权,学院为每个学生委派专门的教师作为学生生活、学习的导师(导师制),同时还为贫困学生免费提供住宿并减免其学费。在强调学生自主管理的同时,学院也设有专门学生管理服务机构负责为学生提供全面的管理服务,学生管理已经成为学院专门的一项工作。

如上所述,牛津大学创立的学院制的一个重要组成部分是本科生导师制。

---

① 〔英〕艾伦·B·科班《中世纪英国大学生活》,邓磊、杨甜译,重庆大学出版社2017年版,第22页。
② 〔德〕弗·鲍尔生《德国教育史》,滕大春等译,人民教育出版社1986年版,第18页。

导师制最早出现在 1379 年创建的新学院,新学院由 1 名院长、70 名教师、10 名牧师、3 名受俸教士以及 16 位唱诗班的学生组成。与其他学院不同的地方是,学院是一个接受本科生的学院,学院为每个学生指定了指导教师并定期支付教师的薪水。一名教师负责约 20 名本科生,对学生学业全面负责,协助安排学生的学习计划。每名本科生还有专门的道德教师或咨询教员,多数学院还有神父、教堂,以此来对学生进行宗教、道德教育。16 世纪之后,欧洲高等教育日益民主化和世俗化,导师制的内容也逐渐由宗教教化转向学业辅导和生活指导等非正式教学方式,并成为英国传统大学的主要教学特征。①

二、17 世纪至 19 世纪,英国高校学生事务发展时期

(一)英国高等教育进入近代化发展阶段

随着文艺复兴思潮的传播,英国社会发生了巨变,新教运动以及新兴资产阶级的产生都对牛津、剑桥大学产生了深刻的影响。这一时期,宗教势力被削弱,新兴资产阶级开始为英国高校提供大量经费用于建立学院,讲授新学。与中世纪不同的是,英国大学出现了大量绅士、贵族学生。据史料统计,17 世纪至 18 世纪,牛津与剑桥的大学生社会成分主要是贵族、绅士、官吏、军人大商人以及上层社会职业者,如牧师、医师、法律家等。一般职员、小商人和富裕的自耕农人家的子弟微乎其微,而贫困的劳动群众根本不能入学。②

英国大学的贵族学生逐渐增多,成为大学住宿的庞大群体。在整个 18 世纪就读于牛津大学的贵族学生占两校贵族学生总数的 61.92%,就读于剑桥大学的贵族学生占两校贵族学生总数的 38.08%。牛津大学的基督教会学院、麦格达伦学院、三一学院、大学学院和剑桥大学的三一学院、圣约翰学院、国王学院和克莱尔学院是众多贵族子弟的首选去处。进入 19 世纪中期后,贵族子弟在这两所名校就读的比例继续攀升。1850—1899 年,牛津大学和剑桥大学来自公学的贵族子弟总比例高达 82%。③

贵族教育是英国教育体制的一个重要特征,这种教育旨在使年轻人成为举止优雅、精明能干、通晓世故、富于开拓进取精神的绅士。贵族一直是英国占优势地位的阶级,以公爵、侯爵、伯爵、子爵和男爵为序列的五级贵族,不仅垄断政治权力、经济上最有实力,而且在教育上享有特权。贵族子弟通常聘请家庭教

---

① 黄福涛《外国高等教育史》,上海教育出版社 2008 年版,第 49 页。
② 王天一《外国教育史》,北京师范大学出版社 2005 年版,第 163 页。
③ 张斌贤、王晨《大学:社会分层与社会流动》,北京师范大学出版社 2007 年版,第 121 页。

师接受中学前的预备教育,预备教育结束后他们进入公学读书;公学是以培养政府公职员为主旨的私立寄宿学校,师资水平高,学费昂贵,宗教气氛浓厚;公学毕业后,不少贵族子弟升入牛津、剑桥等名校。

进入 19 世纪以后,英国工业革命带来了文化科学知识的蓬勃发展。英国社会对于大学的教学科研产生了新的要求,古典大学与世俗教育的冲突日益凸现,一些具有自由主义思想的非国教派人士、重视科学发展的学者以及一些新兴工业资本家推动了世俗教育的发展,英国开展了近代史上的"新大学运动"。

1828 年创办的伦敦大学是一所崭新的大学,它摆脱了宗教束缚,为中产阶级子弟提供人文和科学教育,针对社会和经济发展需要培养实用性人才,课程设置注重专业性,强调理论联系实际。"它是英国历史上第一所纯世俗的高等教育机构,非国教徒甚至自由主义思想家不受宗教限制而被接受,学校课程设置强调科学、历史和其他纯世俗学科。"[①]伦敦大学的创立初衷是为富裕的中产阶级子弟设立非寄宿制的、有专业分科的、费用低廉的大学,与贵族、教会控制的古典大学相抗衡。

伦敦大学的出现揭开了英国高等教育近代化的序幕。但由于保守主义者和英格兰国教会的阻挠,伦敦大学最初并没有得到政府承认,直到 1836 年才获得政府颁发的皇家特许状(The Royal Charter,英国大学的学位授予权不仅代表学术标准,而且是一种赐予的权利),改称为伦敦大学学院。

此后,达勒姆大学的诞生改变了英格兰地区大学教育的单一结构和功能,为城市学院的建立创造了条件。自 19 世纪 50 年代起,城市学院在英格兰和威尔士如雨后春笋般地涌现,如曼彻斯特欧文斯学院(1851 年)、埃克塞特大学学院(1865 年)、利兹约克郡学院(1874 年)、布里斯托尔大学学院(1876 年)、伯明翰梅森学院(1880 年)、利物浦大学学院(1881 年)、诺丁汉大学学院(1881 年)、雷丁大学学院(1892 年)、谢菲尔德大学学院(1897 年)等。这些学院不是由英国政府创办,而是由地方富商投资或公众捐办,以服务地方为办学宗旨。

城市学院的建立是英国高等教育的重要组成部分,它标志着英国大学职能发生了根本性变化,它不只是为教会和统治者服务,也不再为少数富有阶级所垄断,而是面向广大民众提供职业教育。这些城市学院就近招收地方贫民子弟,培养适应地方经济发展需要的实用人才。它们的兴起为英国高等教育注入了新的活力,不仅改变了高等教育的结构,使得高等教育开始走向多样化和多

---

① Willis Rudy, *The University of Europe:1100—1914*, London and Toronto: Association University Presses,1984: 115.

层次;同时对牛津大学和剑桥大学的古典教育构成压力,最终迫使科技教育堂而皇之进入大学。①

(二)近代英国大学学生管理特点

大学逐渐褪去宗教外衣,开始走向世俗化。随着以伦敦大学为代表的现代城市大学的出现,英国大学开始面向社会大众的优秀青年敞开大门。这些城市大学多为私立的,招收无教派的学生,采用住宿与走读两种制度,学生多为工商业资产阶级子弟。英国政府出台了《1902年教育法》,开始关注大学生的学费问题,开始通过一系列措施向大学生提供助学金,此法案明文规定:郡县和城市地方政府有权从地方税中提取他们认为适当数量的资金,以支持、资助初等以外的教育。英国各地政府据此开始根据各自的财力和各自制定的标准,向贫困学生提供助学金。②

19世纪末,英国高校就业指导服务开始萌芽。1884年,剑桥大学率先成立了教师规制委员会,作为中小学校长和大学相关人员,进行毕业生就业沟通的平台。1892年,牛津大学成立了一个旨在联络沟通公立学校和语法学校等毕业生就业去向的学院委员会,以加强高等学校与社会用人单位之间的联系。牛津大学就业服务中心建有就业资料阅览室(备有关于职业、雇主、工作、研究生学习、国内和海外的学习与工作的详细信息),这可以看作英国高校就业指导机构的萌芽。1914年,剑桥大学和另外5所大学也先后成立了就业服务机构。这些早期的就业服务机构,主要工作集中在搜集整理各类就业信息和招聘活动的联络组织上,功能相对简单。

在新大学影响下,古典大学开始进行了改革,牛津、剑桥两所古典大学的管理机构、课程设置、招收学生的宗教派别、性别限制等方面都发生了变化,取消了授予学位时的宗教审查,取消了大学教师的宗教限制,这些改革打破了英国高等教育中古典教育一统的局面,也削弱了英国传统大学教育中种种宗教方面对学生的限制,英国传统大学开始面向世俗阶层。

这个时期,学院制、寄宿制、院士制和导师制也是英国高等教育传统的重要特征。牛津大学和剑桥大学自16世纪中叶起就采取学院联邦的形式,每个学院作为一个自给自足的单位进行运作(独立的实体),有自己的历史、特色、传统、习惯、教学人员、学生、宿舍、场地、财政资源等,从某种意义上说大学只是各学院的联合体,也是包括各学院全体师生在内的法人团体。学院制的基本特点

① 易红郡《战后英国高等教育政策研究》,湖南师范大学出版社2012年版,第6~7页。
② 陈国良《教育财政国际比较》,高等教育出版社2000年版,第70页。

是有独立的经费来源（财政自治）。

三、20 世纪 60 年代，英国高等教育扩充期

人们把这一时期看作战前与战后英国高等教育发展的分水岭。20 世纪 60 年代历来是研究战后英国高等教育的学者所关注的焦点。20 世纪 60 年代早期英国高等教育政策的重要特征是扩充。

1963 年《罗宾斯报告》既是 60 年代英国高等教育扩充的政策基础，也是引发关于高等教育结构和管理问题大讨论的主要根源。

(一)20 世纪 60 年代英国高等教育发展背景

进入 20 世纪 60 年代，高等教育的性质、结构、类型和发展规模等成为英国社会各界关注的焦点。随着经济、科技发展和劳动力结构的变化，社会对多规格、多层次人才的需求与英国高等教育贵族性、精英型传统的矛盾日益凸显，古典大学长期以来注重学术性、理论性已无法满足对职业性、应用型人才的需要。

从政治因素来看，英国工党实施的福利国家政策对英国高等教育大众化产生了很大的影响。1963 年至 20 世纪 70 年代末，这一时期称为英国高等教育大扩展的时期，大学规模和数量发展迅速，1961 年到 1962 年，28 所大学中 3000 人规模以下的大学占总数的 60% 左右，而到了 20 世纪 70 年代初，学校数量和规模都有了很大的发展，万人以上大学就两所，学校规模人数均达 5000 人以上。在校生规模的扩大也促使了英国高校大学生服务机构的出现，以及专业化管理人才的产生。

(二)20 世纪 60 年代的英国高校学生资助服务体系

20 世纪 60 年代初，英国开始实行学生资助制度，颁布实施了《1962 年教育法》。该法规定，英国全日制大学生的学费由政府买单，并给予学生一定的生活经费补贴。此外，在校大学生还享受免费医疗、住房补贴、个人收入支持等多项福利，而这些支出，都成了政府庞大的公共开支。在学费资助的基础上，英国高校还实行奖学金制度。1959 年，设立了奖学金和助学金结合的政府补助体系，主要包括国家普通奖学金、国家补助奖学金、国家技术奖学金、地方普通奖学金，英国高校奖学金也逐渐转变为资助贫困大学生的助学金。

有研究表明，20 世纪 60 年代，英国大学生的助学金是由国家通过教育部确定的，或者由地方教育机构确定的。人文科学系接受教育部助学金的大学生，每人每年的全部学费（与教育过程有关的行政管理费及其他）为 370～385 英镑，自然科学系为 400～430 英镑。在牛津大学和剑桥大学，国家提供的年度助

学金的最高额为 288 英镑。此外,教育部支付实验费、考试费及一半的住宿费。人文科学系大学生在这方面的费用,每年每人为 80～195 英镑,自然科学系的大学生为 30 多英镑。某些大学生接受私人资助获得助学金,其数量与国家助学金几乎相同。享受国家和地方助学金的大学生占总数的 46%。国家拨出的助学金比地方机关支出的助学金少 2/3(因为享受国家助学金的占 11%,而享受地方机关助学金的占 34.5%)。应该指出,地方机关拨付的助学金标准低于国家助学金。①

(三)英国高校就业指导服务出现

随着战后英国经济的复苏,专业人才的需求量激增,特别是人力资本理论的流行,技术人才的教育与职业指导成为高校关注的问题。20 世纪 60 年代,英国就业指导顾问开始正式进入大学校园,英国高校就业服务进入快速发展的时期。到 20 世纪 70 年代,很多学校正式授权就业指导顾问,负责给毕业生提供个性化就业咨询。

第二节　英国高校学生资助体系

20 世纪 80 年代以来英国高等教育的发展从调整收缩期发展到大众化加速期。学生规模迅速扩大,从 1985 年在校生 93.7 万增长到 1997 年的 180 万。

20 世纪 80 年代,英国青年接受公立高等教育被视为一种"免费"的公共福利产品,学生的教育成本由英国政府承担。随着经济危机的出现,80 年代后期,英国政府对公立高等教的经费投入逐年减少,特别是受高等教育成本分担理论的影响下,1983 年《雷佛休姆报告》提出了"助学金加贷款"的学生助学方式,英国政府开始允许公立高校收取学费,给予学生一定额度的生活补助。

90 年代后期,面对不断增加的高等教育财政预算压力,英国政府取消了对大学生的生活补助,并且提高了公立高校的收费标准,出台了相应的资助制度、贷款政策来缓解学生学费压力。英国高校的学生资助体系主要由奖学金、助学金和贷款组成。英国政府从 2006 学年实行了"先上学,后付费"和"差异收费"为核心的高校学费政策。大学和学院通常设立奖学金和助学金,地方当局为高校提供助学金,这部分经费是学生获得经费补助的最大来源。

---

① 〔英〕耶里森柯《英国科学研究机构》,中国科学技术情报研究所 1963 年版,第 17 页。

一、助学金政策

英国高校助学金制度是受益面覆盖最大的、无偿提供的学生资助项目。目前,英国全日制本科生可以从政府获得一定数额的资助,根据生源地不同享受不同标准的资助额度。目前,大约有65％的英国高校学生都能得到全额助学金来维持学习生活。但随着英国经济的境况不佳,近几年来,助学金额度也呈下降趋势。英国高校还为学生提供住宿补贴,并提供学生贷款项目。

助学金政策的主要目的是资助家庭经济困难的全日制本科大学生,通过设立种类齐全的助学金项目帮助学生弱势群体解决生活困难。助学金分为生活补助和特殊补助两类。生活补助主要用于日常生活和住宿费等必要开支,全日制低收入家庭学生可获得无须偿还的最高限额为2700英镑、相当于生活费40％左右的生活费用补助。另外,英国政府还根据学生是否来自单亲家庭、经济困难家庭,是否具有身体残疾等情况提供特殊补助,如"特殊助学金""残疾学生助学金""学生子女税收减免"等。为保证有家庭特殊情况的学生顺利完成学业,不为经济问题所困,英国政府还人性化地为全日制"特殊"的本科生设置了特殊助学金,如幼儿护理助学金、父母学习助学金、成人抚养助学金等。其中,幼儿护理助学金的设立是为了资助有未成年孩子需要抚养的大学生,有一个孩子需要抚养者,政府提供每周不超过114.75英镑的助学金。父母学习助学金的设立是为了资助有未成年孩子需要抚养的大学生学习的费用,每年不超过1365英镑。成人抚养助学金用于资助需要抚养另一个家庭成员的大学生,政府提供每年不超过2395英镑的助学金。

此外,为鼓励学生从事师范、护理等专业的学习,英国政府还为学习师范课程和护理课程的学生设立了教师培训津贴和健康护理津贴等,以保障英国基础教育质量和医疗护理质量整体不会下降。[①]

除英国政府提供的助学金项目外,各英国高校也有自己的资助项目。如剑桥大学为每位入学大学生提供了多元的资助政策,其中对家庭年收入少于25000英镑的英国学生,提供每年3500英镑的剑桥助学金(Cambridge Bursary);对家庭年收入为25000～42000英镑的英国学生,每年提供比3500英镑低一级别的剑桥助学金。剑桥助学金不需要偿还,剑桥学生可以选择直接接

---

① 张晓玲《我国公立高校学费改革研究》,武汉大学出版社2013年版,第201页。

受这笔钱作为生活费使用,或者是让这笔钱从每年的学费里面减免。① 牛津大学为学术能力突出的英国学生给予学费减免并同时提供助学金,除政府资助以外,牛津大学还为最低收入家庭的本科生提供 6000 英镑至 10000 英镑的助学金。据统计,牛津大学 1/6 的学生获得学费减免,1/4 的学生能获得助学金。②

二、贷款政策

第二次世界大战后,英国一直奉行凯恩斯主义,同其他欧洲高福利国家一样,为大学生提供免费加助学金的高等教育财政制度。直到 20 世纪 80 年代末,受经济危机影响,英国政府面临着巨大的财政方面的压力,才放弃了为全日制大学生支付大学学费的资助政策,推行高等教育成本分担机制。到 20 世纪末,开始实施生活费贷款政策,建立了完善的"收费加贷款"的高等教育资助政策。

英国高等教育的贷款政策从 20 世纪 80 年代开始酝酿,英国保守党政府在 1989 年推出了第一个学生贷款计划。③ 1990 年通过的《教育法(学生贷款)》和北爱尔兰《教育令(学生贷款)》确定了对于英国高校学生实行免收学费、生活费贷款制度,一时成为 20 世纪 90 年代英国高校学生资助的通行做法。1998 年,英国政府采纳《迪尔英报告》的建议,开始收取每年 1000 英镑的学费,生活费全面推行贷款制度。④ 2003 年,英国政府调整学费标准,建议高校可收取每年不超过 3000 英镑的学费,而目前学费已上升至每年 9000 英镑。随着 2004 年英国《高等教育法案》的颁布,正式确立了英国学生资助的基本模式,即收费、贷款加助学金,学生贷款上大学全面推行。

英国高校学生贷款主要分为学费贷款和生活贷款,其贷款政策主要针对英国本地常住人口,每年申请一次,贷款批准与否不会依据学生家庭的经济情况,而是依据学生的生活居住地的消费情况而定。助学贷款是英国最主要的大学生资助方式。

贷款的资格。英国高校的学生贷款主要面向在英国生活满 3 年修学学位或文凭的课程的本地大学生。一般修学研究生课程的大学生不能接受贷款资

---

① 〔英〕詹妮·布莱克洛克《轻松进入牛津剑桥——英国大学申请指南》,史威译,世界图书出版公司北京公司 2013 年版,第 24 页。

② 〔英〕詹妮·布莱克洛克《轻松进入牛津剑桥——英国大学申请指南》,史威译,世界图书出版公司北京公司 2013 年版,第 25 页。

③ 陈发祥《我国高等院校国家助学贷款政策研究》,合肥工业大学出版社 2013 年版,第 12 页。

④ http://www.leeds.ac.uk/educol/ncihe,2014-10-15.

助,但修学教育学的研究生除外。

贷款申请。学生贷款申请可以通过地方教育主管部门、申请的大学或学生贷款公司三种途径。地方教育主管部门负责审核学生家庭经济状况,各高校负责审核确认学生注册情况。学生向学校提交合格性资格表,经学校审查合格后,学生再填写贷款申请表,直接寄给贷款公司,学生的亲属或监护人并不是贷款申请的担保人。[①] 英国高校学生助学贷款的标准与学生所在地区、家庭经济状况等方面密切相关。目前,英国高校学费标准并不统一,因此,学生贷款的额度也会随着学费浮动。

贷款管理。助学贷款的日常经办机构是助学贷款公司,这是一家独立的管理机构,负责全英国高等学校学生贷款的所有事宜。助学贷款公司用于高校借贷的本金来源于政府税收专项资金或政府发行的债券,小部分来源于捐赠或非政府基金贷款,为无息或者低息。学生可以向贷款公司申请学费贷款和生活费贷款。学费贷款主要用于学生支付当年学校收取的学费,其金额根据大学收费标准确定。申请学费贷款的学生必须是全日制在校大学生,所贷经费直接由贷款公司转给学生所在大学。学费贷款保证那些家庭贫困的学生可以"先上学,后付费",不会因家庭经济困难而无法入学。生活费贷款是按家庭贫困程度而提供的贷款,这项贷款的金额,需要按学生家庭的收入水平、大学所在地居民平均生活费标准、学生是否住校和获得其他政府资助情况等指标来评定,生活费贷款主要用于住宿和其他生活开销。[②]

贷款回收。根据英国学生贷款法律,毕业生在收入达到年薪2.1万英镑后才开始偿还学生贷款,若30年内未还清,剩余部分可以免偿还。毕业生偿还贷款主要是通过国家税务部门来进行还款,即税务部门直接从学生工资中扣除还款金额。在还款期限上,没有硬性规定,一般按照学生的收入比例进行还款。如果毕业生工资收入不满15000英镑,可推迟一年还款。

三、奖学金制度

奖学金制度是学生资助体系的重要组成部分,这不仅是对优秀学生的奖励措施,同时也提供了一种竞争性的学生资助途径。英国高校的奖学金种类繁多,有上千种之多。政府、大学、企业和研究机构、慈善机构都是奖学金稳定的主要来源。奖学金的资助形式很多,有的是全免费或减免学费,免住宿费,有的

① 赵中建《高等学校的学生贷款》,四川教育出版社1996年版,第135页。
② 张晓玲《我国公立高校学费改革研究》,武汉大学出版社2013年版,第200页。

是发放生活补助的形式。奖学金制度在选拔优秀学生方面,发挥了积极作用,提升了大学对优秀学生的吸引力。

奖学金的层次分明,政策明晰,是英国高校管理的重要体现。许多英国学校向硕士生、博士生提供奖学金资助,如 Studentship,也有类似于 RA(Research Assistantship,助研奖学金)、TA(Teaching Assistantship,助教奖学金)之类的奖学金。此外还有公司、团体、个人向院校提供的奖学金。这些奖学金往往有特殊要求,比如来自的国家、学习的专业、学习的水平等。①

目前,英国高校的奖学金制度主要面向新生,通过设立奖学金来吸引优秀学生。从获奖对象来看,有对英国本地学生的奖学金、对欧盟学生的奖学金和面向其他国外留学生的奖学金。

为了保证高校生源的质量,吸引更多优秀的学生报名,英国高校普遍设立了新生奖学金。

文艺类奖学金,主要是奖励在文体方面为学校争得荣誉,具有一定特长的学生。如雷丁大学设立了体育奖学金,每年奖励 12 名在体育方面表现特别优秀的学生,奖金额度为 500 英镑和 1000 英镑。音乐奖学金对音乐方面表现优秀的学生进行奖励,每人每年 800 英镑。

第三节　英国高校学生就业指导服务体系

英国高校学生就业服务历史比较悠久,最早始于 19 世纪末期的剑桥大学,其服务体系非常完善,从法规政策、专业人员配置、经费划拨等方面都非常完备,并坚持以学生为中心的就业指导理念,注重学生学习能力、职业选择能力、职业生涯管理等多维指导的服务体系。高校就业指导中心、政府管理部门、用人单位、行业协会、非营利组织等多方协同,形成了以政府调控为主导,高校就业指导中心为纽带,行业组织有效辅助,用人单位积极配合的运行高效的就业服务体系。

一、就业服务机构

英国高校就业服务组织由英国大学毕业生就业指导协会统筹管理,是专业化的行业性组织,主要职能是协调高校与政府间的关系。英国高校都非常重视

---

① 北京威久国际教育公司《英国留学移民全攻略》,清华大学出版社 2013 年版,第 36 页。

大学生的就业指导工作,均设有专门的就业指导机构,配备专职人员,并强化其服务和咨询职能。如牛津大学的就业服务中心,设有 1 名主任、2 名副主任、12 名就业指导师、5 名负责信息管理咨询的人员,还有秘书、负责招聘会以及资料印刷等工作人员,共计 30 多人,是全英国最大的高校就业服务中心。[①] 就业指导中心还发挥专业就业情况预警作用,定期召开学校会议,公布学院各专业毕业生就业情况,便于学院对专业发展规模方向,以及学生导师了解就业趋势,指导学生就业能力。

二、英国高校就业服务

1. 咨询指导

英国高校就业指导中心主要为学生个人、企业提供咨询服务。对学生注重个性化指导,根据学生的个性特点、专业素养,为学生提供就业建议,帮助学生明确职业要求,确立职业目标。咨询服务主要是一对一的就业指导、心理测试,辅以就业指导讲座、毕业生就业座谈会、经验交流会等形式。

2. 沟通合作

高校就业指导中心还搜集求职信息并及时发布、组织人才招聘会、开设自主创业课程,提供职业方面的资料、信息服务,毕业生就业数据统计工作。对企业、公司采取主动对接服务,举办职业交流洽谈会,建立企业实习制度,推荐学生就业,与企业保持密切的联系。每年假期初,职业指导服务中心都会提供一定的实习岗位,英国政府鼓励学生在校期间,到企业进行实习,通过实习单位向实习学生发放一定的补贴。

3. 信息服务

就业指导中心除提供就业岗位信息外,还编制就业信息和就业指导刊物并定期摆放到学生食堂、图书馆、教室等公共场所免费供学生自由翻阅。如牛津大学就业服务中心,每周编印空缺职位快讯《桥》周刊,直接向 3000 名最后一学年的学生发送,每期有 80 多个工作需求,以及相关的新闻和近期的活动安排。[②]

通过计算机辅助就业指导系统为学生提供就业信息数据库。牛津大学还建立了就业案例数据库,将毕业生就业遇到的问题、成功案例分享给求职的学生。

---

① 梁远海《普通高校毕业生就业支持体系研究》,中山大学出版社 2012 年版,第 98 页。
② 韩洁《从牛津大学看英国大学生就业指导服务(上)》,《中国就业》2006 年第 11 期,第 54~55 页。

4. 就业能力培训

结合学科专业课程与职业能力需求,英国高校就业指导中心还为学生提供就业前的互补性专业培训和综合能力培训的服务。如对学习生物学等专业的学生,强化计算机、法律信息方面知识的培训,同时加强对学生综合能力的培养,尤其是加强动手能力、实际操作能力的培养。[①] 此外,就业指导中心还为学生提供求职就业技能的培训,指导学生准备求职材料、策划求职策略、组织职业技能模拟培训,目的是全方位指导学生如何就业。

此外,英国高校学生就业指导体系还离不开政府管理部门、中介公司、专业协会等多方的分工协作。政府管理部门发挥政策宏观调控作用,组织建立统一的服务平台,提供全国范围的就业市场统计分析。其他民间组织如雇主协会也都为英国高校学生就业服务提供帮助,如 1995 年,英国毕业生雇主委员会发表了《21 世纪毕业生应具有的基本能力》报告,为高校毕业生的就业能力提升提供了可靠的依据。校外机构参与高校就业指导课程的授课、模拟招聘、专题讲座等活动,企业为学生提供实习和实践岗位。

三、英国高校就业教育和职业生涯教育

英国大学的就业指导课程贯穿学生的整个学习过程,每一学年都有不同的教育内容,将就业指导与不同阶段的专业课程学习紧密结合起来。就业教育的内容涵盖了职业兴趣测评、职业性质、职业规划、就业政策。

英国高校在做好就业指导与服务的同时,还将学生的职业生涯教育作为培养大学生自我发展、自我管理技能的重要途径。英国高校主要通过开设职业生涯管理技能课程,配合就业咨询以及个人职业发展规划,让大学生通过在校实习、角色扮演、勤工俭学、工作实习等形式进行职业体验。

英国 High Fliers Survey 公司于 1997 年对 24 所大学在校毕业生调查表明,75%的在校毕业生都接受过学校提供的就业指导服务。[②] 英国各大学院校为学生提供的基于工作的学习机会包括:鼓励学生自己组织安排工作,安排学年的实习工作。萨里大学(University of Surrey)在这方面堪称楷模,学校设有一个计划周全、资源充足的体系帮助学生安排工作,实行一年顶岗实习培养计划,本科生在校学习四年,第三年要安排学生到企业工作一年,企业支付实习工资,校企双方指派导师全程指导,促进了学生理论学习与实践能力的相互结合。

---

① 韩洁《从牛津大学看英国大学生就业指导服务(下)》,《中国就业》2006 年第 12 期,第 50~52 页。
② 周红、夏义堃《英国高校就业指导服务的发展启示》,《江苏高教》2006 年第 5 期,第 122~124 页。

四、英国高校创业教育

随着英国高校的扩张,高校毕业生逐年增加,毕业生就业难问题凸显,为了减少毕业生失业,英国政府鼓励大学生在当地就业。特别是进入知识经济时代,英国政府对高等教育在国家和地区发展中的期望提高,高科技的国际竞争加剧,英国政府对具有创业精神、创新能力的人才需求增加。

自 1982 年,在苏格兰创业基金(Scottish Enterprise Foundation,SEF)的赞助下,大学生创业项目首先在斯特林大学启动,这是英国高校创业教育的开端。1983 年在政府的支持下,苏格兰的 8 所大学开始作为试点,1984 年项目开始在全英国展开,直到 1990 年因为经费过高问题才终止。通过"联邦青年信贷启动计划",为大学生提供创业支持,以创业带动就业。

英国政府通过成立管理部门,负责全国高校的创业教育活动,促进校企合作,提供必要的创业服务。1999 年,英国成立了高校创业教育的管理组织——科学创业中心(UK Science Enterprise Centers,UKSEC),以此来管理和实施全国的创业教育工作,并下设 13 个中心,涉及 60 多所高校。2004 年 5 月,该中心正式成为一个全国性组织。这些创业教育中心开展创业教育、加强与产业界的联系、对新创办企业提供支持、协助技术转化和其他创业服务及咨询。[①] 2004年,英国政府专设大学生创业机构——英国大学生创业促进委员会,旨在促进英国高等学校加强对大学生企业家资质的培养,尤其是鼓励毕业生的自我创业。[②]

英国高校层面也通过组织竞赛、建立科技园区、创业服务中心支持大学生创业。例如,"牛津大学 21 世纪挑战"创业竞赛就是为具有发展潜力的大学生创业企业提供资助的赛事;曼彻斯特大学设立了针对创业方案的初级创业项目(Venture Out),向获胜者提供 150～1000 英镑奖金以及针对创立新企业的深度创业项目(Venture Further),并提供 2.5 万英镑的创业奖金,学校还给获资助团队提供创业帮助和指导。

其次,英国一些大学还建立了科技园区,为创业团队提供场地、咨询服务,并有创业教师为学生提供专业的指导。为保证新企业的存活率,英国大学企业孵化器遵循严格的准入政策,所接纳的通常是与大学科研紧密关联的高科技或者知识密集型的企业。比如,拉夫堡大学的创新中心是创新知识或技术型新企

---

① 唐平《大学生创业教育研究》,清华大学出版社 2014 年版,第 63 页。
② 王珉《创业教育管理概论》,浙江工商大学出版社 2014 年版,第 36 页。

业与成长企业的商业孵化器,向创业者开放图书馆等学校的主要资源,提供办公场所、实验室、各类办公服务以及各类咨询服务。杜伦大学(Durham University)的蒙特桥科技园区内,创业者除获得各类办公服务外,还可在学校帮助下向当地政府申请相关资助。[①]

再次,英国高校通过设立创业中心、企业中心或创新中心等机构为学生创业教育提供课程、咨询服务。如牛津大学赛德商学院的科技企业中心,组织以富于经验的成功创业者为主体的师资,向刚起步的企业提供培训和支持,传授科技工作者商业生涯所需的技能。[②]此外,英国大学通过网络平台为学生创业搭建展示、合作平台。如牛津大学赛德商学院设立"创业赛德",作为校内创业成员、校友以及学校周边高科技企业的门户网站。

第四节　英国高校学生学习指导制度

英国高等教育的理念是建立在西方传统精英教育理念之上的,教师与学生的关系不是管理与被管理,而是以学生为中心,教师服务于学生的学习生活。

一、英国高校传统的本科生导师制

导师制是英国高校最具特色的人才培养制度,也是英国高校学业指导的优良传统。最早出现在14世纪的牛津大学新学院,导师主要负责指导学生的行为、道德,而不涉及学生的学业。19世纪初,牛津大学的考试制度改革之后,才建立起了真正现代意义的导师制。本科生导师制是"以学生为中心"的个别化教育模式,导师主要由本专业的认真负责、有一定学术造诣的老师担任,一名导师一般指导10名左右学生,导师通过了解学生个体的智力水平、兴趣爱好,进行个性化学习指导。

首先,导师会根据学生特点,负责学生大学期间的学习指导。导师在每学期开学初负责指导学生选修课程,提出参考建议。面对上百门课程的选择,学生往往无法短时间内了解各门课程间的关系、地位和作用,导师则可以帮助学生分析课程,对学生的专业学习提供针对性的帮助。此外,导师还负责学生课程作业的撰写、实习学校的选择、毕业论文的选题、研究报告的撰写等环节的全程指导。

---

① 王珉《创业教育管理概论》,浙江工商大学出版社2014年版,第37页。
② 王珉《创业教育管理概论》,浙江工商大学出版社2014年版,第37页。

其次,导师负责督促学生进行自学。导师还会在开学前一周安排专业课程的考试,检查学生上学期的学习情况,并就学习情况给学生提出指导意见。导师根据学生的选修课程,为学生安排阅读书目,并要求学生撰写阅读心得,学生每周跟导师见一次面,向导师汇报一周的学习情况,导师会根据学生的掌握情况,为学生做出下一步的指导。

最后,导师关注学生的生活、心理问题,并提供及时帮助。导师通过小规模或一对一的面谈,及时了解学生的学习、生活情况,导师给予学生及时的专业学习、心理问题的指导和帮助,可以说这是一种精细化的人才培养模式,建立了一种良好的师生关系,真正实现了言传身教、个性化的学习指导。

牛津大学的导师制教学主要通过每周的导师辅导课进行,这是学生们与导师进行观点沟通的最主要的场合,并且是大多数(如果不是全部的话)书面作业集中完成的机会。一般来说,导师制教学同样还是以学院为基础的活动,它能使学生与相同专业领域的其他求学伙伴建立起密切的合作关系。[①]

剑桥大学的导师制不同于牛津大学,除了导师外,剑桥大学还为本科生指定了一名学习指导员、课程辅导教师,全面地保障本科生的学习、生活事务。当本科生进入学院时,学院会为其指定一名导师和一名学习指导员(director of studies)。导师对其照料的本科生的生活、纪律负责,指导他的成长,对他的发展前途提供参考意见。学习指导员则对其照料的本科生的学术进展负责,对其所学主要课程在学院里的教学安排负责,并对与其学习科目有关的问题提出忠告。学习指导员还为其所负责的本科生指定所学课程的辅导教师(supervisor),对学生进行辅导,辅导教师也可以是研究生。辅导教师一般每周辅导一次。[②] 在整个学习过程中,本科生常有几名辅导教师,每个辅导教师专管某些特定课程。每学期结束,辅导教师将每个学生的进展情况向其导师报告。

二、教学助理制度

英国研究型大学都具有良好的学术氛围,这是各高校重视本科生学术能力培养的体现。为了帮助本科生尽快熟悉大学学习,为他们提供专业学习上的同步指导,这些研究型大学实施教学助理制度,由选聘的优秀研究生、博士生担任教学助理,在帮助本科生学习上发挥了重要作用。英国高校教学助理制度的设

① 〔英〕大卫·帕尔菲曼《高等教育何以为"高"——牛津导师制教学反思》,冯青来译,北京大学出版社2010年版,第219页。
② 郑俊涛、王琪《走进世界名校——英国》,上海交通大学出版社2013年版,第185页。

计目的主要是为本科生提供一个友好的、及时的学习支持环境,协助任课教师开展教学活动,减少教师工作负担。其工作职责主要是帮助教师准备教学材料、组织教学研讨活动、协助教师批阅作业、管理班级纪律、解答学生的疑难问题等教学辅助工作。

教学助理人员需要经过严格的遴选、培训、考核等环节才能胜任。首先,教学助理人员主要从具有教学能力或教学经验的本专业研究生中遴选。选聘时,要根据研究生候选人的推荐资料、学生满意度测评以及课程管理者的个人建议三个方面综合考虑。其次,教学助理要经过学院教学负责人、学科领域专家、课程管理者三个层面的系统培训和指导。学院层面向教学助理们介绍学校的基本设施、教学资源、教学信息等;学科层面主要是培训和指导教学助理在教学过程中应该遵循的基本规范,并邀请资深教学助理与新进助教进行教学经验的交流,以便新进教学助理吸取资深教学助理的成功经验,快速适应工作岗位;课程管理者主要培训教学助理有关课堂应该提供的资料、额外读物、研讨会安排、作业安排、评分规则以及对指导教学助理如何授课。[①]

第五节　英国高校学生心理咨询服务

英国高校心理咨询服务最早始于 20 世纪 40 年代后期,与"二战"后的各种社会危机在高校的体现有着密切关系。20 世纪六七十年代,学生心理咨询在英国高校中蓬勃发展起来,英国大多高校都配备有心理咨询人员。基尔大学(the University of Keele)作为战后英国设立的第一所新大学,1962 年为学生首设由职业指导到个性治疗的全方位咨询服务。1976 年,随着英国咨询协会的成立,英国高校心理咨询进入专业化发展阶段。20 世纪 90 年代,学习指导成为心理健康咨询服务的内容之一。随着英国高等教育的扩张发展,大学生数量激增,心理咨询服务成为学校服务体系中的成熟、规范的必要组成部分。

一、机构设置与服务对象

英国高校心理咨询服务中心工作人员以全职为主,聘请兼职人员、临时心理咨询师相辅。人员分工上,主要有心理咨询师、学习顾问、朋辈辅导顾问、心

---

① 汪小燕《英国曼彻斯特大学教学助理制度及特点》,《湖北成人教育学院学报》2014 年第 20 期,第 29~31 页。

理健康顾问、国际学生事务顾问等岗位。剑桥大学的心理咨询中心被称为"大学心理咨询服务"，隶属于学校健康和福利部门。其服务对象为剑桥大学所有学生、大学员工和学院的员工。牛津大学的心理咨询中心的编制较剑桥大学略有不同。牛津大学可以提供心理咨询服务的机构有两个：隶属于学生健康和福利部的"学生心理咨询中心"和专为教职工服务的"大学职业健康服务中心"，两个部门服务对象不同，相互独立。① 里丁大学将学习指导作为一个重要的分支，设在心理咨询中心。通过咨询、测试等方式找出学生学习困难的心理原因，用心理辅导的方法，设计一系列导引方法。

二、大学心理咨询从业人员的资质

英国高校心理咨询机构具有工作流程规范化、工作人员职业化的特点。咨询人员均为英国心理咨询和心理治疗学会（BACP）认证的心理咨询师、心理治疗师和执业精神科大夫。如剑桥大学学生心理咨询中心特别注明该中心从业人员包括经过良好心理咨询专业培训的实习心理咨询师，他们也会在资深督导师的督导监督下为学生服务。如里丁大学的心理咨询服务中心有健康咨询师、学习咨询师、朋辈咨询指导以及海外学生咨询师等，他们具有不同的专业咨询方向，分工明确，专业水平高。

三、心理咨询服务项目

英国高校的心理咨询活动主要包括心理健康咨询、朋辈心理辅导、学习学业指导等方面的内容。

1. 心理健康咨询

英国高校学生心理健康咨询的制度规范、标准严格。一是具有严格的保密机制，依法保护学生个人隐私，咨询人员对学生的心理咨询内容做到绝对保密，即使是学生导师和家长也无权得知。二是具有严格的心理咨询流程。如兰卡斯特大学率先在英国高校中编制了《大学生心理健康指导手册》，成为评判学生心理健康问题的标准，并对心理咨询师的服务流程提出了具体的要求。

英国高校的心理咨询服务主要通过一对一咨询、朋辈辅导、工作坊、小组讨论、团队辅导等形式开展。如剑桥大学心理咨询中心通过团体咨询和主题工作坊的形式提供服务，如如何进行时间管理、如何处理好与导师的关系，通过放松

---

① 王建中、金宏章《高校心理健康教育新进展》，吉林人民出版社 2007 年版，第 85 页。

工作坊帮助有压力感的人学会身体放松技术。

此外,英国高校心理咨询服务还具有完善的转介服务,确保了有心理问题的学生能及时得到医治。像对于有严重心理问题的学生,已经超出了心理咨询服务范围,需将学生转介到医疗机构的情况,英国高校主要通过个人导师转介、家庭医生与护士转介、自我转介等方式进行。

2. 朋辈心理辅导

国外有高校调查发现,在学生遇到烦恼时,66.5％的学生会选择向朋友倾诉,15.3％的学生会向父母征求意见,只有 7.1％的学生会选择专业辅导。这说明,遇到心理困扰时,朋友、同学是学生最先求助的对象。朋辈心理辅导就是通过接受一定心理辅导技巧训练的大学生,向有心理问题的学生一起进行分析和商讨,帮助他们解决心理问题的一种心理咨询方式。

朋辈辅导起源于牛津大学,英国高校主要以集中、体验式培训与提供不间断指导相结合的方式培训学生朋辈辅导员。在新生报到第一周,就招募一批学生,进行 10 周的系统培训。每周一个主题,共 10 个主题,涉及沟通技巧、倾听练习、如何处理极端情况、如何有效提建议等方面。里丁大学每次培训朋辈辅导员 10 人左右,一年 30 人到 40 人,并计划在宿舍楼培训一些朋辈辅导员,实现每 50 名学生当中有一名朋辈辅导员。[①] 作为朋辈辅导员,如何树立他们在学生中的良好形象,获得被辅导学生们的信任,成为高校朋辈辅导亟须解决的问题。

3. 学习学业指导

英国高校有着为学习困难学生提供学习指导、心理辅导的传统,并把这项工作作为心理咨询服务体系的重要部分。英国高校大多建立了良好的学习支持系统,通过设立学习指导支持中心,解决学生生活、心理等方面的问题。以伦敦教育学院为例,学习指导支持中心的主要任务就是帮助学生学习。学生在选课、查找资料、课外阅读、准备考试等方面有问题时都可以从中心获得咨询性或是建议性的帮助。[②] 除此之外,学习指导主要面向学习困难的学生,找出他们的心理原因,通过心理辅导的方式,设计学习引导方法,改善他们的学习。学习顾问主要通过学习技巧工作坊、学习手册、网络、一对一服务、学习障碍的评估等方式为学习困难学生提供学业支持。

---

① 朱继光《英国高校心理咨询服务概况与启示》,《中国青年研究》2009 年第 10 期,第 107～110 页。
② 黄伟《浅析英国大学自主式学风管理模式》,《南宁职业技术学院学报》2010 年第 6 期,第 87～89 页。

第七章　日本高校学生服务体系

日本的高等教育经历了130多年的发展历程,特别是在第二次世界大战之后,日本推出一系列的教育法规与改革举措,试图摆脱日本高等教育对美国模式的模仿,创立具有日本特色并适应本国国情的高等教育模式。经过几十年的发展,日本高校已经逐渐发展形成较完备的高校学生服务体系,并为亚洲及其他国家和地区借鉴。

第一节　日本高校学生服务体系的发展历程

一、日本高等教育发展与学生服务

日本的高等教育理念深受马丁·特罗的"阶段论"的影响,即在高等教育发展的不同阶段其收益主体各异,所以日本采取的是受益者负担的原则。这一原则推动了日本高等教育发展事业的有序进行。比如我们可以从时间上看日本高校教育理念的发展阶段。首先,第二次世界大战后日本的高等教育发展阶段为精英式教育阶段,这一阶段培养的目标是培育国家的栋梁之材,认为国家必须有人才才能振兴国力。因此在精英教育阶段,日本高等教育配套的财政拨款主要针对国立院校。其次,20世纪70年代后,日本进入了高等教育的大众化阶段,这时一方面强调受益者为国家,另一方面开始强化个人要在教育中受益。因为只有受到良好教育的人才能有一个较好的个人职业发展。最后,21世纪以来,日本教育开始步入终身式教育阶段,不论年龄不论背景,只要想再学习的,高校教育永远都会为其敞开大门,接受回炉式教育。那么这一阶段的教育受益者为个人,是通过再学习提升个人生命质量的一种方法,所以教育负担也理所应当地落在个人的身上。近几年,日本教育开始注重多元化教育发展,目的就是满足个人教育多元性的需要。[①]

在高校学生服务上,随着受益者与出资者的不同,学生服务主体也有所不

---

① 若園雄志郎《多文化多民族共生時代の世界の生涯学習》,《日本学習社》2018年第14期,第113页。

同。在精英式教育阶段,由国家负责设计规划学生的学业与学生服务。到了 21
世纪,由于教育的受益者逐渐由国家转变到个人,学生服务的主体也由国家需求
转变为以学生个人发展为中心。目前的日本高校不论是学业上的选修学分还是
生活上的学生公寓的管理,都充分地体现了学生个人的意愿与选择的自由。

其实,"以学生为中心"的理念源自美国人本主义心理学家罗杰斯于 20 世
纪 50 年代提出的一种教育理念,是把以人为本的理念用于心理学与教育学中。
其认为教育的主体不是教育者而是学生,教育就应该是"以学生为中心",调整
并处理好师生关系是教育工作中不可忽视的环节。在这个理念上,教育应该努
力做到理解学生、尊重学生、服务学生、启迪学生和激励学生。从表 7-1 我们可
以清晰地看出,最初的教育是为国家服务的,国家需要什么样的人才教育就培
养什么样的人才。后来,个人受益在教育中凸显之后,人性化教育和个性化教
育才达到了真正意义上的以学生为中心的教育服务体质。同时,教育对个人服
务的公开性与透明度也随之增大。①

表 7-1　日本高校学生服务发展阶段及特征

时间	发展阶段	受益者	出资者	学生服务
第二次世界大战后	精英式教育阶段	国家受益	国家	国家为中心
20 世纪 70 年代后	大众化教育阶段	国家和个人	国家和个人	国家和个人为中心
21 世纪以来	终身式教育阶段	个人受益	个人	学生为中心

二、日本高校类别与学生服务

日本的大学有三种形态:一是以发展学术研究、培养研究人员和提供研究
生教育为主的国立大学;二是提供给那些因家庭经济收入低而无升学机会的学
生,即公立大学;三是在普及大众化即终身教育进程中发挥了重要作用的私立
大学。现在日本的大学以私立大学为主。其实在日本经济成长期,私立学校就
开始得到大力发展。特别是进入 20 世纪 90 年代,随着日本出现经济负增长,
政府为了减轻国家财政负担而大力扶持私立大学。另外,日本少子化引起的生
源危机也是私立大学蓬勃发展起来的一个重要的社会性因素。目前,私立高等
院校占日本全国学校总数的 80%,国立和公立占 20%,也就是说 80%的学生就

---

① 　井田正明《教育機関に関する公表情報について》,《日本知能情報ファジィ学会》2018 年第 34 回フ
ァジィシステムシンポジウム。

读于私立院校。

现今,国立大学、公立大学和私立大学这三种大学形态并存。在财政上,政府把有限的资源投给国立大学,由中央政府投资建学,其费用由政府承担。可以说国立大学是属于国家财政拨款依存型。公立大学是由地方政府投资兴建,它均匀地分布在全日本各个地区,强有力地支持着地区教育、文化和工业的发展,在财政上以地方拨款为主。私立大学是由学校法人投资建立的,私立大学的运营资金主要是自筹。但它办学灵活,在日本高等教育大众化的进程中发挥了重要的作用。

在学生服务中,由于大学形态和财政来源不同,其学生服务的主导者也有不同。国立大学由于培养的是国家受益的学术型研究者,学生服务重视奖学金制度的健全、学术活动的支持和留学机制的促进等方面。公立大学主要培养的是地方受益的发展骨干型人才,它的学生服务更加注重地方"官产学"联合办学的内化性方面。[①] 而私立大学的学生服务则更多体现自由性和自主性。比如基督教性质的私立大学会把宗教的一些理念纳入其学生服务中。私立大学还都非常重视学生就职能力的训练,努力做到让知识真正地变为生存技能。[②]

私立大学是指由民间资本所维持经营的大学,一般而言它是指由非地方或者中央政府投资,全部或者部分依靠学生的学费来维持的大学,并且校方有权自主选择生源。目前私立大学已经是日本大学的重要组成部分,适应社会需求来培养学生是私立大学培养人才的主要模式。在这种模式下,学生服务也具有多样性,民间团体、财团资助和地域文化融合等影响着学生服务的方方面面,如表 7-2 所示。

表 7-2　日本高校类别与学生服务

大学形态	投资主体	培养目标	拨款类型	学生服务主体
国立大学	中央政府	学术型研究者 国家受益	政府拨款	政府主导
公立大学	地方政府	专业技术人才 地方受益	地方财政	地方主导
私立大学	学校法人	高素质国民	自筹	自主主导

---

① 佐藤史人《産業教育振興法の成立過程に関する実証的研究:戦後高校職業教育行財政研究の側面から》,《産業教育学研究》1999 年第 29-1 期,第 53〜60 页。
② 鈴木智之《大学生が就職活動で提出する就業希望文の採用面接成績》,《日本教育工学会論誌》2020 年第 43-4 期,第 299〜311 页。

三、日本教育立法与学生服务

(一)1872 年的《学制令》

明治政府在 1872 年颁布了《学制令》,内容涵盖学区、学校、教员、学生、考试和学费组成。在教育行政管理上,采用的是中央集权制,即在文部省统一管理下设督学局。① 《学制令》是一个庞大的国民教育计划,在教育内容上侧重于学习西方科学的基础科学知识,其宗旨就是"全民皆学"。这极大地推动了日本的教育体系改革,也是日本第一次国民教育制度的制定与实施。该法令规定了设立学校的目的就是体现实学主义学问观、教育机会均等的思想和个人负担学费的原则。虽然法令涉及了学生部分组成,并且也提高了学生的入学率,但在学生服务方面还没有具体完善。

(二)1879 年的《教育令》

《教育令》是以明治政府名义颁布的,是日本第二次建立国民教育制度的尝试。② 该法令的颁布是中央政府加大放宽对地方教育事业的控制,把教育管理权下放给了地方,并且由各地民众选出学务委员会来管理学校,加大了办校的灵活性。该法令的宗旨是"文明开化",废除了学区制,放宽了学龄期的学校教育要求,承认非正规学校普通教育的合法性和对私立学校的设立持自由态度等。在学生服务方面设置了以学业为主的学务委员会,保障学校教学和学生学习的有序进行。

(三)1886 年的《学校令》

《学校令》是以天皇敕令的形式颁布的,包括《帝国大学令》《师范学校令》《中学校令》和《小学校令》四个部分,规定大学是以适应国家需要,教授学术技艺,并探究其奥秘为目的,同时也强调培养"善良臣民"的道德教育。《帝国大学令》是国立综合大学令的前身,确立了国立大学的种类与地位。《师范学校令》中明确了要加强对女教师的培养。《中学校令》把女子学校归类到了普通学校中。《小学校令》把小学定位在国民学校,加强了初期教育与中期教育的力度。在学生服务方面保障了女子学生在各教育阶段的受教育权利。

---

① 冯志军《日本教育法规研究》,苏州大学硕士学位论文 2004 年,第 198 页。
② 湯川文彦《明治 10 年代における法の承認と教育令改正》,《日本の教育史学》2019 年第 62 期,第 6～19 页。

(四)1947 年的《教育基本法》

《教育基本法》是根据日本战后新宪法的基本精神制定的,包含文部省拟定国会通过的一部教育法。其教育根本以和平、民主的教育代替了原有的教育理念,以法令主义代替了以前的敕令主义。同时也确立了民主化教育体制,内容涵盖了教育行政、教职员、教科书、私立学校教育和教育财政等方面。

在学生服务中也更为明确了学生的权益,比如,教育权包含学生个人的权利,其学习权是基本人权。在具体的《学校伤害责任规定》中明确指出,学生在课堂教学中出现的伤害、教学中学生间引起的伤害、课外活动或社团活动中引起的伤害、休学旅行或体操比赛中的伤害、课间休息时所引起的伤害、因教师的粗暴或惩罚体罚所引起的伤害、因学生恶意的嘲笑和暴力所引起的伤害、因设备缺陷或设备使用中所出现的伤害等都由教师负责,学校和教师应确保学生在校安全。①

(五)1947 年的《终身教育振兴法》

终身教育应该说是一种教育思想,既是一种教育体系,也是一种教育制度,或者说它是一种教育政策。《终身教育振兴法》也是由国会通过并被看作日本第三次教育改革法案。《终身教育振兴法》是从终身教育和以东洋思想为基础的新的教育立场、从教育性观点出发的、以先导试行的立场为出发点设置的教育法。其在借鉴了欧美发达国家的经验后,在不同的领域中都得到了广泛的推广。② 它涉及的具体内容包括了学校教育、社会教育和家庭教育三个主要方面,有效地保障了国民终身受教育的权利,同时更加提倡教育的个性化服务。

其实,不仅仅是《终身教育振兴法》,其他的各项立法也保障了学生服务的全面性。如《关于公立义务教育各类学校班级的编制及教职员定员标准的法律》《关于在义务教育各类学校中教科书免费的法律》《学校图书馆法》《学校保健法》《学校供食法》《日本学校健康会法》《青年班级振兴法》《体育振兴法》等,也为学生服务提供有效的保障。③

随着教育的发展和各项法律的颁布与健全,日本的学生服务也从学生的基本权利向需求服务深入。如何服务学生学业、生活、就业和服务育人工作等需要教育事业进行不断的探讨和尝试。

---

① 杜蓉华《日本教育法述略》,《西南师范大学学报》1994 年第 1 期,第 50～52 页。
② 关直规《イギリス・コミュニティ教育実践の一展開》,《日本公民館学会年報》2019 年第 6 期,第 56～62 页。
③ 满松江《现代日本教育法和大学教育立法的特点》,《兰州大学学报》2001 年第 2 期,第 100～103 页。

纵观日本教育理念的发展历程，我们不难看出日本教育的三大特点。首先，是对教育的投资由政府行为转变到开发民间教育资源上，这样不仅可以节省政府财政开支，同时也促进教育与时代同步，用市场需求来调整办学方向。其次，是从教育受益的视角来分析教育本质，把政府与个人行为责任分开，让教育成为个人的成长与自我实现的工具。也就是说，教育从国家受益转变到个人受益，这样能够提高个体的学习能动性和学习质量。最后，用颁布教育立法来明确教育方向，比如国家教育进入终身教育阶段就出台了《终身教育振兴法》来为之进行保障，这也能从一个侧面体现日本教育的稳定性。

第二节　日本高校学生服务体系中的学费

日本是一个高学历和高福祉的国家。但在日本上学不是一件容易的事，存在着教育格差。2014 年《世界日报》网站报道，日本公立和私立学校的学习费用差距达 3 倍。[①] 比如日本学生若就读的是私立学校，一名学生的学习总费用约为 1677 万日元，而公立学校的学费是私立学校的一半以下。但日本的国立学校只占总体的 11.34％，公立学校占 10.16％，而私立学校占 78.5％。由此可见，日本也存在着上学难的现象。有些研究日本教育的学者风趣地用"日本私立大学一年的学费能够买一辆宝马车"来形容私立学校学费的昂贵。[②] 为了缓解学生学费的经济负担，日本在学费缴纳方式、学习奖学金、学习贷款等方面下了很多功夫。

一、日本高校的学费缴纳

日本法律规定日本义务教育为九年制，但实际上就普及程度而言，在义务教育阶段基本上不收取任何的学杂费。如果是非义务教育阶段，大学生要缴纳高额的学杂费。在日本，国立大学的学费是由听课费、入学注册费和检定费这三项组成。而日本私立大学的学费除了上述三项费用之外，还要缴纳设施、设备使用费等。学费是日本私立大学财政的最主要来源[③]，这也就是私立大学学费高的原因之一。

---

① 罗朝猛《日本公私立学校学习费用差距达 3 倍》,《世界教育信息》2014 年第 4 期,第 77～78 页。
② 熊建辉、陈敏《日本私立大学学费创新高平均增加 4％》,世界教育信息 2010 年第 7 期,第 9 页。
③ 任青云《日本私立大学学费资助体系研究》,山东师范大学硕士学位论文 2009 年,第 2 页。

日本大学学期分为春季学期和秋季学期,常规的开学指春季学期。在开学之前,学校都会下发关于学费缴纳的通知,学生根据自己的学科和专业来支付学费。从表7-3中可以看出,不同性质的大学收费水平是不同的。大多数的学生都能按时缴纳学费,另外学校对有特殊原因不能及时缴纳学费的学生也有特别提示。首先建议活用奖学金和教育贷款,必要时也可以到校内窗口进行咨询。其次是设有延纳和分纳制度,只要提交相应的申请,都能顺利上学。为了保证大学财政的正常运转,负责收取学费的财务管理科、负责学生学费经济支援科和处理休学退学的教务科这三个部门同时进行监管和运作。

表 7-3　日本大学学费示例

分类	校名	学费价格
日本大学（学部）	日本公立大学学费	75 万～85 万日元
	日本私立大学学费	文学、教育学科:约 115 万日元;经济、法律学科:约 108 万日元;理工学科:约 137 万日元;医药类学科:215 万～468 万日元
	日本国公立大学院学费	约 100 万日元
	日本私立研究生院学费	文学、教育学科:约 100 万日元;经济、法律学科:约 140 万日元;理工学科:约 137 万日元;艺术学科:约 229 万日元;医药类学科:169 万～618 万日元
日本短期大学	日本国公立短期大学学费	51 万～56 万日元
	日本私立短期大学学费	约 115 万日元

二、日本高校的校内奖学金

奖学金制度是传统而古老的一种教育激励制度。它是指国家有关部门、组织或者各级学校,为奖励品学兼优的学生而设立的经济资助制度。在实行高额学费制度的日本,完善奖学金制度也是提高教育质量的一个重要途径。奖学金的形式主要有以下几种。

全球化人才育成奖学金(减免、支付)的目的是鼓励对跨国性全球化社会有贡献的人才,对其学费进行一部分减免,最大减免期限为四年,同时支付留学所需的交通费用。学而事人奖学金(减免)是支持家庭经济上有困难的学生和奖励对社会有贡献的人才,对其学费进行一部分减免,最大减免期限为四年。运动突出人才育成奖学金(减免)是以活跃在全国水平上的有优秀运动才能的人才为奖励对象,对其学费进行一部分减免,最大减免期限为四年。对外国人的奖学金有自费留学生奖学金(减免),是为了支持优秀的能为全球化社会做贡献的自费留学生,对其学费进行一部分减免,最大减免期限为四年。学业优秀者奖学金(支付)是以支付奖励的方式来对品学兼优的学生进行鼓励,针对大学二年级到大学四年级的学生,每人一年能获得 10 万日元的奖学金。

三、日本高校的校外奖学金

1. 独立行政法人日本学生支援机构奖学金(借贷)

独立行政法人日本学生支援机构的奖学金实际上是一种贷学金,是日本大学生贷款的主要渠道。该机构的前身就是日本育英会,运营目的是鼓励和支持品学兼优和经济困难的学生。日本学生支援机构(JASSO)资金的主要来源由政府借款、财政融资和学生还款三个渠道组成。JASSO 资助对象和资助类型是不分学校性质的,也就是说不论是国立还是私立大学,只要学习努力、成绩优异和经济基础差的学生都能得到。另外,JASSO 提供的奖学金分为无息贷款和有息贷款两种。[①] 由于总体上的资金有限,申请无息贷款的条件相对比较严格,所以就设立了有息贷款,据统计有息贷款已经超过无息贷款的两倍。在被认定后的 JASSO 的无利息奖学金者,一般每人每个月可以获得 54000 到 64000 日元的贷款。有息贷款者每人每月可以申请 2 万日元到 12 万日元的贷款。目前,有学者认为日本有奖学金过剩的现象,奖学金可能会在当时减轻那些有经济困难的人的经济负担,但从发展的角度来看,过剩奖学金将成为个人未来的负担,将近 42% 的人会因还贷奖学金而破产。[②]

2. 应急奖学金

这是在发生特殊情况下为学生提供的一种紧急奖学金或应急奖学金。主要面对的是一年内出现家长失业、破产、生病、死亡等情况。

3. 地方公共团体与民间育英团体奖学金

在日本,有很多都道府县教育委员会及各种育英团体(市区街村、民间财团等)都设有奖学金。通过大学校内平台或各自治体宣传等招募学生,对学生会

---

① 任青云《浅析日本私立大学学费资助体系》,《中国校外教育》2009 年第 2 期,第 22 页。

② 茂木启司、野澤知世、鈴木巧、中村年希《奖学金過剰受給の解消に向けた行動経済学のアプローチ》,第 2 回行動経済学会学生論文コンテスト優秀賞受賞論文,2020 年第 13 期,第 1〜15 页。

有不同的限定条件,奖学金金额也会因为出资者不同而不同。

四、日本高校的留学生奖学金

日本进入少子化时代后,就实施了大批量引进留学生的计划。知名度最高就是 2008 年日本政府推出的"30 万留学生"计划,目标到 2020 年来日留学生达到 30 万人。2017 年根据日本学生支援机构发布的数据显示,目前留学生总数达到 26.7 万人。为保障留学生顺利完成学业,留学生奖励制度也发挥了极大的作用。另外,日本也把留学奖学金作为国际教育竞争力的一个体现方式。①

在留学生奖学金中,可以分为国家和民间两个部分。国家级别的代表是文部科学省留学生学习奖励金(支付)。这是文部科学省以自费留学生为对象运营的奖学金。目的是奖励支付给品学兼优的学生或是有经济困难的学生,让学生在提高自己学业的同时,期待学生将来促进各自国家同日本的教育交流与发展、增进相互理解与为和平友好做贡献。该奖学金每个月支付 4.8 万日元,支付时间为一年或半年。另一个就是民间育英团体奖学金。各种育英团体的奖学金,一般是在春季和秋季进行招募,可以通过大学校内平台或各自治体宣传等获得招募信息。

奖学金制度的建立既是政府行为也是社会行为。对国家来说对教育的投资就是对国家未来的投资,提高和完善奖学金制度是教育事业的一项基本任务。

在教育成本投入上,日本政府也秉承着谁受益谁出资的理念。在高度普及义务教育之后的日本高等教育,目标就是打造个性化教育,不论是办学还是设置学科都是满足个体与社会的需求。所以,办好大学和办好学科特色是吸引个体对自身教育投资的有效方法。在个人教育投资实施过程中,政府和学校也给予了帮助与保障。首先,学生可以根据自己家庭经济情况来选择不同收费标准的大学。其次,在缴纳学费过程中对有困难的学生也出台了相应的减缓政策。最后,对品学兼优的学生加大奖励力度,通过奖学金制度来促进学生的学习投入。从以上几点不难看出,学生是教育的主体,学生能够自主选择自己受教育的方法与内容。政府在个体教育投资上起到了促进与保障的作用。

---

① 朱雲飛、高橋幸司《グローバル人材を獲得するための私費留学生奨学金制度に関する一研究》,《産学連携学》2016 年第 13-1 期,第 74～82 页。

第三节 日本高校学生服务体系中的学生支援科

秉承以学生为主体的日本教育,在学生服务中,设立学生支援科负责校内的学生事务管理机构。在大学中,一般设有学生支援科负责统一管理全校学生的相关事务,各个院系不会再设院系级的学生事务管理部门。[①] 设立专门的学生服务组织可以将学生服务事务进行统一管理和规划,从而提高学生服务工作的效率和质量。

一、日本高校学生支援科的工作范围

日语中的"支援"更接近于英文 support 的"辅助"和"援助"的意思,意为对学生的学习与生活多方面地进行援助与帮助。学生生活支援涵盖面广,从新生入学各种手续证明的办理,学校基本情况、建筑设施、周围交通状况的介绍,到学生社团、奖学金等大学生活,涉及的方面比较丰富。[②]

在学生上课方面的支援,主要是向学生发布授课关联信息,比如休讲信息、补讲信息、教室变更、考试信息、校车通知、选课手册、学规、校历。在学生生活方面的支援包括各种证明书的发放、各种学生申请的受理、学校临时听课通知、学分互换制执行、朋辈支持、专业辅导、学生生活手册、博物馆票、垃圾分类和大学其他生活方面。在校园设施设备方面也进行相应的统一管理,内容包括学生宿舍、学生公寓和学生网络管理等。

在课外活动中,学生支援科也积极配合学生的社团文化建设。比如在体育俱乐部的建设中,不断发展和强化本校的强项,有些学校会有自己的弓道部、野球部、路上竞技部、棒球部、体操部、啦啦队、排球队等。在体育会的建设中设有射箭部、舞蹈部、空手道部、剑道部、硬式庭球部、高尔夫球部、足球部、柔道部、网球部、排球部、羽毛球部、合气道部等。在文化方面有演剧部、华道部、轻音乐部、陶艺部、摄影部、茶道部、美术部、英语会话部、落语研究部等。"以学生为本"的教育理念奠定了学生服务的多元化。[③]

---

① 翁婷婷《日本高校学生事务管理特点分析及经验启示》,《高教学刊》2016 年第 9 期,第 13~14 页。
② 张曦琳《日本大学学生事务管理探析》,《山东高等教育》2018 年第 4 期,第 45~51 页。
③ 佐佐木惠、足立由美、小岛奈奈惠、堀田亮、田山淳《高等教育における学生支援》,《日本心理学会第 81 回大会》2017 年。

二、日本高校学生支援科的行政教职

日本大学对从事学生工作的大学行政职员也是有一定要求的。申请日本大学的职员要求具有本科以上学历。私立大学在招聘行政职员时提的要求则相对简单,一般通过校园网或其他平台直接向社会公开招聘。有意向的应聘者在规定期限内直接向大学提交个人履历等即可,然后进行笔试和面试,合格者就可以进入工作岗位。如果应聘公立大学,程序就有些复杂。首先必须通过两次考试:第一次为地域内的国立大学法人等职员的统一考试,第二次为各大学自主考试。

另外,日本大学把工作人员分为事务型职员和技术型职员。事务型职员主要从事包括教育支援、学生支援、推进研究、发展学校的国际化、推进产学官合作等方面的业务,以及学校运营的总务、财务、法务、人事、宣传、企划等相关业务。技术型职员则主要从事大学设备、设施的保养、检修等业务。[①]

在入职后,各大学都会有自己的培训和研修计划。从宏观上来说,是为了加强新进人员对大学运营机制、各部门的设置、部门职能、职业规范等的了解。微观上来说则是要培训部门业务技能和人际交流沟通方式等。在日本事务型职员一般都会进行校内岗位内部轮换,以促进和增加各部门的协同合作。岗位轮换制的另一个目的就是让每一位行政职员全方位理解高校服务体系,理解自己目前所在岗位的真正职能。[②]

三、日本高校学生支援科的咨询服务

为了更好地为学生提供服务,日本高校把更多的精力转向了为学生提供各类咨询服务方面。[③] 2007 年日本学生支援机构公布了《关于充实大学学生咨询的策略》,认为提供咨询服务就是重视学生个性化,也是提高服务质量的重要方式,所以大学一般都设有学生咨询专用窗口。校内的行政职员、专业老师、大学调动社会资源的咨询顾问承担学生咨询任务。承接咨询内容包括办理事情的程序咨询、学分咨询、选课咨询、健康咨询和职业发展咨询等。这些能提供各项信息咨询的窗口被学生称为"绿色窗口"。

---

① 端木怡雯、裴晓兰《日本的学生事务管理与中国学生工作的比较》,《中国德育》2010 年第 10 期,第 71～75 页。
② 田敦子、高橋智《大学の発達障害学生支援における学生支援コーディネーターの役割》,日本教育学会大會研究発表,2017 年第 75 期,第 166～167 页。
③ 吴媛媛《中外高校学生事务管理模式比较研究》,南京农业大学博士学位论文 2013 年,第 38 页。

四、日本高校学生支援科的自我定位

从整体上看,学生支援科的服务体现的是学生自主管理,即学生支援科的服务不会主动地介入学生的学习与生活,更多的是起到事前引导与事中指导功能。这也为大学生提高自我管理意识、成长为社会人打下了良好的基础。日本学生支援科的这种不喧宾夺主的自我定位和办事风格是值得我们借鉴的,因为不论是哪个国家的教育,学生永远是教育的主体。另外,支援科也被看作学校的服务资源之一,便捷的学生服务是保障学生学业发展的基础。①

学生支援科是日本高等院校的核心机构之一,是学生学业管理的主要部门。从运作形式的角度来讲,学生支援科是一个服务性部门,但从业务范围上看,它又是一个管理部门。双重性的部门功能要求学生支援科具备以下特征:第一是学生咨询服务的窗口,目的就是保障学生的学业顺利进行;第二是按国家要求对在籍学生的学业成绩和资格认定的管理。所以学生支援科也是办学质量的一个风向标。

第四节　日本高校学生服务体系中的就职支援中心

日本被公认为一个职业竞争压力大的国家。在 20 世纪的六七十年代,日本的经济进入高速发展的黄金时期,这一时期日本保持着较高的就业率。之后即使是在 20 世纪八九十年代进入经济泡沫时期,日本的就业率也依旧维持在80％左右的水平。在 20 世纪 90 年代以后,日本高龄化社会雇佣环境发生了很大的变化。日本原来特有的终身雇佣制和年功序列制开始逐渐解体,取而代之的是自由灵活的雇佣方式。② 这种现象冲击着传统的择职和就业理念,社会对那些年轻无业者,或者有业也早期离职者等充满了焦虑。正是有这样的社会背景,社会开始期待高校能加强对大学生择业观的正确引导,这也就孕育出了日本高校学生服务组织的一大特殊服务项目部门——就职支援中心。

一、日本高校的就职支援中心

在日本少子化社会背景下,年轻人的就职是确保整体社会经济正常运转的

---

① 德田智代、青木多寿子《組織的な異職種間協働(SIC)」を基盤にした学生支援システムの構築—学生相談カウンセラーを中心に—》,《日本心理学会大会発表論文集》2017 年。

② 吕显然《日本职业生涯教育研究及启示》,青岛大学博士学位论文 2014 年,第 11 页。

重要因素。针对这个问题日本文部科学省也联合了厚生劳动省、经济产业省相关部门，积极致力于学生职业生涯教育的推进工作。[1] 进而政府要求学校要为学生提供丰富而全面的与就职相关的信息资料，来加深学生对择业的理解，缓解和预防早期离职或自由性大的择业现象。

职业生涯教育落实到学校，大学中都设有校级职业指导机构，还有一部分设有院系级职业指导机构。最常见的就是就职支援中心这一形式。在高校中，就职支援中心是一个独立的部门，与学生支援中心是平等并列的学生服务部门。如果学生支援中心服务的是学生在校的学业，那就职支援中心服务的就是在校生的职业未来。就职支援中心成员一般是由专门教师对学生进行职业生涯辅导，平常工作包括为学生提供个体或团体咨询。其咨询内容包括职业种类、企业信息、就业工作流程、就业规范等，也包括对学生的就职面试和职业适应能力的培训。

为了确保高校中的就职支援中心的正常运转，还特意制定了相应的政策制度来加强监督与管理。比如在 1999 年 3 月颁布了《高等学校、特殊教育学校的学习指导要领》，在 2002 年文部科学省也颁发实施了新的《学习指导要领》，更加强调培养学生的"生存能力"，即职业能力。

另外，为了促进学校培养的职业人才更加适应企业需求，日本政府鼓励企业和学校进行产学合作。在 1983 年日本文部省建立了大学与民间企业相互合作的共同研究制度。这也使得就职支援中心要与企事业紧密合作，协调企业需求人次和学校供应人才的平衡关系。具体的可以体现在就职支援中心提供的学生的见习和实习，"体验式就业"活动就是让学生找到自己的兴趣点，并在学校期间完成知识储备和心理职业适应的过程。

二、日本高校的就职支援中心的管理职能

就职支援中心作为管理部门，主要功能就是引导学生和指导学生就职。具体可体现在以全程职业指导为策略，教养教育与职业教育相结合上。职业发展理论认为，个体的职业兴趣、个体的职业能力等的发展是一个长期而连续的过程，职业选择不是简简单单的只有在面临择业时才有的事件，而是一个过程的结果，所以职业指导应该贯穿大学教育的全过程。[2] 参与学生管理的教职员也

---

① 石蕊《日本短期大学职业生涯教育》，东北师范大学博士学位论文 2012 年，第 33 页。
② 赵连章《日本高校职业指导的系统研究》，《中国成人教育》2007 年第 8 期，第 120～121 页。

被称作"助言者",通过一对一的方式进行学生的就职管理活动。[①]

过程管理。就职支援中心在大学教育全程的引导和指导工作中,从新生入学起就为每个学生建立了职业规划档案,有组织地进行实习活动,同时不定期地开展职业指导工作。有些高校还特别开展了跟踪式指导,通过问卷调查、电话沟通、面对面访谈等形式,来分阶段关注大学生的就职教育。[②]

技术管理。借助发达的通信技术,就职支援中心通过各种平台向学生提供相关的企业人才需求信息和就业活动信息,目的就是用多元刺激来引起学生对自己职业规划的重视,也能引起学生的职业兴趣,在不断强化的自我分析和职业分析的同时明晰自己的职业方向。

资源管理。日本大学早期就向社会各界提出了"产、学、官联合合作"的理念。所谓"产"是指企业;"学"是指大学;"官"是指政府。充分利用企业资源和政府资源是就职支援中心开放和拓展学生就职领域的一项重要工作。近年来离职率高涨的日本社会背景下,企业对高校的呼声则是多培养"勤劳青年"。[③]从这一点上也能感受到"产、学、官联合合作"的重要性。

三、日本高校的就职支援中心的服务功能

随着经济发展和科技进步,日本的高等教育要求职业专门教育和教养教育融合在一起。为了提高学生们的职业素养,在教育内容上,日本以职业生涯教育为中心,实施了相关的就业援助计划。就业支援是学生的生涯教育的一部分,其教育内容包括以下三个方面:以在校的全体学生为主体进行系统的生涯教育;针对个别学生进行职业辅导和帮助;协助学生进行自主学习,引导学生积极地参加课外活动。

以全体学生为对象的职业生涯教育,主要通过"实习生实习期""个别性的职业支持、学生指导"和"支持学生自发性的学习活动、课外活动等"三种形式来实现。[④]

---

① 蝶慎一《1950年代半ばにおける「学生担当職」の担い手に関する一考察》,《大学評価学位研究》2020年第21期,第1~17页。
② 杨凡《论日本大学的生涯教育对高等教育的影响》,《河南大学学报(社会科学版)》2007年第5期,第142~145页。
③ 田剛史、吉田加代子《青年心理学はなぜ勤労青年を取り上げないといけないのか》,《青年心理学研究》2020年第31-2期,第155~159页。
④ 李颖、杨秋芬、张如意《日本大学生就业现状及就业指导》,《河北大学成人教育学院学报》2007年第6期,第59~61页。

在实习生实习期中,首先培养的是学生们的职业观和劳动观;其次在一般教育科目和专业科目中加入职业目标学习;最后是建立和完善职业生涯教育的专业科目。为了保证学习和实习的质量,职业生涯教育课程分为必修课和选修课。在必修课中有《职业社会学》《现代职业选择》等,选修课中有相关的讲座与报告会。选修课是通过灵活多样的形式来让学生了解职业与职业发展趋势、怎样提高职业素养、论证影响职业选择的因素、思考现代职业选择理论、分析择业市场与择业途径、合理规划自己的职业能力、择业的心理准备、面试应聘技巧、个人职业生涯管理、个体自主创业等。其实,实习是锻炼大学生社会生存能力的一个方法,正确的实习自我评价也对将来的择业具有一定的参考价值。[①]

在个别性的职业支持、学生指导中,就职支援中心会举办小规模并且具有针对性的有关就业、职业生涯规划的交流座谈。在加强企业与学生的交流的同时,也要加强教师与学生的指导交流。也就是说除了专门承担咨询工作的职业生涯教育教师外,也要求一般教师在教学过程中进行普及性职业生涯教育,为学生提供更广泛的就职指导与帮助。

在支持学生自发性的学习活动、课外活动中,考虑到就职的主体是学生,因此重视学生自身的自发性、主动性和能动性,支持学生参加各项课外活动和打工、学生交友活动、家庭活动等。事实上,实践已经证明了这些活动对学生选择职业和规划未来、考取专业资格证书等具有积极的作用。为此社会也为学生创造更多的劳动体验和就业体验的机会。

四、日本高校的就职支援中心与学生

在日本,学生会经常利用就职支援中心提供的信息与咨询。大学一年级的学生一般是通过必修课和选修课的形式开始接触职业生涯教育,在大学二年级的时候是通过见习和实习来进行就职体验,到大学三年级会进行专门的面试技能培训,到大学四年级会通过就职中心提供的信息进行正式的就职活动。在日语里,把学生的就职找工作时期简称为"就活"。一方面,学生为了能找到理想的工作,基本都在毕业一年前就进入了"就活";另一方面,企业为了确保优秀人才进入,也对未毕业者提供"内定"就职名额加以确保人才到位。

日本的就职支援中心的工作是教育生涯的重要一部分,它认为就职不仅仅是个人行为,也是一种社会行为。如果学校教育能给学生打下良好的职业观和

---

① 境哲生、大野爱美、石原勉、内田成男《学生の自己評価と臨床実習指導者の評価との相違:実習期間中の変化に着眼して》,《第 33 回日本理学療法士学会誌》1998 年。

劳动观,将来必定会对社会经济稳定而有序的增长打下坚实的基础。

　　谈论到高等教育普及的利弊时,我们都会想到受过良好教育的人都会想找一份有良好社会地位和收入的工作,这也给社会带来一定的压力。所以,日本也并没有我们想象的那样鼓励大家都要拥有博士那样的高学历,因为高学历就意味着薪资起点也高,政府和企业的压力也就越大。提高大学生就业率就成了社会关注的焦点。另外,由于就业率一直是办学质量的评估指标之一,学校也在这方面加大力度进行就职教育。在日本,一般的大学都从大学一年级就开始逐步接受就业教育,提高学生的就业意识,锻炼学生的就业能力,加强就业体验的锻炼等。这样做的目的就是想让学生把就业纳入自己的学业规划中,培养和锻炼自己的社会性,为将来就业做好心理准备和专业准备。

第五节　日本高校学生服务体系中的心理健康

　　日本是注重健康的国家之一,不仅保持着"和食"的传统饮食习惯,也是一个注重健康管理的国家。早在 2000 年日本就开始制定并实施了"健康日本 21 世纪"的全民健康政策,目的是提高国民的健康意识,掌握自身健康动态,提前预警健康风险,通过早期干预,达到不生病或延缓疾病形成的目标。学校的健康教育及健康服务也得到了政府和社会的重视,特别是对地域环境与人文环境的整合提高了青少年的身心健康成长。[1]

一、日本高校心理健康中的法律法规

　　随着学校教育的发展,学校健康也逐渐得到关注。19 世纪,明治及大正颁布《学制》,健康主要体现在修身科,其中包括了禁酒、衣服、清洁及运动等内容,提倡修身养性才能保持健康与忠诚、孝道等密切相连的主张。20 世纪初期的昭和时期,国民《学校令》颁布后,战时教育体制被强制实施,这一时期新设置了体练科,它包含了卫生的内容、身体的清洁和护士急救等内容。这一时期提倡的是成为锻炼好具有健壮体格的日本人。"二战"后出台了《学习指导要领》,日本文部省也提出了学校体育指导纲要,注重保健与安全教育的保健体育科成为健康教育的重要科目。健康知识的掌握与运用是这个时期的健康教育的目的。

---

① 崔文竹、森英高、谷口绫子、谷口守《地域環境と心身の健康状態に関する因果分析—BMIと健康関連 QOL 指標に基づく》,《土木学会論文集》2017 年第 73-5 期,第 355～366 页。

20 世纪 80 年代的平成期,修订了《学习指导要领》,把"体育"修改为"体育•健康",同时用行为科学的理念来指导健康教育。[1]

我们从与学生健康相关的法规法律中,不难看出从 19 世纪到 20 世纪也是人们关心学生的身体保健、强身健体和体育健康的发展过程。用法律法规来保障和强化学校健康的发展是教育发达国家的特征之一。

根据 1952 年的《学校保健宪章》,学校要为学生提供身体健康检查、健康咨询的制度保障,要为学生身心发育成长、学习能力的提高以及疾病的预防,提供具体的帮助和建议。[2] 学校健康教育主要集中在中小学,是通过课程来保障学生受到健康教育的。其主要内容是以《学习指导要领》为基准,制定教学大纲、编写教材,并在各个教育阶段开设保健、保健分野以及科目保健等课程。

在高校中,学校健康教育不再是科普性、课程性的健康教育,而是提倡"健康管理"这一理念,这也是从学生到社会人的健康意识的过渡。事实上,健康管理这一概念强调的是对个人自身的健康危险因素进行全面管理的过程。健康管理主要包括饮食、睡眠、运动、环境、心理和生活习惯等方面(图 7-1)。比如饮食上,北海道札幌市国立大学就推出了校食堂数字"量化"健康的举措,每道菜不仅有价格标识,还有食物热量的标注,这样学生就能知道自己摄入的热量从而选择合理膳食。在日本,养成良好的"食生活习惯"是健康素养之一。[3]

图 7-1　日本高校学生个人健康管理系统

二、日本高校心理健康中的生理健康

日本作为经济发达国家,对高等教育十分重视,尤其注重学生全面素质的培养,普遍将心理健康教育纳入全校性日常教育工作体系。[4] 学校的健康服务体现在"身"与"心"两个方面的健康服务,都是由校内的健康中心负责。身体方面的健康服务是通过入学体检和定期体检等来管理完成的,而心理健康主要是

[1]　毛丽红《日本学校健康教育的现状及未来》,《现代预防医学》2007 年第 21 期,第 4060~4063 页。

[2]　郭亚新《21 世纪日本学校健康教育课程体系研究》,首都师范大学博士学位论文 2013 年,第 26 页。

[3]　高橋久仁子《食生活を惑わせるジェンダー》,《日本家政学会誌》2020 年第 71-3 期,第 200~205 页。

[4]　娄秀红、李旭珊、刘翼灵《浅谈澳日两国高校心理健康教育模式及其启示》,《第八届高校心理健康教育会》2004 年。

通过心理咨询方式进行监控和疏导。心理是日本高校健康服务中起步早发展也比较完善的领域,从 20 世纪 50 年代开始各高校在健康中心下创设心理咨询室。[1] 心理咨询的健康服务通过学生心理健康评估、心理障碍干预和心理健康复发等程序为学生提供健康服务。同时也特别重视影响学业的焦虑症、强迫症、恐怖症和进食障碍等常见病症。[2] 最后还有要把身体健康和心理健康的数据都整合到一起,建立学生健康档案。

三、日本高校学生服务中的心理健康

心理健康与心理健康内容。日本大学生心理健康服务范围可以说是十分广泛的。第一板块就是学业方面。包括学生的学习动机、学生的学习能力、学生的学习方法、学习策略、学生的考前压力、学生的择业困惑等。第二大板块是生活方面。它包括学生的家庭关系、学生的朋辈人际关系、学生的社会功能,它的外延还有亲子关系、情感问题、兼职适应、人格发现、宗教信仰等。第三大板块就是对真正有心理障碍、神经症、精神病性问题给予筛查与转介治疗的帮助。[3]

来访者与心理咨询。学生来访者是心理咨询的中心与重点。为了方便来访者利用心理咨询室,日本的心理咨询室一般都设立在相对隐蔽的角落。日本是一个尊重个人信息的国家,在心理咨询中保密性做得极其到位。这也体现在个体咨询中,咨询中心都会为来访的每个学生建立个别指导档案,并加以严格保管。这里有个人信息资料,也有有关家族史、病史和咨询史的记录等,最主要的还有心理咨询师对咨询内容的分析记录。学生可以通过校园网或电话进行预约。

心理咨询师与心理咨询。日本的校园心理咨询师一般采用地域巡访制,也就是说在本校做心理咨询的心理咨询师都不是本校的老师,而是周边学校的专职或兼职心理咨询师,这种巡访制能有效避免心理咨询师与来访者的双重关系。日本学校的心理咨询教师与学生的平均比例可达到 1∶2800 的水平。20世纪 90 年代开始,日本对大学心理咨询师的专职化、专业化要求越来越高。文

① 马建青《国外大学生心理咨询的特点及对我们的启示》,《上海高教研究》1994 年第 4 期,第 113～116 页。

② 野有紀、長谷川晃、土原浩平、国里愛彦《大学生用ひきこもり親和性尺度の作成》,《感情心理学研究》2020 年第 7-2 期,第 51～60 页。

③ 赵旻、黄展《日本高校心理素质教育发展趋势、影响因素及启示》,《北京教育(高教)》2012 年第 1 期,第 78～80 页。

部省高等在 2000 年出台了《关于充实大学生活的方案——站在学生的立场上创建我们的大学》中，就明确要求心理咨询师要向资格专业化和专职化发展。2002 年日本实行了学会心理咨询师资格认证制度，目的是提高心理咨询师的学术专业水平，同时也保证资格认定的质量。即使取得大学心理咨询师资格，还需要每五年申请资格更新。[①] 心理咨询师资格考试内容包括心理学、临床心理学、教育心理学、社会心理学、发展心理学、咨询心理学、心理测量学等多门学科，这样有效地保证了知识结构的全面性。

四、日本高校心理健康中的心理咨询

日本高校不仅仅提供个体咨询服务，团体咨询服务也是一大特色。因为在亚洲，日本也是团体咨询做得比较好的国家之一，其团体咨询的形式有同质性和异质性团体咨询之分。其中在同质性团体咨询中，与咨询任务相比更加注重成员间的分享，分享与共享是缩短成员之间距离的有效方法。在治疗方法上，不论是个体咨询还是团体咨询，根据心理障碍的类型不同，除了用西方心理疗法外，还运用本土的森田疗法和内观疗法。东西方技术融合也是在日本临床心理学上常见的干预方法。心理咨询干预的目的不仅仅局限在缓解当下的心理问题上，同时也关注提高学生整体的人生幸福指数。[②]

干预是心理障碍最主要的预防和缓解手段，但学生自身的心理保健也是不可忽视的一个环节。日本在 1952 年就颁布了《学校保健宪章》，做到健康教育长期化和课程化，并规定学校有义务建立一系列为学生提供身体健康检查、心理健康咨询的保障制度[③]，来提高校园内学生的身心健康水平。

在健康意识方面，日本从幼儿园开始就强化个体保健意识，掌握基本健康知识。在小学和中学期间也会根据发展的需要进行不同阶段的健康教育。到了大学，健康管理真正开始成为个人的健康管理，这有助于身心疾病的早期预防和早期干预。在心理健康方面，为了更加保护个人隐私权和避免双重关系，日本实行了心理咨询师训访制度，就是本学校的心理咨询师不会接受本校学生的心理咨询，从生活范围到工作范围都杜绝了心理咨询师与来访者的双重关系，这是尊重心理咨询原则的一种执行方式。日本是一个既能保持传统又有创

① 解秀新《日本青少年的心理健康教育》，《日本问题研究》2006 年第 2 期，第 37～39 页。
② 奈良隆章、木内敦詞《大学新入生におけるライフスキル獲得水準の性別および専攻別の特徴》，《運動疫学研究》2020 年第 22-1 期，第 13～21 页。
③ 郭亚新《21 世纪日本学校健康教育课程体系研究》，首都师范大学博士学位论文 2013 年，第 26 页。

新能力的国家,不论是从学业辅助还是对学生的生活协助,都体现了"以学生为本"的教育理念,朴实而认真的办学行为风范也是值得我们借鉴的。

第六节 日本高校学生服务体系中的 学生自我学业管理资源

"自我管理"一直是日本人的高尚品格之一,不仅有自控和自律的含义,还代表着一个人发展的潜能。[①] "教育特长"是日文直接翻译成中文的单词,正如字面所示,教育的特长就是开发和拓展学生的潜力。虽然它本身没有什么特殊的含义,但它的载体让"教育特长"成了学生我管理学业的特别渠道,这个载体就是学生校园自我学业管理资源网。

在以学生为主体的教育理念中,学生的自我管理也是其中的一个部分。实现学生的学业自我管理也是培养学生自主自立的一个方面。"教育特长"就是在校园网中提供的针对学生自我管理的板块,让学生成为自己学业规划的主人。"教育特长"学生自我学业管理资源网的建设与使用,是随着互联网的应用与普及而形成的网络学生服务形式。学生自我学业管理也是通过网络资源的利用科学管理自己的学业与技能拓展。

其实,在关于信息化高校智慧校园建设探讨研究中,我国的学者就指出,它是将各种应用融为一体,突破了部门的限制,达到高效率服务目的的一种管理方法。[②] 日本的学生自我学业管理资源网就是在智能校园建设中的一个很好的应用例子。

学生自我管理资源网一般由五个板块构成,分别是学群制、学业辅助在线咨询交流、全球化人才培育、国际留学生援助和体验实践。

一、学群制

学群制就是了解自己所学的专业和其他相关专业间的关系,鼓励跨专业学习。日本的学群制与我国按专业划分学院十分类似,日本大学的学群与传统大

---

① 池田智子《大学生における自己管理力と自己調整学習方略》,《日本心理学会第 79 回大会》2015 年。

② 黄晶金、兰昆《信息化高校智慧校园建设探讨》,《科技经济市场》2018 年第 9 期,第 136～137＋158 页。

学学部类似,相比传统大学的学部对科研与教学的融合功能,学群更侧重于教学职能。日本大学的学群又可以分为多个类别和多种层级,学群类别的划分主要依据学科种类,如自然科学、社会科学、艺术等;层级的划分主要按照学科内在的层次,如基础科学、技术科学和应用科学等。如日本筑波大学将学群分为六大类。第一学群主要是基础性的学术领域,下设文学类、社会学类以及自然学类。第二学群主要是文化和生物领域,下设比较文化学类、人类学类、生物学类以及农林学类。第三学群主要是工学领域,下设社会工学类、信息学类以及基础工学类。可以看出,从第一学群到第三学群逐步提高了学群和学类的应用性。日本不仅把研教融合,同时尝试着把不同性质的大学融合和不同性质的专业融合,这顺应了现代知识生产转型的需要。[①]

学群制里包括了两部分内容来衡量学生所学和所选课程的学习质量。首先是推行和使用 GPA 制,即成绩评价方式(Grade Point Average)。学生取得学分是一个量化的过程,但学习又要讲质量,质的量化就是 GPA 制度。在使用中,学生到自我学业管理资源网中,可以很容易地换算自己的 GPA。另外,学校对学生的学习履修信息提示也能增加大学生的学习动机与学分管理。[②]

学群制对学生的学习活动产生的影响直接表现在可以更好地调动学生的学习积极性和主动性,同时也有助于培养跨学科、跨专业的复合型人才。学生可以在学群内部选择不同层次的课程学习,也可以跨学群选择不同学科的课程学习。学群制的实行也有助于学校充分发挥多学科教师的资源,为学生的发展提供多学科的指导和帮助,从而实现教学双方的协同成长。

日本高校普遍实行学分制。每个学分的学习时间以 45 小时为基准,这个学习时间包括实际上课时间、课前预习时间以及课后复习时间。[③] 教师除了必须严格按照课程计划及教学大纲要求组织教学活动外,还要留出一定的时间用于在课堂教学之外对学生进行课程辅导,这种方式类似于欧美大学的教师办公室学习指导制度。学生可以按照教师的课外辅导时间表选择自己与教师交流沟通的时间。日本的学分制还提供了较为灵活的学籍管理机制,包括提前毕业制度。提前毕业的条件是在校学习三年以上总成绩的 GPA 在 3.6 分以上、修满

---

① 丁建洋《日本大学共同利用组织制度的历史演进与运行机理——日本大学协同创新的一项重要制度设计》,《外国教育研究》2015 年第 2 期,第 50～51 页。

② 箕浦惠美子、武冈さおり、廖宸一《学習履歴情報の提示が持続的な学習に与える効果》,《日本教育工学会論文誌》2020 年第 43 期,第 37～40 页。

③ 顾瑶《日本大学学分制独创性对临沂大学学分制改革的启示》,《临沂大学学报》2017 年第 4 期,第 136～144 页。

124 学分和本人提出毕业意向申请。提前毕业制度也是为了方便有出国留学打算的大学生。因为日本 4 月是新学期入学,欧美国家则是 9 月,为了让学生能合理安排入学欧美大学,日本大学出台了 3 年半的提前毕业制度,目的就是方便出国留学深造的学生。

二、学业辅助在线咨询资源网

日本大学生的网络使用率达到 98.7%,网络学习管理也成了大学生学习的主要手段。[①] 在学生自我管理资源网中,可以得到与学习生活相关的信息与帮助,比如学生的学习咨询、学生宿舍、留学生活、就职资源、学校开放日的内容策划等信息。其目的就是从得到大人的帮助改变为朋辈间的交流与帮助。而学生自我学业管理资源网就是为学生提供这样的交流与成长平台。该平台提供服务的人员由专职教员在线服务、专职管理人员在线服务和朋辈在线交流这三个领域。

专职教员在线服务是专门为学生设置的与专职教师进行交流沟通的服务平台,教师通过这个平台与学生进行专业学习方面的专门咨询和交流,包括向学生提供课程教学文件和各种教学管理规章制度、为学生提供与课程教学相关的资料和文献、在线解答学生在学习中遇到的问题、收缴学生作业以及其他教学文件、发布教学活动信息、传递学生学业考核成绩以及与教学有关的其他信息等。帮助学生及时与教师取得联系并获得支持和帮助。

专职管理人员在线服务网络是专门为学生提供与学校专职管理人员和部门进行沟通的网络平台。学生通过这个平台可以获得学校为学生提供的学习、生活、就业、身心健康等方面的服务,包括获取相关的管理规章制度、注册学籍、申请经济资助、联系住宿、餐饮等服务项目,办理健康保险、医疗服务、就业咨询服务等,这是学生获取除学业服务之外的其他各种服务的主要途径。

朋辈在线交流网类似于学生的社交网络平台,是在校学生之间进行交流的主要途径之一。通过这个网络平台学生可以通过与其他学生交流获得自己所需要的各种信息,从学业发展到日常生活,从衣食住行到求职就业。朋辈之间没有年龄、社会地位和尊卑等级等制约因素的干扰,更容易得到学生的认可和接受,因此,这是每个学生尤其是低年级学生获得帮助的主要途径之一。

通过构建专职教员、专职管理人员和朋辈在线交流网络,为学生搭建了一

① 長内明日香、牧田浩一《大学生におけるインターネット利用の心理的プロセス》,《北海道心理学研究》2020 年第 42 期,第 49 页。

个内容涵盖学生在校期间所有服务领域和项目的在线交流系统。学生可以根据自己的实际需求选择进入不同的在线网络与学校的各部门人员和同龄的同学进行及时的交流，获取自己所需要的各类信息，解决自己面临的各种困难和问题，这些平台的构建为学校更好地服务于学生提供了非常便捷的途径(图 7-2)。

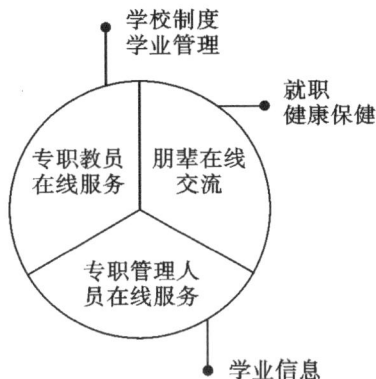

图 7-2　日本大学学业辅助资源体系

三、全球化人才培育资源网

日本大学普遍将培养拥有全球化视野的人才作为大学人才培养的目标之一，加强国际化也是当今一流大学发展的重要目标。为更好地培养全球化人才，日本大学非常重视办学的国际化和人才培养的全球化。在资源建设方面则非常重视国际课程建设、国际师资引进和外语教学。高校通过网络为学生提供丰富的外语教学资源，包括课程、视听资料、国际跨文化教育资讯等。通过全球化人才培育资源网络建设提高学生的外语能力以及培养学生的国际化视野，帮助学生了解多文化背景下的其他国家的语言、历史、社会发展状况等。同时鼓励学生拓展自己未来的发展方向，以国际化人才为标准改善教学活动资源的配备。同时，日本高校还试图培养学生探索世界多元性的意识和能力。让学生在不同的语言环境中、不同的生活形态环境下都能把自己塑造成具有创新精神和包容精神的人才，活跃在世界舞台上。全球化人才培育资源网为学生提供出国留学的学术服务，包括短期访学和学历教育，同时提供留学必需的语言考试方面的辅导服务，如针对 TOEIC 考试的培训服务等。

四、国际留学生援助资源网

促进教育的国际化一直以来是日本教育事业发展的一个重要方向，要求学生能走出去也能请进来。[①] 其实，留学生教育对各国的政治、经济和文化都起到积极的影响作用，留学生作为未来的国际性人才成为各国竞相争夺的目标。[②] 日本是少子化的国家，为了补充年轻人的劳动力和创造力，也大力发展和尝试

---

① 森本章《治海外学生交流とグローバル人材育成の促進》，《工学教育》2019 年第 67-4 期，第 21～22 页。

② 潘嘉屹《日本接收留学生政策的研究》，华东师范大学博士学位论文 2018 年，第 24 页。

引进留学生。在这个背景下,各大高等院校都加大了对留学生的援助,业务范围包括援助从海外来日的留学生和教师,并且在校内进行不同的国际交流活动。2000 年,日本文部省大学审议会发布了报告《全球化时代高等教育应有之存在方式》,主要内容包括四个方面:第一是促使学生和研究者赴海外交流;第二是进一步推进接收留学生工作;第三是充分发挥 UMAP 等机构的作用;第四是建议日本高等教育机构参与开发援助相关工作。报告重申了推进留学生接收工作的重要性,把推进留学生接收作为促进大学改革的重要力量。[①] 国际留学生援助资源网的建立旨在为留学日本的外国学生提供一种在线的服务平台。留学生群体除了具有与本土学生相同的服务需求外,还存在一些不同于本土学生的特殊需求,包括语言学习、文化与生活环境的适应、社会交往的变化与适应等。同时,在校内还有日本学生和留学生结成学习队伍共同学习,留学生反应的学校管理问题也可以通过日本学生进行沟通,有效地促进了对留学生的学习和生活服务。[②] 为了给这些特殊的学生提供更好的服务,日本大学建立了国际留学生援助资源网,通过在线网络形式为留学生提供学业发展、身心健康、经济资助、生活服务、社会活动等各方面的支持和帮助。留学生可以通过这个平台获得日常学习和生活中需要解决的困难的相关信息和咨询,从而更快地适应新的环境,这一网络的设立在为留学生提供援助方面发挥了很好的作用,有助于留学生顺利完成学业。

五、体验实践资源网

体验学习(experiential learning)发展历史悠久,其思想最初来自美国著名教育家约翰·杜威(John Deway)的"经验学习"[③],而体验学习的集大成者是美国凯斯西储大学组织行为学教授、体验学习专家大卫·库伯(David A.Kolb)。在体验学习活动中,学生更直接地接触到现实的社会生活,从而可以全面深刻地认识社会现实,激发学生投身社会,为社会贡献才智和力量的信念,通过体验学习还有助于培养学生的创业品质,提高学生的实践能力。日本大学非常重视体验教学和体验学习,为此建立的体验实践资源网就是以在线方式为学生提供体验学习的平台。例如通过在线召集学生举办各种报告会和交流会,帮助学生

---

① 杨洪俊《日本大学国际化历程及其理念变迁》,《江苏高教》2018 年第 12 期,第 35 页。

② 李颂雅《留学生と日本人チューターの学習活動》,《言語文化教育研究》2018 年第 16 期,第 156~157 页。

③ 王灿明《体验学习解读》,《全球教育展望》2005 年第 12 期,第 14~17 页。

接触多学科的教师和其他社会人员,在交流中学习自主分析问题的能力,这种做法不仅提高了教育教学的效果,也有助于帮助教师更全面地了解学生。因此,目前日本各大学都在积极地开发各种形式的体验实践在线网络。包括社会福利领域、教育领域、艺术领域、商务领域等,都可以通过在线形式让学生通过体验式的实践来进行学习。知识理论可以自学,但社会体验和实践必须在社会环境中完成,只靠一个人是不容易完成的。大家一起体验与实践能增加人的交流能力,也能更多地了解现在,也有助于解决问题。

通过互联网来对学生进行管理是日本高等教育最新出现的一种管理方法。它是充分利用校园网络资源,为学生提供服务的一种新方式,同时也是学生自我管理的现代化手段的一种体现。学生使用校园网资源的优势就是各取所需,通过学校提供的资源来拓展自己学业领域的外延。特别是把自己培养成国际化人才时,不论是留学信息、语言培训还是对外交流都起到积极的促进作用。

在学生为本的教育理念下,学生的自我管理也一直备受关注。这种能力其实在幼儿园阶段就开始培养了。到了大学,学生要完成自己的学业规划、专业规划、社会实践规划、留学规划和就职规划等。学校的教师与家长在学生成长过程中都起到辅助引导作用。日本的学校还特别鼓励学生进行长期或短期海外留学,目的就是要提高学生的文化多元性。总体来说,日本高校学生服务的特点就是不抢占学生的学习主导地位,却又能全方位促进学生能力与人格的成长。

第八章　我国高校学生服务体系的建构路径

高校学生服务体系要凸显服务职能,这是现代大学组织的属性及其角色、功能决定的,也是现代社会对大学及大学生的客观要求,更是我国高校深化管理体制改革、建立现代大学制度的必然要求。高校学生服务体系的构建需要遵循一定的规律和原则,秉持一定的思想和理念,采取一定的方式和方法,建立一定的保障,实现体制和机制的创新。也就是说,要构建起这个新的学生服务体系,必须在科学的论证和实验基础上,确定一个合理、有效的框架和思路。这实际上也是一个战略规划的制定过程,是高校建立现代学生服务体系的基础性工作。

第一节　树立科学的学生服务理念

任何改革都需以思想和理念的革新为先。建立大学学生服务体系,是要在变革传统的学生管理模式的基础上建立起一种强调服务属性和服务功能的新模式。管理模式的变革是以管理和服务理念的更新为前提的,比如"以学生为本"、高等教育管理中的市场服务意识、高等教育大众化理论等都是建立新的学生服务体系的新的思想基础。正是由于新的时代特征、新的教育形势和新的学生动态在客观上促成了革新旧的学生管理体系的需要,从而形成了新的学生发展观及以此为依据的学生服务理念。而新的学生服务体系的建构正是新的学生发展观和学生服务理念的实践转化。

一、以公正客观的眼光审视以管制为主要特征的传统学生服务思想

客观地说,我国传统的高校学生服务,在事实上是一种以管制为主要特征的管理模式。以现代学生服务的标准来审视,管制式的学生管理并非严格意义上的学生"服务"。在传统的管理模式下,学生作为被管制者、被支配者,是单向

度的被管理者,而真正意义上的管理是一个复合性概念,即管理主体间的关系是交互的。在传统的学生管理模式下,作为被管理者的学生缺乏应有的主体性,既无参与管理的权利意识,也难以养成实施管理的能力,且在制度体系中不具备参与管理、发挥管理职能的基本空间。这样,在权力不对称条件下,学生的意愿和权益往往被严密的科层化的体制或系统所遮蔽,学生的主体性被进一步弱化,相应地,其主动性和创造性的发展也就失去了必需的个体化基础。因此,在传统的学生管理模式下,学生往往表现出良好的知识接受能力,而缺少良好的甚至是基本的计划、组织、协调能力,知识应用能力极为欠缺;在个性上则表现为独立性匮乏,对环境变化的适应性不足,角色转换缓慢。在强调综合素质、复合能力和创造精神的当下,显然这样的学生很难培育起关键能力和核心竞争力。

在反思和批判传统的学生管理模式的同时,必须秉持客观、公正的态度和方法。一方面,我们必须正视这种管理模式的落后性及其阻碍学生健康发展的负面效应,从教育的本质、管理的价值及教育管理的基本原则出发,管制型的学生管理模式必须通过积极的变革来反映教育促进人的发展、管理作为手段服务于教育的价值要求。另一方面,不能对传统学生管理模式全盘否定,因为传统管理模式有其合理性和必要性。第一,从概念和理念上来说,传统的学生管理必然不符合现代学生服务的标准,但现代学生服务并不必然否定传统学生管理的必要性①;第二,从大学生发展的个体与群体要求出发,尤其是从我国大众化高等教育时期学生服务工作的现实需求出发,传统学生管理仍有其特殊的意义。

具体来说,从概念上看,传统学生管理同现代学生服务标准之间存在着显著距离,现代学生服务强调的是学生的主体性和中心地位,管理者与学生之间形成的是一种服务者与被服务者的关系。现代学生服务不仅是以人为本、以学生发展为本的教育价值观的本真要求,还在很大程度上反映着市场理念在教育管理过程中的引入。但从相反的角度而言,现代学生服务体系内在地包含着学生管理的要素,因为管理在很大程度上也是一种服务。也就是说,在学生服务过程中,服务者在某种范畴内必须扮演管理者的角色。从学生发展的角度来看,大学生并非一个完全成熟的个体,尤其是在思想、道德伦理、价值观、社会化等各方面并不稳定,这就决定了大学生个体与群体同大学组织的结构、制度、使命、文化和目标等之间往往存在某些冲突,具体表现为"反制度""反教育""反文化"现象的存在,这时就需要采取一定的管理手段来调节这种矛盾。尤其是在大众化时代,学生群体来源多元、素养多元、价值多元,我们在关注学生个性化

---

① 熊勉《高校服务型管理的时代特征》,《高教探索》2010 年第 6 期,第 43 页。

需求的同时,必须认识到大学的教育教化功能及其主流文化和规制体系的相对一致性,这与学生群体的多元化现实之间显然是存在冲突的,这就需要发挥管理的作用。

因此,传统与现代之间往往不是一对绝对的矛盾关系,我们在构建现代学生服务体系过程中,应以"批判地继承"为哲学思想和方法论去认识传统学生管理模式,并尊重、发掘传统管理的正向价值,并将其合理地引入现代教育理念、学生服务理念,建立起一个基于时代和社会背景、大学组织要求和学生个体需求的现代学生服务体系。

二、从大学的教育组织属性出发,将"以学生为本"作为学生服务的根本指导思想

现代学生服务体系以教育的根本价值观为导向,故而促进学生发展即完成学生服务的最基本的职责和使命要求,因此要建构现代学生服务体系,必须首先科学认识大学生的角色,在此基础上深刻把握大学生发展的内涵,进而准确地了解大学生的真实需求。显然,大学生的角色认知是需要将其置于社会系统之中的,即大学生的角色、本质和发展究竟是何意蕴,需要从大学这个社会系统出发来加以认知。传统的学生管理模式的局限性的根源,在很大程度上是由于对大学生乃至大学的角色定位缺乏合理认识,以有违大学组织要求和大学生发展规律的方式来看待学生、管理学生。现代学生服务体系就是要立足大学的组织要求,设计出符合大学生个体和群体发展规律的服务模式。在此,并不是说大学生发展的本质决定于大学的组织要求,因为大学作为一个教育机构,其人才培养模式的设计在根本上是受制于人的发展需求的,之所以强调置大学生于大学组织之内来审视其角色与发展的内涵,是强调在促进个体的终身发展过程中大学所扮演的角色,或者说个体在大学生时代所应追求的发展目标。

大学实际上是一个复杂的社会机构,这种复杂性的重要表现形式就是其组织属性和职能的多元化。[①] 普遍的观点是,大学的首要职能是培养高级专门人才,因此大学首先是一个教育机构;有的观点认为,大学的所有职能都是建立在其独特的学术功能的基础上,因此大学首先是一个学术机构。显然,从大学诞生伊始至今,尤其是在当下,大学的文化属性和文化功能越来越受到认可和重视,因而大学又必然是一个文化机构。[②] 当前,大学职能越来越多元,例如促进

---

① 王庆《大学集群组织属性界说》,《经济与社会发展》2006 年第 9 期,第 190 页。
② 郭峰等《地方大学文化与地域文化互动发展研究》,人民出版社 2017 年版,第 2 页。

国际交流、孵化新兴产业、参与终身教育等,在我国语境下,大学尤其被赋予了发挥智库作用、服务于国家战略的角色与职能。角色与职能的多元意味着大学的组织属性也就越来越复杂。而大学作为一个价值系统,基础在于其学术价值,同时大学多重价值的实现最终必然以人为媒介,或者以人本身为实现形式,这意味着培养人才和学术创造共同成为大学作为一个特殊存在的本体性标识,亦即大学作为教育机构的组织属性反映着大学的本质属性,即使大学作为一个智库,也要充分发挥其人才培养的功能。[①] 一方面,这从根本上决定了学生发展之于大学存在与发展的意义,即学生构成了大学作为一个价值系统的基础;另一方面,也决定了大学必须置学生发展于根本地位,以促进学生发展为第一要务。从此角度来说,大学既以"人本主义"为精神和价值的标准、规范,又要不断构建和完善"人本主义"理念的实践体系。可以认为,"人本主义"为大学提供了一个意义与行动的范式。这便从根本上诠释了"人本主义""人文主义""学生本位"等思想理念同大学之间的内在关系。[②] 在一个强调人本的新时代、新社会,包括大学在内的教育系统尤其以人本价值观为圭臬,这是由教育的本质所决定的。

大学作为一个教育机构的组织属性,其一以贯之的"人本主义"的思想与实践范式,在最终意义上决定了大学的核心理念与天然使命就是要促进学生发展,无论是赋予学生何种类型的知识,还是引导学生获得思想、道德、价值观、人格或个性的丰盈,还是引导学生培育起优异的创新能力和初步的创业能力。而从学生的角度来说,无论是知识,还是能力、道德及个性,都是其作为学习者所期望习得的学习成果。而现代学生服务体系就是要实现大学与大学生共同使命的达成,服务于大学人才培养职能的实现,服务于学生的知识获得和素质养成。在此,并没有界定大学时代学生学习的内容,而只是强调大学的教育教学工作同大学生学习的共同目标决定了人本主义思想引领下的现代学生服务体系的建构。

三、从大众化高等教育特征出发,在学生服务中促进和保障学生权益实现

高等教育由精英阶段过渡到大众化阶段,不仅仅是一个简单的毛入学率提升的问题,这个数字背后反映的是一个复杂的结构性变化;同时我国高等教育

---

① 刘福才、张继明《高校智库的价值定位于可持续发展》,《教育研究》2017 年第 10 期,第 59 页。

② 暴景升《追问大学教育的原点——当代中国大学人本主义理念与实践的悖论》,《文化学刊》2010 年第 3 期,第 4 页。

迈入大众化是一个高速跨越的过程,仅用五年的时间就走过了许多国家几十年甚至半个世纪才完成的路程,跨越式的规模扩张尤令我国大众化高等教育凸显其特殊性。[①] 我国高等教育扩张引起的结构性变化和大众化高等教育体系的特殊性,决定了大学的学生管理模式必须做出深刻调整,以适应高等教育发展的新形势和大学生的群体特征及其新需求。

高等教育大众化带来的一个直观影响就是大学规模的膨胀,这使得既有的学生管理和学生服务在思想理念、队伍建设、运行模式上都已不适应新的工作需求,而必须做出深刻的调整。显然,学生规模的大幅增加使得学生权利(也包括学生权力)在大学治理结构中的地位得以空前彰显,同时这也意味着学生权力的释放同原有治理体系中学生行使权力的有限空间之间形成了一定的矛盾冲突,这就需要深化学生组织和服务体系建设,包括建立和完善学生自治自律组织、学生权益诉求表达机制、学生申诉和保障机制等。而这又进一步要求大学加强学生管理和服务体系的专业化建设,一方面增加其独立性和权力空间,对大学生及其组织实施有效管理和服务;另一方面提高其专职化与专业化,集中学生管理与服务的资源投入,并将学生管理和服务作为一个专业来建设,加强理论和调查研究,从而提高管理与服务的科学化水平。

同样是从量的角度出发,学生规模的急遽扩大,要求学校加大课程资源的开发力度,提供充分的课程资源和学习资源,同时改革传统的教学方式和方法,以适应大容量课堂授课条件下兼顾不同个休需求的教学要求。这关涉大学生的核心利益。而这也正是当前大学在实施课程与教学服务过程中面临的重要课题和难题,即大众化高等教育直观上表现为量的增加,实际上更是质的改变。毛入学率的大幅增加,意味着招生标准在一定范畴内的降低,这就使得大众化时代大学生对大学学习生活的适应性和胜任能力呈现明显的不均衡现象。同时,多样化的生源意味着不同学生群体的就学动机、学业期望、价值观等都是多元的。在大众化阶段,多样化的高等教育质量观已是共识,多样化质量观的形成既是由多样化的社会人才需求所决定的,同时也是基于学生群体的多样化生态而做出的客观选择。多样化的生源,多样化的需求,多样化的标准,这决定了大学的人才培养模式复杂性和人才培养机制改革的艰巨性[②],因为即使在同一所大学,也难以用同一化的人才培养体系来满足需求多样化的学生群体。因而

---

① 潘懋元《21 世纪:可持续发展的中国高等教育——兼论中国高等教育大众化问题》,《教育科学》1999 年第 3 期,第 1 页。

② 杨德广《高等教育的大众化多样化和质量保证》,《东南学术》2002 年第 2 期,第 24 页。

改革人才培养机制、提高人才培养质量是大众化时代大学体制机制改革的重中之重。当然,人才培养不仅仅是一个知识传递和能力养成的过程,而且是一个培育综合素养的过程,大众化阶段大学生源的多样性在另一个层面上意味着某些学生群体必须通过大学教育来获得健康的个性与道德。正因如此,传统标准下以心理健康辅导为代表的学生服务正越来越成为当代大学学生服务体系的重要组成部分。

因此,从大众化高等教育的特征出发,大学在建立现代服务体系过程中必须准确把握大学生发展的需要和权益诉求。当前,我国大学学生服务体系仍局限在知识本位抑或是能力本位的人才培养,而忽略了学生个性的健康和道德、价值系统的完善。同时,在人才培养机制改革中,受传统人才评价标准的影响,始终未能建立起与多样化质量观一致的人才培养体系。如此,学生的合理诉求就难以得到满足。这也就是当下我国构建现代学生服务体系的现实出发点。

四、从高等教育市场化原则出发,以优质学生服务作为学校品牌创建策略

在大众化高等教育时代,大学获得了充足的生源供应。但由于扩招,大批新建院校尤其是不同类型院校的出现扩大了考生的选择权。实践证明,新建地方本科院校、高职院校和独立学院是推动我国高等教育走向大众化的重要力量。这样,生源竞争就成为院校竞争的重要内容。尤其是在一流大学建设语境下,竞争优质生源成为大学重要的战略构成。当然,对于部分地方新建本科院校、高职院校和民办高校尤其是后两者而言,如何争取更多生源还决定着其办学经费状况。

我国高等教育市场业已形成,大学的生源竞争在很大程度上也已表现出市场化的特征。[①] 高校如何运用市场手段来增强自己的竞争力就颇为值得探索。而通过市场营销方式来吸引生源是国际上较为普遍的做法。以美国为例,在其庞大的、多样化的高等教育体系中,部分规模较小、办学层次不高的一类学院为了解决生源困难的问题,纷纷采取市场化的手段来招揽生源,包括印制精美的招生手册,加大招生宣传;组织高中生进校参观、考察和体验学习;树立"学生即顾客"的服务观念,为学生提供先进的生活、学习条件,甚至提供高水准的体育和娱乐休闲资源等,例如美国河狸学院为了吸引生源,在校内兴建了设施先进的星级学生公寓,有的院校将发展橄榄球或篮球等体育项目、参与地区性或全

---

① 　冯典《WTO框架下中国高等教育生源市场发展探析》,《三明学院学报》2005年第3期,第67页。

国性体育联赛等作为名片来吸引学生。① 通过多元的、立体化的市场营销手段招徕生源是美国部分院校在生源市场上得以立足的重要策略。对于我国部分院校而言,有必要建立起专门的招生服务部门和专业化团队,制定有效的市场营销体系,利用市场手段挖掘生源市场。尤其是部分较小规模的新建地方院校、高职院校和民办院校,适于采用精致化办学模式,包括通过精致的学生服务体系来提高在校生的满意度,并达到吸引生源的目的。对于这部分院校而言,这种精致化的办学模式亦属于差异化、特色化的发展战略,因为与传统老牌本科院校相比,无论是课程与教学质量、师资水平、科研条件等,其都无法在短期内实现追赶乃至超越。显然,在大众化背景下,这种以精致服务为特色的办学模式或品牌创建策略有着一定的空间,这是由多样化的生源及其在就学期望、人生观和价值观等方面多样化要求所决定的。而对于一般的高校来说,适当引入市场理念和市场模式来经营学生服务,既是学生中心思想的贯彻施行,也有助于形成一种服务文化,实质上也是一种有效的营销方式。

从高等教育市场的性质出发,以优质的学生服务作为创建学校品牌的策略,关键是要将学生视作顾客。从教育经济学的角度或市场的角度而言,学生同学校之间在一定程度上建立起了一种市场主体间的关系,即学生购买服务,学校生产和提供学生所需服务。大学作为服务或商品的提供者,必须面向学生需求,以学生需求为依据开发课程、改革教学、改善学习和生活条件,只有满足了学生的需求,大学的生产才是有价值、有市场的。当然,需要强调的是,大学引入和运用市场手段必须秉持适当原则,不能仅仅为了迎合学生的需要而忽视了作为学术和教育组织的本来使命与基本操守,大学不能湮没于顾客的各种欲望之中,因为大学必须承担起为学生引航、为社会引航的文化使命。简言之,大学在面对市场、利益和责任担当的选择时,必须做到取舍有道,亦即市场化洪流中的大学必须坚守其操守。②

第二节　确立立体式的学生服务内容体系

在传统的学生管理模式下,服务学生的意识与空间都是极为欠缺的,完善

① 张继明《论市场化洪流中的大学操守——美国高等教育市场化的启示》,《中国地质大学学报(社科版)》2011年第1期,第115页。
② 张继明《论市场化洪流中的大学操守——美国高等教育市场化的启示》,《中国地质大学学报(社科版)》2011年第1期,第115页。

的学生服务体系尚没有建立起来。从理想的角度而言,现代学生服务以学生发展为依据,在服务内容上呈现出明显的立体化特征。因此,构建现代学生服务体系,首先需要明确学生发展的当代内涵,以此为基本导向,树立正确的学生服务目标,确定学生服务的内容与评价标准,进而建立起学生服务的实践体系。

一、明确学生发展的含义,明晰学生发展和学生服务之间的关系

由于长期受应试教育思想的影响,在我国教育教学实践中,智力发展在很大程度上被视作学生发展的主要内容甚至是唯一内容,表现为学生的考试成绩及升学质量,例如顺利升入高一级教育阶段、接受到相对更优的教育资源等。这种思想迎合了在教育资源总量相对匮乏、优质教育资源尤为不足而同时个体成才途径相对单一的大背景下的广泛社会愿望,成为一种普遍而根深蒂固的大众教育观念。即使是在新课程改革背景下,"以分数为纲"的教育教学观和人才观、发展观都根深蒂固,并导致素质教育及新课程理念难以转化为实践。传统的管制型学生管理模式符合了这种异化的教育生态,阻碍教育模式的变革与创新。这就启示我们,必须树立起科学的学生发展观,以此指导学生管理或学生服务体系的建构。

人的发展是马克思主义理论体系所观照的核心概念,也是全面发展教育模式的思想根据。在很长一段历史时期内,促使学生德、智、体、美、劳全面发展是指导我国教育事业或人才培养工作的主要思想。同片面强调智力发展的应试教育相比,全面发展教育显然更加符合人的素质结构要求。这与加德纳的多元智能理论一致,强调人的素质维度是多元的,评价人的发展的标准必然也是多维的。[①] 但大学是培养高级专门人才的场所,世界上大多数高等教育体系都最终回归至培养或提升受教育者的专门能力或专业素质上来,即使在一开始强调"通识教育"的价值,即培养学生的一般能力,甚至如美国四年制文理学院那样长期以来严格实施以培养"全人"为使命的通识教育,近些年来也开始强化就业导向,探索通识教育与专业教育的融合。因此,大学生的发展首先意味着养成优秀的专业素质。本书还认为,大学培养的科学家、工程师、社会工作者、医生、工匠等卓越职业人才,还应具有强烈的社会责任感、民族使命感,具备大众立场和人文关怀精神,甚至积极参与人类命运共同体建构的国际理解意识,当然也包括最基本的作为人的"良心",一种最基本也是最值得葆有的"善"。总之,大学要培养的不仅是专业的、技术的精英,还是一个健全而高尚的"人",而这也就

---

① 燕国材《评加德纳的多元智能理论》,《上海师范大学学报(基础教育版)》2007年第3期,第1页。

是本书中所界定的"学生发展"的主要意涵。简言之,学生发展即学生在"成人"的基础上逐渐获得卓越的适应力、创造力和领导力的过程。需要强调的是,不同高校语境下"学生发展"的含义的区别,并非"是否精英"的区别,而是"何种精英"的区别,这种区别又主要体现在具备了共同的作为"人"的素养基础上"技术与使命"定位间的差异,而非以多元质量观作为降低人才培养或学生发展标准。

只有明确学生发展的含义,才能确立测量和评价学生发展的标准,而这又成为建构现代学生服务体系的依据。构建现代学生服务体系是大学教育体系的主体构成部分,它作为践行人本主义思想的方式或手段,以促进学生发展为最终目的,可以说,它发挥的是一种工具性价值。学生服务体系如何进一步分解学生发展总目标,如何进行过程控制,如何建立保障机制,服务效果如何,都以学生的进步与否或进步的程度来衡量。在传统管理模式下,作为手段的学生管理同作为目的的学生发展之间往往存在关系倒置现象,管理本身凌驾于学生需求之上,是管理主义、绩效主义及行政化等思潮、思维的影响所致,这再次确证了"知识与人二元融合"的大学组织逻辑及人本主义在建立现代学生服务体系中作为指导哲学的重要价值。①

二、正确认识传统学生发展观,以学生发展作为学生服务的目标

所谓的传统学生发展观,一方面是指在以知识传授为主要内容的教学模式下,追求学生智力发展,这种学生发展观往往被描述为"片面强调智力发展,而忽视能力提升",或"过度重视知识灌输,而忽略综合素质发展"②,显然这是一种反对的、批判的视角。另一方面,正是基于改变片面强调知识传输或智力发展的学生观的需要,我们往往以"人的全面发展理论"来匡正这种片面的学生发展观。本书将这种用"人的全面发展"指导教育教学的观点亦视作"传统",即认为学生的全面发展就是正确的学生发展观的观点本身亦值得商榷,而在传统视角下,全面发展观的科学性则是确凿无疑的。

显然,人的发展是一个包含多元维度的概念,片面强调知识传授或智力发展有违人的发展规律和教育的本质要求。然而必须清醒地认识到知识在促进个体发展过程中的重要价值,尤其是对于具有高等教育经历而作为"高级专门人才"或者作为卓越的工程师等高质量的职业型人才来说,知识的基础性作用是不言而喻的。在此,知识一般被理解为专业知识,而且专业知识不仅仅是表

① 张继明《大学的组织特征、组织异化与制度变革》,《济南大学学报(社科版)》2015年第6期,第70页。
② 张建伟《从传统教学观到建构性教学观》,《教育理论与实践》2001年第9期,第32页。

现为静态的理论体系,还表现为动态的知识应用技能,即心理学上的"程序性知识",在知识论哲学上则被称作能力形态的知识。① 而且,需要指出的是,静态的知识是个体形成知识应用能力的基础。在通识教育语境下,受教育者的视野、心智、精神、道德、创造性等"一般能力"或"综合素质",更加凸显出知识在人的发展中的作用,只不过与专业教育模式下的"知识"在类型上存在一定差异。从苏格拉底在其道德哲学中提出"知识即美德",到永恒主义者推崇经典阅读并力主通过经典研读来锻炼人的思维和精神,再到科学主义时代对人文价值的呼求,都确证了知识包括所谓"无用知识"对于个体完善和人类文明进步的重大作用。简言之,知识占有是个体实现存在的价值的前提。因此,对于传统的学生发展观、传统的教育教学体系应秉持一种客观的态度,全盘否定的态度和做法本身就是不客观、不科学的。从现实来看,值得反思和批判的并不是知识传授本身,而是所传授知识的类型的局限性②,这种局限性遮蔽了受教育者通过知识去发现真善美的眼睛,抑制了受教育者体验真善美的基本需要。

基于"片面学生发展观"而提出的全面发展观在素质教育理念逐渐转化为教育实践之前,仅仅停留于理念层面,即全面发展教育观没有提供一个可供实践的路径,因为全面发展观本身就是一个模糊的、难以界定并做出客观评价的概念,它使得学校陷入标准缺失的迷茫。素质教育概念的提出则具有明显的指向性,即在传统的应试教育体系导致受教育者主体性缺失、工具性趋向严重的背景下,素质教育强调教育应首先使受教育者具备一个平常人所具备的一般素养,即强调教育"是育人而非制器"的过程;同时,素质教育开始打破全面发展观实际上给教育教学带来的迷茫,而强调受教育者的潜能发掘,而这种潜能发掘又是建立在一个个性化教育基础之上的,即每个受教育者都在等待发掘出不一样的素质或能力,因而全面发展教育必然是一个标准一元的、大一统的教育模式,而素质教育则强调因材施教的教育教学过程及学生个性的丰富多彩。此外,素质教育开始关注时代与社会变迁中人的发展的含义的变化及教育使命的相应变化,教育开始将人的发展从外延上扩展至更加宽广的世界,主要是指教育为了帮助个体更好地适应这个多变的、新颖的世界而努力。

综上,知识及知识传授的价值,素质教育对"普通人"基本素养的强调、对受教育者个性的完善以及对教育世界和教育使命的范畴的扩大,决定了现代学生服务体系建构中必须尊重知识,将专业服务作为体系建构的重要内容;以大学

---

① 宁烨《知识能力的内涵与特征研究》,《科学学与科学技术管理》2008年第5期,第80页。
② 屠锦红《教科书知识类型、性质与有效教学方式建构》,《中国教育学刊》2011年第10期,第53页。

素质教育理念为指导，为学生成人服务，并为学生个性和潜能发掘提供个性化的服务。人、知识、个性与潜能，此即高校现代学生服务目标体系的关键词。

三、从科学的学生发展观出发，确定学生服务的内容与评价标准

(一)合理确定高校学生服务的内容

"学生发展"作为一个概念，存在确定性、统一性和规范性的要素，这决定了学生发展的含义的相对稳定性；同时这一概念中也存在变动性、发展性要素，随着时代和社会进步，学生发展的含义不断更新和变化。作为一个系统性的概念，本书对学生发展的内涵界定突出基本要素、兼顾时代和社会变迁对大学生素质的新要求，使其成为当代大学生发展这一概念的关键构成。依据此大学生发展观，确定现代学生服务体系的内容与评价标准。

1. 从学生发展的基本含义出发，为学生专业与学业发展服务

大学作为一个"由科学达致修养"的学术和教育机构的组织属性，知识对于个体发展的基础性价值，共同决定了专业知识与能力系统在学生发展中的基础性地位。这意味着，现代学生服务体系的核心内容之一就是为学生掌握专业知识和提升能力提供资源、咨询、指导和支撑。学生专业发展服务主要由以院系为核心的基层教学科研单位承担，就此需要强调如下两点：其一，基层教学科研组织应将基于日常教学的常规性专业服务同集中化、个性化专业服务结合起来，后者要求院系建立专门的学生学业和专业发展服务系统，以专题辅导、项目实施或学生个人申请援助的个性化服务为主要形式，尤其是要完善基于学生潜能发掘的高水平个性化服务体系，使之成为强化学生专业发展、满足创新型个体充分发展需要的重要平台；其二，基层教学科研组织应积极拓展社会资源，为学生提供专业实践的充足机会，培养学生利用知识和理论解决现实生产问题的意识和能力，即促使知识与理论向实践能力转化。就目前现实来看，当代大学生尤其是部分学科的大学生受功利主义知识观的影响，存在明显的知识无用的思想，严重缺乏专业认同，专业投入匮乏，专业发展整体质量不高，同时学校的学生学业或专业发展服务与其他服务相比，恰恰处于一个非正式的、制度化特征不明显的尴尬境地，亟须强化和提升，应确立专业发展在学生发展服务体系中的核心地位，亦借此引导学生回到课堂，重新树立起正确的发展观和知识观。

2. 从学生发展的内在要求出发，为提升学生思想与道德服务

在人的发展的诸多维度中，学生思想与道德发展尤其是从"人"或"成人"的角度出发来界定其价值的，即大学生只有首先具备了作为人的一般素质，在此

基础上建构起作为受过高等教育者应有的思想、道德和价值伦理体系,才能进而作为某个领域的精英实现其个人与社会价值。这反映了学生发展的内在需求和规律。从古代到现代,我国在人才评价、人才选拔过程中往往首先强调"德"的重要性,如"德才兼备""德艺双馨"等,其背后反映的正是这一逻辑。但从当代高校的学生服务现实来看,在除去意识形态性的思想政治教育教学外,学生思想与道德服务在整体上是比较薄弱甚至是极为匮乏的。而当前在自由主义、拜金主义、消费主义、娱乐主义、后现代主义等多种社会思潮交叉影响下,当代大学生的思想与道德状况又极为值得担忧。钱理群先生对当代大学人才培养模式及在此模式下大学生在个性、理想、精神等各方面的缺陷提出的严厉批评,无疑是对当前我国大学学生思想与道德生态的深刻揭示。从社会未来或文明发展的角度来说,大学生思想道德水准所可能产生的影响将是更加广泛和深远的。这意味着,提升学生思想与道德服务将是高校学生服务体系的重要内容。而这一服务职能将仍以教学科研单位来承担,并将学生思想与道德服务置于课程与教学全程。值得提出的是,学生思想道德服务应摒弃传统的"思想道德教育课程化"模式,而应通过正式、非正式课程来创设思想与道德推理情境,来锻炼和提高学生的思想认知与道德推理水平。

3. 从学生发展的社会责任出发,加强社会主义核心价值观教育

在此将大学生思想政治素养单独列出,意在强调其特殊的政治意义、社会意义和文化意义。也就是说,大学生作为一个特殊的社会群体,将成为社会主义事业中坚建设力量,他们的思想政治素养对于坚持社会主义根本方向、增强社会大众对社会主义制度优越性的信心、维护和提升民族的文化自觉和文化自信等具有基础性意义。简言之,道路自信、制度自信和文化自信不仅要成为大学生群体的理想和信念,还要通过大学生群体来达到强化和推广的目标。也可以说,加强大学生思想政治素养的教育和服务是基于其社会责任或国家使命的客观要求。当前,大学生思想政治教育主要是通过诸如"马列主义、毛泽东思想、邓小平理论、'三个代表'重要思想、科学发展观及习近平同志系列讲话精神"等公共必修课的形式来实施。客观地说,这种传统的思想政治教育体系的效果并不尽如人意,一方面是由于缺乏生动活泼的课程资源和教学形式[①],另一方面则"教育"有余而"服务"不足。就前者而言,如何从当代大学生真实的生活和学习需求出发,开发出多样化课程资源,并积极推行有效的课程教学改革,这

①　田霞《论增强高校思想政治教育的实效性》,《中国特色社会主义研究》期,第107页。

是需要理论与实践界所共同努力的。就后者而言,高校应改变传统的以教育(在很大程度上是一种单向度的知识传输)为主的模式,转变角色定位,将大学生思想政治教育变为一种主动的服务,钻研当代大学生的思想观、政治观和价值观的动态,发现他们的理论兴趣和真实需求,从而提供有针对性的服务内容。当前,大学生思想政治服务主要是用社会主义核心价值体系来提升大学生的政治认同、制度认同,提升其理论素养,增强文化自信。①

4. 从学生发展的时代需要出发,为增强学生的就业创业素质服务

大学生最终将走上社会,要适应社会并成为一个独立的个体,教育必须赋予受教育者以生存和发展的技能。其中,培养学生的就业素质是当代高校的重要服务内容。有学者明确提出,促进学生就业已经成为当代高校的又一基本职能。② 目前,大学生就业难已成为一个久而难决的社会焦点问题,如此,高校促进学生就业的必要性空前彰显。在国务院总理李克强提出了"大众创业、万众创新"的时代号召后,建立和完善创业教育体系成为高校改革的重要步骤。2015年12月,教育部下发《关于做好2016届全国普通高等学校毕业生就业创业工作的通知》,要求从2016年起所有高校都要设置创新创业教育课程,对全体学生开发开设创新创业教育必修课和选修课,纳入学分管理。实施创新创业教育已成为高校建构新的课程与教学体系、改革人才培养机制的重要选择。在此背景下,学生就业素质服务就成为高校建立现代学生服务体系的重要内容。本书认为,高校应整合资源,探索建立创业学院,该学院直接隶属于学校,直接对学校一级权力机构负责,权力相对独立;该学院并非一个以行政权力为运行基础的管理机构,而必须强调其服务属性;该学院兼具学生就业和创业指导、信息咨询职能,孵化学生企业职能,募集学生创业基金职能以及大学生就业创业理论研究职能;在构成上,创业学院应整合校内管理学、经济学、教育学、法学等领域的教师与教学资源,指导学生掌握市场调研、企业管理等相关知识和理论;积极引入行业、产业及企业人士,一方面为大学生就业创业提供职业知识的教育和培训,另一方面则强化创业学院的社会或市场信息收集与分析能力。对于学校而言,需加强制度建设,包括创业学生的休学制度、创业与专业学分转换等,为学生创业提供一个良好的制度环境。

① 曾雅丽《将社会主义核心价值体系融入高校思想政治教育》,《中国高等教育》2013年第1期,第36页。
② 王洪才《大学"新三大职能"说的缘起与意蕴》,《厦门大学学报(哲学社会科学版)》2010年第4期,第5页。

5. 从学生发展的社会需求出发,为学生身心健康与安全服务

大学生的身体健康与安全主要是从个体生理角度来说的。大学生体质问题从最终意义上是民族体质评价的关键性指标,大学生本身的体质状况对整个民族体质的影响是具有跨代性的,而一个国家的民族体质对于一个国家各项事业的健康持续发展都有着根本性的影响。从这个意义上说,大学生体质状况是一个关乎国家和民族综合实力及核心利益的重大关切。但据《中国青少年体育发展报告(2015)》显示,我国当代大学生的身体素质在持续下降。因此,加强大学生体质健康服务是高校学生服务的重要内容。在实践层面上,高校除了正式的体育课程体系建设外,应加强学生体育运动的生活化,即为学生从事体育运动提供充足、便捷的资源和机会,使学生的体育参与同日常生活融为一体。在心理服务方面,长期以来我国高校从理念上逐渐认识到心理健康教育在学校教育中的重要性,但客观来说,心理健康教育在实践中仍处于边缘化状态,学校的投入和管理较为有限。而当前我国大学生心理健康状况并不容乐观,因此高校必须切实将大学生心理健康教育置于教育教学的突出位置,加大投入、建立成熟完善的心理健康服务设施,配备专业化水平高的心理服务队伍;同时必须转变观念,从心理健康教育转向心理健康服务,由被动接受学生咨询转向积极的心理干预,建立预警、指导、诊治、研究于一体的学生心理服务体系。在此强调大学生身心安全,还因为大学生受到身体侵害、心理危机事件频发,如何培养学生的自我保护、自我疏导与治疗的意识和能力,是现代学生服务有必要关涉的内容。

6. 从学生发展的环境条件出发,为学生提供优质的生活服务

大学生发展方式同所处时代环境及条件有着深刻关联。"90后""00后"大学生出生和生活在物质相对发达的现代工业文明社会,发达地区的学生业已深受信息文明所影响,新一代大学生的生活方式、学习方式或发展方式都体现着鲜明的时代特征,例如他们对物质生活水平的要求较高,学习往往借助于先进的媒介或技术等。当经历过不同时代和社会的"60后""70后"们对当代大学生的物质主义、享乐主义及消费主义进行批判时,从另一个角度而言往往是用不同时代的价值标准对大学生做出的不客观评价,必须看到其生活方式和学习方式背后的时代及社会变化,即其生活、学习方式的存在必然性和合理性。这意味着,高校必须从大学生在生活和学习条件等方面的客观需求出发,为大学生提供丰富、充足的生活资源和先进的学习资源。具体来说,学校应尽量为学生日常生活提供符合其群体标准的资源和条件,从餐厅及饮食质量、购物场所及商品丰富性、学校环境及空间设计等各方面进行细心周到的规划建设;为学生学习提供先进的基础设施,包括现代化的教室、语音室、图书馆、自习室、研讨室等;为学生发展兴趣爱好和丰富课余生活提供多元的社团资源、活动空间,如影视场所、体育场所等。事实上,从学校发展的角度来说,为学生提供丰富多彩、先进高效、便捷舒适的生活和学习环境,是学校建构校园文化,通过校园文化实现育人目的的应有之举,而且是学校培育学生母校情结和感恩意识的必要举措。因而从学生发展的环境条件出发,为学生提供优质的生活服务对于学校和学生双方而言都是有益的。

(二)确立学生服务工作水平评价的标准

在高校现代学生服务体系的构建过程中,确立学生服务工作水平评价的标准是重要内容。因为评价标准具有导向和监控作用,是确保教育政策、计划实施和体系建构进程及其质量所不可或缺的环节。要促使立体化的学生服务体系由理念、计划层面切实转化为学校实践,最终通过制度的架构与实施保障大学生的学业、人格、身心及创造性的健康成长、发展,就必须建立主要以学生满意度为导向的学生服务评价标准系统。

学生满意度概念的提出是整个教育理念包括高等教育理念的更新、高等教育教学秩序的变革的结果。如前文所述,基于对大学组织属性及其使命、大众化高等教育的特征及高等教育市场化等客观要素的思考,新的大学课程与教学体系改革突出了人本理念指导下的大学生中心地位、大学生主体权益保障等。那么对大学教学质量、大学人才培养质量乃至整个高等教育质量的评估,与传统的目标与标准体系相比,都发生了转向,而以学生满意度作为评价的标准,正适应了这种由传统向现代的转变,符合教育的价值指向和当前的大学教学改革、课程改革要求,适合于建立现代学生服务体系及促进学生发展的需要。以学生满意度作为衡量大学教学质量、办学水平的重要指标,缘起于西方国家,尤其是在美国,以学生满意度为导向的教育与服务有着一整套的理念与操作规范体系。[①] 我国部分高校开始尝试以学生满意度为核心内容的大规模调查研究,包括清华大学、南京大学、厦门大学、华东师范大学等高校开展了诸如大学生学情调查、不同类型高校学生满意度等为主题的大型实证研究。有的学者还专门对不同类型大学的学生满意度,如学习满意度等做了研究。[②] 应该说,以学生满意度作为高校现代学生服务体系的评价标准,是国际上一种较为普遍的做法。

---

① 韩玉志《美国大学生满意度调查方法评介》,《比较教育研究》2006 年第 6 期,第 60 页。

② 汪雅霜《高职院校大学生满意度研究——基于 2011 年"国家大学生学习情况调查"数据分析》,《中国高教研究》2012 年第 7 期,第 85 页。

所谓以学生满意度为评价标准,就是说学生作为高等教育服务的购买者和使用者,其对高等教育服务的质量状况有着更加直观的感受,因而大学生具有高等教育服务质量、学生服务质量的评价权,而且学生的评价权在整个高等教育质量评价体系中应占据重要位置。而在传统的评估评价模式中,更加强调外部利益相关主体的评价权甚至是评价的主导权,这也是以管制为特征的高等教育管理、学生管理体系的典型特征,在此种模式下,学生的主体地位和评价权是处于弱化状态的,甚至学生不具备最基本的评价权。当前高等教育理念的变化,尤其是大学课程与教学观的变革,其背后在很大程度上体现的是建构主义、后现代主义等哲学指导思想,这对于在新的学生服务体系下强化学生的中心地位和学校的服务者地位,都具有重要影响。

然而需要指出的是,在强调以学生满意度作为现代学生服务体系构建标准的同时,必须避免绝对化倾向,即不应该过度强调学生在大学教学秩序中的地位和权利,将学生满意度作为评价学生服务质量的绝对化、单一化标准。大学教学秩序,包括学生服务系统,有着内在的结构性要求,是包括多元利益相关主体在内的场域,场域秩序的维护需要尊重和兼顾不同主体的诉求与标准。这意味着,在强调学生中心地位的同时,必须客观地认识到大学组织对追求知识、坚守真理标准的要求,认识到教师在知识创造中的基础性、主导性地位及其在维系大学教学秩序中的相对权威地位,认识到片面的学生中心主义给大学秩序带来的负面影响。因此,在强调学生满意度的同时,必须综合考虑各方主体的标准在评价学生服务质量中的合理地位和正向价值,当然我们在本书中侧重强调的是学生满意度作为主要评价标准的意义。

第三节　学生服务的模式与资源开发

在明确了现代学生服务的核心理念和基本内容的基础上,应进一步探索如何将理念转化为学生服务的可行性方案,如何应用学校资源及创造新的资源来为学生服务体系提供建构的载体,这涉及学生服务模式与资源的开发问题。显然,学校既有资源是改革学生服务体系的基础,包括传统的管理资源、教学资源都将在变革与开发中发挥其应有的价值;同时,鉴于当今大学的社会化角色和大学生社会化素质提升的重要意义,现代学生服务体系的构建必然要突破学校自身的局限,积极面向社会和市场,并灵活引入新的服务技术以推进学生服务的现代化。

一、服务型管理体系的建构:管理型资源向服务型资源的转变

现代学生服务体系归根结底是要凸显学生的中心地位,强调为学生发展提供优质、全面的服务,而作为一个体系,必然要求大学提供充分的资源为之奠定体系建构的基础,包括人力、经费、设施及制度规范等。而以学生发展为导向的服务体系又进一步要求这个基础必须具有服务性取向和特征,例如人力资源应树立服务于学生的意识和理念,具备服务于学生的专业素质;经费及其他资源应是服务于学生发展相关事宜,专项经费和资源而不能挪作他用;制度和规范服务于学生发展的价值主要反映在其作为人力、经费和资源服务于学生发展的有效保障。简而言之,大学必须提供足够的、优质的服务型资源,作为建构现代学生服务体系必要基础。因此,大学如何提供服务型资源就成为一个亟待解决的问题。

在大学发掘服务型资源的过程中,应坚持创造新资源和既有资源的开发利用相结合的战略。相对来说,既有资源的开发利用将是奠基现代学生服务体系的主要路径,也就是要促使大学传统的以管制为特征的行政性学生管理资源向服务型资源转变,建立服务型学生行政管理体系。这种传统的学生管理资源在很大程度上脱离于学生发展的价值导向,管理队伍在思想观念上定位于权力掌控者,在角色上定位于管制者,在职能上定位于对学生及教育教学资源的控制,在面向上对上级掌权者负责,总之,其在本质上是通过行政权力占有、享用资源及利益,是一个"行政化"的系统。显然,这与现代学生服务体系以学生为中心、以学生发展为导向的基本要求是相悖的。但这并不意味着建立现代学生服务体系必然要摒弃这种传统的行政化资源或系统,创造全新的资源体系,且这也不符合现实性原则,科学、客观的态度是对传统资源进行人本化取向的改造,使之逐步向服务型资源系统转变。实际上,在我国现代大学制度建设的探索中,建立服务型行政被视作打破"行政化"之藩篱、协调行政权力与学术权力的矛盾关系、促使行政资源服务于学术权利的重要改革设计。[①] 当然,传统向现代的转变不是一个简单的线性过程,而是一个较长期的综合性工程,涉及思想理念、价值取向、文化传统、体制机制、利益分配方式等诸多复杂矛盾关系的协调。因此,传统学生管制资源的转变必须要经历一个较长期的"人本主义"哲学指导下的理念更新、价值转向、利益格局调整、制度转型的过程,其中理念革新是前提,

---

① 张继明《高等教育质量战略背景下中国特色现代大学制度的建构》,《宏观质量研究》2015 年第 3 期,第 111 页。

价值转向是关键,利益调整是核心,制度转型是保障。具体来说,重塑管理与人的发展间的关系观,重塑促进人的发展的教育价值观,在协商基础上达成利益共享之共识,最终通过相关法律法规、大学章程架构起贯彻落实人本化学生服务思想与价值系统的体制机制,保障新秩序的稳定性和发展性。在这个过程中,诸如大学生就业、创业指导服务,心理健康教育与指导服务以及学生注册、学籍管理、各项审批管理工作,都需要从传统的管理定位向服务性定位转变。

现代学生服务体系是一个具有创新性的系统,必然需要打破传统的束缚,但在这个过程中应对传统秉持批判的继承态度,对传统学生管理系统加以改造,使之逐步适应现代学生服务理念。传统学生管理资源的改造在某种意义上也是一种创造,是建立现代学生服务体系的必需环节,相较于创造新的服务资源,其具有稳妥性、方便性的优势。事实上,大多数的改革往往是改良与革命的"二重奏",现代学生服务体系的建构亦是如此。

二、服务型教学体系的建构:教师服务与学生自我服务的共建

大学生发展是一个结构性概念,在诸多维度或要素中,学业成就应被置于核心位置,而学业成就发展的主要标志是学生专业知识、专业能力和专业综合素质的发展。显然,学生学业成就的锻炼和发展主要是在学校教学中实现的。当然,大学教学的目标并不仅仅在于促进学生学业发展,学生的思想、价值观、道德观、身心健康都在教学过程中形成或提升。同时,大学生学业成就也不仅仅在显性的、常规化的课程与教学过程中建立,大学应为学生发展提供立体、多元、丰富的资源,"隐性课程"往往是大学生综合素质锻炼和提升的重要载体。[①] 在此,只是强调常规的课程与教学体系对学生专业素质或学业成就提升的主导作用。

当大学教学被定位于一种服务活动,教学活动的各要素都产生了服务的属性,各要素之间也各自形成了服务与被服务的关系。除了学生作为被服务者居于服务活动的中心外,课程体系的建设以学生发展为依据进行建构,教学组织形式、教学方法都充分考虑学生的特征及其需要,而最关键的是作为传统教学场域之权威的教师亦站在了服务者的位置。教师由权威向服务者角色的转变在决定性意义上导致了整个教学秩序的变化,甚至是一种颠覆。当然,这种格局的巨变背后潜藏着不小的风险,即反本质主义、后现代主义等思潮导致大学课程与教学的平庸化、反智化甚至娱乐化的倾向和现实。但这并不在本书关注范围之内,本书关注的是这种格局变化如何适应以学生为中心的现代学生服务

---

① 姜茂徐《论高校德育的隐性课程建设》,《当代青年研究》2007 年第 3 期,第 69 页。

体系的建构要求。在服务于学生发展的现代学生服务体系的范式之下，教师与学生之间的关系是一种相对平等、民主的关系，其间的基本交往方式是对话和协商，双方致力于确定课程内容、选择教学组织形式及具体的教学方式方法。在此过程中，学生的需求成为影响师生新型关系建构的主要因素，如何促进学生发展成为教师选择和组织课程、教学的基本依据和最终目标。当然，基于大学课程与教学的客观规律和教师本身的主体性，师生双方达成共识的过程总是一个博弈的过程，也就是说教师在以学生发展为核心建构课程与教学体系，并不是一个盲目迎合学生需求的过程，学科建设的规律、课程与教学背后的哲学思想等客观性原则及教师对知识活动准则的坚守等主观性因素都会对这一过程形成规约，确保师生交往不会变成一个完全"顾客至上"的市场化行为。只是在这个过程中，教师能够真正意识到"以学生为本"的必要性，愿意站在服务者的角度，设计适宜的课程教学体系以服务于学生发展。

在现代学生服务体系的建构中，课程与教师作为基本的教学要素都将发生角色的转变，成为学生的服务者。在新的教学秩序中，学生并非一个静止的、被动的被服务者，其本身亦需要进行角色的调整，同样成为一个服务者——自己的服务者，即学生自己应该为自己的进步提供服务，并且学生的自我服务同教师的学生服务一样都是不可或缺的。没有学生自我发展意识、自我责任意识、自我反思意识、自我规划意识，被动地等待教师服务，在一定程度上又将陷入传统的学生管理模式中，因为面对学生的消极定位，教师的服务行为必然将重新回到管理性行为体系。只有学生认识到发展的价值，并为促成自身的发展而形成一定的规划，如此在同教师的交流、协商及博弈中，学生的意愿才能够真正被纳入教师的思想意识及其服务体系中。而且，只有学生成为自己的服务者，教师的服务及其他资源型服务才可能最终转化为学生发展的促成性要素。因此，服务型教学的建成有赖于教师服务同学生自我服务的协同并进。从一定程度上讲，学生学会自我负责、自我服务是学校服务体系发展的一个趋向，也是学校教育服务的最终目的，即"服务最终是为了不服务"。

三、学校主导型服务的突破：市场及社会服务资源的拓展应用

当前，大学往往固执于"象牙塔"角色，无论是教学、科研还是社会服务，都存在同市场需求脱节的问题。显然，大学应该在坚守特殊的精神、价值观、操守的基础上积极参与社会服务，因为大学从其诞生伊始就是社会机构。① 但正是

---

① 张继明《大学社会服务职能的理性审思》，《江苏大学学报(社科版)》2015 年第 5 期，第 88 页。

受传统的办学观影响,大学的学生管理同样表现出明显的封闭性,缺少对当代大学生正日益紧密地融入社会的现实观照,由于难以准确把握当代大学生的思想、价值观和学习、生活方式等的真实状态,使得传统的学生管理既难以取得预期效果,又难以实现向服务模式的转化。即使部分大学意识到了学生的中心地位,并在实践中加强了学生服务,但仍距离现代学生服务体系的要求相去尚远。总的来讲,目前我国大学的学生管理或服务仍是学校主导型的。而基于大学办学资源供给、大学生思想与行为、知识与素质的社会化的现实,大学的学生服务的资源必须实现社会化的拓展,充分利用市场及社会服务资源。

对于大学办学而言,要获得充分的办学资源,就必须开拓多元的资源来源渠道,在政府财政投入相对有限的条件下,立足于科技与人力资本优势提供社会服务,从而获取更多的社会资源。在这个过程中,争取社会资源投入来服务于学生发展是建立现代学生服务体系的重要手段。无论是学生学业成长,还是为学生提供经济支持以及为学生构建高质量的生活环境,都需要加强社会化、市场化意识,拓展应用市场及社会服务资源。

(一)促进学生学业成长

基于单纯的学校课程与教学资源来建构人才培养模式,是计划经济体制的产物,如此培养出的学生在知识、能力结构上都是落后的,因而会发生大规模的结构性毕业生失业问题;市场经济体制和市场经济或新型经济的发展,要求大学培养出符合社会发展需要、适应经济转型和产业结构升级需要的高素质复合型人才,进而要求大学必须开放办学。例如,大学应加强与行业、产业的联系与合作,为大学生提供充分的实习、见习和实训、实践基地;积极同行业企业共建人才培养平台,包括联合培养人才项目,如高职院校的订单式培养等,也包括校企共建学科、专业和课程等。通过校社联动,为学生接触社会、体验社会、认识市场规律、增强实践能力提供条件。

(二)提供学生经济支持

一直以来,向大学提供学生奖助贷学金是政府财政投入的重要形式,也是大学生获得经济支持的主要来源。近些年,国家在学生资助方面不断加大力度,越来越多的学生受惠于政府资助。据统计,2010—2014年,各级财政共投入学生资助资金达到3950.6亿元,累计资助各教育阶段学生达4.1亿人次。[①] 尽

---

① 《〈国家中长期教育改革和发展规划纲要(2010—2020年)〉中期评估——学生资助中期评估报告》,http://www.xszz.cee.edu.cn/tongzhigonggao/2015-12-11/2413.html。

管如此,无论是在学金的额度上,还是在覆盖面上,单一的国家学金政策并不能保障更高水平的公平与效率。① 因此,大学如何面向社会,积极争取企事业、第三部门等社会组织和私人提供的经费及物资等学生资助,包括设立学金、提供带薪实习机会等方式,就显得极为重要。当然,在社会介入大学生资助过程中,必须遵循纯公共价值导向,而不应附带不合理的条件,学校方面应建立相关制度,实现与社会合作的规范化。

(三)提升学生生活环境质量

在一个高度精细化、专业化的社会,大学的部分领域应积极探索通过市场化方式转由社会承担。况且,在"大而全、小而全"的管理服务模式下,大学往往难以为学生提供更专业的服务,大学生的生活环境往往广受学生群体乃至社会所诉病。因此,从学生饮食、住宿,到医疗保健、就业创业指导等各领域,大学有必要通过社会化改革,让更具有专业性、服务质量更高的市场组织来承担。而且这也解放了大学自身,促使大学办学资源配置的优化,提高有限资源的利用效率。当然,社会化或市场化不意味着学校放弃学生管理和服务的责任,大学必须做好监管评估工作,确保学生权益不受商业动机的威胁和损害。

四、学生服务体系的现代化:新设施及新技术资源的综合运用

现代学生服务体系首先包含着开放的思想观念,这是建立现代学生服务体系的先导。现代学生服务体系也包括建立健全相关体制机制,一方面这是构建现代学生服务体系的内容,另一方面这也是确保新的服务理念与服务模式得以实施的保障。此外,现代学生服务体系还包含基于现代科技的学生服务手段或技术,这同样是现代学生服务体系的重要组成部分。实际上,所谓现代化,其最直观的表征就是设施、设备及技术层面的现代化,在很大程度上,这是整个现代化建构的基础。当然,从总体上说,现代化的各个层面之间存在一种相互依赖、相互促进的关系。

当代的生产生活是建立在科技高度发达基础之上的,以互联网及智能科技为标志的新一轮技术革命正在引发人们生产生活方式的重大变革。作为思想活跃、新生事物接受能力强的青年大学生,往往是率先体验新技术、新生活,引领生活时尚的那个群体。这意味着,以大学生为服务对象的大学亦必须借助新的技术与工具,建立新的学生服务模式,以适合大学生的群体特征及其生活与

---

① 吴安辉《大学生国家奖助学金评选发放中的畸态及其矫正》,《中国青年研究》2013 年第 4 期,第 84 页。

发展的需求。可以说,基于现代科技的学生服务手段和技术是提升现代学生服务水平和效率所不可或缺的重要条件。在此,大学生的生活是一个综合性概念,既包括餐饮、住宿等日常意义上的生活,也包括学习生活以及人际交往、满足社会性需求的社会生活,总之是指学生的学校生活。

具体来说,在构建现代化的学生服务体系过程中,要灵活运用新的工具与技术资源。第一,在学习生活方面,要为学生营建一个现代化的学习环境。首先是现代化的硬件设施,例如安装有先进多媒体设施的教学场所、先进的实验与实训设备、语音设备等。在信息时代,信息获取与处理能力是高水平人才的必备性能力,学校应该构建一个高度数字化的校园,让学生能够充分、便捷地利用互联网工具来获取、分析和使用各种数据或信息。尤其是在国际化背景下,如何通过现代媒介技术为学生提供国际性的数据库,培养学生的国际化意识和素养,是大学现代学生服务的一个重要内容,从更高意义上说,是大学实施国际化战略、培养国际领袖人才、冲击世界一流大学、提高高等教育质量的必要步骤,需要大学持续加大资源和经费投入。第二,在日常生活方面,要在办学条件允许的前提下,为大学生提供一个良好的餐饮和住宿环境。在现实中,我国大学的餐饮与住宿条件向来受计划经济体制或大工业生产管理思想的影响,以满足较低甚至最低水准的要求为标准,故一直是学生所不满甚至诟病的重要对象。而事实上,餐厅、宿舍是大学生活的重要场所,是大学生日常活动及交往的重要空间,餐宿条件不仅直接影响到大学生对学校服务水平和办学质量的满意度,还会影响到是否能以一种人文关怀的大学文化促使学生建立起对学校的认同感、忠诚感,而这是大学软实力建设的一个核心内容。因此,大学应加大投入,为学生建造良好餐宿条件,包括人性化、宜居型的住宿环境,以及精致化、多样化的餐饮环境。此外,为学生提供诸如风雨操场、灯光球场等完善的体育设施,提供先进的医疗服务环境等,也是同样必不可少的。第三,在其他方面,在互联网个人终端和智能通信设备业已普及化的情况下,学校或学院的学生管理与服务应该打破传统模式的束缚。例如将公共空间同大学生个人空间在必要前提下实现对接,通过视频、新媒体空间、微博、微信等多种方式来下发通知、组织活动、协调关系、召开会议、讨论问题等。甚至在课堂管理中,智能手机及其相关功能可以协助教师便捷地实现组织和控制,例如利用微信扫描方式"刷脸"来监督学生出勤情况等。显然,这种充分利用新媒体、新技术的人际交往已经成了当代大学生构筑社会关系网络的一种主要方式,大学生服务体系必须尊重这一现实和趋势。当然,需要强调的是,新技术的盲目、过度使用也会带来负面的影响,例如学生实际生活交往范围的缩小等。因此,新交往手段、教育管理手段应该是一种补充性的方式,必须充分发挥大学实体包括传统课堂、教学过程对于学生全人培育的主导性价值。综观以上几点可以发现,现代化的服务体系建构,包括新设施、新技术的运用等,从本质上还是"以学生为本"教育理念的反映。

第四节 建构学生服务的制度与文化

建构现代学生服务体系的主要内容之一就是建构其相应的体制机制,健全有效的制度设计是现代学生服务体系建构的关键。而从更加长远的角度来看,现代学生服务体系要成为大学办学体系的有机组成部分,"以学生为本"要成为大学各级领导、部门、群体的自觉意识和行为,还需要建构起一种全心全意服务于学生的大学文化。按社会学新制度主义理论,文化建构是制度改革与建设的本义①,没有适合的文化建构,改革往往难以实现最终的成功。"大学制度文化渗透于大学生活的方方面面……保证了大学办学理念和办学目标的实现,发挥着显性或隐性的育人功能。"②因此,只有建立起全心全意为学生服务的价值观,现代学生服务体系才能获得终极意义上的价值实现空间。

一、将学生服务纳入学校常规的教育教学和管理体系

长久以来,大学的教育教学观是狭隘的,抑或是不科学的,即把教育教学狭隘地理解为课堂教学和知识传递,即使随着大学教育教学观的革新,大学开始逐渐认识到学生服务的重要地位,也始终没有将其置于一个应有的、更加重要的地位,"服务"始终未能在教育教学中获得应有的重视。这也就是为何在大学评价中学生发展被片面地界定为学业发展。要改变这种现状,就必须将学生服务纳入学校常规的教育教学和管理之中。

即使在学业发展范畴内,院系及教师也很少真正走出控制者的角色束缚,而主导着课程建设与教学过程,课程与教学的改革往往没有摆脱教师中心的观念或官方的意志。这样,在教育教学活动过程中,学校、院系的政策和教师的意

---

① 任丙强《社会学新制度主义述评——政治学研究的社会学新途径》,《社会科学家》2003 年第 4 期,第 63 页。

② 郭峰等《地方大学文化与地域文化互动发展研究》,人民出版社 2017 年版,第 7 页。

志以"官方"指令的形式主导、影响着教育教学关系,这种基于传统权威的关系常常导致师生关系的紧张以及学生对院系和学校的不满。显然,这样的关系不符合科学的教育教学秩序,维护和提升教育教学质量自然更是遑论。这就需要建立现代学生学业服务体系,教师和学校、院系必须深刻理解和准确把握学生学业发展的真义及其需求,在遵循学科、专业和课程规律的前提下,以学生合理需求为依据来建构课程与教学体系,而这要求建立起师生间的相对平等的民主关系,在整个大学治理体系中,则应重视学生参与治理的价值,为学生参与治理提供多元充分空间。而要实现传统学生学业发展观的革新,就需要建立起相应的机制来促进新的学业发展观的转化,如师生共同协商选择、学术委员会审定的课程与教材建设机制,一定范围内的转专业机制,全面展开的辅修及双学位甚至多学位机制,发挥实质作用的导师制,等等。进一步讲,要建立严格的监督问责机制,例如由学校层面制定相应的评估考核体系,督促各教学单位健全机制并落到实处。

以上主要是从学生学业服务的角度来加以分析,在整个的学生发展中,显然学业发展只是其中的目标之一,日常生活服务、职业规划服务、就业创业服务等都是促成学生全面发展的学生服务内容。但在现实中,这些服务内容都从属于学生学业发展,甚至被排除在正常的教育教学体系之外。如今,要充分发挥这些服务内容在促成学生全面发展的作用,就必须将之纳入常规的教育教学过程中,包括大学生活规划与职业生涯规划课程的建立、心理健康教育课程与创新创业课程的建立等,都必须成为大学课程体系的重要构成。本书认为,这些课程可以以全校公共必修课的形式来实施。至于日常生活服务、环境优化服务等其本身难以纳入学校普通课程中,但实际上大学公共空间本身就是促成学生发展的重要场所和方式,例如人性化的建筑与设施本身就发挥着环境育人的功能;同样,人性化的日常生活服务同样也发挥着情感教育、劳动教育的功能等。从整体上而言,将学生学业服务之外的诸种服务纳入大教育、大教学范畴内,有助于全方位、立体化地促进学生发展。当这些服务的教育价值被纳入大学价值体系,意味着大学必须正视、重视其积极作用,因而有必要进行科学合理的规划和管理,而不仅仅是作为一种可有可无的形式工程,这就需要在资源配置、经费投入、人员配备和专业化建设等方面,进行科学论证,进而进行相应的制度设计,保障其职能发挥和价值实现。

二、设立学生信息中心以加强学生发展信息采集与研究

大学的学生管理与服务是极为复杂的教育教学活动。大学生的身体、心

理、价值观等正处在刚刚稳定或尚未定型的阶段,尤其是当代大学生所处的社会是一个高度复杂的环境,文化与价值多元交汇,导致大学生群体的多元化和复杂化,甚至每个大学生都是一个立体、多元、变化的个体。[①] 这就决定了当下大学生的管理与服务绝非一项简单工作,而且随着时代的进步,这项工作越来越复杂。这就提出了大学生服务的科学化和专业化。

要为大学生提供良好的服务,首先需要对大学生的需求进行全面、准确的认知与把握。没有对大学生群体特征及其在身心、思想品德、人际交往等各方面的需求的了解,就不可能提供有针对性的管理服务,无论是课程和教学服务,还是日常生活服务等。传统的学生管理体系之所以难以满足学生需求,甚至被学生所排斥,主要原因在于管理与服务并非以学生的真实需求为依据,而是以官方的或理论上的政策、标准、原理等为根据,而无论是官方的政策,还是学校制定的学生发展标准,甚至是教师依据某些理论做出的假设,都往往滞后于变幻的时代与同样变化和发展着的学生群体,实际上就是与学生的新特征、新需求相脱节。

要提高学生服务工作的科学化与专业化,前提是对大学生群体乃至每个个体都有一个相对深刻的了解。本书认为,大学应该将学生发展信息的采集与研究纳入学校服务体系中。通过对学生信息的挖掘来掌握学生群体特征和变化趋势,来提高学生服务的数据化和计量化。"数据信息的挖掘和分析可以有效预测事物的发展走向,能够为决策参考提供科学依据。"[②]这就需要建立专门的学生信息中心,这个中心不仅仅具有采集功能,还必须具备优秀的研究能力。每学年开始,该中心都应对新生进行各个维度的信息测量与收集,针对每一级学生提供更有针对性的服务。在精英阶段,大学生数量较少,学生信息的采集整理工作相对较为简单,但在大众化的今天,大部分大学都称得上是巨型大学,动辄上万、几万的学生数量使得学生信息采集、贮存和整理工作成为一项大工程。计算机与互联网技术的不断完善、大数据技术的发展使得这项工作成为可能,当然这要求有一支专门的技术型队伍来承担工程的设计与操作。[③] 同时,如前所述,信息中心还必须具备研究的能力。没有研究能力,数据或信息就失去了应用价值。因此,该中心的工作队伍不仅是掌握现代技术的专业化队伍,还是能够在深度挖掘信息和数据基础上进行科学研究、能够在此基础上总结学生

---

① 谢妮《当代大学生价值观的个体化取向》,《中国高等教育》2015 年第 3 期,第 71 页。

② 刘福才、张继明《高校智库的价值定位与可持续发展》,《教育研究》2017 年第 10 期,第 69 页。

③ 李伟文《试论大学生就业信息的采集和应用》,《苏州大学学报(工科版)》2009 年第 5 期,第 140 页。

发展规律并做出有效的对策设计的理论研究型队伍。因此,大学的学生信息中心是一个专业机构,工作人员是专业技术群体,它既不是一个行政机构,也不是一般意义上的学生服务机构,从本质上说,它是一个以服务大学生为使命的学术组织,其运行主要遵循学术的发展规律和管理原则。

为此,应明确学生信息中心的性质及其职能定位,依此进行相应的治理和考核设计,以确保其充分发挥其职能。由于该中心并非行政机构,因此在协调各院系进行学生信息采集与处理时,应由学校分管副校长直接协调,避免由部门壁垒导致工作不畅的问题。或者,该中心的负责人直接由分管副校长兼任,以推进学生服务工作顺利实施,这更符合当前我国大学内部的权力生态。当然,分管副校长本身应是该机构的服务者,而不应通过该中心来服务于其行政意志。

三、建立学生申诉与问责机制以完善学生权益保障制度

大学是一个典型的利益相关者组织,不同的利益相关者具有不同的权力和利益诉求。由于每个利益相关者都是独立性的个体,因而都具有"理性人"的特征,即都追求自身利益的最大化。这样,在大学利益相关者之间就在客观上存在着利益及诉求上的矛盾关系。学生是大学利益相关者群体中的核心,在构建现代学生服务体系过程中,必须建立和完善学生权益保障制度。

一方面,大学生与大学之间的关系在根本上是一致的,即学生的成长是学生自身与大学的共同愿景;另一方面,双方之间也存在着矛盾,这则主要是由双方各自作为理性人的需求差异所造成的。例如,作为以育人为使命的大学,其教育教学能力和作为受教育者的学生对大学的教育教学质量的要求之间,客观上是存在矛盾的;再如,学校为了实现组织目标而建立起了系统复杂的学生管理制度,这与作为被管理者的学生对自由(尽管这种对自由的追求往往是狭隘的,或者学校的学生管理系统也很可能是缺乏科学性或人文关怀匮乏的)的追求之间就形成了一定的矛盾。[1] 在高等教育大众化时代,生源构成的多元、学生思想与需求的多元化以及大学角色与职能的多元化,共同导致大学与学生之间的关系日益复杂化。作为一个利益相关者的联合体,大学必须在协调各主体间的矛盾基础上达成利益的共享,即共同实现大学的组织目标与大学生的预期收益或发展目标。而在很多时候,大学与学生之间的矛盾协调是一个难题,在某些极端条件下甚至需要诉诸法律调解。[2] 由于学生相对于作为官方的大学来

---

① 陈颖等《构筑化解学生权利和高校权力冲突的完善机制》,《教育发展研究》2007年第10期,第46页。
② 彭海《法治思维下高校学生管理的现状与前景》,《思想理论教育》2014年第2期,第100页。

说,一般是处于弱势地位的,那么在处理双方矛盾关系过程中,可能存在学生合法权益受到侵害的情况。显然,这与促进学生发展的价值指向及大学面向学生的服务精神是相悖的。

要维护大学生的合法权益,就需要在大学建立起以学生申诉与问责机制为主的学生权益保障体系。学生申诉即学生对于学校做出的惩罚、惩戒决定有权向专门的学生权益保护中心提出申诉,提供证据材料,为自己进行无过辩护。权益保护中心应严格按照相关法律法规、学校章程的规定,按程序做出处理。对于确实对学生合法权益造成侵害的部门、相关人,按一定方式进行问责,问责的主体应以学校最高权力机构为主;在特殊情况下,甚至需要交由国家相关部门做出司法处理。在问责的同时,对于已经给学生造成的权益损失,应给予补偿。① 唯有对大学生的合法权益进行有效保障,才称得上是现代化的学生服务体系。

大学学生权益申诉与问责机制的建立与施行,要求学校建立起专门的大学生权益保护机构,并建立起一套完整的机制,为学生通过正式渠道提出申诉、对事件做出调查、对侵权主体进行问责、对学生做出补偿提供明确而可操作性强的规章与细则。该学生权益保护机构一方面应具备相应的专业性,精通包括法学、管理学、教育学等专业理论,能够充分行使权益保护的职能;另一方面该机构在权限上应属于学校二级职能部门,直接由学校分管领导负责。值得强调的是,该机构应坚持中立的立场,秉持专业的态度,对于大学生同校方、教师等主体间产生的权益纠纷做出客观、公正的裁决和处置。从传统来看,大学生在相关的纠纷中往往居于劣势。现代学术服务体系的建立要求体现法治精神,彰显公平的价值。

四、建构起"以学生为本"的服务型、友好型校园文化

改善与优化大学生生活环境,包括建筑、设施等的设计与改进,是大学空间治理的重要内容,而无论是空间治理还是制度体系的设计与实施,在很大程度上都属于外部环境治理的范畴,属于现代学生服务体系的"外围"性工作。而现代学生服务体系的"内核"性工作则为构建一种"以学生为本"的服务型文化。例如,在"以学生为本"理念成为大学学生管理与服务的统一价值观的背景下,学生服务者能够真正立足于学生发展的立场,从帮助学生实现合法权益出发,

---

① 赵雄辉、崔晴《基于高等教育服务消费者视角的大学生权利》,《大学教育科学》2008 年第 5 期,第 18 页。

来实施行政服务、教育教学服务以及日常生活服务等,并自觉不断地提高服务
水平。

　　从管理范式而言,文化管理属于更高层次的管理方式,与之相对应的是基
于法律法规和规章制度的、源于外在主体的管理方式,言外之意,文化管理的力
量来自管理主体自身,即管理者在思想理念、价值导向、行为动机及行为方式上
共同指向某一个特定目标,服务是一种自觉性的行为,行为的指向或目标是服
务主体的理想、旨趣及追求,而并非在外部压力挟持下的被动行为,能够形成
"一种特殊的稳定的内在结构"①。相对来说,基于规则、规范的外在强制性管理
方式,往往导致管理者与被管理者之间存在一种矛盾对立关系,这种对立关系
意味着管理过程的完成需要投入较高成本。当然,外在规范或管理者同被管理
者之间也可能存在着根本一致的利益诉求,只不过在不同阶段,在利益观上双
方尚存在有待消解的分歧。但相对来说,两种不同管理范式直接导致了管理或
服务行为在有效性上的差异,而这种有效性的差异又主要取决于管理或服务双
方主体的关系及其关系处理效果。显然,尽管在管理实践中,我们常常更加倚
重强制性的法规或制度管理,但从理想的意义上说,文化管理才是我们改革管
理方式、提升管理水平的追求,因为文化管理能够带来更加积极的成效,且更具
有持续性。这也就是著名教育学者张楚廷先生所说的,大学需要两根"柱子",
纪律规范和思想道德,前者固然不可或缺,但后者才具有根本意义,因为其是一
种内在的律令,从更深处发挥作用。②

　　在传统的大学学生管理体系中,管理者通过强制性的制度安排来实现对学
生群体的规范和管理,这种管理范式成为传统,根深蒂固而难以改变;那么,在
强调"以学生为本"、以学生为中心的现代学生服务导向下,管理者必须摒弃传
统的学生管理方式。建立一套以评估考核和激励约束为标志的制度体系,是尽
快建立起现代学生服务体系的重要保障。但从长远来看,则必须建构起"以学
生为本"、以促进学生发展为旨归的大学文化,在教育教学、后勤保障、咨询指
导、创业服务等各方面都确立"为学生进步而服务"的价值观,才可能真正实现
由传统学生管理模式向现代学生服务模式的成功转变。文化的建构往往是一
个较为漫长的过程,在传统管理者成功转型为现代学生服务者之前,外在导向
的转型仍是不可或缺的程序。因此,从整个过程来看,两种范式的学生管理或
服务并不一定是相互独立和排斥的,而是一个前后联结、逐渐转化的过程。但

① 郭峰等《地方大学文化与地域文化互动发展研究》,人民出版社 2017 年版,第 5 页。
② 张楚廷《论高校改革中的行政管理与人事制度改革》,《山东高等教育》2016 年第 1 期,第 1 页。

在转化过程中,如何通过积极的舆论宣传、思想动员等各种方式来逐步建立起统一的学生服务的价值体系,在空间和制度设计上如何营造一个服务型、友好型的校园氛围,亦是大学内部治理所必须要积极探索的。

第五节 学生服务中重视的几对关系

改革在本质上就是处理相关主体间的关系,化解其间的对立和矛盾。改革的过程往往不是一帆风顺的,因为矛盾的化解是一个复杂甚至十分艰难的过程,矛盾双方往往都是需要同时兼顾但在实践中却难以共同获得观照。因此,准确把握矛盾关系、有效化解矛盾关系也就成为改革的关键。同理,在高校构建现代学生服务体系过程中,必须认识并正确处理各种矛盾,这是做好学生服务工作的重要指导思想和原则。

一、正确处理学生管理与学生服务之间的关系

大学建构现代学生服务体系,从理念上而言首先是一个强调服务而淡化管理的过程。强调服务,即尊重大学生的主体地位,以大学生发展的需求为导向,来构建学生服务体系;而淡化管理则主要是针对我国大学传统的学生管理模式而言的,由于这种旧有的学生管理模式漠视学生在大学生态中的角色及其价值,漠视大学生在教育教学过程中的主体地位,漠视学生的内心与人格成长的需要,片面地将学生置于被管控者的位置,因此在改革学生管理模式中必须摒弃这种违背大学价值准则和人本主义学生观的思想及做法。但需要澄清的是,强调服务而淡化管理是实践层面的逻辑,是基于我国高校学生管理现实中的弊端、误区而提出的。从服务与管理间的应然关系来说,第一,两者之间的关系并不必然是对立、冲突的;第二,两者在一定条件下互为补充、相互融合和共同发挥作用;第三,无论是服务还是管理,都有各自相对独立的意义系统。

管理与服务之间的这种辩证关系启示我们,在现代学生服务体系的构建过程中,必须在改变学生管理传统模式的基础上,积极促成传统学生管理资源向现代的转型;同时,在强化学生服务的同时,不应忽略实施管理的必要性及其价值,这既是组织运行有序的客观要求,也是大学生群体年龄特征尤其是大众化时代大学生思想与行为的多元化、复杂化的现实所决定的;故而高校现代学生服务体系的建构并不等于"唯学生中心主义"。片面强调学生中心,完全以学生

需求为方向,导致大学里消费主义对知识活动的损害。当然,也不等于正在盛行着的"管理主义",因为忽略教育本质的管理主义也在危害着大学的精神与肌体。也就是说,这个新体系是科学发展观指导下管理与服务的有机融合,不可偏废。简言之,高校构建现代学生服务体系中,必须在人本主义思想指导下充分发挥管理与服务的各自作用及其在融合条件下的共同价值。

二、正确处理学生中心与大学组织规律之间的关系

在强调学生服务的语境下,大学理应成为一个服务机构;但大学本身作为一个有价值的存在,从根本上说源于其教学科研的基本功能。同时,教师既要成为现代学生服务体系中的服务者,又必然要作为大学中从事教学科研且以此为志业的知识分子或学术人。如此,在学生服务和教学科研之间,在以学生为中心、以学生需求为导向的服务原则和尊重学术、以独立和自由为主要特征的学术原则之间,就可能会产生一定的矛盾。从现实来看,学生中心主义同大学的组织规律或教学科研活动的基本原则之间业已形成了一定程度上的对立,即过分强调学生中心主义而忽视教师在课程教学中作为主导者的地位和尊严,忽视课程与教学这一知识体系的内在逻辑要求,不仅是对大学生产性功能的损害,从长远来看也是对学生终身发展的不利,甚至对于整个社会都会带来不良效应(这一点将在第六节集中阐述)。因此,无论是大学,还是教师,都必须处理好提升学生服务质量和促进教学科研创新之间的关系。而从更深层次的意义上而言,则需要正确处理消费主义的市场文化与大学作为学术组织的内在逻辑之间的冲突。

要协调好这对矛盾,仍需要在思想理念上明确学生服务的目的,即促进学生发展;同时,需要将学生服务纳入大学组织的视野之中。之所以产生以上两者之间的对立,主要是由于实践中将学生服务同大学的生产性功能割裂开来。而实质上,学生服务与大学教学科研功能统一于共同的育人目标之下。脱离了作为大学主要生产性功能的教学和科研,学生服务就失去了价值,因为以知识和能力为核心的素质培育是大学学生服务的主要内容,是大学育人的主要目标;反过来,没有完善的学生服务体系,教学和科研活动就缺乏必要的条件支持,例如现代化的教学设施、舒适先进的食宿环境,都是学生积极投入学业发展和学术活动的必备基础和保障。因此,在构建现代学生服务体系过程中,应以融合的观点和方法来处理学生中心原则同大学作为学术组织的规律要求间的关系。

三、正确处理专职学生服务同全员服务之间的关系

在大学的教育教学和管理服务实践中,学生管理与服务是一个相对独立的专门系统,即大学里的学生工作系统。在校级层面上,有专门负责学生工作的副校级领导,一般为校党委副书记;在学校中层,有专门从事学生工作的职能部门,一般包括学生处、团委等;在院系层面,有专司学生工作的基层党团组织和学校学生工作系统统一分配的辅导员队伍,越来越多的大学或大学基层组织还配备了班主任。随着当代大学生在心理健康、职业与生涯规划、创新创业指导等方面的需求日益突出,大部分大学还成立了相应的专门性机构或岗位。总体来说,当下大学学生服务是相对专职化的,且在逐渐向专业化方向发展,以提高学生服务的质量。显然,专职化乃至专业化的学生服务是必要的,也是大学构建现代学生服务体系过程中的一项核心工作,甚至可以说,没有专业化的学生服务,就谈不上学生服务的现代化。

但在强调学生服务的专职化、专业化的同时,必须看到课程与教学体系是大学生生活的最主要空间,这意味着身兼"传道授业解惑"之责的专业教师也必须扮演好学生服务者的角色,包括以促进学生学业进步为导向开发出高品质的课程资源,为更好地促进教学而改进教学方法;在教学过程中积极弘扬社会主义核心价值观,培育大学生正确的思想政治观;促成学生科学素质、人文素质的和谐发展,使学生成为完整的人;培育学生学会学习、终身学习的意识和能力,为未来生涯发展奠基;如此等等。大学生的生活空间是立体式的,生活内容是多元化的,除了学业服务外,大学生的日常生活服务也是一个重要内容,而现代学生服务体系的构建同样要求后勤保障等相关部门强化服务意识,以服务的方式来为学生发展提供各种保障,例如教室、图书馆等教学空间的优化以及学生食宿条件的提升等。而从学业服务到日常生活服务,应同专门的学校学生管理与服务相互配合,实现全员服务和协同服务,从而真正提升服务水平。

四、正确处理学生发展的内涵及其外延之间的关系

高校构建现代学生服务体系,目的在于促进学生发展。然而,学生发展是一个系统性、结构性概念,或者说当下的大学生发展已经不是传统意义上的单一维度,例如德或智的成长。如前所述,当代大学生具有多元化的发展目标。因此,学校应为学生发展提供多元、全面的服务项目。然而,这并不意味着学校的学生服务体系完全迎合学生的各种需求,究其原因,一方面,大学的办学条件

包括学生服务的资源等总是有限的,这决定了大学在学生发展资源的投入上必然是有所侧重和优先的;另一方面,大学的使命尤其是其培养创新型高级人才的社会责任,决定了其在构建学生服务体系时必然要遵从一定的组织运行规律和办学规律,在此规律指导下行使人才培养职能,而不能盲目迎合学生的多元需求,从而陷入消费主义误区①。总之,大学的学生服务体系建设是一种理性行为,这要求在服务学生实践中正确处理学生发展的内涵与外延间的关系。

显然,学生发展中,道德观、伦理观、价值观、社会观等的正确养成是贯穿于整个大学教育教学过程的灵魂,教育的使命首先即在于此;而学业发展如专业知识和技能的获得、专业创造力的提高既是学生发展的核心,也是学生整体发展、各素质维度水平提升的载体。② 可以说,这两方面反映了学生发展含义的主要方面,因而如何确保教学中心地位、创新课程与教学体系、培育德才兼备的"人"是大学在学生服务体系构建中要求首先加强资源投入的领域。而在新的时代和社会背景下,为大学生提供身心健康保障、就业和创业相关服务也越来越成为学校学生服务的重要内容,因为身心健康发展和就业创业能力发展已经是当前大学生发展的重要内容。除此之外,为大学生提供良好的生活条件等,则属于学生发展之外延,在资源投入上应相对让位于学生内涵发展需要。

第六节　高校学生学业服务中须重塑传统价值

在一堂长达 95 分钟的本科专业必修课即将结束、距离规定下课时间还有七八分钟(留白时间)时,教师按教学设计结束了讲授。学生们立即骚动起来,课堂秩序陷入小小的混乱。教师大声说:"请同学们保持课堂纪律,离下课还有几分钟,我们利用这段时间讨论一下刚刚讲过的内容。"这时一位女生大声说道:"我们中间都没有休息!"周围的学生轻声笑了出来,教师则略显尴尬。

这是一段关于大学课堂教学的真实记录。客观地说,学生公开表达诉求,对传统权威提出质疑和反抗,在中国大学课堂上并不是一件寻常的事情。这看似是一个偶然的微观课堂"事件",但从更广阔的背景来看,却能发现其背后隐藏的深层次矛盾。本书认为,学生的抗议是当下我国大学教学生态的一种反

---

① 杨天平《消费主义语境下的高等教育发展》,《教育发展研究》2011 年第 21 期,第 67 页。
② 张继明《大学教学改革的功利主义批判与理性回归》,《四川师范大学学报(社科版)》2017 年第 6 期,第 86 页。

映,反映了大学教学改革中的一种普遍的课程与教学观,值得深入探讨。从学业服务的角度来说,显然教学改革是客观所需,改革中一些新的思想、新的观点乃至新的哲学要发挥引领和导向功能,但在此过程中必须意识到改革不是摒弃历史,一些传统的价值是在改革中必须坚守的永恒标准。新思想、新改革同传统价值之间关系的协调也是大学现代学生服务体系建设中所必须予以正视的,如何促使其和谐共存、发挥合力作用尤其是在大学生学业服务中必须高度关注的。

一、学生抗议表象背后的大学教学秩序

(一)学生抗议是师生互动的新形式

在这堂课上,学生对教师没有进行例行的课间休息提出了抗议,是对学生休息权的主动要求。我们可以从不同的视角与维度对此进行分析,例如,从教育本身的角度出发,该个案反映了一个涉及课堂管理、教学管理及管理艺术的问题;从社会进步角度出发,该案例反映了在现代民主政治文明影响下,大学生权利意识、民主意识的不断增强;等等。笔者认为,案例中学生的抗议在直观上表现为学生对教师的态度或师生间互动方式的变化,是一种新的师生关系的建构及其对传统师生关系的解构。传统师生关系主要是指师生之间严格的等级化关系,即以教师为中心的课程与教学制度安排和以传统的师道尊严为主要特征的文化规范,两者相互强化,共同建构起了一种优先强调教师支配权的师生关系。而新型的师生关系主要是指在课程与教学实践中,学生中心主义或学生人本主义的日渐强化,教师传统的权威地位逐渐弱化,师生之间的关系日益趋向平等、民主,学生自主选择的空间不断扩大,师生双方的角色从单一走向多元。[①] 这种新型的师生关系背后的动因同样是多元的,例如以人为本的社会观、教育观和课程观,赋予了学生越来越多的主体性和主体意识;在学习革命背景下,基于计算机科学与互联网技术的新学习方式使得教师逐渐丧失了传统的知识权威的地位和形象;在职业主义教育观、学习观影响下,大学生普遍的知识选择倾向使得部分专业或课程成为"无用的知识",部分教师作为"无用知识"的传递者失去了足够的权威与魅力;在教育经济学思想影响下,传统的师生情感联结被基于"权利—责任"的契约联结所取代,学生依据预期收益来审视教师的价值,从而影响到学生对教师的满意度;如此等等。总之在新的背景下,师生关系及互动的方式亦出现了新的景象。

---

① 汤瑞华《平等互动:大学校园师生关系调查》,《中国青年研究》2003 年第 1 期,第 76 页。

(二)师生关系变化背后反映的是大学秩序的演变

这个微观课堂"事件"并非是出于偶然的个案,其背后反映的是当前一种普遍的新的大学教学秩序正在形成。所谓教学秩序主要是指教学主体、作为教学媒介的课程体系等各要素之间相互关系的总和。教学秩序是一个结构性的存在,秩序的变化必然影响到教学功能的发挥,而教学秩序的变化即各要素之间关系的调整方式往往同一定的教育哲学和教学理念密切相关,例如从赫尔巴特的传统教育学思想到杜威的新教育学思想的转变,正是课程体系建构范式变革的过程;从本质主义到建构主义、反本质主义,也必然会影响到知识观、课程观和师生观的变化;本书要探讨的后现代主义思潮,其对本质主义的否定同样使得传统课程与教学中各要素发生了一定程度的位移。在教学秩序中,师生关系即基本的教学主体间的关系是最核心的构成部分。当下,这种新型师生关系的建构正导致传统的教学秩序发生了显著变化,例如课程资源的选择权、课堂组织的主导权、教师与教学的评价权等都发生了一定程度的转移,而这最终会影响到知识的选择、传递及其效果。课程改革之所以强调建构起自由、平等的师生关系,正是基于这样一个假设,就是这种新的师生关系有助于以学生需要为中心来设计课程体系,从而在教学实践中促成学生的发展。案例中学生的抗议反映的正是以建构新型师生关系为标志的教学秩序的变化,而其背后的动因除了本书第一部分所述的若干视角外,笔者认为还与普遍流行的后现代主义思潮有着深刻关联。事实上,后现代主义和建构主义正是课程改革实践的重要指导思想。那么,后现代主义及其影响下的传统师生关系的解构,是否有利于建构起更加合理的教学秩序? 课程改革的假设是否在此得到确证? 这正是本书所要着重探讨的问题。

二、人本主义高等教育现代化进程中的后现代主义

(一)现代化的本质是人的发展

现代化标志着人类社会存在和运行的基本形态,我们的科技、思想、经济、制度、文化以及每个作为个体的人都被裹挟在现代化进程之中。而这个极尽包容性的社会进化过程始终都存在着一个本质层面上的规定性,即对现代化本质的限定,就是现代化与人之间的深刻关联。现代化实际上是社会面向未来的变迁,而社会变迁的实质则是人及其文化系统的嬗变,这是由人与社会的关系所决定的,因此认识现代化的本质必须立足于人这一主体性因素。这意味着现代化不止于物质、技术及制度等的进步,人类由农业文明过渡到工业文明,再到今

天的信息文明,甚至有人提出我们已经进入了一个概念社会、创意社会,无论人类文明走向哪里,改革、嬗变、发展的终极价值都在于人类自身,物质、技术、制度等的进步都作为手段服务于人的发展。从这个意义上说,现代化的本质就是人的发展,包括人的富足、自由、解放和幸福等;同时,人的发展也就成为持续推进现代化进程的根本动力。从这个意义上说,人的发展也就为整个现代化的思想与行动提供了最根本的范式,科技是人类改造世界的最强有力的工具,但科技的发达或科技的现代化是服务于人的现代化的,缺失了对人的发展的观照,科技理性带来的恰恰是对人类命运的极大威胁。

(二)人本主义是大学教学现代化的哲学指导思想

在现代化系统中,教育现代化既是现代化进程的产物,同时又加速了现代化的进程。根据现代化与人的关系,教育现代化必然是关注人、关怀人和发展人的,而且这也是由教育作为以人为主体性对象的社会活动的特殊性所决定的。简言之,教育现代化的根本特征即人本化,人本主义是推进现代化进程的根本原则。① 根据教育现代化与人的关系,高等教育现代化在本质上也是一个推动实现人的自由与解放的过程,必须贯穿"人本主义"的哲学思想。在高等教育现代化体系中,教学的现代化是重要内容,主要包括教学目标现代化、教学内容现代化、教学手段现代化、教学组织形式现代化等。在很大程度上,教学现代化就是教学结构或教学秩序的现代化。教学秩序的现代化主要是指依据时代发展的新特征、社会发展的新形势、人的发展的新主题,确立新的教学目标,例如立足国际化的时代背景和知识化、信息化的社会背景,以培养人的人类命运共同体意识、国际理解能力和信息素养为目标,进而选择相应的新的教学内容,充分利用计算机科学和互联网技术,采用包括讨论式、研究式学习、翻转课堂、慕课等在内的多元化教学组织形式,从而提高教学效益。而在教学秩序的现代化进程中,必然始终贯穿人本化的思想。具体来说,要建构以人为本的教学秩序,就是要使教学的价值取向严格以教育的本质为依据,以促成人之成为"全人"为目标,在当前尤其强调受教育者的现代科技素养与人文素养的和谐共生;从学生的现实需求出发,新的教学目标在日益强化培养学生的就业力的同时,还逐渐将培养学生的"核心能力"或"关键能力"纳入目标体系之中;在课程实施过程中,不合理的传统师生关系逐渐瓦解,学生的主体性和主体地位得到了充分尊重,逐步成为积极主动、富有个性的独立个体;学生诉求得以从传统的权威

---

① 褚宏启《教育现代化的本质与评价——我们需要什么样的教育现代化》,《教育研究》2013 年第 11 期,第 4 页。

压抑下释放出来,并成为课程体系建设的重要依据,当前大学课程体系中职业训练类、应用技能类、咨询培训类甚至休闲类课程的设置,就凸显了当前大学生多元化的需求;课程内容不再是学生被动、消极接受的"无关知识",而真正成为学生自主选择(当然,这种自主是相对的,课程建设亦有其内在的学科或知识逻辑)且与其成长密切相关的知识、文化和价值系统[①];教学组织形式不再是一个教师、教材为中心而学习者边缘化的权力等级秩序,而成为主体间及主客体间的平等而真诚的对话、协商和交往,在交往中形成有利于主体共同发展的共识。由此可见,从理想的角度而言,现代化的教学秩序具有建构性、生长性的特征,而这种建构和生长始终坚持其核心价值观——人的发展。当然,在此首先强调的是学生的发展。

(三)高等教育现代化进程中后现代主义的介入

从传统教学秩序到新的教学秩序的转变,正是一个教育现代化的过程。由于学生的解放与发展集中反映了秩序重构的核心价值,因而学生的主体性、主动权被置于一个尤其显著的地位,比如学生最终获得了主导性的教学评价权,甚至在很大程度上左右着教学评价,最终引发整个课程体系乃至学科布局、教师管理制度等一系列的连锁变化。近一段时期以来,我国强调地方本科院校向应用型院校转型、建立现代职业教育体系,都在很大程度上体现了对学生就业、创业和发展需求的关照。在此现代化过程中,后现代主义思想成为改革者改变传统和学生争取权益的有力工具,并在客观上对师生关系的重构产生了根本性影响。事实上,后现代主义和建构主义构成了新课程改革的主要哲学指导范式。后现代主义主张"去权威""去中心主义",强调权力的分散与共享,鼓吹标准多元,主张对文本、表征和符号进行多层面的解释,等等,显然这种"反传统"的后现代主义与当下大学教学秩序演变的基本趋向是一致的,包括传统关系模式中教师中心地位和权威逐渐瓦解;对教师、教材、课程或既有知识体系由接受、继承逐渐转向质疑、批判和主动地取舍;学生逐渐步入教学与课程的中心,获得了越来越多的建构课程、评价教学的权力,尤其是学生评教制度使学生的中心、主体地位得到了空前的强化,而这极大地改变了传统的师生关系,在一定程度上颠覆了传统的教学秩序;等等。[②] 学生中心地位的彰显,学生在课程与教学体系中主动权的获得,学生权利和核心利益的保障等,都反映了教育教学中

① 周海涛《基于师生视角的大学课程实施调查分析》,《教育研究》2009 年第 2 期,第 83 页。
② 张楚廷《后现代教学观对现代主义教学观批评的合理性分析》,《中国大学教学》2007 年第 10 期,第 4 页。

以学生发展为本的思想,与教学现代化的人主义价值准则是一致的。然而,这是否意味着后现代主义在优化大学教学秩序、改进大学教学效果中的积极意义就获得了确证呢?"新秩序"的形成是否真正意味着促进了学生发展呢? 这是一个极为值得追索的问题。

三、极端后现代主义思潮对大学教学秩序的解构

(一)大学教学秩序中的永恒要素及其价值

组织具有独特的结构以及由此决定的功能和功能实现方式,组织的属性、结构、功能、运行方式及其内在的规律就构成了组织的秩序,秩序兼具稳定性与变动性,这决定了组织的存在性及其进化的可能性。大学教学是大学组织或其基层院系组织实现育人价值的主要职能表现形式,无论是教学组织还是教学过程,都有着特殊的秩序要求,只有在合理的秩序之内才能维系正常运行,教学的学术与育人价值才能顺利实现。前面叙述的新教学秩序的建构体现了秩序本身的变动性和进化的要求。组织的秩序总是在随着组织同环境的互动中发生变化,但组织的本质属性、根本使命与核心价值决定了秩序的变化只能发生在一定范畴之内,否则秩序的变化必然导致失序,从而引起组织的功能紊乱甚至组织异化。这意味着,大学教学秩序的变化具有其客观必然性、必要性,这是大学在社会变迁中不断进行角色与职能调适的结果,有利于新的教学目标的达成,但同时我们必须清醒地认识到无论是大学的使命还是大学教学的目标,都存有某些永恒性的要素,比如对知识的尊重、对追求真理的热情,对社会伦理、道德和价值观的关注和坚守,对教书育人的坚持,以及在育人过程中教会学生求真、向善、审美等,这就是大学组织的核心价值。因而知识的价值、美德的价值、精神的价值及教育之作为"善"的价值等其本身就是永恒的,这些永恒价值的存在决定了大学的教学秩序必然要在变动中坚守某些传统的标准,这种坚守确保大学及教学组织永葆其对于人的发展、社会的进步的积极意义,也维系大学作为社会存在的合法性基础。如此,当以"反传统"为基本取向、具有鲜明的解构意向的后现代主义指导了大学教学改革,它在打破传统格局、在某种范畴内优化教学秩序的同时,显然会对某些本需坚守的标准带来一定程度的伤害。

(二)变革中传统大学教学秩序的价值隐忧

后现代主义强调去权威、去中心主义,主张由本质主义走向非本质主义,从寻找普遍规律转向探求独特价值,而这集中反映了后现代主义的"多元化"取向。在多元化范式的规训下,大学的教学秩序在很多方面是极为值得担忧的。

我国传统的大学教学秩序实际上是一种强调统一性、规范性、确定性的秩序,这种秩序在束缚了人的自由与创造的同时,亦有其合理性,反映着大学核心价值和组织本性的要求。例如,关于何为善的问题,教育理应为受教育者提供一个明确的区分善恶的标准,当其面对社会现象、社会问题时能够做出正确的选择;还如,关于知识检验的标准问题,首先,真知或真理的客观性和普遍指导意义理应得到认可,而教育更应该引导受教育者掌握判断是非、真伪的科学标准和方法;再如,课堂是一个教学主体探讨知识与价值的严肃场所,教师作为经师和人师、作为课堂组织者和管理者的角色与权威应该获得尊重;又如,专业与课程的设置在反映学生现实诉求的同时,还应尊重学科或知识本身的发展逻辑;也如,即使是在大众化时代,大学也应以培养不同类型的精英人才为己任,大学始终都应是精英汇聚之地,如此才可以作为引领社会文明的"灯塔"。这些都应是大学教学秩序变动中需要维系甚至强化的永恒性的要素。然而,现实中这些需要坚守的标准发生了明显的失守,在诸如"改革、变革、优化、批判、创新、重建"等思想和话语的裹挟中成了那个被同"洗澡水"一起倒掉的孩子。

(三)后现代对传统大学教学秩序的价值解构

后现代主义在大学教学秩序变革中发挥了重要的批判和解构作用,但同时也显示出了不小的破坏力。"多元化"受到空前重视和鼓吹,大学的评价标准也趋于多样化,传统的统一性、规范性的大学教学秩序也随之逐渐瓦解。例如,价值观的多元使得"什么是善"有了更多个性化的答案,这不利于大学生群体建立起正确的道德观、伦理观和价值观,可能对于整个社会精神文明建设或文化建设带来深刻的负面影响;"反本质主义"或"非本质主义"思想影响下,对普遍规律和确定性知识的探索努力式微,基于个体体验和解释的个体化知识增加,而个体化知识的增加是对普遍性真理和统一标准的否定,这导致个体缺乏公共意识和社会责任感,甚至成为"精致的利己主义者",而社会公共讨论的空间亦变得愈来愈狭窄,达成统一思想和利益共识的可能性大大降低;开放、民主的课堂在为个性表达提供了充分空间的同时,成了部分个体放纵欲望之所,课堂也不再严肃、认真,往往充斥着各色的幽默和刻意的逗乐,显然这种平庸化、娱乐化的大众世俗文化是对大学和大学生的社会、民族担当精神与自由理想的腐蚀;当我们过度强调学生的中心地位及其作为教学主体的权利,让学生成为教学和教师的主要评价者,教师必然会基于评价相关利益而迎合学生大众的需求,而不再听从学术的责任和教育的良心,这样,大学教学生态将严重异化①;娱乐化的课堂同教师权威的逐渐丧失,实质上还反映了对知识的尊重、对信仰的追求、对师道敬仰的整体匮乏;这种背离学术本位的趋向还反映在大学设置的各种诸如影视音乐欣赏、桥牌、按摩、化妆、炒股等休闲和技能类课程上②,大学真的要沦为服从社会欲望的工具了。总之,当后现代主义在人们普遍急于改变传统而改革又缺乏理性的社会背景下走向极端时,其给大学及其教学带来的负面影响是显著而深刻的,它篡改了大学教学秩序本该坚守的标准,带来的是整个大学组织的异化。而传统标准和传统价值的失却,必然是不利于学生思想与学业进步的。从这个角度而言,跳出极端后现代主义的陷阱,重新认识和发掘大学传统的价值,是大学教学改革乃至整个大学改革的当务之急。

四、大学教学改革中传统价值的发掘与应用

著名社会学家福柯指出,现代性是一种面向未来的态度。③ 面向未来、面向世界、面向现代化也是我国教育改革和发展的基本导向。毋庸置疑的是,我国高等教育的现代化、大学教学的现代化必然是着眼于未来发展。然而,倘若前进中的躯体遗落了灵魂,如此之现代化恐将无法以器物层面的华丽来掩饰精神与价值的空虚,而这也往往反映了现代化进程中人类追求现代性所导致的副效应。人类文明的发展业已表明,抛弃了人文精神的现代科技是一柄有着巨大的破坏力的"双刃剑"。何其可贵的是,福柯进一步把现代性的"态度"解读为一种对时代进行"批判性质询"的精神和品格。因此,我们必须在推动大学教学现代化的进程中清醒地认识到,现代化是一个由历史经历现实进而走向未来的"连续体",它是一个"生生不息的过程"④,这个过程绝非要丢掉历史与传统,而是要在反思、批判、继承和发扬的基础上设计未来,避免历史虚无主义和极端的后现代主义。诚然,大学教学传统中的确存在一些不合理的因素,需要在改革中运用后现代主义的工具"弃其糟粕",但亦应清楚地看到传统中存在着永恒性的价值,而这则是匡正极端后现代主义导致的改革曲向的内在规范,它不仅确保大学教学始终是以促成人的发展为取向的,还确保大学始终是一个"由科学达致修养"的学术和教育组织。

---

① 王洪才《论大学生评教中的文化冲突》,《华中师范大学学报(人文社科版)》2014年第3期,第146页。
② 张继明《新建本科院校公选课设置质量研究——基于26所院校的实证分析》,《现代教育管理》2012年第6期,第80页。
③ 〔法〕米歇尔·福柯《文化与公共性》,汪晖译,生活读书新知三联书店1998年版,第430页。
④ 胡晓风《论陶行知以新教育推进中国现代化的思想》,《社会科学研究》2003年第2期,第113页。

极端后现代主义的典型特征在于过度推崇"多元化"标准,话语系统、价值系统的多元化在现实中的表征往往就是对合理性的观照不足和标准的失却,这导致极端后现代语境下大学教学秩序合理性标准的丧失。传统的价值就是要重新审视传统大学教学秩序之"确定性""统一性"或"本质主义"思想与行为范式,及其在学术探索和教书育人中的价值,它告诉我们在大学教学及其改革中面对诸多"合理可能性"时选择最合理的、最值得践行的"合理化行为"。显然,在何为善的诸多解释中,大学教学必须告知学习者在面对弱者时应具备怜悯心,并基于此采取积极的援助行为,这意味着传统道德观在大学教学目标体系中的重要地位,尤其是在群体性冷漠甚至道德荒漠化社会背景下,传统道德观的当代价值显然有着特殊的意义;在倡导学生个性发展的同时,大学教学必须让学习者明确做人的普遍道理,张扬个性绝不意味着抵制普遍的是非善恶标准,特立独行更不得以违背法规和习俗为代价,这意味着社会主义核心价值体系在价值多元背景下有着重要的教育和规范意义;在鼓励学生对问题、现象和文本做出多元诠释,获得解释性或个体化知识的同时,必须告知学习者真相是一个客观的存在,或者说"知识的对象是客观存在",基于私人的价值立场或利益诉求对真相做出不客观的描述,是违背道德和伦理的,在知识探求中必须尊重科学范式的意义,这意味着理性主义、本质主义知识观、真理观必须在"反本质主义""非本质主义"甚嚣直上的当下重新确立其中心地位[1];在观照受教育者作为人的主体性的同时,在打破封建性伦理观对人的伤害的同时,大学教学必须告知受教育者"师道"的内涵不仅仅在于对教师个体的尊重,更在于对知识、文化和信仰等的珍重及敬畏,在于对尊师重教之民族传统的认同,这意味着必须在大学教学中重新树立起教师基于学识、阅历、思想、道德及制度的权威,而这又进一步要求在发掘学生在课程、教学评价中的主体性作用的同时,审视和反思学生评教制度所隐含的风险,合理评估这一制度安排给教育伦理和教学秩序带来的实际伤害;如此等等。

总之,多元主义的后现代大学教学观在某种程度反映出了娱乐化、反智化的倾向,在改变大学教学秩序的过程中形成了对知识观、道德观、价值观以及教师观、教育观的冲击,而这必然要由那些具有永恒价值的传统标准给予匡正,进行一定程度上的"去后现代化"。这就需要我们在现代化进程中回过头来,寻找那些被有意无意地弃之于历史角落的传统,重新认识和树立起理性主义、本质主义的认识论或知识论在大学组织及大学教学秩序中的应有地位,发挥其在大

---

[1] 赵军政《反本质主义批判》,《湖北社会科学》2005 年第 9 期,第 92 页。

学教学现代化进程中的检视、规范、调和和匡正的价值。

五、后现代与传统标准的视域整合

后现代主义作为现代化进程中的众多思潮或工具之一,其在大学教学现代化进程中扮演着重要的角色,传统大学教学秩序的不合理结构需要后现代工具的批判与解构。但从现实看,极端后现代主义的"破坏力"在很大程度上造成传统大学教学秩序的稳定性与合理性的崩塌,"人与知识二元融合的组织目标"难以达成,从而吁求大学教学传统中永恒价值的复苏,以规范大学教学的现代化改革。这意味着,片面强调革故鼎新、不破不立,认为大学教育教学须进行"后现代转向"①,或片面强调传统价值、回归传统,都不是科学的态度,大学教学改革或大学教学现代化的范式在很大程度上应该采取一种折中的态度,需要从后现代主义的革命精神与传统智慧之中寻求启示。更确切地说,这种折中和综合是两种价值观的有机融合,后现代主义和传统标准在一致的现代化背景下是一对矛盾,却非绝对的冲突,两者统一于一个共同的域界,即"人主义"的教学观或教学改革中的"人主义"哲学。只有在永恒的传统价值的指引下,后现代工具才能充分发挥其正向功能,也只有借助后现代工具对既有秩序的批判与解构,传统价值才能构成推动大学教育教学现代化的强大力量,而不是故步自封的保守主义,掣肘大学教学的改革和发展。简言之,大学教学改革的一个基本范式就是在人主义哲学指导下后现代主义与传统标准的有机融合。

当代高校必须建立起现代学生服务体系,这是高校立足于时代特征及其对高等教育的要求而践行立德树人使命的客观选择。现代学生服务体系的构建,要求立足于人的发展要求和大学生发展规律,充分发挥高校以育人为目标的组织化、制度化、科学化资源的功能,并为深度发掘和优化其功能,深化高校学生管理与服务模式改革,落实以人为本的现代学生服务理念。从思想观念革新、资源投入与分配、建立学生发展质量标准、明确学生服务内容、构建学生服务保障机制等各个层面和角度,探索实施以促进当代大学生发展的有机化学生服务体系。在这个过程中,由于权力和利益关系的复杂化和传统思想与行为模式的掣肘,甚至会面临学生本身的质疑,学生服务体系建设必然面临着诸种困难,但从教育发展规律和社会进步趋势而言,从环境变迁对人的素质要求的变化而言,打破传统的束缚,在现代大学制度建设和现代化高校治理中构建起新的学生发展生态,是优化和提升高校人才培养质量所不可回避的选择。

---

① 李薇《挑战与回应:后现代思潮与大学教育的当代重构》,《现代大学教育》2012年第6期,第21页。

第九章　我国高校学生服务组织体系改革研究

　　学生服务是高校教育工作的重要组成部分,高等教育要贯彻"以学生为中心"的教育理念,要建立健全与现代高等教育规律相适应的学生服务体系首要的任务是建立完善的高校学生服务组织体系。长期以来,我国高校将学生事务单纯理解为对学生的管理,没有真正树立为学生服务的教育理念。相应地,现行的高校学生管理组织体系也无法实现为学生提供全方位、高效率服务这一核心的目标要求。在组织结构、人员配备、运行规则与机制以及绩效评估等方面都没有体现现代大学制度的特点,更无法满足高等教育发展和促进学生全面发展教育目标的要求。高校学生服务既是大学内部面向学生的服务工作,同时又是涉及诸多学科和多个领域的专业事务。在高等教育过程中,学生的发展所涉及的专业学习、心理健康、生活事务、社会事务、就职准备等问题无不需要学校和教育者为其提供全方位的支持、辅导和服务。这些服务因学生所学习的专业、学生的个人因素和所处的社会环境不同,既涉及学科领域和教育教学活动中的专业服务,又涉及心理健康的维护与各类疾患的防治,还涉及多个领域的社会服务活动,如法律服务、就业指导服务等。由此可见,高校学生服务工作同时具有行政性和学术性双重工作属性。此外,高校学生服务组织体系既包括高校内部的管理体系,也应包括国家和地区教育行政部门对高校学生服务的管理体系。因而可以从行政和学术两方面对高校外部管理体制和内部管理体系进行研究。在本章中我们将以高校学生服务的内容分类为依据,在阐述高校学生服务体系改革的基本目标与意义的基础上,着重从高校内部学生服务组织体系的角度,围绕学术服务、心理健康服务、生活服务、法律服务、职业指导服务等五个方面分析我国学生服务工作在组织架构、组成要素与职能、管理规则与运行机制等主要因素与环节存在的不足与问题,进而提出我国高校学生服务组织体系改革的指导思想和主要措施建议。

第一节　我国高校学生服务组织体系特点分析

一、我国高校现行学生服务组织架构特点分析

一般认为,我国高校学生事务的主要内容由教育、管理和服务三部分组成。[①] 学生事务工作中的教育不是广义的高等教育,而是指通过有组织、有计划、有目的的学生工作,如学生党团活动、校园文体活动、学生社团活动和各类社会实践活动等对学生进行政治思想和品德教育。学生管理是指高校通过制定各类管理规章制度和行为约束机制对学生的学习、生活和其他行为进行规范和约束的活动。学生服务是指学校有组织地对学生在学期间的各类需求提供全方位的服务活动,包括对学生学业活动的指导(包括招生、注册、选课、学籍管理、个别学习辅导),心理健康方面的服务(包括医疗服务、健康指导、心理咨询),经济资助(包括各类奖、贷学金、勤工俭学)和就业指导等。我国高校学生事务的教育、管理和服务三大职能在现代大学制度框架下均可以归为广义的学生服务范畴,因此本书不再区分具体的学生教育、学生管理和学生服务,而以学生服务作为统称。

20 世纪 80 年代初我国高校普遍开始设立专门的学生管理机构,其标志是 1980 年 4 月教育部、团中央联合发出了《关于加强高等学校学生思想政治工作的意见》的文件,要求高校设立学生政治思想工作的机构(学生工作部)。自此之后,一些原本在教务部门的学生管理事务如学生考勤、奖励与处分、毕业生分配以及隶属于后勤部门的学生宿舍管理等被归属于这个专门的学生管理部门。与此同时,在各个二级教学单位(系或二级学院)也相应成立学生管理机构(学生工作办公室),具体负责所在系或二级学院的学生工作。这样逐步就形成了一种所谓的"条块结合"型的学生服务组织结构。"条"是指学校学生工作部(处)与二级学院学生办公室之间存在明确的领导关系(学校层面有专职校级领导负责学生事务工作);"块"是指平行存在的若干个二级教学单位,这些单位的学生管理机构具体负责本单位的学生事务,它们同时还要接受二级学院的领导(二级学院层面有专职院级领导负责学生事务)。

[①]　夏科家、张端鸿《中美高校学生事务观的比较》,《思想理论教育(综合版)》2006 年第 1 期,第 69~72 页。

20 世纪 90 年代以来,随着我国社会经济的高速发展、高等教育迎来空前的规模扩张发展阶段。同时,社会压力和矛盾也透过各种形式传递给在校学生,使得学生需求日益多元化和个性化,学生对高校服务的需求也日益多样化和个性化,这些都推动我国高校学生服务组织做出调整和改变。在组织形态上主要表现为在原有的校级组织架构不变的基础上,逐渐派生出具备新职能的独立或半独立组织形态,如学生就业指导中心、学生心理咨询服务中心等。这些组织在回应学生服务需求方面发挥了更好的作用,因而逐渐被愈来愈多的高校采纳,逐渐成为普遍存在的学生服务组织形态。

二、我国高校学生服务体系运行机制特点分析

20 世纪 90 年代以来,我国高等教育发展迅速,实现了从精英教育向大众化教育的转变。随着办学规模的迅速扩张,高校内部的诸多矛盾和问题日益显现,体制机制的变革滞后成为制约高校进一步提升内涵发展水平的主要障碍。"无论是宏观和微观层面的大学制度都表现出与社会转型的不适应,都面临重新构建的问题。"① 具体到高校学生管理机制上存在的问题主要表现在管理机构与职能设置、组织运行制度、绩效评估与监督机制等方面。

(一)管理机构与职能设置

首先,学生管理与服务组织分工不明、责任不清的问题比较突出。在我国高校中,学生处(部)是学生管理的主要职能部门,其工作内容既包括对学生进行思想政治教育、品行奖励与处罚管理,也包括指导学生建立自治组织、管理学生经济资助(奖学金、助学金、困难补助、特殊救助等)、组织开展心理健康服务、就业指导服务等。同时,学校其他管理职能部门也承担了部分学生管理和服务职能,如后勤服务、医疗服务等。随着我国高等教育的发展,一些新的学生管理与服务职能被增设到不同职能部门,如共青团组织负责管理学生社团、科技创新等活动,教务处负责招生,后勤处负责学生食宿管理与服务、医疗卫生服务等,图书馆、网络信息中心等组织也都具有服务学生的职能。由于在学校层面缺乏对学生管理职能的统筹规划与系统配置,不同管理职能部门之间和具体的管理与服务项目实施过程中各种矛盾和冲突日益凸显,这些矛盾和冲突很大程度上源自现行的学生管理组织架构与运行机制已经不能适应当前学生管理与服务工作的需求。不同职能部门管理权限、职责与分工不明,同时由于不同部

---

① 邬大光《论建立有中国特色的现代大学制度》,《中国高等教育》2006 年第 19 期,第 15 页。

门分别对各自的分管校领导负责,部门之间横向的交流与协同机制不健全,在实际工作中往往导致责权不清、推诿扯皮等现象。其次,学生管理组织责任、权力与资源配置不合理。与发达国家大学学生管理扁平化组织架构不同,我国大学学生管理一直采用由学校领导、管理职能部门和二级学院构成的直线职能式的组织架构。[1] 其中,校长(分管校长)处于组织体系的顶层,管理职能部门处在中间层,接受分管校长领导并代表学校对二级学院学生事务行使管理职能,二级学院虽然在行政级别上与管理职能部门平行,但是在学生事务等具体工作方面接受职能部门的管理,负责落实学生管理的相关政策和要求并处理具体学生事务,所以事实上是处于这个体系的底层。科层制的特点是逐层授权,自上而下传递责任并分配资源。这种组织架构容易导致权力向上层组织集中,下层部门和员工缺乏工作主动性和积极性。处于学生管理组织体系最底层的二级学院是直接面向学生的管理与服务组织,学校所有学生管理政策和指令都要通过二级学院去落实,学生的各种诉求和遇到的困难也多需要通过二级学院向学校反映。在组织架构上,二级学院并未设置与校级职能部门相对应的管理机构(只有一个学生管理办公室),多个分管校领导和多个职能部门组成的并行直线型组织到了二级学院就不再"并行",而是汇集到二级学院这一个点上,形成所谓"上面千根线、下面一根针"的倒梯形组织结构。二级学院承担学生管理的主要责任和工作任务,但是缺乏必要的管理决策权限和自主支配的管理资源,这极大地降低了管理效率和质量,也不利于调动二级学院的工作积极性和创造性。再次,服务职能相对弱化。学生管理部门在职能设置上对"管理"与"服务"的要求存在事实上的差异。长久以来,高校学生管理组织形成了员工对组织领导负责、下级组织对上级组织负责的权力传导机制和逐级责任分担机制。但是由于过分强调管理体系的行政属性和突出对学生的管理职能,现行的学生管理组织架构和职能设置往往不利于实现服务学生的职能,特别是在组织与服务对象间缺乏有效的信息反馈与调节机制,学生对服务工作的意见和感受不能及时发挥对服务工作的改进与调节作用。与相对单向的管理职能不同,学生管理组织服务职能的实现不仅需要建立下级组织对上级组织负责的工作机制,更要建立能够及时响应和满足服务对象需求并据此对服务工作自主做出调整的工作机制。

(二)组织运行制度

除了组织架构和职能之外,影响组织运行质量和效率的另一个关键因素是

---

[1] 王孙禺等《高等教育组织与管理》,高等教育出版社 2008 年版,第 111～112 页。

组织运行制度,即组织运行的内部规则与机制。长期以来,我国高校构建了相对固定的学生管理内部运行制度,形成了系统的运行规则和机制。但是,按照建立现代大学制度的要求,现行的大学学生管理运行制度还存在明显的不足。第一,组织运行流程的科学化水平还有待提高。学生管理与服务中的多数工作项目缺乏制度化的运行流程,工作人员处置具体事务的随意性较大,同一项工作的办理流程因人而异,使下级部门和服务对象无所适从。此外,各职能部门往往从本部门工作的便利和规避责任的角度设置繁复的工作流程,部门间需要相互衔接与配合的工作流程缺乏统一设置与协调,多部门共同完成的管理与服务工作往往互相扯皮和推诿,降低了管理效率,增加了服务工作的时间成本,也容易引发下级部门与学生的不满。第二,体现服务性职能的相关工作缺乏规范性的制度保障、一些专业性的学生服务项目缺乏专业标准,服务的专业化水平有待提高。增强学生管理的服务职能不仅需要管理理念的更新,更需要对学生管理工作内容、形式与手段进行系统变革。时至今日,许多管理者仍然习惯用行政管理和行为约束的思路与工作方式解决学生的发展性问题(心理健康、职业发展等),他们不熟悉学生服务项目的专业要求与工作规范,也缺乏相应的工作策略和必要的工作资源。例如,面向学生提供各类专业服务的部门缺乏入职人员准入机制,提供的专业服务项目缺乏专业标准、规范科学的工作流程和质量保障体系。第三,部门间的协同与合作机制缺失。"组织制度是现代大学行政制度的重要组成部分,它不仅包括了各种行政机构的设置,而且包括了各层次行政管理的协调与互动机制。"①现行的运行制度将学生管理、学术发展和生活服务的职能被过度分离,在政策制定、信息共享、工作衔接等方面都缺乏必要的协同机制,无法将全校的相关资源进行有机整合,为学生提供全方位、系统化的服务。学校管理部门与学生自组织(学生会和学生社团)之间的协同机制尚未健全,在学生服务工作中学生自组织缺位现象很普遍,学生自组织是实现学生自我服务、自我管理的重要组织形式,职能部门的一些服务性工作可以通过学生自组织去组织实施,学生自组织也可以及时将学生的需求反馈给有关的职能部门。目前学生自组织的这些作用还远远没有发挥出来。第四,学生管理部门内部运行机制缺乏主动适应外部变化的应变能力。高度行政化的组织结构虽然有助于运行过程的规范化,但也容易导致组织僵化和运行机制的封闭化。一些办学时间较长的高校长期形成的管理模式和运行规则已经形成固化的形态,无论外部环境如何变化其自身都难以改变。例如面对学生管理出现的新问

---

① 别敦荣《论现代大学制度的基本范畴》,《现代教育管理》2013 年第 10 期,第 7～6 页。

题工作人员往往采用自己熟悉的工作方式方法去处理,而不愿对已有的工作模式和方法做出调整和改变。这不是一两个工作人员自身的问题,而是整个组织体系缺乏自我完善和更新的内在动力,在这样的组织体系中,安于现状、循规蹈矩成为每个成员自觉的工作准则。

(三)绩效评估与监督机制

绩效评估与监督机制是学生管理机制的重要组成部分。目前高校学生管理绩效评估与监督机制存在的不足主要表现在以下几方面。一是现行学生管理工作绩效评估指标体系完全是从管理者角度设置的,评价的主要目的是考核下级部门执行上级指示的效果,因此评估的指标范围往往局限在上级部门所管辖的具体部门职能范围之内,在学校层面缺乏全面涵盖学生发展全过程、全要素的统一的评估体系,影响学生发展的多种要素之间的关联与互动过程无法体现在评估指标和评估过程中,致使评估结果难以从整体层面全面反映教育、管理与服务工作的绩效。二是绩效评估形式与手段单一,评估标准不规范。学生管理绩效考核采用较多的形式是管理部门内部上级与下级部门、同级部门和员工之间的互评,大多数都以笼统的主观定性评价方式为主,很少采用专业的评价标准和精确定量的评价方式。现有的评估方式往往忽略学生的反馈意见,评估的专业性和规范性方面也存在较多缺陷,如缺乏针对专业服务(如心理服务、就业指导服务、法律服务等)所需的专业化的评估指标和评估方式。面对越来越多的专业化、规范化的学生管理与服务工作,继续沿用基于工作经验的主观评价显然已经无法全面满足评估工作的要求。三是监督体系建设滞后,学生权益缺乏制度保障。一方面,学生管理与服务部门尚未健全覆盖学生工作全过程的内部监督机制,而作为管理服务对象的学生对职能部门的工作监督机制也同样缺失。虽然许多学校也设置了各种信息交流平台,旨在增加学校与学生之间的信息交流,但是在实际的运行过程中,学生与管理部门的信息交流机制还很不健全,学生获取学校决策和管理信息的途径比较单一,多数学校缺乏对学生意见与建议做出及时回应的工作机制。另一方面,学校职能部门和二级学院学生管理与服务工作的问责机制还不完善,特别是在学生合法权益的保障方面还缺乏必要的制度和工作机制保障。作为学校学生管理与服务体系重要组成部分的学生自治组织在维护和保障学生自身权益方面还没有发挥应有的作用。

第二节　我国高校学生服务体系改革的任务、目标与原则

一、我国高校学生服务组织体系改革的任务与目标

我国高校学生服务组织体系改革的主要任务主要包括两个方面:外部政策与法律环境因素的改革和高校内部学生服务组织体系改革。外部政策与法律环境因素改革的主要任务是以建立现代大学制度,在高校构建全方位、高效率学生服务组织体系为目标,对政府相关部门制定的有关高校学生服务工作的政策和法律等进行全面梳理和评估,调整现有政策和法律,制定新的政策和法律,优化高校学生服务组织体系构建的外部环境,为高校开展学生服务体系改革提供良好的外部环境支持。具体工作任务包括制定和完善高校学生服务工作相关的宏观政策、配套完善学生服务涉及的相关法律法规、对建立健全高校学生服务机构提出指导性意见,对从事学生服务的各类专业人员提出从业标准与职业准入标准,构建各类专业认证体系、健全学生服务质量监督保障机制等。内部学生服务组织体系改革的主要任务是建立健全高校内部学生服务组织架构,包括建立和完善学生服务的组织架构、合理设置学生服务机构、按照服务职能确定机构人员并制定各类岗位的任职标准、明确学生服务工作内容与规范、健全学生服务组织运行规则,完善组织运行机制、确定学生服务工作评估标准与评估机制、建立健全学生服务相关内部管理制度等。

我国高校学生服务组织体系改革的目标是按照建立现代大学制度的总要求,遵循高等教育基本规律,全面贯彻以学生为中心的教育理念,围绕学生学习、生活、发展的各类需求构建组织完备、要素合理、职能明确、运行规范、保障完善的学生服务组织体系。

《国家中长期教育改革和发展规划纲要(2010—2020年)》将建设现代大学制度作为我国高等教育的一项战略任务。在大学内部,建立现代大学制度就是要按照大学发展的内在规律,充分借鉴和吸收现代高等教育发展的基本规律和经验,对我国在长期计划经济体系下形成的高等学校内部管理制度进行全面改革,重点实现由集权管理体制向分权管理体制、由大学行政化运作向去行政化的转变。同时,这种大学组织变革必须结合中国社会发展的实际,将制度完善与社会需求紧密结合,通过制度完善更好地完成高校培养优秀人才和产出高水

平研究成果的办学宗旨。在构建现代大学制度的具体任务中,完善学生服务体系是其中一项具体而又十分重要的内容。长期以来,我国高等学校学生服务体系存在着教育理念陈旧、体系结构不完整、功能定位不准确、组织运行机制不顺畅和运行效率低等弊端,这种体制性的缺陷是导致我国高校学生服务工作长期严重滞后于高等教育发展、不适应全面发展人才培养需要的主要原因。

虽然我国高校一直把为学生服务,"以学生为本"作为学生工作的指导理念,但是在实际工作中,在学生工作的组织体系建构和实际的运行过程中,这种理念并没有真正得到贯彻和落实。一方面我们始终把管理学生作为高校教育工作的重要内容,这种自上而下地将学生事务行政化、政治化的教育理念与服务学生,将学生作为消费者、作为平等社会成员的服务理念相差甚远,甚至是格格不入的,"以学生为本"也仅仅是一种口号式的符号,而无法真正融入实际的学生事务中。现有的学生管理体制更多的功能是管教学生,让学生服从指挥,服从学校的统一要求。面对学生在生活、学习过程中的各种实际需要,现有的体制和工作机制无法及时提供全方位的服务和保障。现有体制不是为了最大限度满足学生个体的具体需求而构建的,这个组织架构及其功能,组织中的人员及其专业能力,组织的运行机制及其实际功效以及内外部的环境因素等都决定了现行的这种组织体系与现代大学制度对大学学生服务的要求相差甚远。因此,改革高校学生服务体系必须从教育理念和大学办学指导思想上转变观念,确立现代高等教育的新理念、新思想,转变对学生事务的固有认识,重新确立高校学生事务的核心任务是服务学生而不是管理学生的基本信念,才能真正建立和完善符合现代大学制度要求的学生服务组织体系。

二、我国高校学生服务组织体系改革的基本原则

我国高校学生服务组织体系改革应该围绕建立现代大学制度,构建全方位、高效率学生服务组织体系的目标推进各项改革工作。为实现这个目标,组织体系改革应遵循以下基本原则。

1. 目标引领原则

改革学生服务组织体系,构建符合现代高等教育规律、适应现代大学发展需要、有利于创新人才健康成长和发展的现代大学学生服务组织体系是建立和完善现代大学制度的重要内容,也是当前我国高等教育改革的重点任务。因此,我国高校学生服务组织体系改革应该遵循的首要原则是按照构建现代大学制度这一总体目标要求,围绕目前学生服务组织体系存在的突出问题设计改革

总体思路和实施路径,在宏观目标引领下具体开展各项改革工作,逐步实现学生服务组织体系架构、构成要素与运行机制的变革,构建符合现代大学制度要求与特征的新型大学学生服务组织体系。

2. 服务与管理相统一原则

学生服务组织体系改革的根本目的是构建真正"以学生为本"、为学生全面发展服务的组织体系和运行机制。"以学生为本"的理念是高等教育的基本教育理念,也是学生服务组织体系构建和完善的基本要求。我国高校学生服务工作也包含组织管理工作职能,对学生事务进行管理与为学生提供全方位服务都是学生服务工作的重要任务,在许多情况下是一个工作的两种属性和两种特征。因此,我国高校学生服务组织体系改革必须将服务与管理相统一,在实现组织变革和运行机制改革的过程中充分重视两者的作用,体现学生事务的服务与管理双重属性与双重要求。当前尤其应该通过组织变革扭转学生事务中重管理、轻服务的倾向。

3. 多部门协调融合原则

学生服务组织体系是涵盖高校各部门、各学院及相关机构的系统集成体。长久以来我们习惯将学生事务理解为学生管理部门的工作,最多扩展为学院的工作,背离了学生事务的本质特征。学生服务组织体系改革的重要原则就是在构建和完善这个组织体系的过程中重新界定学生服务工作的责任,将学生管理服务部门、学院、学校职能部门和其他服务机构的职责进行系统化的整合,构建责权分明、分工明确、互相配合、协同融合的大服务体系,共同构成广义的高校学生服务组织体系。要做到多部门协调融合首先必须明确各部门在学生服务管理活动中的责任与义务,只有分工明确才不会出现互相推诿扯皮的现象;其次应该建立主动配合、相互融合的工作意识和态度,通过制度建设与文化建设在组织内部形成和谐的合作机制与工作氛围。

4. 服务与自我服务相结合的原则

学生服务组织体系不仅包含学校的各类管理与服务机构,还应该包括学生自我管理与自我服务的组织与机制建设。对现代大学而言,学生自我管理、自我服务是大学教育活动的重要组成部分,也是被实践证明的一种行之有效的教育途径。因此,我国高校学生服务组织体系改革必须高度重视学生自我管理与自我服务,通过组织架构与机制建设,为学生开展自我管理与自我服务创设必要的组织条件,通过各种形式培养学生自主管理学生事务的能力,将目前已经存在的学生社团组织的职能与学生事务管理和服务职能有机结合,为学生全面发展创设更多、更有效的实践平台。

5. 正式组织与自组织相结合的原则

我国高校学生管理体系已经形成的各种类型的组织形态绝大多数是正式组织,包括学生管理机构、学生会组织、共青团在班级中的基层组织等,甚至大部分的学生社团组织也已经具有高度正式组织的特征。学生自组织是一种由学生自我建构而成的非正式组织形态,具有自我管理、自我服务的功能。正式组织和自组织的作用是有很大差异的。学生服务组织体系改革必须同时重视两种组织形态在学生事务中的不同的作用,充分发挥各自的特点,并且在实际组织运行过程中将二者有机结合。

第三节　我国高校学生学术服务体系改革

一、明确高校学生学术服务的目标

在现代大学管理中,学生事务与学术事务是两种相对独立,但又相互关联和融合的工作。如前所述,我国高校为实现对学生的学习活动、思想教育、生活活动的管理(服务)分别设置了三个不同的组织体系。其中,学生的学习活动管理(学术事务)包括招生、注册、学籍管理、就业服务等一般由专门的教学管理部门和二级学院负责,如教务处、研究生处等。对应地在学校层面分别有不同的分管校长负责学生的学术、思想教育、生活等各方面的事务。长期以来,我国高校学生学术事务管理组织仅仅作为一种管理组织存在,注重对教学活动的组织管理,缺乏为学生学习活动提供服务的职能。例如在选择学习专业、选择课程、改进学习方法、了解学籍管理要求、选择就业方向和具体职业等具体问题上,学生面临的困惑和疑虑往往没有相应的机构和专业人员为他们提供帮助和指导,即便是在日常的学习活动中,任课教师为学生提供的学术辅导和咨询不论是形式还是内容都远远不能满足学生的需要。这种现象与发达国家大学所设置的各种学术发展服务机构和完善的服务职能相比形成很大的反差,反映出我国高校在为学生学术成长方面提供的有组织服务还有很大的差距和不足。高校学生学术服务体系改革的首要任务就是要重新确认学生学术服务的基本目标和主要内容,将服务职能置于组织体系职能的核心地位,真正通过组织变革和完善运行机制让组织体系体现"以学生为本"的教育理念,体现"管理就是服务"的理念。因此,高校学生学术服务的总体目标就是通过学校有组织的活动为学生的学术发展提供全方位、全要素的服务,帮助每个学生圆满完成学习和学术成长的任务,促进学生全面、健康发展。

二、更新学生管理工作理念

"现代大学制度是一种社会制度,既是有形的,又是无形的;其有形的规定要求表现在各种政策法规文本上,其无形的精神价值对办学发挥着无言的促进或保障作用。"①更新学生管理工作理念首先要正确认识学生管理与学生服务的关系。从本质上讲,"管理"和"服务"是两种既关联又矛盾的职能。"管理"的理念是以传统的"教师主导"教育观为基础的,持这种理念的教育者假设"学生不知道如何做",学生必须按照学校的规定和教师的要求去完成各项学习和发展任务,学生则是被动地接受学校为其设计好的课程及其他各种活动。学校"对学生的管理"涵盖了学生在校生活的各个方面,包括学习、发展和个人生活等。这种统一的、单向的管理活动虽然在一定程度上承担了服务学生的职能,却无法适应学生个性化的需要。这种管理理念指导下的学生管理工作把管理与思想教育和行为约束混为一体,弱化甚至异化了高校本应承担的学生服务职责。与之相对应的"服务"理念则是以"学生主导"的教育观为基础的。持这种理念的教育者假设"学生知道自己该做什么","他们只是遇到了困难,他们可能需要教师的帮助",学校和教师的责任是在学生成长的过程中及时"响应"学生提出的帮助请求,"提供需要时的帮助"是这种"服务"理念的本质。这种看似被动的服务恰恰是一种最有利于学生主动成长的"教育",而传统的看似主动的服务(管理)不仅不能适应个性化的学生需要,反而限制了学生的自主发展。其次,"以学生为本"的理念不仅包含学校教育要以学生发展为根本目的,教育工作的全要素、全过程都要围绕学生发展这个中心,要"把关注学生的学习、促进学生的发展作为学校一切顶层设计的出发点和落脚点"②。同时这一理念还要求学校的各项工作必须尊重、维护学生的合法权益,学校和教职工不仅要树立"教书育人""管理育人""服务育人"的理念,还要树立"尊重学生""平等对待学生""维护学生合法权益"等理念,让每个学生在每个具体的教育、管理和服务活动中都能感受到每个教职员工的一言一行与其他教学活动一样都成为促进学生成长的积极因素。

---

① 闵辉《大学治理现代化视域下高校学生工作新思考》,《思想理论教育》2016年第1期,第100页。
② 黄晓波《我国高校学生事务管理:问题与对策》,《高等教育研究》2009年第7期,第74~75页。

三、改革高校学生学术服务的组织体系架构

高校学生学术服务组织体系架构改革的主要任务包括两点：一是对现行学术服务组织体系进行整合（重构），明确学术服务组织的主要职能和任务，通过组织架构调整，将分散于多个管理部门和单位的学术服务职能归并为职能明确的学生学术服务组织并通过制度设计来保障其作用的发挥；二是在校院两级学术服务组织中进一步明确各自的职能分工和责任，对专职管理人员和教师所承担的学术服务职责进行梳理和界定，通过内部管理制度和机制界定各自的学术服务责任及服务形式。

（一）学生学术服务组织体系的整合（重构）

高校学生学术服务的项目主要包括入学服务（招生、专业选择），学籍服务（学籍管理、选课、成绩管理、毕业资格审核等），学习过程服务（个人学习计划、课程安排、学习方法指导、学习困难学生辅导、教材、图书资料等学习资源等），学术发展服务（学术交流、科学研究、学生科技创新活动等）。目前我国高校现行的学术服务活动分别分布在教务处、学生处、二级学院、招生办公室、科研处、共青团等部门，不仅机构职能交叉，而且往往会导致在学校管理组织层面出现责权不清、推诿扯皮等现象，在二级学院学生管理层面往往出现政出多门、无所适从的现象。为此，我们建议对现行学生学术服务组织进行必要的整合，保留目前高校学生学术服务组织的二级组织模式，即校级组织和二级学院组织，但对二级组织的具体架构做出调整。

（1）学校层面将所有学生学术服务职能全部归并到学生事务处，其学术服务职能包括如上所述的四个方面：入学服务、学籍服务、学习活动服务、学术发展服务（图 9-1）。

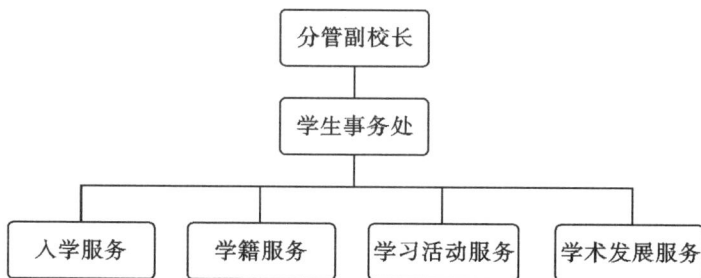

图 9-1　高校校级学生学术服务组织体系

(2)二级学院层面对应学校学生事务处的服务职能,将学生管理办公室目前的学生思想教育和日程活动管理扩大到上述学术服务的四个方面。此外,学习活动服务和学术发展服务两项工作不仅是学生管理办公室的职能,而且更多的是教学部门(系、研究所等教学组织)的职能,学生事务办公室更多负责本院学生的专业选择、学籍管理以及协调专业教师为学生提供学术服务等,而专业系、所则负责具体的学生学习辅导、学术发展等服务工作。同时,二级学院的教学事务办公室也承担部分学生学术服务的职能,包括教学活动安排、师生个别交流的时间场地安排等工作,如图9-2所示。

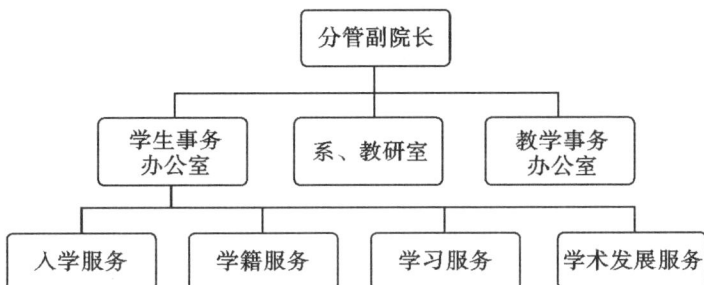

图 9-2　高校二级学院学生学术服务组织体系

(二)学生学术服务组织服务内容的界定

如图9-1所示,学校学术服务的主要内容包括入学服务、学籍服务、学习活动服务和学术发展服务四个方面,具体论述如下。

(1)入学服务。入学服务是指对即将和已经入学的大学新生提供的与学生学习和学术发展直接相关的各类服务,包括面向准新生提供的大学信息及问题咨询服务、招生宣传与信息咨询服务、入学考试和录取以及相关的咨询服务、学生选择专业、学科门类及系科等方面的咨询服务、学校学术管理相关制度、规则、要求、程序等方面的咨询服务、学生入学后调整专业、学科服务、特殊学生在学术发展上的特殊服务(如对外籍学生提供语言辅导等)。

上述服务项目需要学校相关服务部门分工协作,共同完成。学校层面一般负责招生、录取及一般性的新生入学信息咨询服务。二级学院则具体负责入学前的专业信息宣传与咨询、录取后的专业选择与调整咨询、学生的特殊需求的服务等。除了学生事务处和二级学院之外,学校其他部门如教务、科研、图书馆等部门也承担部分服务任务。例如,新生需要了解学校的教学制度、规则要求、学生学习活动的基本特点等,这些往往与各学术管理部门的规章制度和学校长期形成的学术文化密切相关。

（2）学籍服务。学籍服务改革的主要内容是将原来隶属于学校教务处的学籍管理中的涉及学生教学计划、课程成绩及学分查询、毕业资格审核等方面的管理服务职能和信息服务职能划归到统一的学生服务机构和统一的学生信息服务系统，负责为学生提供相关的咨询、信息服务和指导。

（3）学习活动服务。目前我国高校对学生学习服务重视不足，也缺乏必要的制度保障。教师更多地将教学活动限定为课堂教学而相对忽视在课堂之外的师生互动及对学生的多方面的指导与帮助。因此，学习服务的改革内容包括在教学活动中将学习服务作为学校和教师教学工作的重要内容，在制度和机制上完善学习服务的规范和要求，教师应该将一部分精力投入到为学生提供课堂外的辅导服务，包括学生的选课、学习方法、学习计划，对个别学习困难学生提供个别化的辅导帮助以及其他学习活动中需要的服务等，将为学生提供学习服务作为教师绩效考核的基本内容。学校应该完善教师服务学生的具体模式，如推广国外大学普遍实行的教师与学生课外辅导制度，完善相关管理制度，规定教师在为学生提供学习指导方面的责任与义务，使每个学生在学习活动遇到困难时能够及时获得教师的帮助。

（4）学术发展服务。学术发展服务是指在课堂教学活动之外向学生提供的旨在全面提高学生学术素养和能力的服务活动，包括为学生参与或承担科技创新项目提供的环境与条件服务，为学生开展学术研究提供的学术资料、资金资助、科研条件等方面的支持与帮助等。学术发展服务还包括为学生提供从事科学研究、科技开发、创业等活动的方法与能力指导，如帮助学生分析自身的学术特长与不足，科学选择学习的学科方向和进一步深造的领域，分析评估学生的能力类型和个性特点，指导学生自主确定学术发展的方向和目标。学术发展服务的根本目的是通过提供多方面的服务帮助学生全面提高学术素养、科研能力和创业能力，更好地完成在大学的学习任务。

四、高校学生学术服务体系运行机制改革

除了完善高校学生学术服务组织架构和工作职能（内容）界定之外，学生学术服务体系运行机制的改革同样非常重要。现有的服务体系存在一个显著的不足之处就是没有建立一个高效的运行机制。改革学生学术服务体系运行机制应从以下几方面着手。

1. 制定组织机构与部门之间职能分工与协作的工作制度

在学生服务专门组织机构内部各部门之间需要通过制定责权明晰的工作

制度界定各自的分工和职能。这种制度的作用一是在组织内部形成处理工作中具体事务的衔接与协作机制,避免工作中的推诿和疏漏现象;二是对各项具体的服务事项建立工作标准与要求,包括对服务范围、对象、服务完成时间等做出清晰的规定,对超出本部门责权范围的也应提供转介的指导等。

2. 明晰学生服务组织与其他服务组织之间的协作关系并制度化

专门的学生学术服务组织、二级学院及其他校级管理部门与组织之间都承担着为学生提供学术服务的任务,不同机构和部门的职责有所不同,但在服务学生方面又都有共同的目的。在实际工作中,为了避免工作内容重叠和责任推诿现象,有必要对全校不同组织机构与部门之间的学术服务职能做出制度化的分工并具体制定部门之间的工作协同机制。例如,学生学籍管理涉及学校学籍管理部门和二级学院教学管理部门,应该从制度上对学校和学院二级学籍服务部门的职能做出清晰界定,对二者之间的协同关系也应做出规定,让学生了解各自不同的服务职能和范围,当学生出现需要外部提供帮助的需求时可直接得到相应机构和人员的帮助。

3. 建立组织机构之间和部门之间工作责权矛盾处理制度和协调机制

由于学生学术服务涉及高校内部不同的机构与部门,在实际工作过程中难免会在部门之间产生矛盾与纠纷,出现服务职权不清或交叉重叠的现象。因此,有必要在学校层面建立一种矛盾处理制度和部门之间的工作协调机制。包括明确规定相关部门之间纠纷处理的上级部门的职权及其处理程序;规定学生学术服务事项在不同部门之间的衔接规则与程序;规定部门之间各类工作衔接事务纠纷和矛盾的处置协调形式、协调程序与规则等。

五、健全绩效评估与监督机制

高校要进一步完善学生管理绩效评估与监督机制,充分发挥绩效评估对学生管理工作的目标引领、过失惩戒和榜样激励作用。第一,不断完善学生管理评估指标体系。学生管理评估指标体系应体现学生工作"教育—管理—服务相融合"的要求,将教育、管理与服务工作过程中执行工作规范与工作标准的效果纳入评估指标。第二,加大学生对服务项目结果评价在评估指标体系中所占的权重,通过评估指标权重的调整推动学生工作转变"重管理,轻服务"的倾向;改进评估手段和形式,不断提高绩效评估工作的科学性。高校应逐渐建立由管理部门、教师、学生代表及第三方评估机构等构成的多维度的绩效评估体系,评估的时间维度也应从单一的期末或年终评估转变为从学生入学到毕业的全过程评估,评估的对象也应由以部门为主的整体性评估逐步转变为以岗位为主的个体性评估,不断提高评估结果的精准水平,为改进和提高管理与服务水平提供更加全面客观的评估信息。第三,建立和完善学生广泛参与的学生管理工作监督机制。"现代大学治理强调多元主体参与基础上的治理权利的分散化,其核心在于确保学校不同的利益主体具有平等参与学校治理的机会。"①最新颁布的《普通高等学校学生管理规定》中规定"(学生)有权以适当方式参与学校管理,对学校与学生权益相关事务享有知情权、参与权、表达权和监督权"②,这为学生参与学校管理事务提供了法律依据。学校应通过完善制度,鼓励学生参与学校各类学生事务管理工作,包括规章制度的制定和具体学生事务运行质量的监督与评价等,充分发挥学生自组织在学生工作中的积极作用,完善职能部门与广大学生间的信息交流途径和意见反馈机制,让学生了解职能部门的管理职能和范围,让职能部门和学生事务工作人员及时了解学生的诉求和对学生工作的意见。学校还应完善学生对学校学生事务决策过程的知情途径,鼓励学生对学校的决策和管理举措提出意见和建议。应参照各级政府推行"责任清单""负面清单"等强化监督机制的举措,加快推进学生管理信息公开化、管理流程规范化及责任追究制度化等监督机制改革的步伐,提高学生管理与服务工作的民主化水平。第四,完善学生自治组织建设。充分发挥学生自治组织在大学治理活动中的积极作用是建设现代大学制度的重要内容。高校应真正发挥学生自治组织在维护学生权益、监督学生管理与服务工作方面的特殊作用,建立健全学生自治组织了解、参与学校治理的制度机制。学生自治组织应真正代表学生利益,主动了解学生在学习、生活和其他方面的诉求与面临的实际问题,向学校有关部门和学院反映学生诉求,提出解决具体问题的意见和建议,协助学校处理各类涉及学生权益的矛盾与纠纷。学校各类管理部门、教学部门及全体教职员工都应该充分尊重学生的主体地位,尊重和维护学生的权益,与学生自治组织建立通畅的沟通机制,听取意见,改进工作,切实保障学生参与学校治理和各项教学、管理与服务活动的知情权、建议权和监督权。

学生管理机制创新是高校内部治理体系的再调整和再完善。学生管理工作与学术活动、后勤服务及其他管理与服务工作密切相关,学校的各项规章制度和政策与学生管理制度、政策共同组成了有机和统一的管理系统。要实现学生管理机制创新,不能仅仅从学生管理工作的角度推进改革,而应将学生管理

① 闵辉《大学治理现代化视域下高校学生工作新思考》,《思想理论教育》2016年第1期,第100页。
② 邬大光《论建立有中国特色的现代大学制度》,《中国高等教育》2006年第19期,第15页。

作为建立现代大学制度的重要组成部分,将学生管理机制创新作为高校综合改革的重要内容,统筹处理教育、管理、服务三者的关系,将学生管理机制创新与其他领域的制度创新同步推进,使学校各项管理政策和制度安排相互支撑、相互融合,为全面提高学生管理工作水平,促进学生全面发展提供更加完善的制度与机制保障。

第四节　我国高校学生心理健康服务体系改革

一、高校学生心理健康服务体系存在的主要问题

大学内部的心理服务组织架构存在的主要问题不是缺乏组织,也不完全是组织自身设置不合理,而是对大学心理服务机构的本质属性的认识存在偏差。我们至今仍然将心理服务视为学生思想(道德品质)教育的一种形式,而不是将其作为学生心理服务的重要内容。造成这种现象的主要原因既有我国高等教育管理在教育、管理理念上的局限,也与我国高等教育长期以来存在的将意识形态教育泛化的影响有关。心理服务的主要目的不是实现人生观、价值观的改造,而是实现学生人格的健全发展,消除各种心理障碍对学生的消极影响,帮助学生实现自身潜能的充分发挥。按照"管教"理念去设计心理服务机构,就会把心理服务工作的目的确定为改变学生的意识形态和价值观念,而以"服务"为目的去设计心理服务机构,则会将促进学生健康发展作为心理服务工作的目的。显然,教育与管理理念决定了心理服务组织架构的结构、功能,也就决定了其实际发挥的效能。因此,心理服务组织改革的前提是纠正对大学心理服务工作的认识偏差,确立"以学生为本"的服务理念,恢复心理服务工作的本来的应有属性,从大学学生事务和心理学工作的专业角度设计组织架构和功能。

第一,心理服务的机构隶属于学生事务管理部门。目前绝大多数大学的心理服务机构在形式上是隶属于学生管理部门的,但目前大学的学生管理部门更多的只具有管教职能而缺乏服务职能,或许我国的大学管理者们还没有认识到学生管理部门应该承担更多的服务义务。从名称上看,我们的学生管理部门称为"学生工作处",而发达国家则称为"学生事务处",我们理解的"学生工作"是具有双重含义的:第一是对学生进行管理、教育,但在我国大学里,这种管理更多是一种强制性的管教;第二,是为学生提供服务,我国大学近年来也在倡导

"以学生为本"的教育理念,我们的管理部门也在进行提高服务意识的改革。但这些貌似先进的理念要真正体现在大学的各个管理环节和过程中,还需要很长的时间。因此,我们的心理服务机构看上去与发达国家一样都是学生事务管理部门的一部分,但是,我们的组织架构没有充分体现出心理服务工作的服务职能和心理学专业特点。所以,组织架构改革应该真正让心理服务工作成为一项学生事务,而不是思想政治教育活动,也不是品德教育活动(虽然我们承认品德教育是心理健康教育的一部分)。在这样的理念指导下,心理服务机构应该是学生管理部门中一个相对独立的,能够按照心理服务工作自身工作规律开展工作的部门。

第二,心理服务机构普遍缺乏专业性和学术特征。大学心理服务组织是学生事务管理部门的组成部分,在目前的大学管理体制下,这一组织必然具有行政管理职能,如负责制定大学心理服务工作的政策、管理规章制度、从促进学生心理健康发展的角度对学校各项教学、行政管理提供建议和意见等。但是,目前存在的问题是我们过分强调了它的行政职能而忽视了它的学术职能。心理服务是一项心理学专业特征十分显著的工作,要求从业人员具备高水平的专业知识、技能和能力,这项工作的专业水平可能直接影响到学生的心理健康,影响到学生一生的发展。目前多数大学在组建心理服务机构的过程中都存在违背学术要求的现象,例如允许不具备基本资质的非专业人员担任心理服务工作。学术组织的架构、运行及管理不同于行政组织,要突出学术组织的特征就必须符合学术组织架构的内在规律,按照心理服务机构的要求设计组织结构、配备专业人员、设计工作职能、制定管理规章制度,使心理服务机构体现专业性、服务性,为提高心理服务工作的科学性奠定制度基础。

第三,心理服务机构基本工作条件有待完善。要充分发挥心理服务机构的作用,必须保障组织架构的完整和高效的运行机制,而这一切都依赖于必要的工作条件,即组织架构的物质条件,包括工作场所、工作设施、经费等。目前,我国大多数大学的心理服务机构在物质条件方面都还有许多欠缺,如场地面积不足、基本办公条件差、经费短缺及经费拨付标准过低、心理学设备、工具不齐全(缺乏法定的工作条件标准)、研究资料不足等。

二、高校学生心理健康服务的组织职能改革

如前所述,心理服务机构同时具备管理与服务双重职能。心理服务工作的本质属性是服务学生,而管理职能也只是另外一种特殊形式的服务。对心理服

务机构职能的认识是一种观念上的革新,只有确立了真正意义上的服务意识,心理服务工作才能发挥其应有的作用。那么真正的服务意识又意味着什么呢?服务职能具体表现在什么方面呢?

从本质上讲,"管理"和"服务"是两种矛盾的职能。"管理"的理念是以传统的"教师主导"教育观为基础的。持这种观念的教育者假设"学生不知道如何做",学校和教师有义务主动指导他们去学会如何生活。如此,我们在教育活动中设计的课程、活动都是试图让学生接受教育者的价值观、行为方式和经验。与之相对应的"服务"理念则是以"学生主导"的教育观为基础的。持这种理念的教育者假设"学生知道自己该做什么","他们只是遇到了困难,他们可能需要教师的帮助",学校和教师的责任是在学生成长的过程中及时"响应"学生提出的帮助请求。他们也设计课程和活动,但这些课程和活动的目的却是帮助学生认识他们面临的困惑或为他们解决问题提供一种启示。简言之,大学心理服务机构的职能主要不是主动影响学生的生活,而是在学生需要心理服务的时候提供适合其需要的服务,通过多种形式的工作帮助学生自主成长。"提供需要时的帮助"是这种"服务"理念的本质,这种看似被动的教育实质上却最有利于学生的主动成长,而我们传统的看似主动的教育却恰恰限制了学生的自主发展。按照这样的理念,我们的心理服务机构在设计自己的职能时就应该从学生实际需要出发,根据学生心理发展的特点选择工作的方式和内容,从一个牵引者转变为一个辅导者(越来越多的人开始用"心理辅导"替代"心理健康教育")。

三、大学心理服务机构运作机制的改革

目前我国大学心理服务体系在组织架构好管理机制上的特点决定了目前大学心理服务机构的运转机制还存在诸多的缺陷,这些缺陷主要表现为:心理服务的范围小,服务形式单一,缺乏全方位服务的机制;心理服务工作与其他教育活动和管理活动脱节;心理服务以被动服务为主,缺乏主动服务的机制;心理服务缺乏开放的学术活动氛围和对外交流、合作的机制。

我国大学的心理服务机构(心理咨询机构和职业指导机构)提供的服务项目主要是心理门诊服务,此外还包括举办团体咨询、心理学讲座、职业心理测试等。虽然心理服务机构的服务是面向全体学生的,但由于目前心理服务的主要形式以门诊咨询为主,在门诊咨询活动中,教师帮助前来求询的学生解决各类心理障碍和困扰,这样一种服务方式所服务的学生范围是很小的。职业指导机构虽然面向全体学生提供服务,但从心理服务角度讲,服务的内容和形式也是

非常单一的,目前学校开展的职业心理测试多数情况下是以个别形式进行的,服务范围限于少数前来求询的学生,而大规模的团体测试由于受到人力、物力等条件限制而较少开展。此外,目前大学心理服务机构的工作仅限于为学生提供心理辅导和咨询服务,而没有参与到学校的其他教育和管理活动。

造成上述问题的原因是目前我国大学心理服务工作还没有形成一种全方位的服务机制,一种主动参与并指导学校教学、管理活动的机制。所谓全方位的服务机制是指除了心理咨询与职业心理指导这两大类工作之外,学校心理服务工作还应包括在学校教育工作的各个方面和环节中渗透心理服务,使学校的教学、管理、服务等工作都能符合促进学生心理发展的要求。学校的心理服务机构不仅要直接面向全体学生提供心理服务,而且还要与学校各部门、全体教师一起,在教学过程、教学管理活动和其他辅助服务活动中体现心理学的原则、要求,使学校的政策、制度、各项教学活动的形式、内容更好地促进学生的身心发展。例如,在教学活动中,学校的教学计划应该充分考虑不同学生的差异,学校规章制度要考虑学生和教师的利益,而不是仅仅考虑便于管理,而且管理规章应鼓励学生参与学校管理活动,避免学生和家长对学校产生猜疑和误解。教师在教学活动中要尊重学生,调动学生积极参与教学活动的积极性。

按照全方位服务的理念,心理服务工作要建立一种提供更加全面服务并且主动参与并指导学校教学、管理活动的工作机制。建立这种机制应该解决三个方面的问题:一是心理服务机构的角色重置。长期以来,我国大学心理服务机构都被视为针对心理发展存在缺陷的少数学生提供心理帮助的机构,这种角色定位决定了心理服务的工作性质和工作范围。因此,要建立全方位服务的工作机制,就必须从转变这种认识入手,建立全新的心理服务理念,将心理服务视为为全校教育教学和管理工作服务的机构,心理服务工作可以而且必须渗透到学校的各个方面,包括教学活动、管理活动,从政策制定到教学内容的选择都可以发挥心理专家的作用,使学校教育各项活动都体现出促进学生心理健康发展的要求。二是心理服务机构职能的重新界定。心理服务机构职能的重新界定主要是在原有的职能之外扩充心理服务机构对学校教育教学活动的指导职能和服务职能,具体而言,心理服务机构应该对学校开展的教育、教学、管理活动的心理学意义进行评定并提出建设性意见,使各项教育政策、管理政策体现有利于学生心理发展的意义。心理服务机构的工作范围应该包括对教师的教学活动、学生的学习活动和学校的日常管理活动、校园文化建设、环境美化等提供指导性意见,帮助教师分析和解决教学活动中的心理学问题,指导学生提高学习动机水平和学习效率,解决学习过程中的心理学问题等。三是心理服务机构工作形式的创新。根据扩充后的工作职能,心理服务机构的工作形式也将相应发生变化,从目前单一的心理咨询服务扩大为多种形式并存的多元化的工作形式。如参与学校管理过程中的决策咨询服务;为教师、学生教学活动提供一对一的心理学指导服务或团体辅导服务;对学校管理部门进行的管理活动或校园环境建设工作提供咨询服务等。这样一种全新的工作机制,赋予了大学心理服务机构新的职能,通过建立相应的工作体制和相关的规章制度确保心理服务工作范围覆盖到学校教学、管理的各个方面,从而充分发挥心理服务机构在学校各项工作中的作用,使学校教育教学环境和具体的教育活动最大限度地体现促进学生心理发展的要求。

四、心理服务组织专业化改革

大学心理服务是一项十分严肃的专业性工作。目前心理服务机构在人员配备上面临的主要问题主要包括以下三个方面。

第一,专业化水平低。心理服务人员专业化水平的评价指标有两个:一是专业学历水平。如前所述,我国大学心理服务从业人员中,具有心理学和相关学科专业背景的人员比例还比较低,而且我国的心理学学科发展整体水平不高,能够获得本科以上心理学专业学历的人数还比较少,而且获得适应心理服务工作需要的临床类心理学专业学历的人员就更少了。二是专业分化及规范化水平。我国心理学专业的细分程度远远低于发达国家。例如我们经常看到一位心理学家发表的论文中几乎能涵盖理论心理学和临床心理学中的各方面问题,从认知实验研究到儿童心理辅导,我们无法从他的研究成果中了解他的专业方向,因为他自己并不确定研究方向。这种现象很客观地反映出我国心理学专业水平还比较低,学科分化还处于很幼稚的阶段。即便我们将所有学习心理学的人都视为专业人员(实际上,在严格意义上除了临床心理学家、学校心理学家和咨询心理学家外,其他专业的心理学家都不能算作心理服务专业人员),其所占心理服务人员的比例仍然很低,这就是为什么我国学校心理服务工作长时间处于低水平徘徊的原因。在发达国家,学校心理服务已经细分为一个十分明确的分支。①它不是心理学的理论研究领域;②它的服务范围被限定在各级各类学校和教育机构中;③它以为个体提供发展性辅导和轻度心理疾病的矫治为主要任务,不包括严重心理疾病的治疗和干预;④学校心理服务人员的培养已经形成一个规范的体系,只有通过这个体系的培养和训练才能取得这一领域的任职资格。

第二,职业化程度低。与大学其他专业人员相比,心理服务人员的职业化程度还比较低,具体表现在三个方面:一是职业准入制度不健全,从业人员的专业水准参差不齐。由于心理学学科水平和在社会中的普及水平还比较低,心理学专业人员的数量还不能满足社会的需求,加上政府一直没有制定大学心理服务职业准入的标准,导致目前各地区几乎没有建立大学心理服务职业准入制度,从事心理服务的人员缺乏专业资质和职业认证资格。二是从业人员中专业人员的比例偏低。虽然目前心理学专业人员的培养规模在不断扩大,许多心理学服务机构中的专业人员比例也在逐渐提高,但是,从目前的调查结果看,心理服务从业人员中的专业人员比例仍然偏低,还有许多非心理学或相关专业的人员在从事这一工作。三是这一职业的经济与社会地位水平不高。心理服务工作因其工作的专业性和不可替代性在发达国家具有很高的社会威望和地位,从业人员的经济地位也处于较高层次。但是在我国,心理服务工作从业人员的经济与社会地位远远低于其他的专业人员,如医生、教师。心理服务的专业性不高和职业准入门槛过低是导致这一现象的主要原因。

第三,专业人员管理体系不健全。心理服务专业人员管理缺乏制度保障,心理服务机构的人员配备随意性强,缺乏科学的标准和规范,心理服务人员的业务发展和管理缺乏明确的目标和措施。学校心理服务工作必须由专职教师担任。学校必须明确心理服务工作教师是学校教师系列中的必要组成部分。在当前,特别应确定心理服务工作教师在录用、聘任、晋级、评定职称等问题上享受与其他教师同等的待遇和权益。还要明确学校内配备的心理服务工作教师的定编标准和具体数量。国家和部分地区教育主管部门已经制定的有关文件大多对每所学校应当配备的心理服务工作教师人数做了规定(如每校1~2人)。这种规定虽然容易操作,但是并不适当,因为各校学生人数有很大差异,应该根据每位心理服务工作教师实际承担的工作量来规定学校配备的心理服务工作教师人数,即按照学生人数来配备心理服务工作教师。我国心理服务工作涵盖了心理辅导、心理咨询、心理诊断和其他心理服务工作(这些工作在发达国家分别由学校心理学家、学校心理咨询师和学生心理顾问承担),具有一人多能的特点。确定心理服务工作教师的配备比例要考虑各地教育发展水平、学校实际师资力量和高校具备的心理服务工作师资培养能力,但至少要保证学校心理服务工作教师与学生的比例不小于1∶2000。从长远看,这一比例还应逐步提高。此外,心理服务工作教师也应该进一步按职能区分为学校心理辅导员、学校心理咨询师和学校临床心理学家等。

五、心理服务机构认证体系改革

心理服务工作的特殊性质决定了政府主管部门应该从行政和法律的层面对这一工作的机构、从业人员、工作形式与工作标准等制定专门的规范,以保证心理服务工作的质量,维护学生的权益。目前,最重要的工作是建立大学心理服务机构的认定制度和心理服务专业人员从业资质的认证制度。

在机构设置问题上,我国至今也没有制定有关心理服务机构设置标准的权威性文件,更没有从法律层面制定相应的法律法规。心理服务机构设置的随意性现象随处可见。目前绝大多数大学都已经设置了心理服务机构,并开展了面向大学生的心理服务工作。但是,从我们的调查发现,多数大学的心理服务机构设置标准还十分简陋,在职能、工作场所、运行经费标准、人员配备标准、工作条件、研究手段与工具配备等各个方面都还存在缺陷和不足,亟须规范和充实。要解决这个问题,单纯依靠大学自身的努力是不够的,最有效的办法是教育主管部门和心理学专业团体共同采用立法和行政手段制定大学心理服务机构设置标准,建立资格认证、注册和领取执照的制度。从事学校心理服务的机构首先必须通过心理学专业团体设立的一个资质审查机构的审查,在专业上达到一个最低的职业标准后方可取得认证资格,然后要向政府有关部门申请从事心理服务工作(注册),经政府审核同意后方可取得从事心理服务的执照。在这个过程中,第一个资质认证是最重要的一环。这个最低标准应该对包括机构设置的场地、设施、专业人员的资质、经验、内部管理制度、运行经费以及外部环境条件因素做出具体规定。达不到设置标准的机构不能取得执照,也就不能"开业"。对于已经取得执照的机构则还要建立定期复审制度,如果机构在某些地方不能达到标准,如经费不足、人员减少等,政府有关部门可以依法对其进行告诫,限期整改,对于整改无效者取消其资格。我国的心理服务机构认证制度可以借鉴发达国家的经验,认证机构可以分为官方和非官方两种,认证的层次也可以分为国家级和省级两种,考虑到我国各地区社会发展水平的不均衡性,初期的认证工作可以先从省一级政府开始试点,待条件成熟后再逐渐建立全国性的认证制度。

2001年原国家劳动和社会保障部制定了我国第一部心理咨询从业人员任职资格标准,即《国家职业标准——心理咨询师(试行)》,2005年改版为《心理咨询师国家职业标准(2005年版)》。这是面向全社会制定的从事心理咨询专业工作的从业人员认证标准,它并不涵盖其他心理服务,如职业心理指导等。有这样一个可以依据的标准就会对这一行业的工作规范建立发挥积极作用。同时,政府管理部门还需要进一步制定更加详细、具体的大学心理服务工作人员认证制度,明确从事大学心理服务工作所需的资质,例如国家心理咨询师分为三个等级,大学心理服务机构的任职条件应该选择哪个等级作为门槛,此外,这一标准被许多心理学专家质疑其规定的学历门槛太低(三级咨询师只需本科即可,不论是否是心理学专业),而大学心理服务的对象和服务内容对从业人员的学历、专业水平要求更高,如此是否应该提高从业人员的专业水平要求。这些问题都需要教育主管部门制定相应的制度和规章,使大学心理服务从业人员的专业素质得到基本保证。

六、高校学生心理健康服务体系的评估

国家和地区大学心理服务工作的宏观管理不仅体现在静态的体制架构、人员配备等方面,而且还应包括对工作活动过程的动态管理,主要是对大学心理服务工作状况和效果的宏观评价与监督两个方面。前者主要从学校执行政府的政策、规定、相关法律法规的角度去衡量学校的工作业绩,而后者则是对违反国家和地方制定的相关政策、规定的行为进行检查、纠正的过程。目前,这两方面的工作都还处于空白状态,各级政府尚未认识到这些工作的必要性,也没有制定具体的工作目标和计划,这是心理服务工作外部管理体制改革必须解决的问题。

政府主管部门实施的评价与监督工作可以分为两个方面进行:一方面,政府自身可以对大学心理服务机构的设置、人员组成、运行机制和宏观工作业绩进行评价和监督。如对心理服务机构的组成人员结构、学历、资质是否符合要求、机构的经费数量是否满足工作要求等进行评价。另一方面,政府可以委托心理学专业团体和中介机构按照相关的政策、法规对大学心理服务机构的具体工作活动进行评价和监督,包括对心理服务人员的工作态度、工作方法、实际效果和学生反馈的意见等进行评价,对心理服务过程中是否存在侵害学生利益的现象进行监督等。

由于我国社会发展存在显著的地域差异,大学心理服务外部体系改革不可能按照一个步调同步进行,而应该允许各地区根据实际情况分步实施,分阶段实现改革的目标。从全国看,可以确定近期目标和长远目标。近期目标是:明确大学心理服务的主要任务、工作目标、工作活动形式和服务内容;建立健全各

省级政府大学心理服务管理体系;以省为单位建立心理服务职业资格制度;在国家和省两级政府同时开展心理服务立法工作,制定相关的法律,为心理服务工作提供法律保障。远期目标是在近期目标的基础上,建立完整、高效、规范的国家心理服务体系;健全心理服务工作法律法规和各项政策制度;健全国家心理服务职业资格制度。

第五节 我国高校学生生活服务体系改革

一、高校学生生活服务的目标与内容

高校学生生活服务是一个内涵非常宽泛的概念,在本书中我们将其定义为高校在学校范围内为学生提供的日常食宿、文体娱乐、经济资助及其他日常生活相关服务。高校学生生活服务工作的目标通过提供全方位、高质量的生活服务为学生创设良好的学习生活环境,促进学生在身心、品德和学术等方面得到全面发展。

高校学生生活服务的内容包括基本生活条件保障服务、校园安全服务、经济资助(奖贷助学金、勤工俭学)服务三大类。

(一)基本生活条件保障服务

基本生活条件保障服务主要为学生在校内提供住宿、餐饮、交通、通信及商业设施等服务。在食宿方面,我国大学学生全部实行全员住宿制度,学校为全体学生提供学生宿舍及相关配套服务,包括宿舍物业管理和餐饮食堂服务。随着高校后勤服务社会化进程的加快,在许多大学也陆续出现学生在校外租住的现象,同时,各种私营餐饮企业和摊贩进入大学校园,为学生提供多种形式的食品服务。但是学校内食宿服务的主体还是学校。长期以来,我国高校食宿管理一直沿用计划经济时代形成的管理模式,服务形式单一、管理机制僵化、服务人员服务意识不高、后勤服务内部缺乏激励和竞争机制,服务品质不能满足学生和教师的需求的问题长期没有得到解决。

(二)校园安全服务

校园安全服务主要包括学生人身安全和校园范围内的师生财产安全两部分。我国高校校园安全保障采用的模式可以概括为"自我保障为主,社会保障为辅"。在每一所高校都设有专门的校园安保机构,这些机构既是学校行政管理部门的组成部分,也是社会公共安全保障系统(公安局)的辅助部门,对于一般的安全问题和治安事件,学校安保部门可以自行处置。但是由于学校安保部门没有司法权力,因此对于涉及司法问题的事件,如触犯法律的校园抢劫、偷盗、暴力伤害等均需及时报请当地公安部门协助处置。

除了安保机构外,学校自己或外聘的物业部门(公司)也承担部分校园安全服务职责,如学生宿舍的安全保障一般由物业公司负责。也有些高校将校园治安外包给专门的安保企业,学校自己的保卫部门主要负责学校安保工作的管理与协调工作。

(三)经济资助服务

经济资助服务是为学生提供生活资助的各项服务的统称,包括各种奖学金、助学金、学生贷款、勤工俭学活动等。由于提供资助的部门主体不同,这项服务又可以分为学校、二级学院、个人和社会四种类型。学校和二级学院都设有专门部门负责管理经济资助事务,包括贯彻执行国家和地方政府相关政策,制定奖助学金的管理规章制度,组织开展奖助学金的评选,审核受理学生提出的贷款请求并协同金融部门落实学生贷款的具体事项;组织学生参加校内外勤工俭学活动等。学生资助是高校学生服务事务中的重要内容,涉及学生的权益,影响到学生的成长和学业的发展。学生资助与社会各界都可能发生关系,如企业对学生的资助,国家的学生贷款政策等,往往需要学校设立专门的部门并配置专业人员负责处理诸多复杂的事务。

二、高校学生生活服务的组织建构

如前所述,与高校学生生活服务的分类相对应,目前高校学生生活服务的组织架构主要由三部分组成:后勤管理部门、学校安全保卫部门和学生处所属的经济资助管理部门。

后勤管理部门是高校后勤服务的主管部门,负责管理全校师生的生活保障机构、组织和个体。目前我国高校后勤管理存在的主要问题依然是后勤社会化服务水平不高,服务水平和质量不能满足师生需要。反映在组织建构上的问题主要是后勤部门的组织架构依然沿用传统的行政组织结构,这种突出行政化的科层结构无法适应高校推行的后勤社会化改革,也无法满足高校后勤服务多元化发展模式的要求。因此,后勤组织建构改革的主要目标就是要改变现有的管理机构的组织结构,减少管理层级,通过建立市场化(契约化)的管理机制逐步替代传统的行政化的管理机制。通过引入校外专业化物业、商业等服务企业和机构以承包方式为学校提供服务,以契约方式建立起责权相统一的内部运行机制,彻底改变原有的员工只对上级领导负责的现象,切实提高后勤服务的质量和水平。市场化改革还需注意避免市场化带来的片面追求经济利益而损害学生利益的问题,学校后勤部门的重要责任就是加强对各承包运营部门的质量监管,建立科学周密的质量控制和监督体系,切实维护学生的正当权益。

学校安保部门的组织架构同样沿用传统的行政组织机构,行政化色彩浓厚,科层结构导致效率低下。由于安保事关学生生命财产安全,安保工作人员不足,工作任务繁重的问题长期未能很好地解决。因此,安保组织机构改革的主要任务是改革组织结构和职能。首先可以开展在高校内部建立公安派出所试点工作,赋予学校保卫处或安全处司法权,彻底解决目前学校安保部门只有管理教育权力无司法权力的问题。其次,运用市场化方式引进社会安保企业和机构,将学校部分安保服务外包给社会机构,一方面利用更专业的安保机构提升学校的安保服务水平,另一方面也可以弥补学校自身资源不足的问题。如此,学校安保部门的组织架构应围绕以下四个方面进行构建:一是构建宏观安保工作指导机构,如现有的保卫处或安保处可以承担这项职能;二是为学生安全和财产安全提供直接保障服务的组织形态,如校内突发事件的处置部门、学生户籍管理部门等;三是构建管理监督各类外包安保服务机构的部门,如可以在保卫处下专门成立一个指导与协调部门,负责对各类外包组织机构的监督管理;四是构建协调配合校外公安部门的部门,负责及时联系公安部门对学校发生的重大安全事件进行及时处置。此外,安保组织中还应该有专门的面向学生提供咨询服务和信息反馈(接受处理学生投诉)的部门。

目前多数高校学生经济资助部门都归属于学生处,主要职责是管理国家和地方政府设立的奖助学金及学生贷款,制定学校内部的经济资助政策并指导学院开展相关工作。由于这项工作政策性强,多数资助项目均有政府相关条件规定,现有的管理组织模式基本可以适应工作要求。随着经济资助项目更多从政府项目向民间项目转变,经济资助项目呈现出多元化趋势,作为管理部门的组织架构也应对应地做出调整,主要是增加专门部门负责管理各类民间设立的奖助学金项目、特定的捐款项目和分配使用社会捐助等,此外,对于贫困学生的资助也是今后经济资助工作的重要内容,需要设立专门组织机构负责管理和监督。

校内的勤工俭学工作涉及学校各个部门和单位,需要学校制定统一的政策和管理规章,同时也需要各部门协同管理政策和举措,制定明晰的工作路径并为学生提供便捷的咨询服务,使学生可以方便获得相关信息并做出选择。

三、高校学生生活服务体系的运行机制

当前我国高校开展的后勤与安保等服务社会化改革的方向是正确的,但是这项改革进程在大部分高校进行得并不顺利,虽然许多高校在利用社会资源建设基础设施方面取得了很大的成绩,但在运行机制改革上仍然进展缓慢,许多学校仍然是新旧两种模式混合运行,有的方面采用了社会化的方式,而在核心的领域仍然继续沿用行政化的管理模式,服务效率和质量不尽如人意。因此,在完成了组织架构改革的同时,必须同步进行运行机制的改革,充分发挥制度变革带来的机制优势,全面提升生活服务的质量。

第一,建立学校与提供生活服务的外包企业(或个人)间的契约关系。对于能够外包的服务项目尽量通过竞争性机制外包给校外专业机构,通过市场竞争确保质优价廉的企业承包校内的各类服务项目。同时为维护学生权益和保持教育机构的公益特征,对社会化服务中的逐利行为进行适当限制,将外包组织的利润限制在合理范围内,确保后勤等服务兼顾学生、学校和外包企业三方的利益。

第二,建立学校生活服务质量标准体系。对涉及学生生活活动的各项服务项目制定详细的服务标准并作为具有约束力的规范,校内各种外包项目均应遵循相应的质量标准,如餐饮企业必须按照学校制定的食品安全、种类、价格等方面的标准提供服务。

第三,提高学校管理者和服务者的专业化水平。对学校生活服务的不同项目要选聘专业人员担任负责人,如餐饮管理涉及财务、食品安全、食品加工、员工管理等多种专业技能,需要由专业管理人员负责对外包企业进行监督管理,单纯依靠传统的行政管理手段管理这类问题难以保障服务质量。

第四,配套建立完善全员聘任制度。后勤实体市场化和安保社会化改革必然包含对现有人事管理模式进行改革,逐步打破高校后勤等部门事实上存在的"大锅饭"制度,按照市场机制建立全员聘任制和更加灵活的人事管理机制是全面推进高校学生生活服务体系改革,提高生活服务工作质量的关键。

四、高校学生生活服务体系的评估

高校学生生活服务体系改革的重要内容是构建科学、客观、高效的质量评估机制,通过制度建设规范服务工作,保障服务质量。

第一，制定科学的学生生活服务工作标准和评价指标体系。高校学生生活服务工作涉及衣食住行各个方面，在各种具体的服务项目和活动中涉及的工作标准数量和种类繁多，包括国家食品卫生方面的质量标准、生活设施（水电暖气等）方面的国家标准、行业标准等，同时学校为了保障各类服务项目的质量也应该制定相应的工作标准。在这些规范性的工作标准基础上，学校可以制定学生生活服务工作的评估指标体系，对各类服务项目的具体要求和规范做出规定和限制，通过可操作的指标约束保障各项服务活动达到学校规定的基本要求。评估指标体系还应包括用何种方式和手段对服务项目的质量进行评价和检验，包括评价的主体、评价方法与手段，在评价方式上既包括客观检测性的评价，也包括主观感受性的评价（如学生对后勤服务的满意度调查等）。

第二，建立质量反馈和工作改进机制，及时处理服务工作中出现的问题。在建立和完善评价体系的基础上，还应该建立学生服务工作质量反馈和改进机制，包括问责制度、服务投诉意见的改正效果跟踪制度、根据服务意见和建议对服务体系、管理制度以及其他相关事项及时改进的工作机制等。通过建立这些意见反馈和改进机制及时回应学生的意见和建议，及时改进服务工作中存在的不足和缺陷，及时对服务工作的方法、内容等做出调整和改进，不断提高服务质量，满足学生多方面的服务需求，促进服务体系高效率、高质量地运行。

第三，发挥市场优胜劣汰的竞争机制，及时淘汰服务不达标的承包服务企业或个体服务机构。在后勤等服务部门社会化改革的过程中应该充分发挥市场竞争机制，根据学校特点建立完善承包企业服务质量监督机制，加强质量管理，发挥学生和学校主管部门两方面的监督作用，建立优胜劣汰的内部优化机制，及时对服务质量低劣的承包企业启动退出机制和更换机制，切实保障承包企业提供的服务符合规定的质量标准。

第四，提高学校学生生活服务评估工作的专业化水平。学生服务涉及诸多领域和项目类型，要保障服务质量，除了在内部运行机制环节加强管理之外，还必须加强管理的专业化建设。具体包括提高管理人员的专业化理论和技能水平，掌握相关服务项目的质量标准和技术标准，提高服务产品质量的检验水平如食品安全的检验水平，提高对各种服务项目质量评价的专业化水平等。只有建立一支高水平的专业化的管理队伍，全面掌握专业化的服务标准并具备专业的评价手段与方法，才有可能全方位对服务质量进行科学管理和监督，切实保障各项服务项目的质量。

第六节　我国高校学生职业指导体系改革

一、高校学生职业指导的目标与内容

高校开展的学生职业指导服务的目标是帮助学生全面、客观地分析和评价自己的知识结构、能力素质、潜能及人格特点，了解各类职业对从业人员的身心特征和知识、能力等方面的要求不同以及学生自己的职业需要，建立客观的职业理想和求职态度，具备自主选择职业的能力。

高校学生职业指导服务的内容主要包括职业心理辅导课程、职业心理测评与咨询服务、专业课程中的职业辅导以及职业能力训练等。

（1）职业心理辅导课程。通过开设职业心理辅导课（讲座），全面系统地向学生传授职业知识，帮助大学生认识自己的心理活动特点，了解职业选择心理过程的特点和对职业选择过程的影响，提高学生客观分析评价自我心理特点的能力。合理地设计自己接受教育的计划和选定未来的职业，并为职业规划做好理论和实践的准备。职业心理辅导课程可以有多种形式，如理论课程、技能训练课程、实践类课程（参观、访问和实习）等。理论课程是通过职业理论教学，使学生掌握基本的职业选择理论，树立正确的职业观。技能训练课程是通过职业培训活动，培育学生的职业技能和技巧，包括人际沟通、组织管理、协调及领导才能等；提供具体的求职技巧训练，如撰写简历、求职信、掌握面试技巧等。实践类课程包括到企事业单位参观、见习、实习等多种形式。

（2）职业心理测评与咨询。通过心理咨询机构（心理中心、咨询室等）对学生个体或团体进行职业心理测评与咨询，为求询学生提供有针对性的心理服务，包括对学生的职业心理特征进行测量与评价，个性特点测评、职业适应性测评、职业选择指导等。也可以通过小组或班级研讨的形式进行职业心理团体辅导。

（3）专业课程中的职业辅导。在课程中渗透职业辅导，利用课程教学的形式和教学内容对学生进行职业意识培养，帮助学生了解专业与职业的关系，熟悉不同课程在未来职业活动中的作用，形成科学的就业观念，培养学生的职业责任感。

（4）职业能力训练。其主要是指对学生的基本从业技能和能力和职业心理进行训练,以提高学生从事各类职业的基础性能力。例如通过素质拓展训练培养学生的团队意识、合作心理和相互信任、尊重的职业品质,发挥学生的心理潜能,提高其适应不同职业要求的能力。

二、高校学生职业指导的组织建构

目前多数高校已经建立了专门的学生职业指导服务组织,如学生就业指导中心等。但是,已有就业服务指导组织的基本职能主要是在毕业季组织集中招聘活动和就业信息宣传活动、按照国家制定的大学毕业生就业政策为毕业生办理相关的就业证明文件、协助学生与工作单位签署就业协议及向就业单位或地方人才交流中心转交学生个人档案等。现有的就业服务组织在学生个别化就业信息服务、就业能力与职业心理品质测评服务、职业能力的培养、实习(见习)活动的设计与组织、学生创业活动的组织与支持等方面的工作职能,由于受到就业服务组织结构和组织分工的局限而未能得到很好的体现(如学生科技创新创业一般归由学校共青团组织负责管理指导)。因此,有必要对高校学生职业指导的组织结构和职能进一步完善和调整。

在组织结构方面应重点解决如下问题:第一,增强学校职业指导中心的职能,将各类与学生就业相关的服务性、指导性工作进行系统化梳理,合理设置职业指导中心内部的部门和机构,对应日常开展的诸如职业能力培养、职业心理品质的测评与培养、职业岗位招聘信息的收集、归纳与发布、实习岗位的管理等职能分别设置相应的管理部门,分工明确,各司其职。第二,赋予职业指导中心一定的协调职能和权限,使其能够整合协调学校其他部门负责的与就业服务相关的职能,为学生提供统一的就业指导服务。如协调学生创新创业中与就业服务相关的职能,共同搭建校内创业与就业协同的全方位就业服务体系,解决校内政出多门,多头管理的问题。第三,通过组织建设保障职业指导中心的行政资源,在人员编制、运行经费、工作场地设施和相关政策等方面提供必要的保障。

在服务职能方面应重点解决如下问题:首先,在全校确立职业指导中心是学校学生就业服务建构学校就业指导服务组织与二级学院合作开展就业服务的组织关系与工作机制,发挥二级学院在专业、行业和与就业单位联系密切的优势,合作开展就业指导服务工作,调动全体教师共同参与到就业指导工作中,为学生提供专业知识、就业能力和就业信息等方面的具体服务。其次,建立和完善学校职业指导服务信息平台。学校应加强职业指导信息化工作,充分发挥职业指导中心网站和各种信息服务、社交服务类信息网络平台的作用,积极探索利用微信等移动互联网媒介开展就业信息交流及就业指导服务,不断提高就业服务的质量和效率;第三,与校外第三方职业服务机构建立合作机制,充分利用校外职业指导与中介服务资源开展职业指导工作。

三、高校学生职业指导体系的运行机制

在完善高校学生职业指导体系组织建构的基础上,必须同步对其运行机制做相应的调整和变革,具体而言应注重做好以下几方面的工作。第一,建立健全高校内部的职业指导工作的规章制度,制定学校职业指导基本内容、服务项目和服务流程的规范要求,逐步建立制度化、程序化和标准化的职业指导服务运行机制,最大限度提高服务质量,克服职业指导活动随意性和临时性的弊端。第二,建立健全服务项目质量标准和评估指标,按照服务项目标准为学生提供规范服务,全面提高服务质量。例如,对职业能力培养的具体指标、培养项目的具体内容与目标等做出明晰的规定,对职业岗位的信息进行规范化汇总、核实,确保信息的可靠性和规范性,避免虚假信息对职业选择的误导。第三,建立一只专业化的职业指导服务队伍,提高职业指导工作的专业化水平。职业指导服务涉及诸多专业知识、职业领域的特定信息和要求,涉及对学生人格、心理、能力等职业品质的评估与测量,需要由接受过专业训练的人员才能胜任这些工作。因此,学校应专门配备相应的专业教师,配合二级学院专业教师一起对学生开展职业指导,提高这项工作的专业化水平和服务质量。

四、高校学生职业指导服务评估体系

目前我国大学学生职业指导服务评价体系存在诸多不足与缺陷,主要表现在以下几个方面:第一,评价指标设定不全面。就业指导工作涉及学校教育工作的诸多因素和环节,既包括学校内部的培养过程,也涉及就业环境和就业政策、制度等外部因素,这些因素通过教育活动共同影响到每个学生的思想观念、知识结构、能力水平和就业技巧等,进而影响到实际的就业状况,因此就业指导工作的影响变量是多重的,评价的指标也必然是多因素的。目前多数大学单纯将就业率作为职业指导工作的评价指标是不全面的,现实工作中我们需要构建一种全面系统的评价体系。第二,就业率自身的统计评价方法存在较大误差,评价方法和标准不够严密和客观,"大学生就业评价中的'就业'主要是以与用人单位签订就业协议,或毕业生与用人单位以签订劳动合同,或用人单位出具接收函为准,不仅无法确定他们最终是否到用人单位就业,而且也为部分弄虚

作假提供了可乘之机"①。第三,现有的职业指导评价没有充分考虑到就业指导工作的滞后性。学生就业不是一次性的职业定位过程,而是在一个较长时间内发生的动态活动,对就业指导效果的评价不应采用静态的或一次性的评价方法,而应采用短期评估与中长期评估相结合的方式,不仅注重对当前就业状况和就业指导效果的评估,而且还应采取一定的方式对学生进入工作岗位之后的工作状态和表现进行追踪评估。

　　总之,职业指导工作评估体系的构建具有一定的特殊性。在评估指标与评估标准设定、评估方法与方式选择、评估结果的解释等环节和要素上均应体现这些特点。职业指导跟踪评估的难点在于全方位收集毕业生就业和工作绩效方面的信息,学校应逐步探索建立精准的就业质量信息收集系统,为每个毕业生建立长期(终身)的信息档案,通过现代信息技术和科学的管理机制确保对毕业生进行全程跟踪,全面掌握相关信息,为科学有效开展职业指导工作评估提供可靠保障。

---

① 孙星、陈万明《关于构建大学生就业评价指标体系的思考》,《中国高等教育评估》2008 年第 3 期,第 21 页。

第十章　我国高校学生服务方式改革研究

　　改革高校学生服务的方式,既是提升高校学生服务水平、实现高校学生服务目标的必然要求,也是高等教育改革的内在需求。本章将对我国高校学生服务方式改革的目标与基本原则、高校学生服务的主要模式和高校学生服务的专业标准等进行阐述并对改革我国高校学生服务方式提出对策建议。

第一节　我国高校学生服务方式改革的目标与原则

一、我国高校学生服务方式改革的目标

(一)提升高等教育质量

　　高等教育以培养人才为根本目标。人才不仅要具有扎实的专业知识和技能,更要具有健全的心理素质、自立自强的人格特征和善于钻研的创新精神。人才培养的途径,不仅只有教学,学生服务也是重要方式。随着高等教育改革的不断深入,学生服务质量的提升也被逐渐得以重视。学生服务不仅要做好教育和管理工作,体现服务的基本职能,还要努力为培养人才创造良好的氛围,并通过良好的氛围来引导学生的个性化发展,帮助学生实现全面发展,提高适应社会的能力。

(二)提升服务育人水平

　　如今,以显性的思想政治教育和刚性的管理为主的传统学生服务模式已经难以达到满足学生发展需求、提升高校服务育人水平的目标。积极进行高校学生服务方式改革,以实现学生服务模式的突破,可以更好体现学生服务的基本职能,进一步提升学生服务的育人水平,保障学生全面发展,这不仅是顺应学生发展实际需要的要求,而且是增强学生服务实效性的必然要求。

(三)促进学生全面发展

当前,高校学生的思想观念日益复杂,思想和行为上表现为"五强五弱":"五强"指的是学生的自主意识强、进取欲望强、竞争意识强、参与意识强、实践能力强;"五弱"指的是学生的集体观念弱、社会责任感弱、就业能力弱、生活能力弱,学习能力弱。学生服务方式的改革需要把学生的以上特点与行为方式作为切入口,更好地适应学生成长与成才的基本需要,促进学生全面发展。

(四)整合学校有效资源

学生服务跟学校众多部门相关,传统的学生服务基本上是以部门为单位分头进行,从某种意义上来说,这是一种资源的浪费,既浪费了人力资源又浪费了物力资源。学生服务方式的改革,需要改变原来各部门信息孤立的状况,把学校中各个跟学生服务相关的部门或是项目集中起来,整合学校的有效资源,实现数据的共享与应用集成,以相对完善的模式为学生提供专业、便捷、优质的服务。

二、我国高校学生服务方式改革的基本原则

(一)"以学生为本"的原则

"学生"是"学生服务"的重中之重,"以学生为本""发展学生"是"学生服务"的核心理念,这是"学生服务"的逻辑起点,也是"学生服务"的归宿。坚持"以学生为本"的原则,就是在处理学生与学生服务方式的关系时,坚持"人本位"和"社会本位"的统一,全心全意为所有学生服务;树立一切工作以促进学生全面发展为目标;强化学生的主体地位,强调学生"参与管理"和"自我管理";树立"人"的生命意识,把人理解成一个活生生的"生命人",是自由的、具体的、独特的、不断生长着的生命个体,因此,要给学生创设生命发展的自由空间,从而真正达到服务育人的目的。

(二)教育、管理与服务协调统一的原则

"教育、服务、管理"是高校学生服务体系的三项职能,三者应该是相互糅合、渗透的。服务是为了更有效地教育和管理,教育是管理和服务的目的,管理是服务和教育的有效保障。高校的中心任务在于育人,学生事务管理也必须时刻以育人为核心追求,在机构职责、工作流程、管理制度、协调机制等方面,紧紧围绕"学生发展"这一目标,在教育、引导学生中加强服务,切忌因追求服务的完善、管理的科学而淡化、忽视学生服务教育功能的发挥。

(三)多方协作配合的原则

促进学生发展是校园内外共同努力的结果,是综合效应的产物。这就要求学生服务系统不仅要协调好相关职能部门的关系,而且要处理好学生服务职能机构与学院的关系。不仅要针对不同职能部门所涉及的学生服务内容采取相应的政策、管理要求和评价标准,而且要明确任务目标和职责范围。不仅要明晰学校与学院之间的职责分配,而且要激励学院发挥主动性和积极性,通过创造性工作,实现学生服务的目标。

(四)学生参与的原则

学生参与是指为了落实学校民主管理、追求学校与学生的共同利益以及实现学生的合法权利,由学生个人或学生团体参与学校公共事务运作与决定的行动。坚持学生参与的原则,既是实现学生事务管理使命的应有之义,同时也符合大学生心智的发展规律。通过组织机构的设计、制度的安排、文化氛围的营造,强调师生"合作式"的互动,这不仅有利于形成公正、透明、法治的管理格局,还能促进学生权益保护意识、竞争意识和参与能力的培养。同时,由于学生的参与,高校学生服务者应更多地承担起"导师"的角色,指导学生在自我探索中成长,而不是单纯的"领导者"或"管理者"。

三、我国高校学生服务方式改革的基本思路

(一)服务理念人性化

人性化就是学生服务工作以学生为核心,以学生的发展为根本,既要充分发挥学生的主体性,实现学生自治,又要尊重学生个性差异,确保每个学生享受平等服务,实现全面发展。[1] 首先,尊重学生是学生服务的前提。学校与学生是合作伙伴关系,学生服务必须尊重、理解学生。其次,注重将学生教育融入学生服务中。既把服务学生与教育学生相结合,将教育融入服务之中,又将学生服务与学生学术活动相结合,将做人融入做事之中。再次,注重发挥学生的主体性。保障学生自治会在学生事务上拥有足够的发言权。最后,尊重学生的差异性。通过设立平等和多元化委员会等方式,专门制定政策、落实学校的战略和决策,力求每个学生都能接受教育和享受平等服务。

---

[1] 李北群、乐青、徐中兵《美国高校学生事务管理的经验与启示》,《黑龙江高教研究》2014年第1期,第7~9页。

(二)服务机构扁平化

扁平化是指学生服务的组织机构和权限分配只在学校一级进行,在学院和系一级没有对应的组织和分工要求,即采取多头并进、条状运行的方式,由学校的各个中心或办公室直接面向学生和学生组织。采用扁平化管理,采取学校和学生两级管理,可以设立学生日常事务管理机构——学生部。这样做的优点在于单一层级管理成本降低,信息传递快捷运转灵活,并且大力提升专业化程度,有利于改进工作的不足,执行效率得到提高。

(三)服务模式契约化

契约化是将契约的本质属性融入高校学生服务中,即要求高等学校与学生两个平等主体之间为了达到某种共同目的,在追求各自利益的基础上签订并履行的一份协议。首先,学生平等参与学校管理,主要采取雇用学生的方式或者采取推荐部分学生代表的方式,让学生直接参与学校学生服务。其次,注重推行学生自治,可通过选取较大比例的学生代表担任学校校务委员会成员的方式,直接参与处理学校重大事务。最后,注重学生机构独立,可以采取设立独立的行政机构——学生会的方式,学生会由学生代表选举产生,且与学校没有行政隶属关系,同时还可开展以营利性营业为目的服务活动,学生的自主性得到充分发挥。

(四)服务制度法治化

法治化是指通过一定的立法程序,将高校学生服务的基本理念、基本要求、主要环节和工作程序等融入国家的有关法律和法规中,并由国家强制力保证实施。首先,重视学生服务的法制建设,国家层面出台《高等学校学生服务人员行为规范》和《高等学校学生服务人员伦理标准》等制度。其次,重视学生服务专业标准建设,可由专业学会研究出台业内公认、共同遵守的高校学生服务专业标准,校方和学生明确各自的权利、责任、义务等。最后,重视学生权益维护,设立法规,每年向学生支付一定数额的贷学金和困难补助并设立特困基金。

(五)服务手段信息化

信息化是指以交互化的学生服务信息网络为支撑,为提升学生服务而进行的一系列软硬件系统的搭建、推广、应用与维护升级等工作,以实现学生服务便捷化、高效化。首先,独立设置信息化机构,通常由校董会或一把手校长直接领导,并由一名主管副校长具体负责,人员配置齐全、分工明确。其次,注重信息化技术的应用。将大量的信息技术运用到高等教育的发展中,推动教育产业化,改变高校的学生服务方式及学生的学习方式。最后,重视信息化建设,设立信息技术委员会,由校领导牵头负责,其职能在于讨论、制定学校重大信息技术活动;各个系部建设网络中心,有专门人员管理相关信息技术事宜;学校还要设立负责网络运行和维护的网络中心、负责多媒体教学的电教中心、负责传递学术信息的图书馆。

(六)服务队伍专业化

所谓专业化,是指从事学生服务的工作人员应具备多门专业知识和技能,而且要具有自己独特的职业要求、职业条件和培训制度,以实现学生服务效率更高更好的目标。首先,从学生服务队伍的从业标准上,既要对从事学生服务人员的学历和学位有普遍性要求,还要对中、高级管理人员有特殊要求,他们还须具备较高的学历学位、参加专业协会举办的职业培训和具有较为丰富的实践经验等条件。其次,管理队伍职责明确、要求具体,无论是心理咨询、职业生涯指导,还是学习指导、日常咨询,都有一套规范的流程,确保学生得到专业高效的服务。最后,重视学生服务者的培训,强调服务人员职业化和服务项目专业化。

第二节 我国高校学生服务模式探索

模式,是指从生产经验和生活经验中经过抽象和升华提炼出来的核心知识体系,其实就是解决某一类问题的方法论。高校学生服务模式,是指对长期的高校学生服务实践工作进行总结、提炼和改进,包含了服务特征、服务对象、服务内容、服务途径、服务人员等的方法论系统。

一、"一站式"服务模式

在国内外高校的学生服务实践中,均有对"一站式"服务方式的探索。美国高校从20世纪90年代开始成立"一站式"学生服务中心,经过20多年的发展,工作使命逐渐清晰,理念不断深化,模式走向成熟。目前,提供"一站式"学生服务已经是美国各类综合性大学、文理学院和社区学院的普遍趋势。21世纪以来,国内高校陆续开始兴建学生服务中心,探索新型学生事务管理体制和模式,并且有不少高校致力于实现"一站式"服务实践。我们试图总结国内外"一站式"学生服务(学生事务管理)的实践经验,提炼出符合我国国情与高等教育实际的高校学生服务"一站式"模式,强化高校指导服务的意识,将学生服务贯穿到学校管理全过程,践行服务学生的实际行动,不仅具有实践意义,而且具有理论价值。

(一)"一站式"模式的基本特征

学生服务"一站式"模式,是学生事务管理模式的新尝试,是学生工作职能的重要转变,是以人为本办学理念的集中体现,具有以下基本特征。[①]

1. 服务内容的针对性和科学性

从服务内容上看,重视服务的针对性和科学性。学生服务"一站式"模式注重对学生服务需求的分析,将满足学生的需求、促进学生的发展、服务学生的成长成才作为服务内容设计的出发点。注重对学生群体特征的研究,抓住当前多元文化影响下青年学生自我意识和维权意识增强,倾向利用网络新媒体等特点,进行服务内容开发,确保学生能够办好自己想办的事,了解自己想知道的信息。

2. 服务流程的效率性和便捷度

从服务流程上看,重视服务的效率性和便捷度。学生服务"一站式"模式注重学生工作规律性的研究,根据精益化管理的理念,进一步优化工作流程,而不是仅仅把源于不同部门的服务项目简单地汇总在一起。重视学生工作职责的梳理,遵循资源共享的原则,进一步汇总、整合服务资源,根据不同的服务性质与类型,在"一站式"服务平台设立服务窗口,避免不同服务条线各自为政,尤其能够有效解决目前校区规模扩大,学生机构分散,学生四处找人、四处找办事机构的情况。

3. 服务保障的规范性和完备度

从服务保障上看,应重视服务的规范性和完备度。学生服务"一站式"模式注重制度规范的设计,根据精益化的原则,制定较为完善、详细的工作职责和工作人员行为规范。落实管理责任制,避免多头领导、相互扯皮,确保工作人员立足本职岗位,将教育、管理贯穿到服务中去。建立健全运行机制,根据绩效管理的原则,出台较为科学、健全的反馈、监督和考核机制,重视对服务成本、服务效率和学生满意度等调查、追踪和评估,做到信息公开与透明,提升工作质量与服务形象。

---

① 黄燕《文化视野下的中美高校学生事务管理比较研究》,华东师范大学博士学位论文 2013 年,第 186~191 页。

(二)"一站式"模式的操作指南

1. 学生服务"一站式"模式的核心理念

学生服务"一站式"模式秉持"以学生为本"的基本理念和"一切为了学生的发展"的根本宗旨,倡导和贯彻"以学生为中心"的服务理念,通过规范管理、优质服务,为学生的学习生活提供高效、便捷服务,有效促进学生成长成才。

(1)把尊重学生成长需要作为服务的原则。高校学生平等地享有和教工一样的地位和人格尊严。尊重学生,就要承认并正视学生成长过程中在学习进步、职业发展、身心健康等多方面的需求。学生服务"一站式"模式就是秉承努力为学生提供良好的学习生活条件,提供优质高效的服务,尽量照顾到学生的各种发展需要。

(2)把深入了解学生状况作为工作的出发点。随着高等教育国际化进程和市场经济改革的推进,大学生的思想、心理以及发展需求呈现出多元化的趋势,尤其是特征更鲜明的"00后""10后"学生的出现,给学生服务工作带来更新的挑战。只有注重了解学生的思想、心理特征以及多元化的发展需求,根据学生需求和身心特点来设计、确定服务的内容和形式,才能提高工作的针对性,确保服务质量。此外,还倡导关注学生对服务的满意度,通过对学生的满意度调查,将学生的意见作为改进工作的重要依据。

(3)把发挥学生主体作用作为工作的着重点。随着学生自我意识的觉醒,尤其"教育消费者"和"高校权利主体"地位的确立,高校学生服务越来越重视将学生纳入管理的主体,引导其参与到学生服务决策制定和实践落实当中,注重发挥学生的主动性和创造性。越来越多的高校明确规定在各类学生服务领域设立学生代表席位,确保学生在这些领导决策机构中发挥作用。

2. 学生服务"一站式"模式的机构设置

高校学生服务"一站式"模式的运行,一般由学校党委学生工作部、党委研究生工作部或者校学生处、学生事务中心等归口职能部门负责,相关职责部门例如团委、教务处、保卫处、宿舍管理中心、招生就业处等配合。

组建学生服务"一站式"模式领导小组,由学校分管学生工作的校领导任组长,相关职能部门负责人任组员,主要职责是研究制定学校"一站式"服务中心建设总体方案以及具体工作规划。

设立"一站式"服务办公室作为领导小组的办事机构,负责服务平台的日常建设管理工作。其主要职责包括建立健全平台建设和发展的规章制度;协调相关部门内设各服务窗口的工作;按照评估指标体系,对平台内各个窗口实施考核;采取问卷调查等方式搜集和整理学生对平台各窗口服务质量的反映,切实发挥监督作用。

3. 学生服务"一站式"模式的人员配备

高校学生服务"一站式"模式的具体工作人员,既可以由相关职能部门的教师担任,也可以由经过统一培训后上岗的勤工助学学生担任。前一种模式,被派出工作人员的身份隶属于原职能部门,作为其派出机构接受服务平台的双重领导,"一站式"服务平台管理其日常事务,由原部门领导其业务工作。后一种模式,吸纳学生参与其中,让学生服务学生,既发挥了学生参与主体的主动性和创造性,又可避免双重领导可能带来的效率低下问题,同时也增加了学校学生勤工助学岗位。可通过笔试、面试、综合能力测评等环节,选聘一批家庭经济困难学生担任学生事务咨询员,并通过"岗前培训—岗上体会—岗后总结"模式来构建队伍建设、流动和服务机制。高校学生服务"一站式"模式的人员配备也可由职能部门的专职工作人员、勤工助学学生共同组成,有效弥补单一人员组成的不足,发挥组合优势。

4. 学生服务"一站式"模式的职责功能

围绕"帮助学生成才、解决学生困难、方便学生办事、维护学生权益"的目标设置,高校学生服务"一站式"模式的职责功能由"管理"型向"教育、管理、服务"并重型转变,主要包括受理日常事务,办理与学生息息相关的帮困助学、权益维护、学务管理、就业派遣等各项事务;提供咨询和指导,及时解决学生思想上的问题、学习上的障碍、生活中的困惑以及升学的迷茫,促进学生全面成长。

5. 学生服务"一站式"模式的运行机制

"一站式"模式的规范运作以及健康、有序发展离不开一套完善的运作机制。首先,能够实现直接办理。高校学生管理相关的部门在管理中简化办事程序,提高服务水平,直接为学生处理事务。其次,能够兑现服务承诺。学生事务管理者能在规定期限内,按照服务的要求帮助学生办理相关的项目。再次,能够整合资源实现集中办理。对需要两个以上学生事务管理部门处理的项目,基本实行联合办理。最后,能实现后台处置的隐形化。对学生的咨询要求,大厅工作组基本可以给出明确答复。

(三)"一站式"模式的发展建议

学生服务"一站式"模式,必须要在积极尝试中与时俱进,用改革创新来解决发展中出现的各种新问题,有针对性地提出应对举措。

1. 思想变革，理念先行

"一站式"服务凸显的是学校为学生提供集中、高效、便捷的服务，并通过这种集中式的后台服务，发现学生需求，服务学生需要，从而提高学校管理效率。这是高校学生事务管理者真正践行"以生为本、服务至上"的理念，立足于现代服务理念和公共服务平台。想学生所想，急学生所急，主动、积极、热情地为学生服务，积极履行"一切为了学生，为了学生一切"的职业行为准则。

2. 改革体制，提高效率

"一站式"服务实际上构建的是首尾连贯、全方位、全天候的高质量服务模式。要全面整合公共资源、打破条块分割、优化服务流程，构建起以学生需求为重点，吸引学生积极参与的"一条龙"服务，使学生省力、省心，让学生称心、放心，满意而归，体验接受服务、参与管理的幸福感。

3. 整合资源，集中管理

"一站式"服务，要求集中式管理，即将与学生服务相关的人员集中在一起，高效率地为学生服务，切实帮助学生解决困难，满足他们学习成长的需求。集中管理不仅整合了服务资源，提高了办事效率，而且激励了学生积极参与管理，实现了双向互动。新建校区可先行规划、设计兴建学生服务中心；不太可能新建服务中心的高校，也可因地制宜地集中在一层楼或一幢大楼，统一集中管理；有条件的高校可配套电子校务建设，成立网上学生服务大厅，实现办事指南、服务动态的网上发布和各项业务的网上办理，提供各类表格、文书样本的网络下载。

4. 规范操作，形成制度

高校学生服务实施"一站式"模式，由于管理人员来自不同的管理部门，习惯于各条线以往的管理、服务规章制度，难以避免各自为政。实施"一站式"服务时，需根据统一的服务要求，制定新的操作规范、服务流程和职业准则。即使管理人员实施"一站式"服务有章可循、有规可遵，又便于学生参与，同时方便检查督促，从而达到提高执行力和满意度。

二、"云共享"服务模式

现代网络和计算机技术的发展为高校学生服务资源的整合共享提供了新的实现手段。近年来，"云计算"越来越被人们熟悉，不仅被视为科技界的又一次革命，更代表着一种新的管理理念和服务模式，正以其强大的功能逐渐渗透到教育领域，影响到教学方式和教育资源的建设、管理、共享方式。

运用"云计算"思想来管理高校学生服务的数字化资源,建立依托云技术的高校学生服务数字化资源共享机制,能够整合分散在各职能部门的学生事务数字化资源,并在数据安全的基础上实现资源的数据共享、应用共享和服务共享,对学生服务的数字化资源进行标准化处理、协调度和统一管理,解决学生服务系统重复建设、信息孤岛等问题,促进学生服务数字化资源的共享。比如,全国大学生"云创业"平台其实就是一个跨校的学生服务系统,"云创业"平台不是物理空间的大学生创业园区的演化,而是全国大学生创业史上的一场革命。[①] "云创业"概念的出现,使创业活动不再是资金、技术和少数精英的游戏,而是通过资源整合与网络手段,为各创业团队提供创业辅导、政策法规、名师辅导、在线帮助、团队管理、企业用户管理、师生用户管理。

正确认识高校学生事务信息化建设中存在的主要问题,并准确借助新一代信息技术实现学生信息平台的共建共享与互联互通,促进学生事务信息化、专业化水平不断提高,是当前高校加快信息化建设和促进教育改革的重要举措。[②] "云共享"为高校学生服务提出了革命性的创新思路,其核心就是将所有资源、信息整合在一个平台上,通过现代信息分析技术,实现资源的最高利用,并以更优质的服务形式反馈给最终用户。"云共享"模式在高校学生服务中的运用将突破当前高校学生服务资源共享的瓶颈,它可以提高数字化的学生服务资源共享效率,同时降低共享成本,达到学生服务的系统数字化、服务便捷化、传播高效化、效果最优化的目标。[③]

(一)"云共享"模式的基本特征

"云共享"模式应用于高校学生服务系统,对促进学生服务数字化资源的共享有着非常明显的优势。

1. 统筹跨部门、跨系统的学生服务通用共享资源平台

目前,不少高校学生服务部门的数字化管理系统采取各自为政、相互封闭的建设方式,共享平台缺乏开放性和互联互通。已有的各种网络资源共享的探索,也仅局限在有限的范围,为部分管理者、相关服务对象提供信息查询服务。

---

① 马冬《通过自主创业平台建设培养大学生创新能力》,《中国成人教育》2015 年第 20 期,第 64～66 页。

② 刘宏达,许亨洪《以信息化推动我国高校学生事务管理与服务创新》,《思想教育研究》2015 年第 12 期,第 89～92 页。

③ 黄燕《文化视野下的中美高校学生事务管理比较研究》,华东师范大学博士学位论文 2013 年,第 199～207 页;黄燕、张冲《高校学生事务管理"云共享"模式的现实价值与建构理路》,《思想理论教育》2013 年第 9 期,第 83～87 页。

传统高校学生服务数字化资源管理,在不同层面还存在软硬件资源重复投入、平台运行维护成本大、资源整合利用率低和信息系统安全性堪忧等现实问题。"云共享"模式则探索将学生工作中涉及的来自不同载体、主体、任务、资源、部门的信息融合,达到"合"与"分"的最佳平衡状态,提高学生服务效率和服务质量,实现高校学生服务数字化资源的科学、合理发展。

2. 节约学生服务资源共享建设的成本

在学生服务方面建立"云共享"模式,可以促进高校学生服务资源共享建设成本的节约。高校目前的分部门推进管理资源数字化的成本较高,包括初期服务器、终端及网络接入等设备的购置、日常系统运营及维护、设备更新等。

"云共享"模式集中解决信息的互联互通和对象特性、行为轨迹研究,对硬件设备要求很低,无须大规模的硬件投入,可以使建设成本大幅降低。目前,各部门之间的网络资源间的转换、交换、兼容和共享困难,利用"云计算"的协调工作能力,可以进一步实现异质、分散、自治的资源间的转换,使信息共享更为密切有效,同时也省去了资源转换和整合的费用。

3. 能够有效改善信息处理效率和能耗比

"云共享"模式的创新点在于充分挖掘了新兴的互联网技术——"云计算"与高校学生服务信息存储共享、学生舆论引导以及师生日常交流方式之间的结合点,能够有效改善学生服务信息处理的效率和能耗比。建立"云共享"模式,可以满足高校学生服务内部海量信息存储和处理的新要求,提升高校内学生服务信息交流的效率和满意程度,可以通过信息的全面挖掘,有针对性地分析在校大学生的思想动向和诉求,实现学生服务在工作效果和归属感上的显著提升。首先,使用"云计算"思想和技术辅助高校进行大规模的信息处理(信息搜索、云端存储、分布式共享),比起现有的传统 SNS 和 BBS 在效率上有质的飞跃。其次,通过信息技术算法,利用学生的公开交流信息进行高校舆情分析,实现了以往辅导员或职能部门人工调查大学生思想动态的功能并且在真实性上有一定的优越性。最后,可以结合微博的即时特点为高校内的大学生提供全新的、立体式的、本土化的服务。相比传统的 BBS 留言和回复有着不可比拟的交互性和实效性。

建立健全"云共享"学生服务模式,努力将学生服务者从繁杂事务中解脱出来,让学生服务真正落实"以人为本、和谐发展"的理念,实现跨部门、横纵融通的融合式网络管理服务模式的构建,搭建"全方位、网络化、立体式教育与管理"的公共平台,是保障学生服务高效运转的重要举措。

(二)"云共享"模式的设计理念

基于当前高校学生服务的特点,在构建"云共享"模式时应以"和谐发展"和"科学管理"为原则,贯彻"六大融合"的理念:主体融合、载体融合、渠道融合、资源融合、任务融合、程序融合,通过云共享方式突破学生服务数字化资源共享的瓶颈,为高校学生服务者提供工作便利,为学生提供更好的服务。

1. 主体融合

实现"云共享"模式,不仅是对信息技术的要求,同时需要学生服务的相关主体能积极发挥最大效用。这里的主体,既有从事学生服务的人员,也包含学生。高校可根据各自的管理体制和模式,设置用户管理和权限,在横向和纵向上形成层次清晰、分工合作的工作模式,充分调动各主体积极性,协同管理,统一指导、各方配合、任务明确、优势互补,适应多校区、信息化的发展和时代要求。

(1)多层次纵向贯穿。高校学生服务往往并不是某个学生服务者可以单方面完成的,大多数服务任务都涉及学生、院系、相关职能部门及学校层面,因此,需要建设一支能适应高校学生服务网络管理要求的队伍。针对目前不少高校实施学生服务时采用学校—院系—学生的多层传递方式,可以探索建立"学校职能部门—院系副书记—辅导员—学生"四个权限层次的角色,学生只能看到自己的信息,辅导员只能对其所管理的学生信息进行操作,院系副书记可操作整个学院学生工作,职能部门看到的信息相应扩大。各用户权责分层、实现分级管理,进一步明确责任,从纵向上将整个学生服务贯穿起来,体现工作的流程性。同时,充分体现学生主体意识,让学生自己能参与到"自我管理"的过程中,增加意见表达和机会选择途径。

(2)多用户横向联络。高校学生服务涉及多个职能部门,工作关系交叉、复杂。通过多用户多角色设计,为不同职能部门设立专门的角色,管理某方面的学生服务,在横向上搭建网络化、制度化的分布协同平台,加强各部门之间的沟通、协同完成各项学生服务项目,消除各部门之间可能的壁垒,提高管理效率。

2. 载体融合

高校学生事务管理"云共享"模式的构建,以信息的载体融合为基础。信息载体的形式融合和来源融合为"云共享"模式下的其他融合提供保障。

(1)信息载体形式融合。高校学生服务工作涉及的信息承载于多种载体,如图片、文字、视频、表格等。形式融合就是利用技术手段,将多种形式的信息展示在同一平台上,让用户从不同角度了解相关情况,开展多种形式的工作。

(2)信息载体来源融合。高校学生服务工作涉及多个部门、多个平台,如家庭经济困难学生预警系统、奖助系统等。"云共享"模式利用软硬件设施,实现一个门户多项职能,将不同部门的具有相对独立的信息系统作为子系统融合到同一平台上,统一认证,形成各子系统间的无缝互访。

3. 渠道融合

高校学生服务的"云共享"模式主要将录入上传、审查修改、参与反馈、实时调用、个性输出等多种渠道融为一体,必须以信息畅通的输入输出为前提,同时确保数据的完整性和准确性。

(1)"录入上传"渠道。其主要用于大批量信息的集中录入上传。一般用在新生入学或新学期开始时,统一、有组织、依程序地集体录入和上传。一方面,学生服务部门可以将固定的、不可更改的部分学生信息,包括学号、专业、身份证号等统一上传到数据库,保证数据的准确性和完整性;另一方面,组织学生在规定时间内维护其他个人必要信息,基本确保信息的完整性。

(2)"审查修改"渠道。在后期管理中设定隐含审查限制条件,督促信息不完整者继续将信息维护完整。例如,如果某些相关必要信息不完整,可能影响学生奖助学金申请,利用制约条件督促学生进一步补充完整个人信息。

(3)"参与反馈"渠道。设置反馈渠道,各级学生服务主体参与到管理过程中,如发现有错误或不准确、不完整数据存在,及时通过这些渠道反馈至管理员,经过审查核实,完善数据,即时更新。

(4)"实时调用"渠道。通过"云共享"平台的建设,消除了异地办公带来的操作不方便的弊端。从事学生服务的人员可实时调用所需数据,提高工作效率,满足突发事件处理的时间要求,做到及时处理、适时应对。同时,学生也可以随时通过手机、电脑等网络终端查询到需要的信息。

(5)"个性输出"渠道。为节省制作各种报表、奖学金证书、在学证明、学生履历等的时间,将多种模板格式整合到网络平台上,实现个性化定制输出,大大提高工作效率。

4. 资源融合

高校学生服务中涉及的信息来自方方面面,融合覆盖学生服务的各时期各方面信息是整个"云共享"模式的基本要求。必须在纵向上对时态数据追溯,在横向上对信息集成共享,才能实现信息资源的纵向对比和横向整合,达到有效的资源融合。

(1)数据时态追溯,实现对比分析。不同工作战略下,学生服务部门在不同时期的工作侧重点和工作模式相应有所变化。"云共享"模式应对历史数据和档案实现有效存储,这些信息可能是不同时期的制度规章,可能是不同时期实施的奖助学金项目,也可能是一个学生在校期间的成长记录。对历史数据规范存储和管理,为学生服务工作的历史回溯及对比分析提供重要的数据基础和决策支持。

(2)信息集成共享,实现全面整合。通过"云计算"内部导入、关联,以学生信息数据(包括学籍异动、家庭经济情况、奖助学金获得情况、保险理赔、档案管理信息)为基础,整合学籍注册、勤工助学管理、学生困难认定、助学贷款、学习成绩、缴费等信息,将各类信息集成共享,适时研究推送,实现学生信息立体、全面、多维度的整合与共享,为学生服务决策判断提供支持和参考。

5.任务融合

(1)任务集成,立体综合服务。实现系统各功能模块化,集成于一个平台上。如学生注册、奖助申请、网上考试、互动留言、保险理赔、档案转递、勤助贷款等,实现网络"一站式"服务和任务设计,面向任务、面向主体,提供综合化服务,拉动学生工作的全程化。

(2)潜在制约,自动整合关联。任务融合是横向上多种制约条件的关联体现,学生服务项目的完成涉及多部门的条件规定,各部分互相影响、互相制约、互为条件。任务融合并不是单纯地将各功能模块和信息集成到一个平台上,而是在程序内部设定好制约条件,在具体任务实施过程中,系统根据内部的关联机制,自动调用所需的前提信息,过滤出不符条件项,自动判断是否可以进行后续操作,防止学生服务者的误操作和误判断,避免出现操作的不规范现象,有效保证管理的公正运作和高效完成。高校学生服务繁多,通过潜在的任务融合能充分提醒管理者和学生正确操作,避免出现差错。如国家励志奖学金的申请,主要实现下列系统关联检测:检测年级是否为大一——检测有无困难等级—检测成绩是否合格—检测是否获过其他大额助学金—检测有无不良记录等。只要有一个环节不符合条件,系统立即停止继续申请审批操作。

6.流程融合

流程融合是纵向时间层面上的集成化。学生服务涉及多层级用户的设置和多主体的参与,必然需要纵向流程的关联融合。多数学生服务项目的执行涉及多个环节、多个层次,它的完成是学生—辅导员—院系分管副书记—学校职能部门四层联动流程操作。学生申请了,辅导员才能操作;辅导员的意见为院系分管副书记提供参考;院系意见为学校意见提供决策支持。各层之间相互制约、环环相扣、层层限制。

同时,某些学生服务中,每个层的操作有一定的时间限制,系统根据时间自动进行某些功能的开放和关闭工作,有效保证工作的按时运作和正常完成,使学生服务呈现规范化、流程化操作。例如最常见的奖助学金申请,就涉及公告通知—学生申请—院系审评—学校审批—全校公示—颁发仪式—奖助学金发放—奖助学金后期管理等多个流程。当前,高校的奖学金和助学金项目逐年增多,只有实现合适的流程融合,才能在规定的时间内有条不紊、合理适时地完成工作。

(三)"云共享"模式的发展建议

基于"六大融合"的"云共享"学生服务模式,从可持续发展的维度来看,在构建时要注重"公正透明化""个性智能化""主体情感化""管理人性化""时空延展化""功效渗透化"和"更新持续化"的特色。

1. 营造"公正透明化"的文化氛围

学生服务数字化系统的主体融合、任务融合和流程融合,为各级各项工作的开展营造了公平公正的氛围。开放的环境,有利于民主监督,调整相关规定。同时,学生主体的主动参与,使高校学生服务由"部门和辅导员的下行管理"向"支持学生参与互动、沟通反馈、自主管理的双向管理模式"转变。

2. 提供"个性智能化"的操作体验

"云共享"模式力求最大限度地提高学生服务效率,实现智能化、自动化操作。比如,申报、审批、公示等任务时间节点的自动提示和终止;奖助学金申请条件、资格、名额审查的自动检测和限制;多种数据信息的个性化检索和统计;各种报表的制作、打印方便快捷;确保消息通知的发布、意见的汇总等及时完成,提高办公效率。

3. 构建"主体情感化"的用户支持

构建"云共享"模式时,要充分考虑学生、教师、辅导员和管理者的四位一体,考虑多方管理与服务的特点。比如,辅导员可通过参与安全预警机制,完成沟通反馈,重点关注孤儿、单亲或离异家庭学生、特困家庭学生,以及在心理、成绩方面出现严重问题的学生,保证学生能健康、顺利完成学业。再比如,学生奖助学金后期管理中,通过"给获奖获助学生的一封信",在情感上关心学生成长,督促学生合理使用奖助学金,保持良好心态。

4. 坚持"人性化"的服务导向

本着以人为本的原则,将管理者从传统的学生服务中解脱出来,使之可在工作统筹、学生引导方面投入更多时间。实现学生服务从"以领导为主"向"以服务对象为主"转变,从"单纯管理"向"强化服务"转变,从"管理型机构"向"服务型机构"转变。如网上考试,将师生从传统的纸质答卷、监考、阅卷中解放出来;各种表格、证明模板的设计实现即打即得,节约大量人力物力;网上离校手续办理最大限度地简化办事程序、缩短办事周期、提高办事效率。

5. 实现"时空延展化"的管理平台

"云共享"模式将各部门学生服务者从办公桌前解放出来,不必局限于某个地域或某台电脑,不必限制于在办公时间内解决,在空间上和时间上实现了有效延展,对于突发事件能做到及时处理,有利于安全稳定。同时,较之纸质文档,电子数据更便于存储、数据统计、整理分析,可以方便地实现历史回溯,通过对历年学生工作或发展状况的历史分析和比对总结,为下一步操作提供支持。

6. 产生"功效渗透化"的教育效果

任务和流程的融合,实现了导向与激励、约束与调适、凝聚与辐射的结合,强化文化管理的内涵。如各种申请、审查、公示时间的网上自动设定,对学生、院系、学校形成潜在的时间管理文化,保证工作按时按量完成,工作趋于计划性、步骤性和约束性。奖助学金后期管理,系统中要求学生记录自己的获奖获助感言,同时记录奖助学金的使用情况,将感恩教育和科学合理使用奖助学金的理念渗透其中。

7. 确保"更新持续化"的优化功能

"云共享"模式的实现必须依赖软件、硬件及各部门、各主体的支持,同时高校学生服务在时代发展中必将出现各种新的需求。因此"云共享"模式的服务平台需要整体设计、超前规划,坚持适时拓展、不断完善、及时优化、动态更新的相关功能,确保系统的持续性发展。

尽管"云共享"在学生服务中还处于探索阶段,一些理论和实践问题有待深入研究,但将"云共享"应用到学生服务中是一种有益的尝试,随着技术和应用上的日渐成熟,"云共享"模式将在未来展示出它的生命力。

第三节　我国高校学生服务的专业标准构建

服务标准,是指规定服务应满足的需求以确保其适应性的标准。按照 ISO 对标准化对象的划分,服务标准是相对于产品标准和过程标准而言的一大类标准。建立高校学生服务专业标准,是实现高校学生服务专业化的必由之路,是提升高校学生服务水平的重要手段。

高校学生服务专业标准的构建与实施,是学生服务专业化程度的一个重要指标,其实质内涵是规范高校学生服务,既彰显其特点又引导其持续发展而制定的专门用于规范高校学生服务的多层次质量规格体系。建设具有科学性、先进性、实践性、可重复性和指导性的学生事务专业标准体系,是我国高校学生事务管理专业化发展的内在要求,对学生事务管理与服务具有评价、引领、教育和控制的功能。①

在工作范畴内,应配套包括专门化的知识和技能、健全的教育和培训系统、高度自治的专业组织、完善的组织章程和伦理规范、创造良好效益的服务定向等,这是从定性的角度。从定量的角度,则要进一步细化每一项标准,如组织专业化要针对工作部门、人员等提出规范要求;工作专业化要明确工作目标、工作方案、过程和结果;知识体系化要不断丰富科学体系;工作自主化则要求在日常工作中从业人员能随机应变、灵活工作。这些都是学生服务专业标准体系构建的重要维度。

一、构建高校学生服务专业标准的理论价值

高校学生服务专业标准的制定和推行,为学生服务工作者论证和实施校园服务和学生发展项目提供了极好的工具,是学生服务工作者必须遵守和服从的行规和准则,可以增强学生服务的效率和资源的利用率,影响着学生群体的发展目标,其价值主要表现在以下三个方面。

(一)专业标准使学生服务相关理论和理念得到全面有效的实践

把学生服务相关理论应用到实践,用理论统一和规范学生服务工作,使学生服务有效地促进学生学习和发展,是构建与实施学生服务专业标准的主要目的。专业标准对学生服务工作者和各项工作的指导和规范,使蕴涵在专业标准中的学生服务理论得到有效的实践。对学生学习和发展结果的关注,不仅对促进和改进学生服务的项目、提供各个项目和服务质量的证据很关键,而且在增强各利益相关者对学生服务价值的理解上同样很关键。

(二)专业标准从实践上促进学生服务理论不断发展

社会不断发展变化,学生服务也不断出现新的事务领域。就我国高校学生

---

① 储祖旺、徐绍红《我国高校学生事务专业标准体系建设研究》,《教育研究》2014年第3期,第75~79页。

服务工作而言,包括对学生的教育、引导、管理和服务。近十年来,学生服务的研究范围不断拓展,主要集中在思想政治教育的有效性、学生服务理念、学生工作评价体系、工作运行模式与机制、学生工作队伍建设、工作方式方法的改进、网络环境对学生工作的影响、学生工作的法理审视及心理咨询与辅导、家庭经济困难学生资助等,从广度和深度都有不断拓展的趋势。传统的学生事务领域已不能涵盖当前学生服务的活动范围。再者,不同高校学生服务的专业化程度和服务实践既有共同点又有不同点,根据形势发展和各高校的具体实践而不断完善和拓展。学生服务标准需要对新增加的内容制定标准以规范其实践,在这个过程中,新的实践内容得到了理论化,并成为服务标准体系新的组成部分,从而在理论上促进学生服务的专业程度。

(三)专业标准通过理论和实践使学生服务工作者实现个体专业化

学生服务专业标准的设立,为进入学生服务专业领域的工作者提供了极好的读本。专业标准总结了学生服务专业中各种重要项目的地位、工作目的、历史观点以及有利于进一步钻研这些项目的相关资料。特别是专业标准中的自我评估指导,更为全面理解学生服务专业提供了独特的资源。自我评估指导包含学生服务专业每个功能领域的标准、指导方针和评价尺度,这些内容可以用来评价工作符合标准的程度。学生服务工作者必须学习专业标准内容,才能通过各种标准来判断自己和同事在学生服务工作中履行职责的程度。通过专业标准的学习,学生服务专业工作者更全面系统地了解学生服务工作,对所从事的学生服务专业也有更深刻的认识。由于专业标准是在实践中不断更新和完善的,因此,它不仅协助新的专业人员更好地理解他们所从事的工作,而且协助具有一定工作经验的工作者不断充实和更新他们的专业理论。专业标准的导向和评估作用有利于学生服务工作者在实践中不断地自我调整,不断地实现个体专业化。在这个过程中,学生服务工作者的职业意识和专业定位日益清晰,又会不断推进学生服务的专业化进程。①

二、构建高校学生服务专业标准的实践功能

我国高校学生服务专业标准应对高校学生服务实践产生如下预期功能。

---

① 曾少英、卢金明、李丽萍《美国高校学生事务管理专业化标准的发展及其意义》,《黑龙江高教研究》2012年第9期,第26～28页;王林清、马彦周、张建和《高校学生事务管理规范与服务标准》,中国文史出版社2014年版,第6页。

(一)服务于高校学生服务专业发展

从某种意义上看,高校学生服务专业标准并不是建立在高校学生服务发展水平平均值之上的固定值,而是为了给高校学生服务发展创造一个可参考的最近发展水平,激起其专业发展的动机和热情,发挥其在专业准备、设计新方案和新服务、员工发展、学校方案审查与评估、增强工作者的责任和提高学生服务的信用等方面的作用,最终服务于高校学生服务专业化发展。所有专业标准都应体现出社会、高校、学生、家长等高等教育相关利益群体对高校学生服务专业水平的适当期待。所以,这些专业标准的构建必定能对高校学生服务专业化发展产生一定的牵引力和推动力,成为驱动高校学生服务专业化发展的动力和引擎。

(二)实施学生服务最低管理质量控制

任何专业标准都是一系列由低到高、有序排列的指标构成的体系,其中最低一级的指标是对相关水准的最低要求,是确保最低质量的一道门槛。[①] 高校学生服务专业标准应体现出社会、行业、高校、学生对高校学生服务的起码要求,也是最低要求;相对而言,在高校学生服务专业标准中最高的指标常常是高校学生服务努力的方向,是难以严格规定的,所以在专业标准中最易确定的就是高等教育对高校学生服务的起码要求、一般要求。基于此,我们认为高校学生服务专业标准应是对高校学生服务实施最低质量控制的有力工具。

(三)推进高校学生服务过程管理和绩效管理

在高校学生服务活动中,涉及的内容、活动方式以及活动人员是复杂而多样的,有些服务活动的效果是立竿见影的,如以奖励为目的的各类学生竞赛活动等,而有些服务活动则见效缓慢,如校园活动建设、心理辅导等。如果单纯地以活动结果的好坏来衡量学生服务的水准,则显得过于片面。而高校学生服务专业标准的构建就是要为学生服务活动实施过程管理,确保管理过程的科学性。同时,高校学生服务专业标准也必须关注管理的绩效,为高校学生服务的业绩评价提供一个利益各方共同认可的评价标准,以引导利益群体全面评价各高校学生服务的工作成果,促使教育有关部门或专业协会对高校学生服务的监督评价实现公正化和全面化,以此为高校内部改革和治理提供一种权威性的评价尺度。[②]

---

① 荣维东《标准的标准:美国评议课程标准的九个准则》,《全球教育展望》2009 年第 1 期,第 28 页。

② 戴慧《我国高校学生事务管理专业标准构建研究》,中国地质大学硕士学位论文 2011 年,第 10～11 页。

三、我国高校学生服务专业标准构建的基本思路

(一)我国高校学生服务专业标准构建的相关主体

专业标准构建不仅需要大量的技术工作,而且还有大量的织织协调工作,因此在我国高校学生服务专业标准的构建过程中,必须采取有效的形式,协调好构建过程中相关方的角色,集合各方力量,合理分工合作,按照统一的工作程序和要求开展工作,才能保证和提高专业标准的质量和水平,加快制定专业标准的速度。我国高校学生服务专业标准构建过程中涉及的相关方主要有政府、高校以及高等教育专业协会等,只有三方各司其职、合理定位,才能顺利有效地开展专业标准的构建工作。①

1. 政府

在我国,高校学生服务工作有着明显的行政导向,对高校学生服务发挥行政领导的主要是教育部、省教育厅等政府部门。因此,在专业标准构建的过程中,我国政府应扮演倡导者、规范决策者以及推广者的角色。一方面政府需大力地支持与倡导专业标准的构建,积极地调动各方力量,强调专业标准构建的重要意义,组织成立专业标准构建小组,并给予政策上的支持;另一方面充分发挥政府在制定和宣传方面的作用,及时采纳好的意见对策,统筹各方观点,最终确定学生服务专业标准体系并及时推广。

2. 高校

作为高校学生服务工作的直接执行者,在专业标准构建过程中,高校应本着主人翁的意识,参与到学生服务专业标准的构建中去。高校应总结学生服务的基本规律和成功经验,充分考虑相关方需求,为制定学生服务的各项标准出谋划策。高校里的专家、学生、学生服务者都是学生服务的利益相关人,都应该参与到学生服务专业标准的制定过程中去,共同成为专业标准的执行主体和专业标准的制定者,从而使专业标准指标更具全面性。

3. 高等教育专业协会

目前我国高校学生服务专业协会的建设刚刚起步,但已受到社会各界的支持与关注,也吸纳了不少的高等教育专家与学者,其影响力日趋扩大。这些专业协会在发展自身的同时,也应积极地加入专业标准的构建中来,应该通过自

---

① 戴慧《我国高校学生事务管理专业标准构建研究》,中国地质大学硕士学位论文 2011 年,第 31~39 页。

身项目的拓展、实践调研,使自身成为政府与高校相关部门的双向助推器。一方面,积极争取政府部门的支持来对高校开展工作和服务,对政府的有关政策法规和工作动态要及时获知并迅速熟悉,以便为高校构建专业标准提供最全面而迅捷的咨询与服务;另一方面,要注意及时搜集高校日常工作实践中的新需求、新期待及出现的新问题,并有效地反馈给政府相关部门,为专业标准构建提供重要的依据和参考,促进政府决策更加及时、有效。

(二)我国高校学生服务专业标准的构建原则

根据我国高校学生服务发展现状,结合标准制定的原则,我国高校学生服务专业标准构建应遵循以下原则。

1. 遵循党和国家的教育方针及相关的法律法规

制定学生服务专业标准首先必须符合党和国家的教育方针及高等教育相关的法令法规。国家的法令法规是国家政策的具体表现,是维护人民根本利益的保证。因此,凡国家颁布的有关法令法规都应贯彻,学生服务专业标准中的所有规定,均不得与有关法令法规相抵触。要以学生全面发展为目标,培养德智体美全面发展的社会主义合格建设者和可靠接班人。

2. 夯实八项质量管理原则

高校学生服务从根本上讲是一项质量管理工作,ISO 9000 质量管理的八项质量管理原则体现了质量管理应遵循的基本原则,包括质量管理的指导思想和质量管理的基本方法,是质量管理体系建立与实施的基础。我国高校学生服务专业标准构建过程中应以这八项质量管理原则即顾客为关注焦点、领导作用、全员参与、过程方法、管理的系统方法、持续改进、基于事实的决策方法和与供方互利的关系等为基础原则,以学生需求为中心,强调领导作用,关注重要岗位人员,关注关键和复杂过程,注重实效,使之科学可行。

3. 注重可测性和可行性,便于评估

高校学生服务专业标准要求的是通用性,能适用于我国各种类型、不同规模的高校,因而我国高校学生服务专业标准应力求可行可测,便于实际中的评估,为学生服务专业化服务。一方面,专业标准各具体指标应都能用操作化的语言来界定,其所规定的内容可通过实际观察或直接测量来获得明确结论。另一方面,标准的各指标体系设计须切实可行,要从实际出发,使评估者能够通过指标体系对被评估对象做出区分和判断。我国高校是一个复杂的组织和管理系统。由于各学校及其二级学院的学生管理部门在组织结构设计、制度建设、

队伍建设、经费筹措与管理等方面均存在一定的差异,因此在专业标准指标体系设计的各个环节以及考核方式上,也要尽量公正、合理,具有较强的可操作性。

(三)我国高校学生服务专业标准的内容体系

基于美国高校学生服务专业标准的启示,高校学生服务专业标准立足于学生服务的内容体系,以此为基点剖析各内容体系中的要素。因此,在构建我国高校学生服务专业标准时,首先就应该明确我国高校学生服务专业标准的内容体系。目前为止我国高校学生服务具体内容主要包括招生和学籍管理、新生入学辅导、宿舍管理、日常行为规范和奖惩管理、学生资助管理、学生组织的指导与管理、学习指导、心理咨询、就业指导与管理 9 个领域。

1. 招生和学籍管理

招生和学籍管理一般包括争取生源、新生入学注册、学生基础信息登录、学习纪律与考勤记载、学业信息记载(成绩、课外活动、奖励与处分)、学籍变更审核与登记、颁发毕业证书和学位证书、学生信息归档、毕业文凭的电子注册与补办等方面。

2. 新生入学辅导

新生入学辅导是高校为使新生完成向校园生活的过渡、为新生揭示学校广阔的受教育机会,从而为他们的学业成功奠定基础而推出的服务与帮助,一般借助团体项目活动、定向课程、个人咨询、实施军训等方式来完成这项工作。

3. 宿舍管理

宿舍管理是指对学生日常住宿生活的管理,是随着我国高校后勤社会化和教学学分制的推行而逐步发展起来的。随着学生日常行为规范的日益复杂,学生宿舍管理和住宿生活将成为我国高校学生服务中的主要工作,其任务除了提高和改善学生宿舍的物质条件和服务手段外,也逐渐发挥"管理育人"和"服务育人"的功能。

4. 日常行为规范和奖惩管理

日常行为规范和奖惩管理是我国高校学生服务的一项重要内容。制定和执行校园行为规范的目的在于引导、约束和修正学生的行为,对表现突出的学生,实行物质奖励和精神鼓励相结合的原则,对违规学生的处罚则一般有警告、记过、留校察看、退学和开除学籍等。

5. 学生资助管理

学生资助管理是学校为了帮助经济困难学生安心完成学业而采取的资助措施,资助管理也成为高校学生管理工作中的一项重要任务。高校对学生的资助种类归纳起来主要有:奖学金、助学金、贷款和勤工助学。

6. 学生组织的指导与管理

学生组织主要指学生会、班委会和各种社团组织等学生自我管理的团体。对这些组织的指导与管理主要体现在进行学生干部培训,提供活动场地、内容和经费,指导开展活动等。

7. 学习指导

学习指导侧重于对学生的学习习惯养成、学习课程选定、课外科技活动参与等方面的指导与管理。我国高校过去比较强调对学生社会实践活动的指导与组织,但随着学分制的推行和学习困难学生的增加,学习指导也日益得到重视。

8. 心理咨询

心理咨询主要任务是根据学生的心理特征,讲授一些针对性较强的心理健康知识,设置专门的心理咨询中心,帮助学生正确认识心理健康内涵,提高心理素质,加强其心理调节能力和社会生活适应能力,排除、缓解心理问题。努力解决他们在适应环境、管理自我、学习成才、人际交往、交友恋爱、求职择业、人格发展和情绪调节等方面的困惑,提高心理健康水平,促进德、智、体、美等全面发展。

9. 就业指导与管理

为了帮助学生获得满意的工作机会,高校一般会设立就业指导中心负责全校学生的职业生涯规划和就业管理,主要是指导学生进行自我评价和职业定向、提供就业信息、开设就业指导课、传授求职择业技巧,推荐介绍学生参加就业与职业交流洽谈会、组织校园招聘与面试活动、指导毕业生通过多种渠道就业等。

由于我国高校学生服务所涉及的领域一直处于一种不确定和模糊的状态,且随着高等教育发展及在校大学生特点的变迁而不断发生着改变,未来我国高校学生服务的内容会随着高等教育的发展而出现不同领域的内容;与此同时,我国高校类型各异,办学规模也各有不同,因而在学生服务内容领域方面也有所差异,各高校可依据学校自身的情况来进行适当调整。

(四)我国高校学生服务专业标准的框架模型

高等教育的改革背景与预期功能规定了高校学生服务专业的实质标准,而国际经验与现实国情规定了我国高校学生服务专业的现实标准。具体而言,实质标准决定着高校学生服务专业发展的理想目标,其所要解决的是为每一条现实标准提供依据和理由。而现实标准决定着高校学生服务专业发展的现实目标,其所要解决的是将实质标准转化为具体的条文和规定。本书从 ISO 9000质量管理观点出发,把学生服务作为一个整体来认识,综合运用内涵分析方法和单元分析方法,对高校学生服务专业标准进行模型构建。该专业标准模型嵌入了学生服务专业发展的两大维度:学生服务内容维度和学生服务专业化发展因素维度。其中学生服务专业发展内容维度主要决定了专业标准体系的形式,而专业化发展因素维度则是标准指标体系建立的主要依托。据此,我国高校学生服务专业标准应该由以下三大板块构成。

1. 形式标准

形式标准即专业标准体系,是指一定范围内的标准按其内在联系形成的科学有机整体,通俗讲就是一定范围体系内的标准,按一定形式排列起来的有机整体。该部分的主要内容是阐明我国高校学生服务专业标准的体系和结构,呈现专业标准体系内部各标准间的相互关系(纵横或垂直关系),因此可称为高校学生服务专业的形式标准。我国高校学生服务专业标准大致可分为两个级别,分别为通用标准(实质标准)和内容标准(现实标准)。通用标准是专业标准体系的最高级别标准,统领体系内各子标准;内容标准则以我国高校学生服务内容为依托的分块构建的平行标准。这两大板块构成了我国高校学生服务专业标准的形式标准,形成了一个纵横交错、上下沟通衔接的系统。

2. 通用标准

通用标准相当于学生服务的实质标准、内在标准,它重在阐明高校学生服务专业标准研制的预期功能、制定意图和理想状态以及教育相关利益群体对高校学生服务专业发展提出的宏观要求、总体目标等。可从高校学生服务的使命、职能、原则、组织机构、从业人员、资金设备、相关法律义务、道德要求等方面构建这部分标准。该标准可以通用全国,普适于各个地区、各种类型的高校。因此,该标准一般具有模糊性、概括性的特点,它难以操作、难以直接用于评价,制定该标准的意图是要给高校学生服务专业发展提出一个大致的蓝图和方向,以期为后续具体专业标准的制定提供一个稳定的支撑点和理念指导,进而将各级各类具体专业标准贯通起来。

3. 内容标准

该部分主要阐明每个二级学生服务专业标准的具体项目及细则,并为之提供操作性的量化指标体系。内容标准是学生服务专业标准体系的最外层,也是直接呈现给社会、教育部门和高校的专业标准,因此这部分是标准研制过程中要解决的核心问题,ISO 9000 质量管理体系思想也是在这一部分得以体现。在此,我们只对该部分标准的构成要素和环节做以探讨。

成熟的专业应是组织专业化、工作专门化、知识体系化、效益显著化和工作自主化的过程与状态。因此,本模型也将组织专业化程度、工作专门化程度、知识体系化程度、效益显著化程度和工作自主化程度五大范畴作为内容标准的主要维度,结合美国 CAS 专业标准的相关要素[①],评估指标体系的形式,构建出内容标准的基本框架。

(1)组织专业化程度。要专业地完成学生服务的使命,高校就必须设计并维持一种合理而专业的组织结构。这里的组织主要指高校学生服务相关部门组织,其相关要素包括部门、工作人员和日常规范三个方面。一个专业的部门必须保证拥有合理的组织结构和完成任务与目标的资金,拥有足够的、适当的设施和技术来有效支持它的任务与目标。对于组织的专业人员,既要重视从业人员的专业性,对其招聘方式、专业基础、转岗规定等方面加以规定,也不能忽视领导的任命,对部门各级领导的选拔应设置具体任职条件,明晰领导岗位的工作责任和义务。工作守则和职业道德是专业规范的具体体现形式,制定完善的工作守则和职业道德来规范专业人员的行为以保障服务对象的利益,其目的在于为专业人员提供一个能界定专业服务的恰当与不恰当的标准。在构建这部分标准时应加强法律责任和伦理道德的要求,如与高校学生服务活动过程有关的法律责任,各种方案服务的使用者有权了解并能通过有关渠道获得法律建议;学生服务人员必须坚持的最高道德行为准则,包括与他人打交道、资金的使用、技术应用等多个方面都应有严格的规定。

(2)专门化程度。这部分标准主要用于检验工作目标、工作方案、工作过程和工作结果是否逐渐得到落实和执行。工作目标的描述须与国家政策和学校的任务目标相一致,并且要使学生服务每部分工作的使命具体化和切实可行;工作方案应以服务学生为前提,识别学生管理和学生服务工作的主要过程,明确过程的输入、资源、活动和输出,制定分工合理、流程顺畅、目标明确的专业程

[①] 曹丽、张明志《美国高校学生事务领域 CAS 专业标准概述及其启示》,《黑龙江高教研究》2018 年第 7 期,第 108~113 页。

序,为专业人员确定各种期望、工作流程图或组织章程;工作过程主要指对服务方案的有效组织与管理,包括根据复杂而准确的信息做出结论,建立有效的实践交流,确定决策和解决冲突的程序、责任和评价的体制以及奖励的程序等;工作结果方面强调对工作定期的评估与评鉴,指以适当的方式采取有效的定量和定性分析方法来决定目标、任务和过程发展的一致程度,评估的结果应用于改进工作方案和服务以及对专业人员工作的评价。

(3)知识体系化程度。成熟的专业往往具有一个科学、高深而专门化的知识和技能的科学体系,且这些知识和技能是能够通过教育和培训的过程而获得的。高等学校在发展专业科学知识体系方面扮演了重要角色,大学组合一个成熟专业的科学知识体系而设置独立的学科课程,修完这些课程的毕业生则是该领域的准专业人员。在我国,学生服务属于新兴的专业,这一专业知识主要以岗位培训为主要形式,以这一领域的理论科研成果和实践经验总结为主要内容来传授。因此,专业培训和理论研究是知识体系化的两个重要衡量要素。对于专业培训,涉及的方面主要有培训机会、培训针对性以及培训效果,而对于理论研究,科研成果和学术交流是其直接体现形式。这些方面标准的设置,是知识体系化的直接依托。

(4)效益显著化程度。一个专业的成员服务于他们工作对象的利益,由此获得合适的回报以满足自己的利益,这个回报就是专业工作的效益。具体到学生服务,站在服务对象角度上,工作效益主要表现在社会认可和社会关系和谐上,从自身出发则体现在职业认同上。专业人员的社会地位、受人尊重的程度以及工作的经济待遇等都是社会对其专业的认可,此外还有社会及其服务的客户群体对其专业身份和行为规范的认可,从而使国家为该专业服务设置一个特许的市场保护,出台相关政策法规给予支持。社会关系和谐指学生服务部门与相关个人、高校其他部门及校外相关部门形成良好的合作互动关系。专业人员对自身职业的认同感,也是专业效益的表现。一个发展成熟的专业,其专业人员会对所从事的职业有着强烈的归属感和成就感。

(5)工作自主化程度。指学生服务的管理者和从业人员对学生服务工作自主性的认识逐渐明确、施行干预和遭受干预的频率降低,能够随机应变、灵活工作。在思想上表现为学生服务者具有高度的主人翁精神,积极自觉地投身所从事的工作,抵抗外界的干扰和质疑;在行动上则表现在依赖性程度、受干扰程度降低及自主权利扩大等方面,学生服务者能根据具体情形选择适合的方法开展工作,技术判断准确无误,一般情况下有自行解决问题的权利。

以上五个维度及其要素构成了内容标准的主体。上述标准框架是我们对高校学生服务专业标准构建的初步尝试，为的是抛砖引玉。我们认为没有最好的专业标准，只有更好的专业标准。当前，我国高校学生服务专业标准的研制应当既立足国际视野、关注当下国情，又积极学习借鉴、关注学生服务专业的特性，从而研制出具有生命力、可行性、效能性、与高等教育改革实践相协调的学生服务专业标准，以充分发挥国家、社会赋予学生服务专业标准的多种功能和历史使命。

(五)我国高校学生服务专业标准的运行

我国高校学生服务专业标准的运行主要涉及专业标准体系的实施、监督检查和持续改进等方面。

1. 高校学生服务专业标准的实施

高校学生服务专业标准的实施至关重要，制定好的专业标准体系如不加以认真执行，就如同一堆废纸。因此，在学生服务专业标准体系构建后，相关机构应尽快出台专业标准体系的实施计划；各高校也应制定相应的实施策略，注重加强学生服务人员的服务意识和标准意识。与此同时，高校还应宣传和贯彻专业标准的思想，开展有关专业标准的培训，组织学生服务人员和全校学生主动地参与，为正式实施专业标准进行思想上、技术上和物质上的准备。

2. 高校学生服务专业标准体系的监督检查

专业标准体系的监督检查是指对专业标准体系构建及实施情况的检验，主要是为了明确专业标准制定的合理性以及在专业标准实施过程中所遇到的困难。当前我国高校的学生服务往往会忽视监督检查这一环节，而是习惯性地通过补做资料和记录来应付上一级的检查，并没有真正实施有关的文件和规定。在我国高等教育领域，监督检查通常是通过高校自我评估、政府部门督导、职能部门检查和内部审核等形式来实现的，当然还包括普通高等学校本科教学工作水平评估以及上级主管部门的例行检查等。我们认为，自我评估是当前高校较为合适的监督检查形式。我国高校需依据国家政策法规、学生服务专业标准以及学校自身发展的需要，制定出切合实际又具可行性的自我评估指标体系，并组织有关专家或负责人定期参照评估指标进行自我评定，以发现学生服务过程中存在的问题并及时进行解决和完善。

3. 高校学生服务专业标准的持续改进

在专业标准的持续改进方面，可以说任何专业标准都不是一成不变的，而是要根据时代的发展和社会环境的变化进行适时的审查和改进。我国可效仿美国高等教育标准促进委员会(CAS)的做法,组织相关部门建立一个定期审查制度,以促进我国高校学生服务专业标准的持续改进。政府与学生服务相关部门应适时督促和组织专业标准的及时更新;高校针对自身发展情况也应合理地利用专业标准,对专业标准进行取舍和创新。一般来讲,专业标准体系的持续改进应包含以下几个步骤,即收集与学生服务相关的信息、对发现或意识到的问题进行分析总结、制定相关解决措施并付诸行动以及检验解决措施的有效性。通过这些步骤发现、改进问题,同时将有效的经验纳入专业标准体系,使之得到完善和改进。

第十一章 我国高校学生服务人员专业化发展

高校学生事务是一项专业性很强的管理与服务活动,要求高校学生管理与服务人员必须具备一定的专业化工作能力和素养。高校学生服务人员专业化是指在整个职业生涯过程中,通过专门训练和终身学习,逐步形成较强的职业素养和人格特质、掌握专业知识和技能,具备专业的教育、管理和服务能力并获得一定专业地位的过程。其具体包括两个方面:一个是高校学生服务人员个体的专业化,即高校学生服务人员作为个体所具有的政治素养和人格特质、专业知识和技能;另一个是高校学生服务人员职业专业化。目前我国高校学生服务人员专业化职能发挥和专业化水平建设,主要聚焦在高校辅导员身上,即辅导员作为一个职业整体所具有的专业化。因此,高校学生服务人员个体专业化与高校学生服务人员职业专业化共同构成了高校学生服务人员的专业化。个体专业化是职业专业化的基础和决定因素,职业专业化影响个体专业化水平和进程。

第一节 高校学生服务人员专业化的内涵、特征与理念

一、高校学生服务人员专业化的内涵

所谓专业化,从社会学的角度分析,是一种普通职业经过不断发展,逐渐达到专业标准,取得相应专业地位的过程。[①] 通常意义的专业化有两层含义:一是 professionalism,指的是一个职业群体的专业性质和发展状态处于什么水平;二是 professionalization,是指一个普通的职业群体逐渐符合专业标准,集体成为专门职业并获得相应的专业地位的过程。[②]

---

① 王利娥《高校辅导员队伍职业化、专业化的困境及对策探析》,《佳木斯大学社会科学学报》2013 年第 6 期,第 81~83 页。
② 邓雪琳《对高校管理队伍专业化涵义和特征的探讨》,《高等教育研究学报》2005 年第 1 期,第 38~40 页。

我国高校学生服务工作专业化建设一直处在动态发展中。从新中国成立到"文革",高校学生工作基本上是学生政治思想工作的代名词;改革开放后,高校学生工作的内涵与外延不断扩大,主要包括对学生课堂教学外的学习、工作、生活指导、管理等;近十多年来,在社会高速发展和高等教育改革不断深化的背景下,我国高校学生工作的理念、模式、内容、方法、功能等多方面进一步走向开放,成为一项由专门机构和人员从事的有计划、有目的、有组织地培养、发展学生各方面素质以及指导学生正确行为的教育、管理和服务的工作,故高校学生服务专业化成为大势所趋。

二、高校学生服务人员专业化的特征

按照现代广泛运用的利伯曼"专业化"标准的定义解释,所谓"专业",应当满足以下基本条件:一是范围明确,垄断地从事于社会不可缺少的工作;二是运用高度的理智性技术;三是需要长期的专业教育;四是从事者个人、集体均具有广泛自律性;五是专业自律性范围内,直接负有做出判断、采取行为的责任;六是非营利性,以服务为动机;七是拥有应用方式具体化了的伦理纲领。① 高校学生服务人员作为大学生思想政治教育的重要实践主体,依托以思想政治教育为核心的多学科优势,掌握相应的知识和技能,通过长期的理论学习和教育实践,提高思想政治教育的实效性和有效性。高校学生服务人员专业化的基本特征是对高校教育、管理和服务工作的高度抽象和形象概括,高校学生服务人员专业化有三个基本特征,即专门性、综合性和长期性。

(一)专门性

高校学生服务人员专业化的专门性是指具体工作领域的专门化和相对独立性。教育部思政司冯刚在阐述高校学生服务人员职业化和专业化时明确提出包括以下几个内涵:一是要有专门的知识和技能;二是要有专门的工作领域;三是要有专门的服务理念和职业伦理;四是要有专门的训练和教育培养的设施;五是要对职业能力有专门的测验和测试;六是要有过硬的专业团队。② 高校学生服务人员所从事的服务领域就是大学生思想政治教育,主要从事日常思想政治教育和管理工作的组织、实施和指导,高校学生服务人员的专门化是指有一个专门的队伍从事大学生思想政治教育工作。现在,我国已经形成一个以专职为主,专兼结合、动态平衡的辅导员队伍,成为开展大学生思想政治教育的骨

---

① https://baike.so.com/doc/5877148-6090015.html
② 冯刚《论辅导员的专业化培养和职业化发展》,《思想教育研究》2007 年第 11 期,第 76～77 页。

干力量。

(二)综合性

高校学生服务人员专业化的综合性是指从事高校学生服务工作所要求必须具备素质结构和知识体系的综合化。学生在成长中会遇到思想困惑、心理障碍、人际交往、专业学习、职业发展等方面的诸多问题,高校学生服务人员是学生成长最直接的引导者,其服务领域涉及日常思想政治教育、学生管理、党团建设、社团管理、奖勤补贷助、心理健康教育和职业生涯教育等。学生问题的个性化和服务领域的复杂性必然要求高校学生服务人员具备较为综合的素质要求和知识结构,这是履行其岗位职责,做好大学生思想政治教育的基础和前提条件。中央文件明确提出高等学校辅导员、班主任的选聘,必须坚持"政治强、业务精、纪律严、作风正"的标准,要具备"德才兼备、乐于奉献、潜心教书育人、热爱大学生思想政治教育事业"等条件。[1] 高校学生服务人员主要应具备的综合性素质有:①具有过硬的思想政治素质;②具有高尚的道德素质;③具有较强的综合业务素质;④具有良好的健康素质。

(三)长期性

高校学生服务人员专业化的长期性是指高校学生服务所要求素质、经验养成的阶段性和持续性。高校学生服务人员面向大学生群体,他们思想活跃但心理素质和辨别是非能力急需提高,高校学生服务核心内容是大学生思想政治教育,而思想工作具有渗透性、反复性,学生的接受过程漫长且曲折,思想政治教育的效果不会立竿见影,这必然导致高校学生服务工作的长期性和复杂性。高校学生服务人员专业化有以下三个观点:第一,高校学生服务人员专业化是一个持续不断的动态过程,这意味着高校学生服务人员首先要具备基本的专业实践能力而开始其职业生涯,在此基础上,需要在专业实践中不断发展能保持其长期胜任的工作或核心能力。第二,高校学生服务人员专业化存在着个体差异,无论是发展水平和发展速度并不完全一致。第三,高校学生服务人员的专业化也存在阶段差异,在职业生涯的不同阶段,高校学生服务人员的专业实践能力也存在客观差异。

三、高校学生服务人员专业化的理念

我国高校学生服务工作专业化发展必须立足我国教育发展的历史国情,探

---

[1] 马燕《高校辅导员队伍建设中存在的问题及对策分析》,《人才资源开发》2018 年 22 期,第 51~52 页。

索出符合我国高等教育规律和学生身心发展特点的高校学生事务服务模式。从历史上来看,我国高校学生服务经历过三个主要的阶段:第一阶段强调"社会为本"的理念,强调思想政治教育与规训,旨在保证学生思想与国家的政治方向保持一致,但与真正意义上的学生事务管理存在一定的差距。随着市场经济对高等教育的冲击,学生事务管理的实质已经发生了不少深刻的变化。第二阶段强调"以人为本"的理念,学校开始重视学生综合素质培养,注重通过多种形式不断提高学生的专业素质、身体素质、心理素质等。第三阶段强调"学生服务"的理念,更加尊重学生的主体性和差异性,旨在为学生个性发展提供更加多样化和全面性的服务,更加关注学生的终身发展。从整体上看,我国高校学生服务工作更加综合化地提供各种便利条件促进学生全面发展,但仍然没有走出思想政治教育的框架。

高校学生事务工作的专业化,是以学生管理在高等教育中的地位的明确化、管理工作理念的现代化、管理工作岗位的职业化和管理人员的专业化等为标志的。随着科教兴国战略的实施,高等学校逐步重视学生管理工作的现代化建设,尤其注重学生管理工作理念的诸要素建设,如服务理念、管理信念、管理模式,等等。一要树立现代服务理念,要想学生所想,急学生所急,要多做学生的政治思想工作,多给学生人文关怀,围绕情感开展工作,尊重学生、关心学生、爱护学生、以情动人,激励学生学习的士气。二要确立学生的主体地位。强化学生主体意识,把外部教育灌输与学生自我教育有机结合起来,让学生自主的参与到学校教育的各个环节中。以学生为主体,积极构建学生理论武装的舞台,培养学生的理论素养。积极拓展学生社会实践的渠道,增强学生的社会责任意识、社会服务意识。积极营造学生自我教育的场所,提高学生的自律行为。三要加强软化式管理。改变过去靠立规章制度的管理,实行以人为中心,以文化式的管理为基础,以无形的知识管理为核心,加强学习贯彻邓小平理论和"三个代表"的重要思想,构建学生科学的世界观、价值观、人生观。

专业理念是主体在对专业工作本质理解基础上形成的关于专业性质及专业发展的观念和理性信念[①],高校学生服务人员应该具有以下专业化理念。

(1)学生事务工作是对学术工作的补充,它通过充分利用资源以达到"为学生的生命、健康、学习服务"的目的。

(2)学生事务工作需要专业化的分工和职业化的队伍。

---

① 李云飞、陈亮《论校长领导力在教师专业发展中的作用》,《辽宁教育行政学院学报》2011年第2期,第22~24页。

(3)学生事务工作应该根据学生的个性特点设计活动或项目,鼓励学生学习和个人发展,尊重学生的个性发展。

(4)学生事务工作要帮助学生发展清晰的价值观及伦理标准,修正学生行为,为学生的学习建立及传递崇高的理想目标。

(5)学生事务人员应联合其他的部门和组织共同营造促进学生学习和发展的和谐环境,为学生整体学习效果的实现做出努力。

(6)学生事务的领域包括学生问题的专家、教育环境以及教学过程等多个方面。

(7)学生事务的政策和方案的制定是基于对学生学习的实践研究和具体的评估信息。

(8)学生事务人员设计教育计划和开展服务活动时须视学生为平等的伙伴,学生有权选择自己的教育内容和发展方向。

(9)学生事务工作要利用系统的咨询增进学生及学校的表现。

(10)学生事务工作要建立具有战斗力和凝聚力的学生群团组织。

(11)学生事务工作应通过一些渠道来倾听学生的意见,交流他们的想法。

(12)学生事务工作要通过不断的学习,不断提高自身的专业技能。

第二节　高校学生服务人员专业化的标准与阶段

一、高校学生服务人员专业的标准

随着社会分工越来越明确,各类职业的专业化程度也越来越高,许多职业都进入专业发展序列,这种专业化发展是职业分化的结果,是职业发展的最高阶段。一种职业是否足够专业化,需要从是否符合专业标准以及专业化的程度两个角度进行衡量。美国学者摩尔(Moore)提出了专业化的五条标准:①视职业为一项崇高使命;②需要特殊的、可持续发展的教育培训;③以服务为导向;④实践中拥有较高的自治程度;⑤从业人员拥有自己的专业组织。[①] 这五条标准被广泛应用于美国高校学生事务管理的发展评价中,并在此基础上提出了美国高校学生事务管理自己的职业专业化标准:①从业人员对于学生事务这一职

① 杨炼《借鉴美国高校学生工作经验加快我国高校辅导员专业化发展》,《科教新报(教育科研)》2010年27期,第27页。

业领域必须有着强烈的认同感,忠实于它的职业理念和目标,它不应仅仅被视为个人职业生涯中的一份工作或进一步发展的跳板,而应该作为自己事业的终身追求;②具有专门的知识和技能,需要通过一定时期的严格教育才能获得;③以服务为导向,满足学生发展需要是学生事务领域的核心价值观,这就要求学生事务人员不断提升自己的知识结构和专业素养以满足不同学生的发展需要;④学生事务人员应该努力追求拥有更多的专业自治权;⑤建立完善属于自己的专业协会并要求全体学生事务人员能够积极参与其中。在此基础上,美国全国学生人事管理者协会进一步提出了多达十八条的美国高校学生事务管理专业化的细化标准:①专业服务;②与学校的发展任务和目标一致;③有效管理学校资源;④保持良好人际关系;⑤协调好利益冲突;⑥拥有合法合理的自治权;⑦平等对待其他师生员工;⑧引导好学生行为;⑨健全信息调查机制;⑩充满职业自信;⑪加强学生情况的调研力度;⑫体现出专业水准;⑬有选择地促进专业实践;⑭发挥指导参谋功效;⑮清晰界定工作权限;⑯营造良好的大学氛围;⑰促进自身的专业发展;⑱及时评估工作绩效。[①]

　　我国高校学生服务人员专业化标准既是评价学生服务工作质量的依据,又是确立和提升高校学生服务人员专业地位的重要前提,更是高校学生服务人员专业发展的重要保证。目前,我国高校学生服务人员专业化、职业化和专家化建设越来越重视,并已经成为教育界、学术界讨论的热门话题,但是关于高校学生服务人员专业化的标准并没有统一定论,同时,多年来,为了适应我国高等教育的发展和学生身心发展变化,我国高校学生服务人员专业化标准也在不断调整。我们在对众多学者关于高校学生服务人员专业化标准的研究(表 11-1),从政治素质与纪律、道德素养与伦理、工作领域、工作组织、知识与技能、学习和培训、从业标准和资质、自我与社会认同等八个方面进行归纳。

(一)具有较高的政治素质与纪律

　　具有较高的政治素质与纪律是我国高校学生服务人员专业化的首要条件,是高校学生服务人员专业化的核心。我国高校学生服务人员从事着大学生思想政治教育,这是事关国家和谐发展和社会稳定发展的关键性工作,高校学生服务人员必须保证自身有坚定的政治立场,较高的政治觉悟,坚定的理想信念,高度的政治责任感。高校学生服务人员专业化就是必须不断用政治理论武装自己的头脑,并将所学的理论应用到大学生思想政治教育工作中,更好地向学

---

① 　陈信存、钟金萍《高校学生工作专业发展刍议》,《社会科学家》2012 年第 6 期,第 108～112 页。

表 11-1　专业化标准研究（频次与内容）

作者 （年份）	条数	较高的政治 素质与纪律 (2)	良好的道德 修养与伦理 规范(7)	专门和完善的 知识与技能 体系(16)	专门化的 工作领域 (5)	发展成熟的 专业组织(7)	专业化的学 习、训练与 研究(8)	明确的从业 资格限制 (5)	自我职业认同 与社会认可 (5)
王文华 (2007)	5		强调服务意识 和专业伦理	稳定的专业知识 和技能，且在高 等教育阶段有固 定的课程、核心 课程	有明确的职 责范围，在 专业领域内 相对独立	有坚强的专业 团队，组织队 伍相对稳定		要有严格的任 职资格条件， 保障队伍基本 素质	
杨东 (2007)	6			运用专门的知识 与技能； 强调服务的专业 理念	正式的长期 职业	形成专业团体	不断学习、辅 导员长期培训 进修，形成有 效的进出机制		具有较高的社 会声望
赖芳 (2008)	7		具有较为系统 和全面的思想 政治教育理论 基础	具有一定教育 学、心理学、职业 生涯规划等学科 方面的理论知 识； 具有较高的专业 判断力和决策执 行力	辅导员对自 己的专业有 较大的自主 性和明确的 学校服务性		具有不断接受 专门教育和培 训的机会	通过严格考核 才可取得任职 资格； 健全的人格	职业有一定的 社会地位，得 到广泛认可

（续表）

作者 （年份）	条案数	较高的政治 素质与纪律 素养（2）	良好的道德 修养与伦理 规范（7）	专门和完善的 知识与技能 体系（16）	专门化的 工作领域 （5）	发展成熟的 专业组织（7）	专业化的学 习、训练与 研究（8）	明确的从业 资格限制 （5）	自我职业认同 与社会认可 （5）
单惠惠 （2008）	5			有专业的科学理 论知识和技能； 具有专业的实践 技能		有权威性的专 业组织	有完善系统的 教育培训机制	有国家为其设 置的政策制度	
秦海芬 （2009）	5	拥有过硬的 政治素质和 政治信仰	具有良好的 思想道德修 养，格守职业 道德规范	经过专业培训而 具备思想政治教 育所需的专业知 识和基本技能		在专业领域内 具有较大的自 主性，实现专 业自治	能在实践基础 上对学生思想 政治教育工作 进行理论联系 实践的研究		
李爱民 （2009）	6			高深、专门的知识	独立、全职 的事业	组织建制完善	研究、服务并重		政府、市场认可
金鑫 （2010）	4		专业的行为 规范和道德 伦理观念	专业的知识与技能		工作队伍结构 趋于合理，形 成专业的自治 组织； 具备同行业 间稳定的交 流平台			

（续表）

作者（年份）	条数	较高的政治素质与纪律(2)	良好的道德修养与伦理规范(7)	专门和完善的知识与技能体系(16)	专门化的工作领域(5)	发展成熟的专业组织(7)	专业化的学习、训练与研究(8)	明确的从业资格限制(5)	自我职业认同与社会认可(5)
谢维杰(2010)	8		具有事业理想和服务理念，能够遵守职业伦理和道德规范	具有事业理想和服务理念；具有专门的知识与技能，拥有广阔的职业发展空间	辅导员职业长期、稳定存在	具有健全的职业组织体系；拥有高度的行业自治	能够在岗位上不断学习，得到培训，职务职称晋升机会		从业人员将高校辅导员工作作为自己长期从事甚至终身从事的事业；拥有较高的社会地位和职业环境
康玲(2011)	4	较强的政治素质；严明的纪律素质	专业伦理规范	专业知识与能力				专业制度	
贾颖(2012)	4			过硬的专业素质；较高的心理素质					
扬建义(2012)	6		专业道德	专业知能		专业自治；专业组织	专业训练；专业成长		

生宣传党和国家的政策方针。

(二)良好的思想道德修养和伦理规范

良好的思想道德修养和伦理规范是我国高校学生服务人员专业化的基础条件。高效学生教育服务的水平和质量主要取决于是否具备了良好的思想道德修养和伦理规范。良好的道德修养和伦理规范关系到大学生思想政治教育工作的实效性和长效性,高校学生服务人员要不断加强职业道德建设,培养良好的思想道德修养,遵守伦理道德规范,提高师德水平和业务能力。高校学生服务人员应该爱岗敬业,尊师重生,为人师表,关心集体;要增强教书育人的使命感和责任感;要有终身奉献的事业感。

(三)专门和完善的知识与技能体系

专门和完善的知识与技能体系是我国高校学生服务人员专业化的必要因素。《普通高等学校辅导员能力标准(试行)》明确要求的职业知识包括基础知识、专业知识和法律法规基础知识三个部分。第一,基础知识。其包括马克思主义理论,哲学、政治学、教育学、社会学、心理学、管理学和伦理学的基本原理和相关知识。第二,专业知识。其包括思想政治教育相关基本理论、基本知识、基本方法和技能,心理学和心理健康教育相关知识和技能,中国特色社会主义理论体系,党团与班级建设,职业生涯规划与指导,困难资助与奖罚管理,校园文化与社会实践,网络思想政治教育和危机管控等。第三,法律法规基础知识。其包括《中华人民共和国教育法》《普通高等学校学生管理规定》等相关法律法规。除此之外,还要求高校学生服务人员具有教育服务、组织管理、人际交往、沟通协调、科学研究等自我管理技能。[①]

(四)专门化的工作领域

专门的工作领域是我国高校学生服务人员专业化的地位保证。任何专业化的职业都有其固定的、专门化的工作领域,我国高校学生服务人员专门的工作领域就是大学生思想政治教育领域,这些特性决定其有明确的且相对独立的工作范围和工作职责。《普通高等学校辅导员队伍建设规定》中对辅导员的工作职责进行了具体的规定,其工作职责就包括大学生思想政治教育、学生生活指导、校园文化活动、学生学习养成、学生日常事务处理五个工作领域。

(五)发展成熟的专业组织

发展成熟的专业组织是我国高校学生服务人员专业化的组织保障。建立

[①] 《高等学校辅导员职业能力标准(暂行)》(教思政〔2014〕2号)。

成熟和权威的专业组织是专业实践和发展的内在要求,也是保障高等教育质量的现实要求。我国高校学生服务人员组织结构合理是指在学历、专业、性别、年龄、经验等构成要素上的科学搭配和稳定有序,它不仅促进我国高校学生服务队伍建设,保证专业地位的确定;同时,也促进了整个高校学生服务工作,保证了专业水准。

(六)专业化的学习、训练与研究

专业化的学习、训练与研究是我国高校学生服务人员专业化的动力保障。高校学生服务专业化建设是一个动态的成长过程,这个过程是所有致力于专业化的个体和整体共同努力的结果,也是完善系统的教育培训机制的输出结果。从学习的角度来看,专业化的过程就是不断专业训练后量的累积和质的变化过程。学习环境和学习主体的变化也必然催生高校学生服务人员整体质量的提高。这要求高校学生服务人员具有不断接受专门教育和培训的机会,能够不断完善自己的知识结构和体系;有参与科学研究的机会,能在实践基础上对学生思想政治教育工作进行理论研究。

(七)明确的从业资格限制

明确的从业标准和资格限制是我国高校学生服务人员专业化的必备条件。职业资格是对从事某一职业所必备的学识、技术和能力的基本要求,从业资格是指从事某一专业(工种)学识、技术和能力的起点标准。高校学生服务人员应该有严格的任职资格限制,任何人员都需要经过严格的入职考察和培训,从而保障队伍的基本素质。高校学生服务人员基本从业资格限制包括"两硬一软",硬性条件包括政治面貌上要求中共党员,学历上要求本科及以上(一般都是硕士);软性条件包括符合高校教师任职条件、身心健康达到体检标准、具有过硬的政治思想素质、优秀的道德品质、扎实的业务素质和良好的个性心理素质等。

(八)自我职业认同与社会认同

自我职业认同与社会认同是我国高校学生服务人员专业化的心理保障。一份职业是否专业化要从社会是否认同和自我是否认同两个角度进行衡量。社会认同是指这个职业有较高的社会地位和社会声誉,有清晰的职业边界,能够得到广泛的社会认可。自我认同是自己对职业的高度认可,终身从事本职业的事业心和敬畏心。高校学生服务人员专业化是指高校学生服务人员能够将高校学生服务工作作为自己长期从事甚至终身从事的事业,同时这个高校学生服务工作能够得到广泛的社会认同与尊重。

二、高校学生服务人员专业化的阶段

任何职业生涯的发展都有其阶段性,每一个阶段也有不同的特征。有效划分和识别各个发展阶段,对于理解高校学生服务人员专业化具有重要的意义。对个体来讲,有利于正确制订职业生涯规划;对整体来讲,有利于引导和协助高校学生服务人员职业发展、协调组织与个人目标、提供相应的培养机会和晋升机会,从而最大限度地促进高校学生服务人员专业化和职业化发展。

(一)职业发展三阶段理论

美国学者斯坦利·卡朋特(Stanley Carpenter)和西奥多·米勒(Theodore Mille)提出了学生事务工作者"职业发展三阶段"理论(图11-1)。他认为,高校学生服务人员专业化是一个连续的、积累的发展过程,不同阶段存在不同的任务。如果前一阶段的任务没有完成,后一阶段的任务就不太可能或不可能完成高校学生服务人员专业化的职业发展的三个阶段,即形成阶段、实践阶段和延伸阶段,并就每个阶段的特征以及专业学习、实践重点进行了分析。第一阶段是形成阶段,对应于职业生涯的初期,其主要任务是通过获取足够的培训与教育获得职业准入,并了解工作中的基本方法。第二阶段是实践阶段,对应于职业生涯的中期,其主要任务是应用相关技能,遵循职业道德标准开展工作,在学校组织机构中获得尊重并坚定职业信念。第三阶段是延伸阶段,主要是在组织内承担更重要的责任,释义规则、培训新人,并指导行业协会的工作。[①]

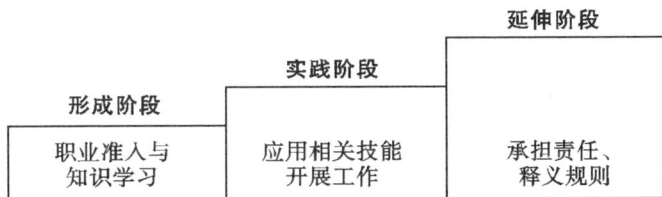

图 11-1　职业发展三阶段理论

(二)职业发展的四阶段理论

美国学生事务专家米勒和卡朋特认为高校学生服务人员的专业化发展一般要经历形成期、应用期、累积期和生成期四个连续的阶段,每一个阶段都有其特别的关注面,如果未能得到足够的关注和支持,将会影响专业化的进程。第

① 宋斌华《论民办高校班主任专业能力的发展》,《中国电力教育》2012年第34期,第117～118页。

一阶段是形成期,是职业定向阶段,是指在校大学生开始将学生事务管理作为未来的职业选择,然后决定参加咨询、学生事务实践、学生发展或高等教育管理等有关硕士研究生的学习深造,并在研究生学习阶段参加有关学生事务的实践。第二阶段是应用期,对应于职业生涯的初期,开始于第一个专业岗位,这些岗位可能是宿舍主管或宿舍主任、项目助手、心理咨询员、职业咨询员,或者是小学校的学生事务主任助理、宿管主任助理、学生活动主任助理等。第三阶段是累积期,对应于职业生涯的中期,开始于获得第一个决策的岗位。如学生事务主任、宿舍管理主任、就业指导主任、学生活动主任、心理咨询主任、财政资助主任、心理咨询专家、少数民族项目的协调员、专业协会的副理事或协会主任。这些人一般具有丰富的知识、较高的技能,且肩负管理别人的职责。第四阶段是生成期,对应于职业生涯的末期,指一个人在学生事务管理岗位上经过了长期的、富有成效的职业发展,且适时通过先前的发展阶段,就能够达到专业实践的顶峰,即专家化阶段。①

第三节　高校学生服务人员专业化的发展与困境

一、高校学生服务人员专业化的发展

(一)辅导员制度的历史演变

我国高校辅导员制度经历了萌芽期、形成期、停滞期、复苏期和发展期五个阶段(表 11-2)。第一阶段是萌芽期。1937 年为了更好地管理抗日红军大学的学生,实行军事化管理,配备政治指导员。第二阶段是形成期。教育部《关于在高等学校有重点地试行政治工作制度的指示》(1952 年 10 月)规定在高校设立政治辅导员制度,中央政治局《教育部直属高等学校暂行工作条例(草案)》(1961 年 9 月)正式提出在高校设置专职辅导员。教育部《关于政治辅导员工作条例》(1965 年 3 月)标志着我国辅导员制度的形成。第三阶段是停滞期。受"文革"的影响,辅导员制度全面停滞,遭到严重破坏。第四阶段是复苏期。1977 年之后,我国高校辅导员制度开始恢复并不断健全,教育部《全国重点高等

①　李永山《美国高校辅导员职业发展阶段理论及其启示》,《学校党建与思想教育》2009 年第 1 期,第 78～80 页。

学校暂行工作条例(试行草案)》(1978 年 10 月)规定在一、二年级设立政治辅导员。第五阶段是发展期。1984 年至今,我国高校辅导员制度逐渐发展成熟,中共中央国务院《关于进一步加强和改进大学生思想政治教育的意见》(中发〔2004〕16 号文)、教育部《普通高等学校辅导员队伍建设规定》(教育部令第 24 号)、教育部思想政治工作司《高等学校辅导员职业能力标准(暂行)》(教思政〔2014〕2 号)一系列政策性文件的出台进一步明确了高校辅导员的身份定位、制度机制保障等,进一步推进我国高校辅导员向专业化、职业化和专家化方向发展。①

表 11-2 我国高校辅导员制度的发展轨迹②

阶段	时间	标志性历史事件	身份定位	主要特点
萌芽期	1933—1949	抗日红军大学,实行军事化管理,配备政治辅导员	政治指导员	服务于抗日红军大学的学生,实行基层学员对的"政治辅导员制度"
形成期	1949—1965	教育部《关于在高等学校有重点地试行政治工作制度的指示》(1952 年 10 月) 中央政治局《教育部直属高等学校暂行工作条例(草案)》(1961 年 9 月) 教育部《关于加强高等学校政治工作和建立政治工作机构试点问题的报告》(1964 年 6 月) 教育部《关于政治辅导员工作条例》(1965 年 3 月)	政治辅导员、政工干部	政治辅导处的领导;紧扣"政治";兼职为主;100∶1 的师生比;在校或毕业留校的学生和青年教师
停滞期	1966—1976	"文革"期间辅导员制度中断	政治辅导员、政工干部	辅导员制度停滞,声誉受到损坏

---

① 朱璐《中国特色高校辅导员制度的历史演进与发展思路》,河北师范大学硕士学位论文 2011 年,第 27 页。
② 刘刚《我国高校辅导员制度的历史演进思想政治教育研究》2009 年第 4 期,第 112~114 页。

（续表）

阶段	时间	标志性历史事件	身份定位	主要特点
复苏期	1977—1983	教育部《全国重点高等学校暂行工作条例(试行草案)》(1978年10月) 教育部、团中央《关于加强高等学校的学生思想政治工作的意见》(1980年4月) 教育部《高等学校学生思想政治工作暂行规定》(1981年7月)	政治辅导员、思想政治工作队伍	思想政治教育领域；辅导员的身份既是政工干部，又是高校教师；1：120的师生比；高校毕业生中选留或从教师中选任，专兼职并行
发展期	1984年至今	教育部《关于在12所院校设置思想政治教育专业的意见》(1984年4月) 中央宣传部、教育部《关于加强高等学校思想工作队伍建设的意见》(1984年11月) 国家教育委员会《关于加强高等学校思想政治工作的决定》(中发〔1986〕14号)(1986年5月) 国家教委《关于高等学校学生思想政治工作兼职人员若干问题的规定》(1986年12月) 中共中央国务院《关于改进和加强高等学校思想政治工作的决定》(1987年5月) 中共中央国务院《关于进一步加强和改进大学生思想政治教育的意见》(中发〔2004〕16号文) 教育部《普通高等学校辅导员队伍建设规定》(教育部令24号) 教育部党组印发《普通高等学校辅导员培训规划(2013—2017年)》(教党〔2013〕9号) 教育部思想政治工作司《高等学校辅导员职业能力标准(暂行)》(教思政〔2014〕2号)	德育队伍、辅导员教师和行政干部双重身份	被称为学生辅导员；1：200的师生比；鼓励专职辅导员成为思想教育、心理健康教育、职业生涯规划、学生事务管理等方面的专门人才

(二)高校学生服务人员专业化的发展

我国高校学生服务人员专业化发展是在高校辅导员制度基础上的深化、细化和内涵化的过程，是提升我国高等教育质量，完成立德树人任务的根本保障。我国高校学生服务人员专业化经历了从无到有，从宏观的制度构建到微观的实践操作过程。2004年，党和政府首次提出辅导员的专业化问题。《关于进一步加强和改进大学生思想政治教育的意见》（中发〔2004〕16号）提出要"完善思想政治教育队伍的专业职务系列……鼓励支持他们安心本职工作，成为思想政治教育方面的专家"。2005年，中共中央召开的全国加强和改进大学生思想政治教育工作会议，《关于加强高等学校辅导员班主任队伍建设的意见》首次提出高校辅导员队伍建设要遵循"职业化"发展方向。2006年，教育部召开全国高校辅导员队伍建设工作会议、教育部《普通高等学校辅导员队伍建设规定》（教育部第24号令）等进一步推动辅导员向职业化和专业化方向发展，我国辅导员队伍建设进入了职业化和专业化发展的崭新时期。2006—2010年，《2006—2010年普通高等学校辅导员培训计划》的出台，进一步保障了辅导员队伍的专业化和职业化蓬勃发展。2011年，教育部《教育部高校辅导员培训和研修基地建设与管理办法（试行）》和《教育部高校辅导员培训和研修基地建设与管理基本标准（试行）》进一步加强了辅导员基地建设与管理，提高辅导员培训与研修质量。2013年，教育部党组印发《普通高等学校辅导员培训规划（2013—2017年）》（教党〔2013〕9号）、教育部办公厅《关于加强高校辅导员基层实践锻炼的通知》（〔2013〕38号），提出进一步加强高校辅导员队伍建设，完善辅导员的选拔使用和培养锻炼机制，是高校学生服务人员专业化的实践探索。2014年，教育部思想政治工作司《普通高等学校辅导员职业能力标准（试行）》对进一步推动辅导员职业化、专业化和专家化进程做出了具体性要求，是新时期加强高校辅导员职业能力建设、进一步推动高校辅导员专业化发展的标志性政策文件。

二、高校学生服务人员专业化的困境

在国家政策支持下，近几年来我国高校学生服务人员专业化建设取得了较大的进展。先后出台了《关于加强高等学校辅导员班主任队伍建设的意见》《普通高等学校辅导员队伍建设规定》和《普通高等学校辅导员职业能力标准（试行）》等政策性文件，为进一步深入推动和加强辅导员队伍专业化建设提供了政策保障。但受制于历史等多种因素影响，我国高校学生服务人员专业化仍处于发展阶段。

(一)职业定位上,存在角色定位模糊、职业认同度低的问题

高校学生服务人员一直存在职业定位模糊和认同度低的问题,这是由于长期的历史原因和身份的特殊性决定的。高校学生服务人员,从产生目的来看,是为了保证党和国家教育方针的实施而形成的特殊岗位,是开展学生政治工作的需要;从产生过程来看,经历了政治指导员、政治辅导员、政工干部、政治工作队伍、德育队伍、辅导员等一系列的称谓的变化;从工作内容来看,高校学生服务人员既需要配合多部门完成相关工作任务,又需要完成思想政治教育、班级管理、教育咨询等工作,存在着多种角色冲突的现象;从社会认知来看,社会各个阶层都存在对高校学生服务人员的身份误解,如"大管家""啥事都干""后勤兵"等。以上内容可以看出我国高校学生服务人员身份的依附性、模糊性和历史性问题。中央 16 号文件明确指出高校学生服务人员具有教师和管理干部的双重身份,这种宏观的界定在一定程度上解决了高校学生服务人员的身份归属问题,但是从角色定位和职能定位两个角度来看,双重身份往往又会出现矛盾,高校学生服务人员属于教师但又不同于教师,属于管理干部又不同于行政干部,从而导致高校学生服务人员没有独立的、确定的职业身份,最终会导致高校学生服务人员"名不正,言不顺",影响专业化的发展。

(二)队伍建设上,存在着不稳定、数量不足、结构不合理等问题

队伍建设是高校学生服务人员专业化的核心内容,队伍建设上存在的稳定性差、水平不高、数量不足和结构不合理等问题在一定程度上阻碍了我国高校学生服务人员的专业化问题。中央 16 号文件指出,辅导员、班主任工作在大学生思想政治教育的第一线,任务繁重,责任重大,学校要从政治上、生活上关心他们,在政策和待遇方面给予适当倾斜。在实际的执行过程中,工作内容、地位和待遇、发展前景等多方面的因素,影响了高校学生服务人员的稳定性问题。教育部 24 号令明确规定,高校学生服务人员总体上按照 1:200 的比例配备。但据调查,我国现在的辅导员专职人数有 12 万人,兼职的有 5 万多人,总共有 17 万人,而事实上,现在不少一线高校学生服务人员仍然严重超额带班,所带学生人数维持在 300~500 人,甚至更高,兼职现象也普遍存在。彭庆红指出目前辅导员队伍存在年龄结构断层、学历和职称实力不足,队伍发展前景不明朗,队伍缺乏稳定性等问题。程祥国等研究者也认为我国高校学生服务队伍整体结构不够和谐,自身素质有待提高,队伍稳定性有待加强等问题。

(三)职业能力上,重综合素质,轻专业素质;重知识广度,轻知识深度;重学历提高,轻业务发展

辛迪·梵和理查德·鲍尔斯将技能分成通用技能、专业知识技能和自我管理技能三种类型。通用技能是职业生涯中除岗位专业能力之外的基本能力,通常描述人际交往能力、沟通能力、解决问题的能力、团队合作能力等。专业知识技能与我们的专业学习和工作内容直接相关,它需要经过有意识的、专门的培训。自我管理技能是说明人具有的某些特征。从我国高校学生服务人员技能构成来看往往注重考察辅导员的思想政治素质、责任心和组织管理能力等通用技能和自我管理技能,而没有重视其学科专业背景,选留的辅导员缺乏专业门槛,结果造成辅导员队伍整体素质不低,但专业知识和专业技能普遍缺乏,知识数量大但不深等问题。同时由于高校学生服务人员职业认同度低,仅仅将高校学生服务作为职业"升学"和"转岗"跳板,他们专业意识仍然模糊,虽然也在加强学习,但这种学习深造只是与其自身专业相关而缺少高校学生服务相关业务的学习,造成"学无所用、学成不用、学后它用"的尴尬局面。

(四)职业发展上,存在着职业发展路径窄化和停滞等问题

教育部《普通高等学校辅导员队伍建设规定》(教育部第 24 号令)中明确规定,辅导员是高等学校教师队伍和管理队伍的重要组成部分,明确指出高校学生服务人员具有教师和管理干部的双重身份,高校学生服务人员既可以走"教师专业技术职称"又可以走"行政路线"。这种双轨制的安排表面上让高校学生服务人员拥有了更多的发展路径,但在实际的操作过程中非常困难。从教师专业技术职称路线上来看,高校学生服务人员不仅要和"两课老师"进行竞争,而且在实际评审过程中的科研成果和课时量都处于劣势,往往出现"讲师好评、副高困难,高级更难"的局面。从行政职务路线上来看,高校学生服务人员要面临着大量的横向竞争,管理岗位数量有限,晋升影响因素多,也会出现"科级好评,副处级困难,处级更难"的局面。各个方面的综合影响,使高校学生服务人员在职业发展上竞争激烈,路径窄化,发展困难。

第四节　高校学生服务人员专业化的改革

高校学生服务人员专业化既是时代赋予我们的变革要求,也是高等教育内涵式发展的要求,同时也是学生发展与高校学生服务人员职业发展的现实要求。高校学生服务人员专业化是职业化和专家化的必要前提,高校学生服务人员专业化改革应该充分考虑职业能力、职级发展和支持体系的相互联系和相互作用,其中职业能力是高校学生服务人员专业化的核心,职级发展是高校学生服务人员专业化的动力,支持体系是高校学生服务人员专业化的保障,三者统一于高校学生服务人员专业化发展的整体范畴,共同组成高校学生服务人员专业化的改革模式。

一、构建以职业能力为核心的专业成长平台

高校学生服务人员职业能力是履行高校学生工作职责、做好大学生思想政治教育工作所应具备的专业知识和专业技能的统称,它既是促进高校学生服务人员有效开展工作的综合性能力,也是衡量高校学生服务人员专业化是否合格的专业性能力。高校学生服务人员的职业本质是教育。要以职业能力建设为基核,是高校学生服务人员专业化发展的核心内容。构建以职业能力成长为核心的专业成长平台是指以省(部)为组织单位,以高校为基本单元,以高校学生服务人员胜任力模型为导向,集中优势资源,按照统一的标准和要求设计,对高校学生服务人员进行一段较为系统的、连续的和全面的训练,从而为其职业化、专业化和专家化打下良好的基础。

高校学生服务人员职业能力建设的目标是能够有效胜任高校学生管理服务工作,2014 年,为进一步加强高校辅导员队伍建设,推动高校辅导员队伍专业化、职业化发展,提升大学生思想政治教育工作质量,教育部特制定了《高等学校辅导员职业能力标准(暂行)》(以下简称《标准》)。《标准》首次明确了合格高校学生服务人员专业素质的基本要求,是高校辅导员开展学生工作的基本规范,是引领高校辅导员专业化、职业化发展的基本准则,是高校辅导员培养、准入、培训、考核等工作的基本依据。《标准》从"初、中、高"三个职业能力等级,九个职业功能对高校辅导员工作内容进行了梳理和规范,并从工作内容、能力要求和相关理论和知识要求三个方面对职业功能进行阐释。《标准》既考虑了高校学生服务人员专业发展的长远要求,也符合学校和学生成长的现实需求,应该成为高校学生服务人员职业能力建设的基本准则和核心内容,做好高校学生服务人员职业能力建设应该培训平台、实践平台和创新平台三箭齐发,协同发展。这既符合中国高等教育发展实情,也必将是促进高校学生服务人员专业化发展的一种重要选择。

(一)培训体系

培训是促进高校学生服务人员专业化发展的最主要的方式,中央 16 号文

件、24 号令和《标准》等政策性文件的出台使得高校学生服务人员培训模式、培训内容和培训方法取得了长足的进步,但是从高校学生服务人员专业化的长期目标来看,我国现在并没有形成完善的高校学生服务人员培训模式。

高校学生服务人员培训工作必须要了解学生服务人员专业发展所具有的生长性的特点,伴随着职业进程,学生服务人员的职业发展是一个漫长的成长变化过程。还要了解学生服务人员所需专业知识具有学科种类多、涉及内容丰富、知识更新快、实践性强等特征。深化以职业能力建设为主要内容的高校学生服务人员培训模式,要围绕专业化发展主题,狠抓专业化发展关键环节,尊重高校学生服务人员学习特征、工作年限和实际需求,要突出针对性、层次性和实效性,并贯彻全过程、全方位的要求。全过程是指要基于职业生涯的角度,既要体现阶段性,也要体现连续性。全方位是指培训内容要全面,培训方法要多样,培训形式要灵活,综合各个要素,激发各个活力,为高校学生服务人员专业化发展构建一个系统的、循序渐进的"专业发展台阶",这是高校学生服务人员专业化发展的重要路径。

从培训层次上高校学生服务人员培训工作包括国家级、省市级、校级三个层次;从培训频次上包括集中教育和分散教育;从培训主体上包括自我教育和外在教育;从培训阶段上包括职前教育、资格教育和在职教育三个阶段;常用的培训手段包括专题讲座与专项培训、活动观摩、职业资格培训与认证、沙龙讨论、师徒制、职业技能大赛、案例分析、科学研究、学历进修等。

(二)实践体系

高校学生服务是一项高度综合而又深入分化的工作,它是多门专业知识和技能综合又自成专业体系的社会职业。我国高校学生事务管理领域分为日常事务管理与教育、心理辅导、就业指导、自主帮扶、日常咨询、公寓管理等不同的模块,并设置专门的工作岗位,由具备该领域专业知识并获得相关资质的人员担任。

根据我国高校学生服务人员这种既高度综合又深入分化的职业特点开展工作实践,必须构建"G+S"的专业实践模式。"G"是指要具有开展大学生思想政治教育的基本领域和基本能力,如高校学生服务人员要具有开展日常事务管理、党团和班级建设及思想政治教育的基本知识和能力要求。举例来讲,可以参考管理培训生制度,积极开展新任高校服务人员内部轮岗机制,在不同的岗位了解学生工作情况,全面锻炼工作能力,培训综合事务处理能力。"S"是指除了掌握基本的"G"能力外,还要在高度垂直和细分领域找到一个专长,如在心理健康教育、职业规划与就业指导、学业咨询和资助管理等领域找到自己的方向，要结合高校学生服务人员专业特点、自身兴趣，促使其成为某一方面的专家。各高校可以尝试建设"中心式"发展平台，全面提升高校学生服务人员专业能力，如成立大学生领导力中心、情商中心，等等。这种"多能一专"的实践成长模式，既对高校学生服务人员有一定的专业要求和划分，又能使高校学生服务人员脱离杂事缠身，成为某一方面的专家，更好且更有针对性地就某一个领域开展工作。

(三)科研体系

根据高校学生服务人员的学科背景、兴趣特点和研究方向组建学术团队，开展研究交流，同时邀请思想政治教育、管理学等学科专家组建专家指导团队，对辅导员进行深度培养，两个团队相互协作，共同营造高校学生服务人员团体学习氛围，培养高校学生服务人员全局观念，促进高校学生服务人员专业化发展目标的实现。

高校学生服务创新开展不仅需要学术共同体的有效构建，而且高校学生服务人员要在适当的条件下进一步提升自身研究能力，必须构建适应中国国情的高校学生服务人员硕博士学位培养模式，设计一套基于专业实践的教育教学活动结构，鼓励和支持高校学生服务人员进一步攻读相关专业的硕士甚至博士学位，成为思想政治教育、学生事务管理、心理健康教育、职业生涯规划等方面的专门性人才，全面提升高校学生服务人员的学历层次、综合能力和科研水平，促使其尽可能地长期从事高校学生服务工作。

总之，高校学生服务人员职业能力建设应该以《标准》为内容依据，依托"培训—实践—科研"三个要素的密切联系，协同发展，不断加强高校学生服务人员的职业能力建设，加快我国高校辅导员职业化、专业化和专家化发展的整体进程。

二、构建职业化、专业化的专职学生服务职业发展平台

学生服务工作长期存在职业角色不明确并导致从业人员职业认同感不强的问题。因此应尽快从明确从业人员职业身份和岗位职责，构建学生服务职业化、专业化职业发展平台入手，不断拓宽高校学生服务人员的职业发展空间，进一步明确高校学生服务人员职业身份和职级评审制度，使其享有相应的待遇和发展空间，明晰个体的发展目标，从而不断提升这项工作的专业化水平。

(一)明确身份

高校学生服务人员具有教师和管理干部的双重身份，这种"双重"标准虽然

在一定程度上解决了高校学生服务人员的身份属性问题,拓宽了高校学生服务人员的出路,解决了制约队伍发展的"肚大口小"的瓶颈问题,但从实际效果上看,高校学生服务人员选择行政职务,不仅数量少,而且和当前大学去行政化的声音相悖,而选择专业技术职务,却面临很多现实的困难,很难在和思想政治教育专业教师的竞争中获得优势。综上所述,高校学生服务人员应该有明确的专业化定位,进一步明确身份属性,即高校学生服务人员应该是从事大学生思想政治教育的教育,这种专业定位具体包括三个方面的内涵:第一,从身份属性上,高校学生服务人员应该是高等学校专业教师,他们应该是作为一种独立的学术职业群体存在的,他们应该具有与其他专任教师同样的专业地位;第二,从工作领域上,高校学生服务人员应该从事的是高校德育工作,开展大学生思想政治教育,成为大学生的人生导师和知心朋友;第三,从学科属性上,高校学生服务人员归属的学科应该是思想政治教育。

(二)专业职级

为了解决我国高校学生服务人员职业发展问题,目前构建了"职称—职务"双轨制的评聘体系。在职称体系上,已经明确形成"助教—讲师—副教授—教授"的职称评聘体系。在职务上已经形成"科员—副科级—正科级—副处级—正处级"的职务评聘体系。但充分考虑到高校学生服务人员职业特点和岗位职责的特殊性,高校学生服务人员工作任务重、工作种类多和工作要求高的实际工作特征,要推动高校学生服务人员专业化步伐必须进一步完善职级发展制度,建立属于高校学生服务人员的专业技术职级。中共中央明确提出"全面考虑思想政治教育教师的实际情况,完备评定机制,以完善思想政治教育队伍的评定制度"的政策,教育部也明确指出了辅导员职称评定制度的建设要以岗位职责为基础,设定专业的评定标准。高校学生服务人员专业技术职务评定问题十分重要,在一定程度上影响到了高校学生服务专业化发展,在具体的工作实践上,不仅要指得了方向,给得了法子,也要让这个群体迈得了步子。所以要综合考虑任职资质、科研成绩、工作年限、工作业绩等要素,制定出专门适用于高校学生服务人员的岗位职称评定制度和考核标准,设定专门的薪酬福利标准。

目前部分高校已经试点高校学生服务系列专业聘任制度,如上海大学创立的辅导员五级聘任制是国内首个辅导员专门的职称评聘体系。在体系中,三级辅导员和四级辅导员相对应的是副教授和教授级别,享受的待遇相同,而五级辅导员作为最高辅导员职称享受博士生导师待遇。山东大学设立的辅导员五级体系和科员、副科级、正科级、副处级、正处级一一对应,并将辅导员等级纳入学校政工干部的管理体系中。参照上述案例,可以对高校学生服务人员专业技术等级进行五级设计,对每一级应该达到的评聘要求做出具体化的规定,评聘要求应该包括参考专业水平、任职年限、工作业绩和科研成绩等。

高校学生服务系列专业聘任制度的设置是推动高校学生服务人员专业化的制度设计,同时也是内容要求,它不仅包括入职的专业要求,而且也内嵌入职后的晋升和职业发展的专业化标准和要求。除此之外,高校还可以根据学生工作的不同内容设置和完善专门的岗位要求及标准,如相关资质的认定、专业技能的等级、工作时限的要求。这种专业资质要在一定程度上与职级发展、工作奖励等挂钩。

三、构建以动力提升为目标的立体支持平台

高校学生服务人员专业化发展必须依靠完善的支持体系,而支持体系的核心作用就是提升高校学生服务人员专业化的内在和外部动力,高校学生服务人员专业化发展的支持体系包括政策支持、体制保障、平台支持和自我支持。

(一)政策支持

政策支持保障了高校学生服务人员专业化发展的顶层设计。中共中央国务院在《关于进一步加强和改进大学生思想政治教育的意见》(2004 年 8 月)中首次提出辅导员的专业化问题,这是党和国家颁布的关于加强和改进大学生思想政治教育的纲领性文件,该意见强调要从国家重大而紧迫的战略任务的高度来认识大学生思想政治教育的重要性,强调大学生思想政治教育的主体建设等。教育部《普通高等学校辅导员队伍建设规定》(24 号令)(2006 年 5 月)保障了我国辅导员队伍建设进入职业化和专业化发展的崭新时期。教育部思想政治工作司《普通高等学校辅导员职业能力标准(试行)》(2014 年 3 月)进一步提升大学生思想政治教育工作的科学化水平,从高校辅导员职业概况、基本要求和各职业等级能力标准对辅导员队伍建设进行了规范与要求,对进一步推动辅导员职业化、专业化和专家化进程做出了具体性要求,是新时期加强高校辅导员职业能力建设、进一步推动高校辅导员专业化发展的标志性政策文件。这一系列政策性文件进一步明确了高校学生服务人员的职业定位,从制度上保障了高校学生服务人员的专业化建设。同时,在经费保障方面,应该加强对大学生思想政治教育方面的经费划拨,教育行政部门和学校要合理确定思想政治教育工作、学生事务管理等方面的经费投入科目,单独列支,确保各项工作顺利开展,充分发挥各项经费的最大效用。

(二)体制保障

体制机制已经成为制约高校学生服务人员专业化的重要原因,体制建设的核心内容是领导体制和管理体制的建设,就是要明确高校学生服务人员队伍建设的领导责任与管理关系,这是队伍建设的基础,是各项工作得到落实的组织保障。创新高校学生服务人员管理体制,优化队伍结构,提高队伍素质,剥离制约高校学生服务人员积极性的藩篱。进一步完善高校学生服务人员准入机制、培训机制、考核机制、激励机制和退出机制等制度性设计,进一步完善垂直化的管理模式,由各学校分管学生工作的副书记(副校长)总负责,由学生工作部(处)统一管理高校学生服务人员的人事薪资、培训考核、职称评聘、职务晋升等。进一步完善学校分管学生工作副书记(副校长)—学工部(处)—学院分管学生工作副书记—高校学生服务人员垂直管理模式,确保工作既高效运转,统一管理,又贴合学生,灵活自由。

(三)平台支持

高校学生服务人员专业化建设必须依托多种支持平台,教育部《普通高等学校辅导员队伍建设规定》指出各省、自治区、直辖市教育行政部门应当建立辅导员培训和研修基地,承担所在区域内高等学校辅导员的岗前培训、日常培训和骨干培训。加强平台建设可以进一步提高培训工作的规范化水平,促进高校学生服务人员的专业发展;及时交流沟通学生服务工作相关专业信息和知识,推动学生事务科学研究,从而全面提高学生服务工作的专业化水平和质量;此外,通过平台建设还可以加强相关专业性法律和伦理的建设,改善高校学生服务的法制化环境,切实保障学生和学生服务工作人员的合法权益。

(四)自我支持

高校学生服务人员的专业化发展一方面依靠外在的支持,更重要的方面是依靠自我的支持,不断深化自我发展目标,并为此不断自我加压、自我学习、自我成长,最终在不断超越中实现专业化成长,要使自我支持成为高校学生服务人员专业化的重要力量源泉。首先,高校学生服务人员要树立明确的职业发展目标,不断加强职业生涯管理和设计,不断完善自己的知识结构和能力结构;其次,高校学生服务人员要有终身奉献于高校学生服务工作的事业心和责任心;最后,高校学生服务人员应不断地自我激励,提升职业发展的内部动力。

从根本上来讲,高校学生服务人员专业化建设是一个系统的工程,从职业能力、职业层级和支持体系三个方面构建专业化建设的措施和载体,可以进一步提高高校学生服务工作水平和效率,促进高校学生服务走上专业化发展之路。

第十二章　我国高校学生服务制度环境改革研究

2019年10月31日,中国共产党第十九届中央委员会第四次全体会议通过了《中共中央关于坚持和完善中国特色社会主义制度、推进国家治理体系和治理能力现代化若干重大问题的决定》,明确提出"构建服务全民终身学习的教育体系",其中特别强调培养德智体美劳全面发展的社会主义建设者和接班人。提高人才培养质量,全方位地优化高校学生服务制度体系,高质量地落实立德树人根本任务,优化制度环境至关重要。只有通过建立起合理、健全的制度,将大学所拥有的内外部资源,如人、财、物资源,也包括大学的精神、传统、文化等各种有形和无形的资源很好地整合利用起来,使之成为一种有效、稳定的制度化的保障机制,大学的健康和持续发展才会成为可能。[①] 欲发挥学生服务在组织、协调和管理高等学校教育资源的作用,实现为学生服务的组织目标,需要通过合理的制度建构来保障学生服务体系的合理性与合法性,促进学生服务体系的高效、有序运转。本章拟立足于"制度"环境改革的视角,一方面通过对高校学生服务制度改革的现实吁求和历史回溯,寻求合法、合理性依据;另一方面通过对目前我国高校学生服务所面临的困境进行理论探析,并提出符合高等教育发展规律的高校学生服务体系变革的策略和方案。

第一节　我国高校学生服务制度改革的社会吁求

在快速发展的知识经济时代,人才日益成为社会发展的引领者和潜在的动力之源,社会主义现代化建设更需要积累强大的人力资本。作为教育教学的主体和人才培养的基地,高校在加强教学、科研的同时更要注重学生综合素质的发展,关注学生在学业指导、心理发展、就业咨询和校园生活等方面的需求,创新人才服务模式,建立服务型学生工作机制,为学生的成长、成才营造便利

---

① 易红《构建现代大学制度,加快高水平大学建设进程》,《中国高等教育》2009年第5期,第33页。

的环境。这既是实现新时代中华民族伟大复兴"中国梦"的客观要求,是建设高等教育强国的必然要求,也是构建现代大学制度、提高人才培养质量的本质要求。

一、实现中华民族伟大复兴"中国梦"的客观要求

党的十九大报告指出,我国正处在全面建成小康社会决胜阶段、中国特色社会主义进入新时代的关键时期,面临着实现中华民族伟大复兴的"中国梦"这一时代使命。中国特色社会主义进入了新时代,这是我国发展新的历史方位。使命呼唤担当,使命引领未来。中国特色社会主义现代化发展离不开教育现代化,社会主义现代化建设内在逻辑理应是以人才为支撑,培养一批高素质的社会主义建设者投入到我国政治、经济、社会等各个领域,促进社会的高效、健康、协调发展。人才是创新的源泉与动力,人才的数量与质量是这场伟业能否实现的指向标。"百年大计,教育为本",只有通过教育培养出新时期高素质人才,才能更好地为国家服务,提高国际竞争力,早日实现中华民族的伟大复兴。高等学校作为人才培养的主要阵地,目标是塑造人和发展人,是培养国家社会主义现代化建设者的保障基地,要不断更新人才培养模式,为一个即将到来的新社会培育合格的建设者和接班人。但人才的发展不仅仅是智力的发展,还应包括认知、人格、情感、身心健康、社会能力、道德养成等各项素质要求,因此高校要通过提供相应的服务来满足学生发展的需求,保障学生工作的实效性,在开展基本教学活动的同时为学生提供各项保障性服务,并以法律制度来规范各方参与者的行为,通过建章立制促进学生服务体系的完整性、有效性是时代发展提出的客观要求。

二、建设高等教育强国的必然要求

党的十九大报告指出,建设教育强国是中华民族伟大复兴的基础工程,教育事业必须优先发展。当前,我国高等教育正处于由规模化向质量提升转变的关键时期,实现高等教育内涵式发展已成为我国高等教育发展不可逆转的趋势。全面落实党的教育方针,落实立德树人根本任务,实现高等教育内涵式发展,要把提升人才培养质量作为工作主旋律。加快一流大学和一流学科建设,建设高等教育质量强国,不仅指高校在教学、科研等指标占据世界前列水平,在这些指标的背后高校应秉持以人为本的服务意识,坚持育人为本,为教师教学活动的开展、学生的学习、生活创造便利的环境。在创建高等教育强国的新形

势下,除在教学、科研等方面的创新外,高校在学生工作层面如何坚持发挥学生活力,有效处理好教育教学与学生服务之间的辩证关系,通过学生工作理念的创新、工作模式的改革提高学生工作水平的整体水平,带动学生的全面发展,已成为高校面临的一个课题。

发挥学生工作服务作用,完善高校服务育人体系,强化服务育人功能是在建设高等教育强国中理应解决的问题。透过学生服务制度的改革,牢牢把握提升人才培养质量这一主线,健全高校学生服务体制机制,提高服务能力,顺应高等教育发展潮流,充分发挥高校在社会服务、人才培养、科学研究等方面的职能,是实现高等教育强国目标的必然要求。

三、构建现代大学制度的现实诉求

现代大学制度的构建无外乎两个方面:一是大学的外部制度安排,涉及大学与政府、大学与社会、大学与市场等利益主体之间的关系,表现为大学的管理体制、投资体制和办学体制等;二是大学的内部制度设计,主要表现为大学的内部治理结构,即一所大学内部的组织结构和运行机制,包括组织结构的分层、内部权力体系的构成等,反映大学的办学意志和学术特点。[①] 从本质意义来讲,高校学生服务制度是现代大学制度在高校内部治理结构中的重要组成部分,其完善程度关系到现代大学制度的构建,更关系到我国高等教育质量的整体发展。

学生服务体系包括学业指导服务、心理服务、健康服务、经济服务、就业服务和校园生活服务等方面,在外部制度的安排上要理顺大学与市场、政府和社会之间的关系,发挥各主体协同驱动的联动作用;在内部制度安排上要通过制度的系统化、层次化合理划分各个执行主体的权责范围,从而保障学生在学业指导、心理服务、健康服务等各个方面接受其应享有的服务;在内部制度的安排上,尤其要理顺学校管理者、教师、学生等利益相关者的权责划分,既要发挥教师教育教学的积极能动性,又要保障学生的主体性发挥。

四、提高人才培养质量的本质要求

党的十八大提出实施国家创新驱动发展战略,创新成为引领发展的第一动力。坚持创新驱动实质是人才驱动,创新型国家战略的实施,要求高等学校要解放思想,转变工作模式,培养全面发展、具有创新思维和创新意识的创新型人才。由此,高等学校应该"践行育人职责,既要在常规性的学科、专业和课程框

---

① 张应强《把大学作为学术组织来建设与管理》,《中国高等教育》2006 年第 19 期,第 16 页。

架下严格按照学校审定的'人才培养方案'来培养专业人才,又要尽可能地将其外部资源优势转化为教育教学优势,服务于人才培养体系和高素质人才的培育"①。高校学生工作在新的时代背景下也要改变传统的教育模式,关注学生的全面发展,创新工作理念,提高人才培养质量。创新学生服务体系的构建应满足高校学生的个性化需求为抓手,尊重学生不同层次、不同类型的需要,这就要求高校从促进学生个性化发展的角度出发,把服务学生成长放到学生工作的首位,创新学生工作模式,变"以管理为主"为"以服务为主",充分尊重并满足学生个体成长的需要,为学生成长和学校育人工作提供良好的条件和环境保障。

传统的学生工作是学校主导型的"学校—学生"模式,即学校根据自身发展要求以刚性命令的方式管理、教育学生,学生处于完全的弱势地位,其诉求压抑在学校同质化的管理模式之中。但随着我国经济社会的迅速发展,这种传统的管理模式很难适应现今社会对于创新人才培养的时代要求,无法满足社会发展以及学生个性化发展的需求。学生在其生涯发展、生活习惯以及兴趣等各个方面都各不相同,为满足学生的个性化、主体化发展,围绕学生的实际需要构建"学生—学校—学生"的服务型模式是学生工作发展的应然之需,即学校回归"为了学生的一切,一切为了学生"的旨归,在了解学生实际困境的基础上适时创设有利于满足学生发展的学习、生活环境,解决学生在入学指导、心理健康教育、就业咨询、贫困救助等方面遇到的困境,并建立反馈机制对各项工作进行及时跟进、改进,创设良好的育人环境。

第二节　我国高校学生服务制度改革的历史回溯

我国高校学生服务体系的建立、沿革在不同历史时期适应了当时高等教育发展的需要,"组织的历史甚至比外部力量更能决定组织的未来"②。以史为鉴,回溯我国高校学生服务制度的变迁历史,有助于我们更好地把握高校学生服务在当今变革中应遵循的原则,回归其应然旨趣。

---

① 刘福才、张继明《高校智库的价值定位与可持续发展》,《教育研究》2017年第10期,第60页。
② Larry E Greiner, Evolution and Revolution as Organization Grow, Harvard Business Review, 1972 (7-8):27.

一、我国高校学生服务制度发展的进程演变

根据我国社会大环境的变革和高等学校变迁的历史特点,我国高校学生服务体系也在不同的历史时期在政治、经济等社会因素的影响下发生了不同的变化,根据各个时期学生服务的发展背景、历史使命、主要工作内容,大致可以将高校学生服务工作划分为五个阶段:新中国成立初期的创建时期、"文革"下的消解时期、经济建设背景下的重建时期、社会发展为重的改革时期以及以人为本的全面优化时期。

(一)高校学生服务的创建时期(1949—1965 年)

新中国成立初期,由于国内外面临的严峻形势,中国开始全面效仿苏联。在高等教育管理中,依照苏联的教育管理模式,各院校实行集中、统一、计划模式的高等教育管理体制。同时,这一时期高校也被纳入社会主义"三大改造"的行列中,1949 年第一次全国教育工作会议指出:"必须坚决准确地执行团结、教育、改造知识分子的政策。"①1950 年 8 月教育部颁布的《高等学校暂行规程》第二条指出,高等学校的具体任务是进行政治思想教育,要求高校要"肃清封建的、买办的、法西斯主义的思想,发展为人民服务的思想,以爱祖国、爱人民、爱科学、爱劳动、爱护公共财物为基本要求"②。这一时期内教育领域带有浓厚的政治色彩,教育政治化现象明显。

1952 年,我国开始在高等学校试行政治辅导员制度,通过辅导员承担对教师和学生进行政治思想教育的重任,同时兼顾学生的毕业鉴定和毕业分配工作等事务,高校政治辅导员制度作为学生事务管理重要部分从此登上了历史舞台,但最初辅导员的工作重点仍然是对学生进行思想政治教育。1958 年,中共中央、国务院下发《关于教育工作的指示》,指示强调"教育工作必须由党来领导,没有党的领导,社会主义的教育是不能设想的"③。高校逐渐形成了"政治为本"的教育体系,在学生工作中也侧重于思想政治教育,强化政治观念。尽管这一时期高校学生工作内容单一且政治性倾向较为明显,但这一时期初步建立了学生工作体系组织架构的雏形。

1965 年开始对业已实行的辅导员制度进行补充和完善,《关于政治辅导员工作条件》的颁布对政治辅导员的工作任务以法律法规的形式进行规定,明确

---

① 余桂红《历史与现实:高等学校学生事务管理定位》,《辽宁教育研究》2008 年第 1 期,第 43 页。

② 顾祥《大学生管理》,上海师范大学出版社 1988 年版,第 33 页。

③ 中国教育年鉴编辑部《中国教育年鉴(1949—1981)》,中国大百科全书出版社 1984 年版,第 688 页。

了辅导学生进行政治学习的主要任务。从以上制度建设中可以看出,1958 年以后,《关于教育工作的指示》《关于政治辅导员工作条件》等文件的颁布进一步加强了党对高校的领导规定,明确了党委在学校中的领导地位,虽然高校开始设立辅导员专门管理学生工作,我国高校学生工作管理体制只是分散模式,但随着辅导员制度的不断完善和发展,学生管理已然向组织化、规范化和有序化方向迈近,也为以后学生工作的开展起到了开端引领的作用。

(二)高校学生服务的消解时期(1966—1977 年)

"文革"严重消解了我国教育事业的健康发展,不仅造成学校大面积停课,而且摧毁了许多合理化的学校制度。"文革"期间,教学系统崩溃,学生管理停顿,高校学生管理组织受到致命打击,陷入极度瘫痪状态。学生事务管理混乱使得新中国成立以来学生管理的探索成果遭到严重毁灭,严重破坏了高等教育发展的连续性,造成人才有序培养和发展的断层现象。

(三)高校学生服务的重建时期(1978—1989 年)

党的十一届三中全会的召开标志着我国进入一个新的历史时期,各个领域开始进行拨乱反正,整个国家的发展又开始步入正轨。高等教育的发展在适应经济建设需求的过程中开始进行自我修正,以往"政治为本"的发展模式开始让位于经济建设的需要。在这一背景之下,"文革"期间被破坏的学生工作体系开始重建,并且在改革开放的引领下,其工作内容更加丰富,机构建制更加完善。

为适应新形势下高校学生工作的需求,1978 年教育部下发《高等学校学生学籍管理的暂行规定》,对学生的入学、成绩考核、奖励、处分等各项内容做了明确规定。到 20 世纪 80 年代末,为表彰学习成绩优异的学生和支持家庭贫困子女入学,我国开始试行奖学金制度、学生贷款制度。一方面助学金制度的实施可以保障贫困学子的受教育权,帮助更多的人享受教育成果;另一方面通过奖学金制度的激励作用,有利于整顿校园秩序,促进校风、学风建设等各项活动的开展,保证了良好的育人环境,促进学生健康发展。

为了加强党对学生管理的领导,各高校相继开始了学生管理的"专兼模式"时代,即指学校设立了学生工作处,作为全校学生工作的主要管理部门,负责统筹学生管理工作。学生工作处在这一时期出现,其职能虽然以思想政治教育为主,但是在实际的管理中更多参与对高校学生一些具体学生事务的管理,涉及学生奖惩、日常食宿、校园生活、毕业分配等部分任务,进一步优化了学生工作的组织架构和工作流程,加强了学生管理的职能。

(四)高校学生服务的改革时期(1990—2002 年)

进入 20 世纪 90 年代以来,国内外局势的发展影响我国教育的发展,更对高校学生服务的发展产生了巨大的影响。恰逢国内处于建设社会主义市场经济的宏观背景下,要求高校的学生工作要适应社会主义市场经济的发展,使之更好为其服务。放眼国外,80 年代的东欧剧变和 90 年代的苏联解体,给我们敲响了警钟,这一时期我们开始更深层次地反思以往思想政治教育的经验教训,并逐步进行改革。为使高等教育适应国内外局势的发展,一种"以社会发展为本"的理念开始主导高校的学生工作体系,这一时期成果丰硕,主要表现为:高校学生事务管理理念开始转向服务型理念,工作内容逐渐丰富化、多样化。

随着学生事务管理内容的不断丰富,过去的管理理念、模式与方法在新的时代背景下遇到阻碍,高校学生事务管理者开始对自身工作进行反思,学生事务管理的理念出现了转变,服务学生的理念应运而生。[1] 随着高等教育体制改革的深化,学生成为教育的"消费者",师生关系逐渐向商品经济中两个市场主体的关系转变,作为消费者的学生对学校提供的服务内容提出了更多的要求,国家逐渐以法律的形式保障学生在学习过程中的主体地位。我国《高等教育法》第三十一条明确规定,"高等学校应当以培养人才为中心",教学、科学研究和社会服务要围绕实现"培养人才"这一中心任务而展开。《高等教育法》还规定高等学校应当鼓励和支持学生在校期间所进行的社会服务和勤工助学活动。为贯彻时代发展对高校学生工作的新要求,不少高校开始转变学生工作模式,更新学生工作机制,以期"解决思想问题与解决实际问题相结合",服务学生的理念已经越来越多地在学生工作中得以体现。

进入 20 世纪 90 年代,高校学生事务管理内容逐渐丰富,服务被单独提出,教育、管理与服务工作并列而存在。增加了许多学生工作,如学生心理问题、学生资助、学生勤工俭学等问题。在助学体系中,国家教委、财政部在 1993 年 7 月发布了《关于对高等学校生活特别困难的学生进行资助的通知》,国家开始注重对贫困大学生的资助。随着高校扩招现象的开始,1999 年在多个部委以及中国人民银行的共同努力下又出台了银行助学贷款制度,旨在帮助贫困大学生完成学业。在就业方面,这个时期主要实行学校推荐与学生自主择业相结合的双向确认制度,1989 年《高等学校毕业生分配制度改革方案》的出台在各个环节对就业制度进行了明确的规定,各个院校在这一政策的引领下开始根据自身的实

---

[1] 孔蒙《基于学生发展的高校学生事务管理研究》,山东师范大学硕士学位论文 2015 年,第 14 页。

际情况进行改革,专注于为大学生提供就业相关服务的就业办公室、就业指导中心等机构逐渐建立。除此之外,随着学生学习、工作压力的增加,大部分高校逐渐认识到学生心理健康的重要性,开始将学生心理健康教育纳入学生服务的工作内容,除开设大学生心理健康等课程外,更是建立大学生心理健康咨询服务中心,随时关注学生心理的健康发展。

(五)高校学生服务的全面优化时期(2002年至今)

党的十六届三中全会后,"以人为本"的科学发展观成为指导我国各项工作的主导性理念。在此背景之下,"以学生为本"的服务理念在高校学生工作中成为主导,服务型学生工作理念在学生工作中扮演越来越重要的角色。

2004年10月,国务院下发《关于进一步加强和改进大学生思想政治教育的意见》(以下简称《意见》)。《意见》强调高校学生事务管理的方方面面都要服务于大学生全面发展这一目标。文件的指导思想、基本原则、基本要求、主要途径,涵盖了高校学生工作的方方面面,因此也被认为是指导学生工作的纲领性文件,以学生发展为本的学生工作理念开始运用于高校学生事务实际管理当中。2016年12月教育部新修订的《普通高等学校学生管理规定》(教育部令第41号,以下简称《规定》)是新时代指导和规范高校实施学生管理的重要规章,涉及学生的权利与义务,学籍管理(入学与注册、考核与成绩记载、转专业与转学、休学与复学、退学、毕业与结业、学业证书管理),校园秩序与课外活动,奖励与处分,学生申诉等。此次修订是在原《普通高等学校学生管理规定》(教育部令第21号)基础上,根据形势发展的需要,为维护高校正常教育教学秩序、保障高校学生权益而进行的。《规定》主要基于三方面考虑:一是贯彻落实党的十八大以来,以习近平同志为核心的党中央关于高等教育工作的新理念新思想新战略,突出立德树人根本任务。二是适应经济社会发展、高等教育改革的需要,体现促进创新创业、依法治校、提高质量等新要求。三是针对高校教育与管理的新变化,在总结实践经验、现实问题以及司法判例的基础上,修改、补充和完善相关制度,更有利于高校学生的管理和服务。《规定》突出高校立德树人根本要求,体现"以学生为本",更加注重保护学生权益,鼓励和支持学生实行自我管理、自我服务、自我教育、自我监督,字里行间都渗透着现代大学管理理念,特别是推进高校依法治校和促进学生自我管理理念,关系着3000多万在校大学生的切身利益,标志着高校学生管理制度创新的新起点,对进一步优化学生服务管理水平提供了积极有力的保障。

目前,学生服务体系还在进一步完善,但是如何保障学生服务工作的系统性,如何有效促进政策的落实,如何监管高校学生服务工作的执行力抑或是如何培养高校师生学生服务的法制意识,这些问题都需要进行制度的建制、完善、落实、推广,从而发挥制度在学生工作优化时期的规范性、强制性、有序性。这是我们每一个理论工作者或者关心教育、实践教育的公民应承担的责任和义务。

二、我国高校学生服务的变迁对其制度研究的启示

(一)制度建制应向系统化发展

从新中国成立之初到现在,涉及我国高校学生服务的制度逐渐走向完整的体系化,到目前为止,《中华人民共和国教育法》《中华人民共和国高等教育法》《普通高等学校学生管理规定》《国家中长期教育改革和发展规划纲要》、教育部关于学生的其他规定等各项制度对学生服务涉及的各个方面进行了详尽的规定,涉及学生学习活动管理、学生课外活动管理、权益保障、课外活动管理、就业制度等各个方面,同时也为学生工作理念的转型起到积极的引导作用。

以上制度在横向上涵盖了学生服务关于学业指导服务、心理服务、健康服务、经济服务、就业服务和校园生活服务等各方面,但是在纵深上,仍有大部分高校并没有及时针对学生服务工作建立配套的制度,仍以传统的直观经验对学生工作进行管理,服务意识淡化。学生工作或者学生服务是一个宽领域、多层次的系统工程,同时涉及学校管理部门、后勤保障部门、就业指导部门等多个部门的庞大工作,促进制度建制的系统化,就是要将各个部门有效组织起来,构建制度完备、功能齐全、保障有力的学生服务工作体系,促进学生工作的信息共享,通过统一的指挥协调平台实现服务功能的优势互补,有利于统一各个部门之间的工作理念,协调彼此之间的权责,促进学生工作向服务型工作体系转变,这就要求政府和高校在横向上继续优化学生服务的各项具体内容,在纵向上更要保证政策的配套实施。

(二)保持制度建制的相对独立性

教育作为社会发展的一个重要部分,并不是独立发展的,而是与经济、政治、社会文化等各个要素呈现出相互影响的"晶体"结构。不论是1950年8月教育部颁布的《高等学校暂行规程》中以思想政治教育为主的管理原则,还是"文革"期间学生工作体系的全面毁坏,还是2004年10月,中共中央、国务院颁发《关于进一步加强和改进大学生思想政治教育的意见》中体现的"以学生为本",都充分体现着经济、政治制度对学生工作或者学生工作法制建设的影响。紧跟时代的发展是高校学生工作与时俱进的体现,但高校有其自身的发展逻

辑,在与社会接轨的同时也应保持其独立发展的姿态,不能亦步亦趋。

保持制度的相对独立性包含两个方面,首先在制度建制上保持其相对独立性。不同于社会政治、经济发展,高等教育是一项培养人的全面发展的社会实践活动,其一切制度建制、运行的旨归是为育人提供良好的制度环境空间,有其自身应该存在的制度立场、制度空间以及制度运行规则,而不应将其视为政治、经济与社会的下位附庸。因此,在制定学生工作制度的过程中,学生服务制度的制定应该保持自己相对的独立性,需要做到有法可依、有法必依。要以高校办学规律以及办学特色为主,立足高校的实际进行制度的建构,减少在制度建构中来自政府行政命令的压制。其次,在制度的监督过程中保持其相对的独立性。政策监督是对政策执行的监管,是有效促进政策落实的重要手段。但是在我国学生服务制度的发展中,极少对制度监督的主体以及监督程序进行规定,造成监督体系的混乱。在部分高校的学生工作中,有关部门既是政策的执行者又是政策的监督者,大大降低了政策监督的实效性。因此,为克服这种弊端,要保持政策监督的相对独立性,在政策制定和执行部门之外成立专门的监督组织,根据相关评价体系专门负责制度的监督与反馈,提升政策执行效果。

如何尽快建立更加完善的制度是一个重要课题,但是如何使现有制度严格贯彻并加以落实是我们需要思考的另一个问题。

除以上两点之外,如何在高校培养学生服务的法律意识,如何监督学生服务工作的落实程度,如何防止制度文本与制度现实的脱节,如何处理制度供给的过剩与不足之间的矛盾等问题,都是我们在回顾学生服务制度历史演进过程中应该吸收的经验和教训。

第三节　我国高校学生服务制度改革的认识论思考

存在主义大师海德格尔曾说过:"对存在的理解本身就确定了此在的存在"[1],清晰地认识高校学生服务制度改革对当前面临的社会环境、制度在优化学生服务工作中的作用以及学生服务制度改革的价值取向与目标定位,才能厘清学生服务制度改革的脉络与发展方向。

---

[1]　〔德〕马丁·海德格尔《存在与时间》,陈嘉映、王庆节译,生活·新知·读书三联书店1987年版,第54页。

一、我国高校学生服务改革制度环境的演变

教育是存在于特定制度下的产物,社会政治、经济体制的完善,社会价值观念的转变等制度环境的演变对于教育内容的发展起着决定性的影响作用,学生服务体系的改革亦是随着制度环境的变化而变化,自学生服务体系的创建到现今的全面优化都是特定历史时期制度环境演变的产物。从教育自身的逻辑来看,服务型学生工作体系的建立主要受到教育体制改革、教育法律法规体系的完善、教育价值观的更新三个方面的影响。

(一)教育体制的改革

改革开放以前,我国教育发展虽然形成了比较完备的国民教育体系,培养了一大批社会人才,但教育体制是建立在高度集中的计划经济之上的,强调高度集中,强化政治对教育的统一领导。改革开放以后,随着社会主义市场经济的发展,竞争主导型的市场经济转变了经济发展模式,并为我国的经济发展注入了新的活力。在经济体制和政治体制改革的推动下,我国教育事业的发展取得了很大的成绩,教育体制改革取得了新的突破和进展。① 在经济体制与政治体制变革的同时,教育体制内部的竞争、开放等特点逐渐萌芽,这一时期高等学校办学自主权逐渐扩大,中央政府对高校的管理从单一的直接行政管理转向以立法、拨款、规划、信息服务、政策指导为主要手段的宏观管理,社会力量参与加大。市场经济的逐步完善,改变了社会对于高校的传统体认。

在高校内部,一种"消费—服务"型的主体关系开始建立,竞争意识的强化也顺应了时代发展的要求,加速了教育体制改革的进行,促进了教育治理现代化、法制化的发展。教育体制的改革为教育自身带来了相对宽松和多元的发展模式,随着高等教育改革的持续进行,学生工作的内涵发生了质的改变,学生工作除以往的教育管理职能外,学生对校园生活适应、心理健康教育、职业生涯规划等服务性工作的渴求日益强烈。使高校学生服务的转型、发展和完善成为可能。

(二)教育法律法规体系的完善

随着社会主义法治化进程的加深,在民主法制建设和社会主义政治文明建设的带动下,我国教育法制建设取得了巨大成就,《中华人民共和国学位条例》《教师法》《教育法》《高等教育法》等教育法律以及相关配套教育法规、教育规章

---

① 国家教委教育体制专题调研组《社会主义市场经济与教育体制改革》,《教育研究》1994 年第 1 期,第 4 页。

的相继颁布实施,标志着我国教育法制体系框架的基本形成,高校治理的法治基础得到完善,为依法治教奠定了坚实的基础。

实现依法治校是尊重学生的基本权利,实现以人为本的服务理念的前提和保障,现今大学生的法制意识、维权意识和主体意识逐渐增强,在学生工作中需要不断完善各项管理制度,加强法制建设,既要依据人才培养方案对学生在校期间的各种行为进行相对的约束和限制,也要透过人本化、法制化的管理方式为学生的道德养成、人格发展、素质提升提供适宜的环境。完善的教育立法提供公正、安定的制度环境,为教育活动开展提供了基本的法律依据,为教育改革提供了基本的制度保障,同时也成为高校学生服务制度变革的基本价值依托。《教育法》《高等教育法》等法律法规在各个层面为高校大学生的权利与义务提供了法理依据和制度空间,也使得高校学生服务工作的法制化进行有了坚实的法律基础,有法可依为高校学生工作提供了基本的法律支撑。

(三)教育法制观的更新

教育法制观是指在历史的发展过程中人们关于教育法规的态度和观念,价值观念作为社会实践的意识反应,对人们的教育实践活动具有能动的指导作用。同时,人们的教育法制观也会随着教育普法的深入、教育实践的变化而发生变化。"人们的观念、观点和概念,一句话,人们的意识,随着人们的生活条件、人们的社会关系、人们的社会存在的改变而改变。"①从新中国成立之初到现在,我国经历了社会主义改造、"文革"、改革开放、社会主义市场经济的建立等各个历史事件,伴随社会经济、政治社会背景的急剧变化。就学校内部环境而言,学生作为教育的消费者,希望在接受学校管理的同时也能享受学校提供的优质服务,满足自己发展的需求,学校作为办学活动的主体,有义务在办学规律许可范围内为学生提供优质的服务。20世纪90年代以来收费制度、住宿制度、就业咨询制度、心理健康教育制度等制度的相继改革就是对学生主体需求的尊重。就高校外部环境而言,随着更多的经济元素和商业性组织开始渗透到学校的办学活动中,为满足学生的需求提供服务,这对学校的管理模式形成了巨大的冲击。面对高校内外部环境的变革,我们的教育价值观在现实环境的冲击下发生了多方位的转换。

在内外部环境的影响下,学生的主体意识被逐渐发掘,个体的个性、自由、

---

① 《马克思恩格斯选集(第1卷)》,人民出版社1995年版,第291页。

理性等品质受到重视,发展学生的"完全人格"①,培养"大写的人"被认为是教育的重中之重。与此而来的是法制观念受到前所未有的重视,人们逐渐认识到法律、制度是保护个体自由、民主发展的最有力武器,法制观念越来越深入人心。随着师生对教育法制观的更新和大学生维权意识的增强,师生双方表现出对学校教育教学及管理等方面的兴趣,对教育教学及学生工作提出了更多的要求,更加注重维权意识,不再屈从于以往被管理局面,而是希望依法获取相关法律所赋予自己在校期间的各种义务,这也促使高校转变管理方式,满足师生在新时期的诉求。

二、我国高校学生服务体系变革的制度基础分析

变革是对以往制度稳定性的打破,是对既有利益的又一次重新分配。变革绝非是空穴来风,也不是一帆风顺的。因此,变革的进行欲要得到认可,一方面需要有坚实合法性基础,另一方面需要得到利益相关者的支持。制度环境的变迁为高校学生服务的革新提供了充足的制度基础,而制度基础的稳固是变革成功的必要条件,对高校学生服务体系变革的探讨离不开制度环境变迁下对制度基础的分析。

(一)制度环境变革为高校学生服务改革提供合法性机制

制度的合法性是制度存在的理由和前提。根据社会学新制度主义学者理查德·斯科特的理论构想,合法性主要分为三种表现形态:一是规范合法性,即变革被大众所接受,具有深厚的群众基础;二是文化—认知合法性,即变革顺应历史发展,在逻辑上一脉相承;三是规制合法性,即政府认可变革的合法性。②而目前社会、教育制度环境的变革为高校学生服务体系的变革提供了充分的合法性机制。

首先,从规范合法性来看。学校任何制度的变革必须符合学校的历史使命。高校承担人才培养、科学研究和社会服务三大基本职能,高校日常活动的开展要为三大基本职能服务。高校学生服务体系的改革,以人才培养为抓手,有利于人才培养模式的创新,提高人才培养质量。高校学生服务体系的改革是高校在新时期通过变革促进自身进一步发展的重要表现,符合高校发展的历史

---

① 李欣然《大学校长教育与政治的双重关怀及其困境——以蔡元培为中心的考察》,《高等教育研究》2015 年第 6 期,第 92 页。

② 〔美〕理查德·斯科特《制度与组织——思想观念与物质利益》,姚伟、王晓芳译,中国人民大学出版社2010 年版,第 56 页。

使命,高校改革的历史发展趋势,符合规范合法性的获取。

其次,从文化—认知角度来看。随着社会价值观多元化的发展,"以人为本"、自由意志、独立思维、批判意识等文化价值观念成为主流,服务作为一种理念渗透到社会各个领域,一种服务型的关系广泛在社会各界开始建构。服务型文化同样应该是大学的本义。这是因为,大学作为一种文化组织,本质上是一种功能独特的文化机构。"大学文化的培育基于人,且为了人。大学文化就是在学校核心价值观引领下,大学人共同创造和经营的文明、和谐、美好的生活方式,乃至大学师生的人格样式。"[①]在这种服务型文化观照下,大学生作为消费者购买高校服务,期望在校就读过程中能够更好地得到学校对自身成长、成才的服务,高校学生服务体系的变革适应了高校服务型文化的基本理念。

最后,从规制合法性来看,《教育法》《高等教育法》《普通高等学校学生管理规定》《国家中长期教育改革和发展规划纲要》以及其他法律法规的实施,旨在通过制度规范学校、学生的各项行为,为学校办学活动的开展提供制度保障机制。在一系列的制度规定中,更加注重对学生主体性的开发,要求尽可能为学生的在校学习营造良好的育人环境,更加注重服务、竞争意识在学校运行中的作用,突出一切为了学生的理念。服务型高校学生工作制度的变革是对宏观制度的深化,是国家教育政策在学生工作这一具体领域的发展和延续,符合制度变革所需的规制合法性。

(二)制度建制为高校学生服务改革提供支持性力量

制度,实际上是对学校教育运作过程的一种管理,制度的建立可以为这场变革的行为界限、主体权责进行明确的规定,有利于强化变革支持者的信心,减少变革过程中由于各项建制尚未建立带来的混乱和不安,为变革提供了必要的稳定性。在一定制度框架下的变革可以指明制度变革的目的、方向和最终预计达成的目标,这也解释了为什么在建立服务型高校学生工作机制的过程中首先要进行制度变革。在我国现有制度体系下,各项法律法规作为建立服务型学生工作体系的上位建制,规定了学生工作变革应该发展的方向和预计目标。在上位制度的保障下根据学校办学实际和学生的需求建立新的学生工作机制,并以具体下位制度的方式使其合法化和常态化,从而带动学生工作的整体变革。

高校学生服务体系的变革涉及教育管理方式的革新、教育管理内容的调整、教育设施的完善等多个系统的变革,在此过程中需要相应的人力、物力资源

---

① 刘福才《大学智库文化的特质及其培育》,《教育研究》2019年第2期,第95页。

的整合与使用,缺少了制度的保障,组织变革无法获取足够的稳定性和协调性,就可能出现无序、混乱状态,影响改革的成效。而通过制度建制可以明确划分各个部门的权责,各司其职,在各自职责范围内进行资源的协调与利用,减少变革过程中的掣肘。

三、高等学校服务制度改革的价值取向

高校学生服务体系的改革中必然面对各种矛盾、冲突和关系,在面对或处理各种矛盾、冲突、关系时应秉持何种价值立场、价值态度以及持何种价值取向,决定着高校学生服务工作改革的质量及最终归宿。从高校学生工作的历史流变以及目前的社会呼求来看,本书认为在新形势下,高校学生服务制度的改革应坚持"以学生为本"为核心、"依法治校"为保障,以促进学生的"全面发展"为重点。

(一)"以学生为本"为核心

从我国高等教育的发展历程来看,我国高等教育已经完成了从精英教育向大众教育的过渡,并向高等教育普及化方向发展。从文化的角度来看,"大众化的高等教育不仅包括系统的扩张,而且包括高等教育机构的多样性、组织的复杂性,以及学术的差异性等一系列的多元现代化"[①]。其中,学生来源的多元化和学生学习需求的多样性,对于大众化的和普及化的高等教育而言,是实现从终结性教育向终身教育转变、从狭窄的专业教育向综合素质教育转变、从封闭被动式教育向开放主动式教育的转变。[②] 在新的教育形势下,提升学生的培养质量成为我国高等教育发展的一个重要课题。办学活动的开展要围绕学生的个体发展展开,注重学生个体的自我发展和自我主体性的生成,"一切为了学生,为了学生的一切","视学生为发展中的'人',基于'人性'的理解,尊重其'个性',发挥其'理性',特别重视教育管理过程中的人本原理,顺应其上进心、求知欲、自尊心、创造欲,从身心健康和快乐中,最大限度地实现社会价值与个人价值的统一"[③]。在办学活动中坚持"以学生为本"的服务内容,这既是学生个体发展的诉求,也是社会发展对高校提出的要求。

"以学生为本"理念下的学生工作体系的理念、内容、体制和机制等各项工

---

① 〔英〕玛丽·亨克尔、布瑞达·里特《国家、高等教育与市场》,谷贤林等译,教育科学出版社 2005 年版,第 15 页。
② 童静菊《生本理念下高校学生工作体系研究》,华中科技大学博士学位论文 2008 年,第 38 页。
③ 郭峰等《地方大学文化与地域文化互动发展研究》,人民出版社 2017 年版,第 259 页。

作都要最大限度地满足学生发展的需要,服务型学生工作体系的建立并不是彻底否定以往的教育和管理,而是将服务理念内化到对学生的教育管理之中,做到以学生为中心,把保障学生成长所需要的各项要求作为服务内容的出发点和着力点,通过建立健全规章制度,加强学生工作与学术工作的联系,协调后勤部门、学生管理部门等部门构建高效的服务工作机制,加强对学生在心理健康、就业指导、校园生活等各个方面的服务意识,着力提升学生的综合素质,促进学生在智力和人格方面的健康发展,以适应个体发展和社会发展对人才规格的需要。

(二)"依法治校"为保障

"依法治校"是学校治理法制化的表现,法律成为学校治理的权威和准则,也成为维系学校正常运行的重要手段。在学校外部规约层面,《教育法》《高等教育法》《普通高校学生管理规定》等法律法规在宏观上对高校作为教育教学活动的主体在开展教学、学生工作等方面从各个角度做出了不同的要求,有法可依成为高校办学的新常态。而在高校内部规约层面,我国高校进入了集中制定和贯彻大学章程的"建章时代"。[①] 各大高校相继制定了本校的大学章程,章程作为学校内部最高法律权威,一方面体现着外部教育规律对大学开展各项教育活动要求;另一方面又统筹校内各项制度的制定、实施。大学章程的制定是依法治校的重要理论成果,同时也保障依法治校的实施,以章程为基本依据,规范教育教学各个参与主体的职责,是高校建设法治化的重要体现,关系到我国高等教育质量的发展。

高校学生服务体系的改革涉及教学资源的再分配、管理制度的变革、教师职责的规范等多个层面,学生服务作为高校事务管理的重要组成部分,其管理之法治化已成必然。学生工作服务在依法治校的理念下逐渐走向法治化已是发展的大势所趋,主要包含以下几个层面:一是学生工作服务体系各项制度的构建、执行、监督、反馈要依法进行,通过法治化的管理手段保障学生的基本权利,法律保障是学生服务体系得以良性运转的保障。二是各项服务要依法尊重学生的基本权利,遵循法律程序正义的原则。学校所提供的各项服务应建立在以人为本、维护学生的合法权益的基础之上。这就要求在改革过程中应以依法治校为保障,以法律为保障,推动制度的合法化运行。这就要求高校以《教育法》《高等教育法》《普通高校学生管理规定》等教育法律法规为支撑,依托高校章程,变革高校学生工作的基本内容,体现制度建设的纵向深度。

---

① 李茂林、刘玉威《大学依法治校的意义、问题与路径》,《北京教育(高教版)》2015 年第 3 期,第 19 页。

（三）"全面发展"为重点

在回答关于"培养什么人、怎样培养人、为谁培养人"这一根本问题上，习近平总书记在 2018 年全国教育大会上特别强调，要培养德智体美劳全面发展的社会主义建设者和接班人。人的全面发展是高等学校人才培养的本质诉求，它贯穿于高校人才培养的各个方面。学生服务体系的改革服务于学生的全面发展，要把学生工作的各个环节统一于学生自我发展需要和社会发展的双重需要之下，在具体服务工作中，以满足学生的多种需要和提高学生的综合素质作为工作重点，顺应社会对于"全人"教育价值观的呼唤。这要求学生工作必须紧随时代要求，改变传统的学生工作理念，"重视人才培养并以学生为主体，采取刚柔相济的管理措施"[1]，坚持以人为本，促进学生在德智体美劳等多方面发展，把"管理学生"变成"服务学生"的全面发展。

学生是法治社会的公民，对学生各项基本权利的关注其实就是在全面发展的理念中贯穿以人为本的教育原则。服务型学生工作体系要贯穿于学生的入学指导、校园适应、心理健康教育等各个环节，将促进学生的全面发展作为整个学生服务制度改革的重点。建立服务型学生工作机制要体现对学生良好思想道德培养的要求，要体现对学生进行良好生活习惯养成教育的要求，要体现促进学生心理健康发展的要求，要体现促进学生职业发展的要求。

（四）以构建现代大学制度为导向

现代大学制度的根本特征在于大学与现代社会经济发展需要的适应性，它是大学发展具有动力和活力的表现，即能够促进社会经济发展，而社会经济发展又积极支持大学的发展，这样大学与社会发展处于一种良性的互动过程中。[2]适应性是现代大学也是现代大学制度建构的一大特性，即在一个变革的时代背景中，大学制度的运行能够契合社会发展对于人才培养的需求，随着内外部环境的要求而改革和创新，我们可以清晰地看到，就高校内部发展而言，学生的主体意识、维权意识逐渐高涨，而外部服务组织的介入加强了学校的学生工作的竞争，对学校的管理活动产生了前所未有的挑战。学校需要尊重学生的实际需要，建构自身的服务供应模式，通过调整自身的制度建构满足学生不同类型的需求。

长期以来，学生管理人员的身份是管理学生的干部，我国大学学生管理模

---

① 李欣然《大学校长教育与政治的双重关怀及其困境——以蔡元培为中心的考察》，《高等教育研究》2015 年第 6 期，第 94 页。

② 王洪才《论现代大学制度的结构特征》，《复旦教育论坛》2006 年第 4 期，第 33 页。

式必须实现从传统计划经济下的管理模式向适应市场经济要求的整体性转变，体现自主、去官僚化的制度特性。行政人员的职责是为学生的学习、为学校的教育服务的，因此，要去除学生工作中的官僚气息，加强社会参与，建立服务型学生工作体系，着力在学生工作程序中实行管、办、评分离的方法。实现这一目的的关键在于通过制度建构规范各方行为，转变机关工作作风，提高机关工作人员素质，牢固树立服务观念，为学生的个性全面、和谐发展服务。

第四节　我国高校学生服务制度改革遭遇的环境困境

制度建制是保障高校学生服务体系有序运行的依托，但新制度是建立在对既有制度的修正与代替基础之上的，制度的建制与现在的制度环境存在不可避免的掣肘现象。而传统思维的惯性又会阻碍制度的变革，造成制度执行的失真问题。

一、制度环境存在弊端

宏观上来看，各项教育制度的完善为高校学生服务体系的完善起到了积极的引导与推动作用，促进了高校学生服务体系的完善，但随着时代的快速变革以及教育的变革更新，宏观教育制度中所映射出来的诸多问题逐渐成为阻碍高校学生服务体系发展的阻力，这需要我们重新审视制度本身所展现的缺憾。

（一）供给主导型制度的缺陷

当前我国的教育制度变革主要是自上而下的供给主导型制度，"在供给主导型制度变迁中，由于信息不对称、不确定性、地方差异等因素的影响，权力中心的意愿制度供给与下级对制度创新的需求可能并不一致"[①]。供给主导型的、以权力意志为中心的教育制度可能与学校师生的实际需求之间存在较大的差距，缺少广泛的制度基础，以至于不能解决学校的真正需求，造成制度执行过程中的失真。柯武刚、史漫飞在他们的《制度经济学》中曾举了一个非常通俗的例子来说明这一情况：校园里的计划者和建筑师确定了精心铺设的小路，但许多

[①]　卢现祥《论制度变迁中的制度供给过剩问题》，《经济问题》2000 年第 10 期，第 9 页。

脚印却抄近路穿过草地和花坛。显然,计划出来的制度并不一定适合一般使用者。① 这种现象很明显地说明了供给主导型制度的弊端。

目前我国高校主要依据已经颁布的《高等学校校园秩序管理若干规定》《普通高等学校学生管理规定》《普通高等学校学生行为准则》以及各高校依据自身情况制定的校园管理规定等文件来开展日常的学生事务管理工作,内容涉及学业指导服务、心理服务、健康服务、经济服务、就业服务和校园生活服务等各个方面,但在实际的贯彻落实中效果不是特别明显。究其原因是供给主导型经济的制定缺乏对学生实际需求的出发,缺乏制度的需求基础,以权力意志代替学生的实际诉求,没有必要的针对性。一些高校在开展学生事务管理工作时指导精神、制度依据不明确,管理比较杂乱,高校在制定配套措施或者在具体实施过程中难以根据上位法律的要求解决自身的问题。效果不明显,也就无法从根本上促进高校学生全面发展,立法不完善的弊端显露无遗。

(二)制度结构性失衡

制度以一种规范的形式明确了组织结构中各行为主体的权责和义务,制度的制定、执行、监督和反馈共同构成了完整的制度结构。这种制度结构在高校内部对办学活动的有序开展进行了规定,通过制度规制维系学校办学活动的进行。对学生工作体系而言,有关制度的建立、执行、监督以及反馈是保证服务型学生工作对以往传统学生工作体系进行替代和修正的保证。

目前高校虽然意识到服务在学生工作中的作用,并着力通过一定的制度建构对教师、学生、管理部门以及后勤保障服务部门进行权利的重新划分与调整。但在此过程中,注重制度的建制却忽视对制度的执行、监督与反馈,造成制度结构性失衡,这种失衡带来的后果是严重的制度虚置。一方面,我们发现高校关于学生服务的制度建制逐渐完善,学生在校期间学校应提供的各项服务明确以《须知》《准则》等制度实体进行明确规定,但是在制度的背后,由于相关者利益的冲突以及传统管理模式的惰性,导致学校与学院之间、学院与学院之间、学院与学生之间各部门互相推诿、产生冲突。在制度执行过程中,制度文本与制度现实严重脱节,制度投机、制度曲解等问题层出不穷,有法不依、执法不严的问题广泛存在,为学校教育活动、学生权益提供保障的制度并没有落到实处,许多学生工作制度并没有发挥其应有的效用。

① 〔德〕柯武刚、史漫飞《制度经济学:社会秩序与公共政策》,韩朝华译,商务印书馆2001年版,第172页。

二、学校内部制度环境的压力

在微观层面,学校各项制度的建立和完善是国家教育制度在纵向上的延伸和具体落实。学校对于学生服务制度的落实和执行是促成高校学生服务改革的重要一环,但囿于传统思维惯性的阻碍,制度的建制尚不完整,制度执行过程中的失真也阻碍了学生服务制度的最终效力。

(一)传统管理思维的惯性

以管理为主的学生工作方式是我国高校学生工作的传统主流思想,近几年服务的学生工作理念才开始走进人们的视野,但理念的落实往往落后于实践。在创建服务型学生工作体系的过程中,不可避免地会造成保守与革新的矛盾、利益的冲突。传统管理思维惯性的存在,致使大部分高校仍以硬性管理方式为主,强制性要求多,学生和学校工作人员之间存在着一种紧张的单纯强制性的管理与被管理的关系,学生处于一种被动服从的尴尬境地。

各高校虽然在校学生工作处、校团委等校级管理部门的领导下陆续设立各种咨询指导中心,如就业指导中心、心理咨询中心、就业指导中心等,但就目前的实际来看,各个中心仍以完成上级部门的要求为圭臬,在为学生提供各种服务时仍以上级部门的绩效为主要支点,高校学生工作还未从根本上实现从强制性管理到服务指导性管理的转变,表现出强烈的传统管理的惯性,学生工作在意识形态上也未能切实实现从学生实际出发、为学生发展服务的目标。

(二)制度执行机制缺失

制度是维系学校正常运行的基础,而制度执行是将制度目标转化为办学实际的保障。学校建立的相关制度不被执行,一方面会造成制度的失真,另一方面会削弱制度的权威。由于种种缺陷,目前高校缺乏有效的制度执行机制。

首先,表现为制度执行机构的失位。在高校学生工作中,高校学生工作涉及学生的学业指导服务、心理服务、健康服务、经济服务、就业服务和校园生活服务等方面,需要学校学工处、财务处、后勤处、各个学院等多个部门共同进行维系,但由于各个执行机构之间权责划分模糊,各个部门之间的工作相互重叠,造成部门之间相互推诿,基本的学生工作尚未有效落实,更何况在服务型学生工作体系中需要各个部门在权责范围内依据学生的实际需求因时而变,调整各自工作内容。

其次,表现为执行监督不到位。高校在制定各项制度时忽视制度问责制的建立,一般只是规定各部门应达到的基本目标,但没有对政策执行者建立严格的追究程序,更没有规定严格的标准,造成制度执行者在执行时缺乏相应的监督,高校缺乏一个严密的监督组织对制度执行者的实际情况进行有效的监督与制约。监督的失位是造成制度执行失真的主要原因之一。

第五节　我国高校学生服务制度环境的改革诉求

当某些制度不能适应社会发展的需求时,进行制度修正或者新的制度建构是历史的必然。通过完善的制度促成服务体系的改良,利用制度规定的结构和预期来明确权责,在实践层面可以加快我国学生工作的转型,提升工作效率;在理论上,加深对高校学生事务管理的认知,能够为新时期高校构建学生服务工作提供了理论指导。

一、克服路径依赖,探求特色化的制度变迁路径

美国学者熊彼特在《经济发展理论》中把制度创新定义为用一种效益更高的制度来代替另一种制度的过程。[①] 高校学生服务制度改革与创新,需要通过在制度认知、制度建构以及制度执行等方面摆脱原有制度的禁锢和束缚,跳出制度变迁中对原有路径的依赖,探求特色化的制度变迁路径。目前,学生服务制度的变迁路径应考虑制度变迁的目标定位、修正机制以及变迁策略三个方面。

第一,就制度变迁的目标定位而言,在我国社会转型期对于高校发展的背景之下,应以全球化、知识经济、学习化社会的建立为着眼点,融入市场竞争机制,以现代化教育理念下人才培养以及高校发展的需要为变革的基本价值。制度变革路径的选择应体现国家构建现代大学制度的需要,学生对于全面发展的渴望,学校对于传统管理模式的反思,把服务的理念放在首要位置,这就需要摆脱传统学生工作旧有的工作内容和工作模式,将学生工作的主要内容进行模块划分,提升学生服务的质量与效率。

第二,变迁路径必须是动态的,服务型学生工作的建立是一个不断修正的过程,高校要立足实际,相互借鉴,在探求学生的实际需求基础上不断矫正路径偏差,避免传统管理化思维所带来的思维固化和体制约束。

第三,调整制度变迁策略,制度变迁的策略决定了制度变迁的最终效果。虽然服务型理念逐渐在高校内部形成普遍共识,但是高校长期以来都是实行以

---

① 黄新华《制度创新的经济学理论》,《理论学刊》2004 年第 1 期,第 32 页。

管理为主导的学生工作模式,传统制度的路径依赖还在一定程度上影响着服务型学生工作的革新。因此,高校在改革过程中要借鉴市场竞争思维,引入竞争机制,协调各方利益,创设良性竞争的制度空间,调动各主体的积极性和参与度。

二、营造有利于制度变革的文化生态

正所谓"制度保底,文化植根"①,制度的创新在最开始表现为一种新的意识形态和文化观念的产生。因此,学生服务制度在整个体系变革中首先要营造有利于变革的文化生态。学校内部的文化生态,即学校文化是学校发展的灵魂和支撑。"大学作为一种文化组织,本质上是一种功能独特的文化机构。大学汇聚积淀着国家最优秀的智力资源,担负创造新思想、新知识的重要使命,具有追求卓越的文化传统,具备文化培育的独特优势。"②为促进服务型学生工作体系的改革,高校要自觉培育服务型的文化意识和教育观念,创设有利于改革的教育生态环境。

首先,高校在教学管理中融入人本化的教育理念。从学生的实际出发,促进学生的全面发展,这就要求学校在执行规章制度时注重人本化的倾向,如果制度制定和执行没有人本化的政策空间,忽视学生的尊严与相对自由,反而不利于学生的发展。因此,要将服务、引导、激励等理念融入实际办学活动中,促进学生全面发展与个性需求统一。

其次,要创设有利于改革的教育生态环境。制度环境是制度改革的土壤,为制度功能的实现提供了资源和空间,决定变革的最终取向和执行效果。学生管理模式从管理向服务的真正转轨中,认识到制度变革、发展对于促进学生再规范的积极作用,通过培育法治理念创设有利于改革的教育生态环境,将制度化的要求转化为高校内部各主体的理念自觉与行为自觉,为高校学生服务制度改革奠定良好的基础。

三、完善高校学生服务制度变革的教育法制基础

依法治校是高校健康发展的前提,也是实现学生服务制度的前提和保障,随着我国经济社会的发展和法制建设的进度,主体意识、法制意识深入人心,大学生的维权意识也不断觉醒和增强,这对高校学生工作体系的变革提出了新的

---

① 杨小微《转型性变革中的学校领导》,《教育研究与实验》2005 年第 4 期,第 25 页。
② 刘福才《大学智库文化的特质及其培育》,《教育研究》2019 第 2 期,第 94 页。

要求,要依法完善各项规章,促进制度化、法治化的发展,建立健全各项制度并落实。从法理上讲,法无禁止即自由,现代法律认可个人在不违背法律的前提下可以自主行为,取得法律权利,承担相应义务①,学生作为教育消费者履行了契约义务,其有权利从学校那里得到学业指导服务、心理服务、健康服务、经济服务、就业服务和校园生活服务等方面的保障,因此学校应使学生工作做到有法可依,既有利于充分保障学生的权益,又能提升学生的满意度。

《普通高等学校学生管理规定》要求学生事务管理人员加强管理工作的法制观念,依法治校与治学,依法管理各项学生事务,以学生发展为中心,加强学生事务管理的制度建设。② 一方面,教育部要指导省级教育部门督促各高校据此修订完善相应的学生管理规章制度,确保《规定》真正落实到位;另一方面,关于学生规章制度的制定,也应改变以往供给主导型制度的弊端,充分征求听取学生在各个方面的意见和建议,要从学生的视角审视制度,维护大学生依法享有的权利,顺应学生发展的需要,充分体现以生为本、学生参与的管理理念。只有在创建服务型学生工作体系中树立以学生发展为中心的服务理念,通过法律约束杜绝管理过程中的随意性和人为因素,才能有效保证学生服务体系的合法性、公正性,并为全体学生发展谋取利益。

四、健全学生服务的规章制度

学校内部的规章制度是保证各项学生工作合理开展的必要依据。学生工作服务体系涉及学业指导服务、心理服务、健康服务、经济服务、就业创业服务和校园生活服务等方面,各个领域相互交叉、模糊地带较多,不仅仅关系到学校本身,其学生工作、学生评价、权力分配等诸多制度都需要及时调整,并建立与之相适应的配套机制。

首先,制度建设要具有目标一致性。高等学校关于服务面向的制度建设,涉及多个领域、多个层面,"在践行其职责过程中,依据不同组织机构的各自需求而确定其行动目标和计划,因而具有鲜明的目标取向"③。关于学生服务的制度建设首先要有一致性的目标要求,即在"以学生为本"的价值前提下促进学生工作体系朝着服务型的制度体系发展。在学生工作涉及面广,学校内部许多职能部门(如校团委、大学生心理发展服务中心、大学生就业指导中心等)都直接

---

① 游敏惠《美国高校学生事务管理研究》,西南大学博士学位论文 2008 年,第 38 页。
② 孔蒙《基于学生发展的高校学生事务管理研究》,山东师范大学硕士学位论文 2015 年,第 30 页。
③ 刘福才、张继明《高校智库的价值定位与可持续发展》,《教育研究》2017 年第 10 期,第 61 页。

涉及学生工作的方方面面,各个部门的工作内容以及工作性质往往需要通过有关规章制度的内容反映出来。按照整体要求建立各项规章制度有利于协调总体方针的一致性,统筹安排各部门的职责,建立起各部门的协同联动机制,减少部门之间的壁垒和摩擦。

其次,制度建设要具有层次性。学生服务工作内容从学校到学院是一个纵向延伸的过程,各个执行部门共同维系学生工作的进行。学校一般在宏观上对学生工作提出统一要求,各个具体部门负责最终的实施落实。这就要求制度对各个行为主体具有层次性的要求,上位制度发挥宏观性的指导作用,并出台相关监督意见,对各个部门的新政策执行起到引导作用。而具体到各个执行部门,要出台细节性的文本,规定在政策执行过程中的细则,明确规定各个实施主体的工作范围,保证学生工作体系的协调运转。

最后,制度建设要具有可行性。学校在制定相关规章制度时要立足于学校的实际,在结合学校已有办学资源基础上出台兼具实用性和现实性的文本政策,避免因政策不具有可行性而造成制度的虚置。通过可行的制度设计打破部门之间的壁垒,将原本分散于教务部门、财务部门以及学生社团等各个部门的职能进行整合、创新,依托校园网络化的进程设立统一的信息沟通交流机制,通过功能整合将各种服务信息及时反馈到学生手中。因此高校在建立相关制度之前要对学校内部各利益群体进行充分的调研,充分了解学生的实际需求和学校自身的实际供给能力,使规章制度切实、可行。

五、提高制度执行效果

"以学生为本"的高校学生服务理念的落实最终通过相关制度进行体现,高效的制度执行效果是最终的检验标准。

首先,要促进学生工作队伍的专业化发展。在政策制定的实际过程中,政策执行者的工作理念、态度倾向和自身素养都会影响政策的执行效果。因此,高校应"加强高等教育政策理论研究,把握高等教育政策的发展趋势,用科学的高等教育政策理论指导高等教育政策的制定"[1]。另一方面,学校还应整合人才资源,调整内部结构,组建专业化服务团队,从而推进学生工作管理人员的结构和功能转型,强化学生全面发展目标的实现。

其次,建立完善的学生服务评价反馈机制。政策的评价、反馈是指通过获取学生的实际信息,加深政策制定者和执行者对政策的体认,改进自身工作。

[1]　郭峰等《地方大学文化与地域文化互动发展研究》,人民出版社2017年版,第259页。

坚持"为学生成才服务"的理念,加强学生工作考核指标体系的建立和探索切实有效的途径和方法,兼顾过程性评价和总结性评价,注重评价指标的可操作性、导向性、系统性、动态性,根据学生服务的具体工作内容、服务目标建立科学的评价机制,通过采取量化评价和质性评价相结合的方式促进学生服务工作从"经验型"向"科学型"的转变。

最后,优化学生服务工作的监督机制。在现代学校制度的实际运行过程中,由于制度难以执行或者个人利益目的和动机的存在,常常会出现制度执行过程中的失真,致使"上有政策,下有对策"的不良现象产生,缺乏监督会造成一些制度逐渐丧失其约束力。因此,在高校学生服务体系变革中,要加强制度政策的监督,通过制度监督和人员监督相结合的方式监督学生服务工作的具体执行。一方面建立责任制度,即建立相应的标准,要求政策执行者对政策的最终执行效果承担相应责任,约束各部门在执行政策时的权力使用,提升政策的执行效果;另一方面要成立专门的监督组织,通过第三方监督权的方式,对相关政策各个主体、各个环节进行客观、公正的监督反馈。

参考文献

[1] 蔡国春.中美高校学生事务管理模式比较研究[M].青岛:中国海洋大学出版社,2007.

[2] 蔡国春.美国高校学生事务管理模式与组织结构探析[M].北京:煤炭高等教育,2002.

[3] 柴效武.高校学费制度研究[M].北京:经济管理出版社,2003.

[4] 曹丽,张明志.美国高校学生事务领域 CAS 专业标准概述及其启示[J].黑龙江高教研究,2018(7).

[5] 陈翠荣,储祖旺,鲁智丹.美国高校引领学生事务管理者职业发展的路径分析[J].中国高教研究,2016(11).

[6] 陈健.美、英、日高校学生服务与管理[J].教育,2013(2).

[7] 陈军平.构建高校学生事务工作全方位服务体系的模型——以香港中文大学为例[J].中国成人教育,2007(16).

[8] 陈学飞.美国高等教育发展史[M].成都:四川大学出版社,1989.

[9] 陈学飞.应确立为大学生未来发展服务的价值目标[J].中国高等教育,2001(22).

[10] 陈颖,薛传会,熊伟.构筑化解学生权利和高校权力冲突的完善机制[J].教育发展研究,2007(10).

[11] 褚宏启.教育现代化的本质与评价——我们需要什么样的教育现代化[J].教育研究,2013(11).

[12] 储祖旺,李祖超等.高校学生事务管理模式创新[M].北京:中国地质大学出版社,2015.

[13] 储祖旺,徐绍红.我国高校学生事务专业标准体系建设研究[J].教育研究,2014(3).

[14] 邓俊华.高校学生一站式服务中心的研究与构建[J].南宁职业技术学院学报,2013,18(6).

［15］丁建洋.筑波大学协同创新模式的逻辑建构及其运行机制［J］.外国教育研究,2015(2).

［16］丁笑生.大学生公寓文化建设研究［D］.南京:南京师范大学,2014.

［17］杜蓉华.日本教育法述略［J］.西南师范大学学报,1994(1).

［18］端木怡雯,裘晓兰.日本的学生事务管理与中国学生工作的比较［J］.中国德育,2010(10).

［19］段长远等.高校学生事务管理工作研究［M］.银川:宁夏人民出版社,2008.

［20］方巍,耿依娜.学生事务管理组织模式比较研究［J］.教育发展研究,2008(10).

［21］冯刚.论辅导员的专业化培养和职业化发展［J］.思想教育研究,2007(11).

［22］冯培编.中国高校学生事务管理模式创新［M］.北京:中国人民大学出版社,2009.

［23］冯志军.日本教育法规研究［D］.苏州:苏州大学,2004.

［24］高璐敏.美国高校学生事务管理模式及其启示［J］.世界教育信息,2015(13).

［25］高庆.基于大学生消费行为的学生食堂服务满意度研究［D］.成都:西南交通大学,2012.

［26］格温·丹吉.学生事务管理在国家建设中的作用［J］.国家教育行政学院学报,2005(10).

［27］郭峰等.地方大学文化与地域文化互动发展研究［M］.北京:人民出版社,2017.

［28］顾祥.大学生管理［M］.上海:上海师范大学出版社,1988.

［29］顾瑶.日本大学学分制独创性对临沂大学学分制改革的启示［J］.临沂大学学报,2017(4).

［30］郭亚新.21世纪日本学校健康教育课程体系研究［D］.北京:首都师范大学,2013.

［31］韩玉志.现代大学管理:以美国大学学生满意度调查为例［M］.杭州:浙江大学出版社,2008.

［32］韩玉志.大学生满意度调查应重视的问题——基于美国大学生满意度调查的思考［J］.教育发展研究,2008(11).

［33］韩玉志.美国大学生满意度调查方法评介［J］.比较教育研究,2006(6).

[34] 何淑通,黄军伟,何源.从行政承认到专业信任:辅导员专业化的应然转向 [J].扬州大学学报(高教研究版),2013(1).

[35] 黄福涛.外国高等教育史[M].上海:上海教育出版社,2003.

[36] 黄燕.文化视野下的中美高校学生事务管理比较研究[D].上海:华东师范大学,2013.

[37] 黄燕,张冲.高校学生事务管理"云共享"模式的现实价值与建构理路[J].思想理论教育,2013(9).

[38] 黄志坚.美国高校学生工作的特点及启示[J].当代青年研究,2007(3).

[39] 胡金朝.美国大学服务育人的主要做法及启示[J].思想政治教育研究,2016(2).

[40] 教育部思想政治工作司.大学生管理研究[M].北京:高等教育出版社,2012.

[41] 解秀新.日本青少年的心理健康教育[J].日本问题研究,2006(2).

[42] 康燕,康晓棠,方晓田.大学生对创业教育的满意度及期望调查研究[J].西南师范大学学报(自然科学版),2016(12).

[43] 孔蒙.基于学生发展的高校学生事务管理研究[D].济南:山东师范大学,2015.

[44] 李北群,乐青,徐中兵.美国高校学生事务管理的经验与启示[J].黑龙江高教研究,2014(1).

[45] 李方裕,唐书怡.大学生事务管理研究:基于地方高校转型发展的视野[M].成都:西南财经大学出版社,2015.

[46] 李海林.高校学生管理和思想教育工作中的动力探源[J].江苏高教,1994(4).

[47] 李茂林,刘玉威.大学依法治校的意义、问题与路径[J].北京教育(高教),2015(3).

[48] 李湘萍,洪成文.美国高校学生事务管理专业协会:历史、结构及功能[J].高等教育研究,2012(8).

[49] 李欣,张国锦.美国高校"以学生为中心"的国际学生事务工作特色及对我国高校国际化的启示——以麻省大学波士顿分校为例[J].教育现代化,2018(18).

[50] 李欣然.大学校长教育与政治的双重关怀及其困境——以蔡元培为中心的

考察[J].高等教育研究,2015(6).

[51] 李伟文.试论大学生就业信息的采集和应用[J].苏州大学学报(工科版),2009(5).

[52] 李永山.美国高校学生事务发展专业标准述评[J].比较教育研究,2008(2).

[53] 李振祥,文静.高职院校学生满意度及吸引力提升的实证研究[J].教育研究,2012(8).

[54] 李振祥,杨立军,张小青.我国大学生满意度研究现状[J].大学(研究版),2016(10).

[55] 凌智勇,李卫宁.论高校学生管理的有效机制[J].江苏高教,1999(3).

[56] 林晓,王玲玲,赵宏琴.美国高校学生事务领域 CAS 专业标准的发展及其意义[J].教育科学,2011(3).

[57] 刘宏达,许亨洪.以信息化推动我国高校学生事务管理与服务创新[J].思想教育研究,2015(12).

[58] 刘福才,张继明.高校智库的价值定位与可持续发展[J].教育研究,2017(10).

[59] 刘福才.大学智库文化的特质及其培育[J].教育研究,2019(2).

[60] 刘淑兰.对美国圣莫尼卡社区学院学生服务系统的考察及思考[J].比较教育研究,2007(5).

[61] 刘行.高校服务型学生工作模式的构建研究[D].湖南:湘潭大学,2010.

[62] 娄秀红,李旭珊,刘翼灵.浅谈澳日两国高校心理健康教育模式及其启示[J].第八届高校心理健康教育会,2004.

[63] 卢少华.良法与善治:高等学校学生管理法制化论纲[M].北京:知识产权出版社,2016.

[64] 吕达,周满生.当代外国教育改革著名文献(美国卷·第一册)[M].北京:人民教育出版社,2004.

[65] 吕显然.日本职业生涯教育研究及启示[D].青岛:青岛大学,2014.

[66] 江艳,储祖旺.基于数据驱动的美国高校学生事务预测分析管理[J].高等教育研究,2017(12).

[67] 马超.美国大学学生事务研究[M].北京:知识产权出版社,2009.

[68] 马超.20 世纪美国大学学生事务研究[D].南京:南京师范大学,2007.

[69] 马建青.国外大学生心理咨询的特点及对我们的启示[J].上海高教研究,

1994(4).

[70] 满松江.现代日本教育法和大学教育立法的特点[J].兰州大学学报,2001
    (2).

[71] 毛丽红.日本学校健康教育的现状及未来[J].现代预防医学,2007(21).

[72] 宁烨.知识能力的内涵与特征研究[J].科学学与科学技术管理,2008(5).

[73] 潘嘉屹.日本接收留学生政策的研究[D].上海:华东师范大学,2018.

[74] 潘懋元.21世纪:可持续发展的中国高等教育——兼论中国高等教育大众
    化问题[J].教育科学,1999(3).

[75] 彭海.法治思维下高校学生管理的现状与前景[J].思想理论教育,2014(2).

[76] 漆小萍主编.中国高校学生事务管理[M].广州:中山大学出版社,2011.

[77] 覃川.关于教学管理与学生服务一体化的哲学思考[J].中国高等教育,2013
    (8).

[78] 任青云.日本私立大学学费资助体系研究[D].济南:山东师范大学,2009.

[79] 荣维东.标准的标准:美国评议课程标准的九个准则[J].全球教育展望,
    2009(1).

[80] 石蕊.日本短期大学职业生涯教育[D].长春:东北师范大学,2012.

[81] 宋广军.美国高校学生事务管理的经验及启示[J].学校党建与思想教育,
    2018(5).

[82] 宋尚桂.大学心理服务的理论与实践[M].青岛:中国海洋大学出版社,
    2011.

[83] 宋尚桂,盛振文.现代大学制度建设与学生管理机制创新[J].中国高等教
    育,2018(18).

[84] 孙立军.英国高校学生事务工作的基本情况及启示[J].思想政治教育研究,
    2009(2).

[85] 孙启友.美国社区学院学生服务的思考与启示——以秀岚社区学院为例
    [J].中国成人教育,2014(15).

[86] 谭显孝.试论高校学生管理的有效机制[J].西南师范大学学报(哲学社会科
    学版),1991(3).

[87] 唐冬雷.基于"卓越绩效"管理的高校学生服务中心建设[J].广西教育(高等
    教育),2016(8).

[88] 屠锦红.教科书知识类型、性质与有效教学方式建构[J].中国教育学刊,

2011(10).

[89] 王洪才.论现代大学制度的结构特征[J].复旦教育论坛,2006(4).

[90] 王洪才.大学"新三大职能"说的缘起与意蕴[J].厦门大学学报(哲学社会科学版),2010(4).

[91] 王洪才.论大学生评教中的文化冲突[J].华中师范大学学报(人文社科版),2014(3).

[92] 王林清,马彦周,张建和.高校学生事务管理规范与服务标准[M].北京:中国文史出版社,2014.

[93] 王珉.高校大学生就业服务体系建设研究[D].武汉:武汉理工大学,2012.

[94] 王文科.中美高校学生工作比较及启示[J].中国青年研究,2005(10).

[95] 王卫放.美国高校的学生工作[J].中国青年研究,2004(5).

[96] 王秀彦,高春娣.高校学生事务管理概论[M].北京:高等教育出版社,2009.

[97] 王英杰.美国高等教育的发展与改革[M].北京:人民教育出版社,1993.

[98] 汪雅霜.高职院校大学生满意度研究——基于 2011 年"国家大学生学习情况调查"数据分析[J].中国高教研究,2012(7).

[99] 文静.高职院校学生满意度及吸引力提升的实证研究[J].教育研究,2012(8).

[100] 翁婷婷.日本高校学生事务管理特点分析及经验启示[J].高教学刊,2016(9).

[101] 吴安辉.大学生国家奖助学金评选发放中的畸态及其矫正[J].中国青年研究,2013(4).

[102] 吴铭.林海霞.中美高校一站式学生服务中心比较研究[J].思想理论教育,2014(4).

[103] 吴绍麟.略谈对大学生的管理[J].高等教育,1984(10).

[104] 吴媛媛.中外高校学生事务管理模式比较研究[D].南京:南京农业大学,2013.

[105] 谢妮.当代大学生价值观的个体化取向[J].中国高等教育,2015(3).

[106] 熊勉.高校服务型管理的时代特征[J].高教探索,2010(6).

[107] 许丽伟.基于服务理念的大学生心理健康教育工作体系构建[J].黑龙江教育,2013(3).

[108] 杨凡.论日本大学的生涯教育对高等教育的影响[J].河南大学学报(社会

科学版),2007(5).

[109] 杨德广.高等学校学生管理制度必须改革[J].高等工程教育研究,1986(3).

[110] 杨洪俊.日本大学国际化历程及其理念变迁[J].江苏高教,2018(12).

[111] 杨立军,张小青.我国大学生满意度研究现状[J].大学(研究版),2016(10).

[112] 杨晓明,姜灵芝.高等学校大学生满意度测评及实证分析——以中国某高校为例[J].北京科技大学学报(社会科学版),2010(2).

[113] 杨小微.转型性变革中的学校领导[J].教育研究与实验,2005(4).

[114] 易红.构建现代大学制度,加快高水平大学建设进程[J].中国高等教育,2009(5).

[115] 余桂红.历史与现实:高等学校学生事务管理定位[J].辽宁教育研究,2008(1).

[116] 余惠琼,游敏惠.美国高校学生事务管理的制度环境分析[J].新德育·思想理论教育(综合版),2007(1).

[117] 云炜恒.我国大学生事务管理存在的问题及解决途径[J].内蒙古师范大学学报(教育科学版),2007(3).

[118] 张冠鹏.新中国成立以来高校学生管理制度的历史沿革与基本经验[J].黑龙江高教研究,2013(12).

[119] 张浩明.高校大学生事务管理改革与发展[J].中国高等教育,2005(21).

[120] 张励行.新时期大学生事务管理的探索与思考[J].江苏高教,2014(4).

[121] 张倩,岳昌君.高等教育质量评价与学生满意度[J].中国高教研究,2009(11).

[122] 张曦琳.日本大学学生事务管理探析[J].山东高等教育,2018(4).

[123] 张杨.山东省高校大学生休闲体育服务体系的研究[D].济南:山东师范大学,2014.

[124] 张泽天.美国高校大学生就业指导工作模式及对我们的启示(哲学社会科学版)[J].渤海大学学报,2018(1).

[125] 周海涛.基于师生视角的大学课程实施调查分析[J].教育研究,2009(2).

[126] 周燕.大学生事务管理近30年研究进展述评[J].理工高教研究,2009(6).

[127] 周英.现代化背景下大学生宿舍文化现状研究[D].重庆:西南大学,2014.

[128] 曾少英,卢金明,李丽萍.美国高校学生事务管理专业化标准的发展及其意义[J].黑龙江高教研究,2012(9).

[129] 曾瑜,邱燕,王艳碧.高校学生管理工作法制化研究[M].成都:西南交通大学出版社,2016.

[130] 境哲生,大野愛美,石原勉,内田成男.学生の自己評価と臨床実習指導者の評価との相違:実習期間中の変化に着眼して[J].第 33 回日本理学療法士学会誌,1998.

[131] 李頌雅.留学生と日本人チューターの学習活動[J].言語文化教育研究,2018(16).

[132] 茂木啓司,野澤知世,鈴木巧,中村年希.奨学金過剰受給の解消に向けた行動経済学的アプローチ[J].第 2 回行動経済学会学生論文コンテスト優秀賞受賞論文,2020(13).

[133] 森本章.治海外学生交流とグローバル人材育成の促進[J].工学教育,2019(67).

[134] 野有紀,長谷川晃,土原浩平,国里愛彦.大学生用ひきこもり親和性尺度の作成[J].感情心理学研究,2020(7-2).

[135] 奈良隆章,木内敦詞.大学新入生におけるライフスキル獲得水準の性別および専攻別の特徴[J].運動疫学研究,2020(22-1).

[136] 長内明日香,牧田浩一.大学生におけるインターネット利用の心理的プロセス[J].北海道心理学研究,2020(42).

[137] 佐々木恵,足立由美,小島奈々恵,堀田亮,田山淳.高等教育における学生支援[J].日本心理学会第 81 回大会,2017.

[138] 蝶慎一.1950 年代半ばにおける「学生担当職」の担い手に関する一考察[J].大学評価学位研究,2020(21).

[139] 佐藤史人.産業教育振興法の成立過程に関する実証的研究：戦後高校職業教育行財政研究の側面から[J].産業教育学研究,1999(29-1).

[140] 鈴木智之.大学生が就職活動で提出する就業希望文の採用面接成績[J].日本教育工学会論誌,2020(43-4).

[141] 関直規.イギリス・コミュニティ教育実践の一展開[J].日本公民館学会年報,2019(6).

[142] 箕浦恵美子,武岡さおり,廖宸一.学習履歴情報の提示が持続的な学習

に与える効果[J].日本教育工学会論文誌,2020(43).

[143] 崔文竹,森英高,谷口綾子,谷口守.地域環境と心身の健康状態に関する
因果分析— BMIと健康関連 QOL 指標に基づく[J].土木学会論文集,
2017(73-5).

[144] 田剛史,吉田加代子.青年心理学はなぜ勤労青年を取り上げないといけ
ないのか[J].青年心理学研究,2020(31-2).

[145] 田敦子,高橋智.大学の発達障害学生支援における学生支援コーディネ
ーターの役割[J].日本教育学会大會研究発表,2017(75).

[146] 徳田智代,青木多寿子.「組織的な異職種間協働(SIC)」を基盤にした学
生支援システムの構築—学生相談カウンセラーを中心に—[J].日本心
理学会大会発表論文集,2017.

[147] 高橋久仁子.食生活を惑わせるジェンダー[J].日本家政学会誌,2020
(71-3).

[148] 若園雄志郎.多文化多民族共生時代の世界の生涯学習[J].日本学習社,
2018(14).

[149] 湯川文彦.明治 10 年代における法的承認と教育令改正[J].日本の教育
史学,2019(62).

[150] 井田正明.教育機関に関する公表情報について[J].日本知能情報ファジ
ィ学会,第 34 回ファジィシステムシンポジウム,2018.

[151] 池田智子.大学生における自己管理力と自己調整学習方略[J].日本心理
学会第 79 回大会,2015.

[152] 朱雲飛,高橋幸司.グローバル人材を獲得するための私費留学生奨学金
制度に関する一研究[J].産学連携学,2016(13-1).

[153] 〔美〕艾伦·布鲁姆.走向封闭的美国精神[M].缪青等译.北京:中国社会
科学出版社,1994.

[154] 〔美〕杜德斯塔特.舵手的视界[M].郑旭东译.北京:教育科学出版社,
2010.

[155] 〔美〕弗洛伦斯·A·汉姆瑞克等.学生事务实践基础:哲学、理论、教育成
果强化[M].成都:四川大学出版社,2009.

[156] 〔美〕康马杰.美国精神[M].杨静予等译.北京:光明日报出版社,1988.

[157] 〔美〕克雷明.美国教育史(三):城市化时期的历程(1876—1980)[M].朱旭

东等译.北京:北京师范大学出版社,2002.

[158]〔美〕理查德·诺顿·史密斯.哈佛世纪[M].程方平,程玉红等译.贵州:贵州出版集团,2006.

[159]〔美〕罗纳德·C·艾伦伯格(Ronald G Ehrenberg).美国大学学费问题[M].北京:北京师范大学出版社,2008.

[160]〔美〕舒,琼斯,哈珀.学生服务——专业人员手册[M].徐瑾等译.上海:复旦大学出版社,2015.

[161]〔美〕苏姗·R·考米斯等.学生服务:高校学生事务工作手册[M].本书译委会译.北京:中国青年出版社,2007.

[162]〔英〕玛丽·亨克尔,布瑞达·里特.国家、高等教育与市场[M].谷贤林等译.北京:教育科学出版社,2005.

[163] Allen, Taryn Ozuna, Thompson, Melissa Laird, Calderon Galdeano, Emily. Guidelines for Fostering Student Affairs-Academic Affairs Partnerships in Hispanic-Serving Institutions[J]. New Directions for Student Services, 2019(167).

[164] Ambler D. Organizational and Administrative Models[M]. The Handbook of Student Affairs Administration. San Francisco: Jossey-Bass, 2000.

[165] Ardoin S, Crandall R E, Shinn J. Senior Student Affairs Officers' Perspectives on Professional Preparation in Student Affairs Programs[J]. Journal of Student Affairs Research and Practice, 2019, 56(2):1-15.

[166] Chekwa C, Thomas E, Jones V J. What are College Students' Perceptions about Campus Safety?[J]. Contemporary Issues in Educational Research, 2013,6(3):325-332.

[167] Darlene Burnett, Diana Oblinger. Innovation in Student Services, Planning for Models Blending High Touch/High Tech, Ann Arbor[M].MI:Society for College and University Planning, 2002.

[168] David Warner, David Palfreyman. Higher Education Management: the Key Elements[M]. England: Open University Press,1996.

[169] Education for Life and Work:Developing Transferable Knowledge and Skills in the 21st Century[M]. National Research Council, 2013.

［170］ Hirschy A S, Wilson M E. Student Affairs and the Scholarship of Practice［J］. New Directions for Higher Education，2017(178):85-94.

［171］ Robert J Hara. How to Build a Residential College［M］. Planning for Higher Education，2001.

［172］ Larry E Greiner. Evolution and Revolution as Organization Grow［J］. Harvard Business Review,1972(7-8):27.

［173］ McClellan G，Stringer J. The Handbook of Student Affairs Administration ［M］. San Francisco, Ca: Jossey-Bass，2016.

［174］ Milagros Castillo-Montoya. Assessment: The "Wild Card" in Student Affairs［J］. Journal of Student Affairs Research and Practice，2020(6): 1-15.

［175］ Sei-Ching Joanna Sin. Modeling the Impact of Individuals' Characteristics and Library Service Levels on High School Students' Public Library Usage: A National Analysis［J］. Library and Information Science Research，2012 (3).

［176］ Moneta，Larry. Intersectionality in Student Affairs: Perspective from a Senior Student Affairs Officer［J］. New Directions for Student Services，2017(157):69-79.

［177］ Rosemary Gillett Karam. Student Affairs: Moving from Theories and Theorists to Practice and Practitioners ［J］. New Directions for Community Colleges，2016(174): 85-91.

［178］ Oxendine，Symphony D，Taub，Deborah J，Oxendine，Derek R. Pathways into the Profession: Native Americans in Student Affairs［J］. Journal of Student Affairs Research and Practice，2018,55(4): 386-398.

［179］ Ozaki C C，Hornak A M. Excellence within Student Affairs: Understanding the Practice of Integrating Academic and Student Affairs ［J］. New Directions for Community Colleges，2014(166):79-84.

［180］ Pederson，Kristine Smalcel. Student Services: A Handbook for the Profession［M］. Nacada Journal，2003.

［181］ W Richard Scott. Institutions and Organizations Ideas and Interests ［M］. Sage Publications，Inc.，2013.

[182] Taylor, Simone Himbeault. Making the Invisible Visible: The Enduring Essence of Student Affairs[J]. Journal of College and Character, 2019, 20(4): 279-286.

[183] West, Nicole M. The African American Women's Summit: A Student Affairs Professional Development Program [J]. Journal of Student Affairs Research and Practice, 2017,54(3): 329-342.

[184] What is a Global Experience? [J]. Education and Culture, 2015 (2).

[185] Williams T E. Challenges in Supporting Student Learning and Success through Student Services[J]. New Directions for Community Colleges, 2002(117).

后　记

　　新中国成立以后,作为计划经济体制组成部分的高等教育在相当长的时期对学生自身发展的多方面需求重视不够,高校学生服务体系建设严重滞后于高等教育的发展,不能满足学生全面发展的需求。20世纪90年代以来,随着国家改革开放不断深入和社会经济发展水平的日益提高,人的主体地位和价值越来越受到尊重。"以人为本"的科学发展理念逐渐成为社会共识,"以学生为本""管理就是服务"等逐渐成为高校学生管理工作的新理念。在教育部新修订的《普通高等学校学生管理规定》中将原有"不断提高管理水平"的表述修改为"不断提高管理和服务水平",这是在顶层制度层面贯彻"以学生为本"教育理念的具体体现。近年来,"学生事务"和"学生服务"等概念越来越多地出现在高等教育的研究和实践工作中。"学生工作"与"学生事务"这两个概念在内涵上既有重叠,也有区别:前者更强调教育功能,特别是对学生进行思想政治教育的功能,而后者则更侧重于服务功能,不仅包含思想政治教育和行为管理,而且还包括学术发展指导、生活服务、健康服务和职业指导等。在新时期,实现从"学生工作"的"重管理",到"学生事务"的"重服务"体现了现代高等教育"以人为本"的教育理念。按照高等教育自身发展规律,遵循学生全面发展特点建立和完善学生服务体系是构建现代大学制度、促进高等教育质量全面提升的必然要求。

　　当前,中国社会正在进入新的转型发展阶段,高等教育面临前所未有的发展挑战,现行大学学生管理体制机制在许多方面与建设现代大学制度的要求还有很大差距,主要表现在管理机构与职能设置、运行制度建设、管理方式与手段、绩效评估与监督机制等方面。为从根本上厘清这些问题的实质和形成原因,探索全面提升我国高校学生服务工作水平的改革路径,我们试图从学生服务体系构建与完善的角度入手,全面分析我国高校学生服务工作的发展演变过程、学生服务工作现状以及存在的主要困难与问题,通过对比国际经验梳理高校学生服务工作的基本特点与规律。在此基础上,围绕如何在实践工作中贯彻"以学生为本"的教育理念、如何优化整合学生服务管理机构并完善运行机制建设、如何健全学生服务工作绩效评估与监督机制等方面对我国高校学生服务体系建设工作提出了改革对策。同时我们也希望这些工作可以为构建具有中国特色、符合现代大学制度的机构设置合理、工作职能明确、管理制度完备、运行流程规范的学生管理体制机制提供理论依据。

本书是宋尚桂教授于 2014 年申报承担的国家教育科学规划课题"我国高校学生服务体系改革研究"的结题成果,课题组人员来自济南大学教育与心理科学学院和济南大学高等教育研究院。宋尚桂教授和佟月华教授负责撰写本书提纲并承担了全书统稿工作。参加编写的人员有(以章节顺序排列):李燕(第一章)、虞宁宁(第二章)、付强(第三章、第六章)、王树青与董及美(第四章)、李福春(第五章)、冯晶(第七章)、张继明(第八章)、宋尚桂与佟月华(第九章)、魏淑华(第十章)、万生彩与鞠严萍(第十一章)、刘福才(第十二章)。济南大学教育与心理科学学院孙英红副教授协助课题负责人承担了部分课题组织协调工作,江敏、于晓玮、彭超、曲瑾、陈昌莹、张敏等同学承担了部分编务工作。

在课题申报、实施和本书编写过程中得到了时任济南大学党委书记范跃进教授、时任济南大学副校长蔡先金教授、济南大学副校长李光红教授、高等教育研究院常务副院长王希普教授、教育与心理科学学院院长杨昭宁教授以及济南大学社科处、学工处、财务处、教育与心理科学学院、高等教育研究院等部门的大力支持和帮助,在此一并表示衷心感谢。

感谢教育部教育发展研究中心马陆亭教授、中国人民大学李立国教授、李海滨教授、中共山东省委党史研究室韩延明教授、曲阜师范大学党委书记戚万学教授、山东省教育科学研究院院长申培轩教授、山东师范大学心理科学学院院长李寿欣教授和山东英才学院院长夏季亭教授对本课题工作的指导和支持。

特别感谢厦门大学教育研究院院长别敦荣教授在课题完成过程中给予我们的悉心指导和帮助。

感谢中国海洋大学出版社和本书编辑为本书出版付出的辛勤努力。

高校学生服务体系是高校治理体系的重要组成部分,探讨高校学生服务体系的特点和运行规律,不断改善学生服务工作是一项长期的任务。由于我们自身理论水平和实践经验所限,对高校学生事务内在规律的认识还很肤浅,本书一定还存在一些缺点和不足,恳请读者批评指正。

作者
2020 年 5 月于泉城济南